视频侦查
取证研究

陈晓辉 王刚 李丹 著

华中科技大学出版社
http://www.hustp.com
中国·武汉

内 容 简 介

本书既介绍了视频监控面临的问题和产生的后果,视频侦查方法和常用的技战法,也专门论述了视频资料的证据属性、证明力和证据能力,还阐述了视频资料的审查判断。本书是 2014 年度湖北省高等学校优秀中青年科技创新团队计划项目"视频监控侦查取证综合应用研究"的研究成果。

本书可供视频侦查专业的研究人员和实务工作者学习参考。

图书在版编目(CIP)数据

视频侦查取证研究/陈晓辉,王刚,李丹著. —武汉:华中科技大学出版社,2019.6(2025.2重印)
ISBN 978-7-5680-5312-9

Ⅰ.①视… Ⅱ.①陈… ②王… ③李… Ⅲ.①视频-刑事侦查-证据-研究 Ⅳ.①D918

中国版本图书馆 CIP 数据核字(2019)第 120332 号

视频侦查取证研究　　　　　　　　　　　　　　　陈晓辉　王　刚　李　丹　著
Shipin Zhencha Quzheng Yanjiu

策划编辑:罗　伟
责任编辑:孙基寿
封面设计:刘　卉
责任校对:刘　竣
责任监印:徐　露
出版发行:华中科技大学出版社(中国·武汉)　　电话:(027) 81321913
　　　　　武汉市东湖新技术开发区华工科技园　　邮编:430223
录　　排:华中科技大学惠友文印中心
印　　刷:广东虎彩云印刷有限公司
开　　本:787mm×1092mm　1/16
印　　张:14
字　　数:349千字
版　　次:2025年2月第1版第4次印刷
定　　价:68.00元

本书若有印装质量问题,请向出版社营销中心调换
全国免费服务热线:400-6679-118　竭诚为您服务
版权所有　侵权必究

前 言
PREFACE

随着视频监控技术的广泛应用和不断完善,视频侦查的条件越来越好,在整个侦查工作中的作用愈来愈重要。视频侦查通过对图像信息的结构性描述,时空坐标的精确标注、目标轨迹的划定,为其他侦查措施的合理运用提供了有力的支撑。毋庸置疑,视频监控在侦查中正发挥着积极的不可替代的作用。在提供了大量有关犯罪嫌疑人以及案件信息的同时,我们需要研究确定的是,视频监控给我们提供的是什么。

视频监控在侦查中的决定性作用,取决于视频资料能否作为证据使用。刑事案件侦查的直接目的是准确、及时地查明案件事实,而查明案情必须经过证据的发现、固定、提取、审查与核实等一系列活动,无证据则无事实,因此取证应是侦查工作的中心任务。侦查人员取证一方面必须依法进行,做到取证主体合法、取证程序合法、取证手段合法和表现形式合法,另一方面,侦查人员必须注重取证谋略和取证技术。侦查人员只有树立明确的证据意识,才能及时有效地完成侦查任务。同时,根据证据认定的事实必须符合逻辑法则和经验法则的要求,该原则是"证据裁判主义"在侦查阶段合乎逻辑的体现。可以说,侦查中各种侦查措施的运用,直接或间接的目的都是为了取证。尤其是在以审判为中心的诉讼制度改革背景下,侦查人员更应主动、全面、细致、客观地收集和调取证据;同时,审查、核实其证据能力和证明力,将收集和调取证据与认定案件事实有机结合起来,确保收集的证据能够成为法庭审判中定案的根据。因此,视频侦查过程中,侦查人员应始终树立侦查取证意识,取得有证据能力和证明力的证据,方能达到侦查的直接目的,完成侦查乃至整个刑事诉讼的任务。

2014年3月,我们申报获批了湖北省高等学校优秀中青年科技创新团队计划项目"视频监控侦查取证综合应用研究",当时正是视频侦查研究的热门时期,尽管项目选题为"视频侦查取证",但我们主要阐述的是应如何通过侦查发现线索、如何运用视频侦查各种技战法、如何查找犯罪嫌疑人等,而没有过多地考虑视频资料证据的使用问题。2014年10月党的十八届四中全会提出,推进以审判为中心的诉讼制度改革,确保侦查、审查起诉的案件事实证据经得起法律的检验,强调侦查中证据的重要性。以审判为中心的诉讼制度改革,意味着对传统的以侦查为中心的诉讼惯例的重大变革,必然对侦查工作产生重大影响,尤其是侦查人员的取证意识,直接关系到刑事案件诉讼的成败。同理,以审判为中心的诉讼制度改革,对视频侦查工作也会产生重大影响。从宏观层面上看,这种影响表现在程序性要求的提高、规范性要求的加大和证据性要求的严格。证据裁判原则要求视频侦查工作由公安内部行为转变为外部诉讼行为,证据相关性规则要求视频监控取证将由信息情报搜集转变为证据的采纳采信等。这与我们的选题不谋而合，给予了我们很多启发，于是我们调整思路，在进行视频侦查研究的同时，还注重视频侦查证据的收集、审查和判断研究，确保收集到的视频资料证据在法庭审判中予以采信。

基于此考虑，本书命名为《视频侦查取证研究》，意在突出侦查阶段取证的重要性。因此，本书既介绍了视频监控面临的问题和产生的后果，视频侦查方法和常用的技战法，也专门论述了视频资料的证据属性、证明力和证据能力，还阐述了视频资料的审查判断。希望我们的研究能对在这方面有兴趣的研究人员和实务工作者提供一定的参考。本书亦是2014年度湖北省高等学校优秀中青年科技创新团队计划项目"视频监控侦查取证综合应用研究"的研究成果。本书由陈晓辉、王刚、李丹三人合著，由陈晓辉统稿。具体分工如下。

陈晓辉（湖北警官学院教授）：第一章、第二章、第十一章。

王　刚（湖北警官学院副教授）：第五章、第六章、第八章、第十章。

李　丹（湖北警官学院讲师）：第三章、第四章、第七章、第九章。

写作过程中，参阅和引用了同行专家学者的有关文献成果以及实战部门的典型案例，在此一并表示感谢。由于著者水平有限，书中难免有疏漏和欠妥之处，恳请读者批评指正。

目　录
CONTENTS

第一章　视频监控概述 ……………………………………………………… 001
　第一节　视频监控的概念 ………………………………………………… 001
　第二节　我国视频监控的应用 …………………………………………… 004
　第三节　国外视频监控的应用 …………………………………………… 013
　第四节　视频监控与隐私权 ……………………………………………… 019

第二章　视频侦查取证概述 …………………………………………………… 023
　第一节　视频侦查的概念和种类 ………………………………………… 023
　第二节　视频监控在侦查中的作用 ……………………………………… 025
　第三节　我国视频侦查的现状 …………………………………………… 029
　第四节　人脸识别技术与视频侦查 ……………………………………… 037
　第五节　以审判为中心的视频侦查取证 ………………………………… 040

第三章　视频侦查取证基本原理 …………………………………………… 046
　第一节　视频监控技术原理 ……………………………………………… 046
　第二节　物质交换原理 …………………………………………………… 047
　第三节　因果关系原理 …………………………………………………… 048
　第四节　同一认定和种属认定原理 ……………………………………… 051

第四章　视频侦查取证的组织与指挥 ……………………………………… 053
　第一节　案中视频侦查组织与指挥 ……………………………………… 053
　第二节　案后视频侦查组织与指挥 ……………………………………… 054
　第三节　积案视频侦查组织与指挥 ……………………………………… 056
　第四节　视频侦查组织与指挥的要求 …………………………………… 058

第五章　视频侦查取证实施 ………………………………………………… 060
　第一节　视频侦查取证规范 ……………………………………………… 060
　第二节　视频侦查取证操作流程 ………………………………………… 068
　第三节　视频侦查取证现场勘查 ………………………………………… 071
　第四节　视频影像的调阅与查看 ………………………………………… 078
　第五节　视频侦查嫌疑目标发现 ………………………………………… 082

第六章 视频侦查取证方法 …… 086
第一节 视频侦查时空取证 …… 086
第二节 视频侦查人像取证 …… 089
第三节 视频侦查车辆取证 …… 095
第四节 视频侦查物品取证 …… 101
第五节 视频侦查事件过程取证 …… 103

第七章 视频侦查取证与传统侦查措施的结合 …… 107
第一节 视频侦查取证在现场勘查中的应用 …… 107
第二节 视频监控在并案侦查中的侦查取证 …… 120
第三节 视频监控在摸底排队中的侦查取证 …… 125
第四节 视频监控在讯问中的侦查取证 …… 129

第八章 视频侦查取证的信息研判 …… 140
第一节 视频侦查取证的信息研判内容 …… 140
第二节 视频侦查取证信息研判的方法 …… 144
第三节 视频侦查取证的信息研判步骤 …… 147

第九章 视频监控中的反侦查行为分析 …… 158
第一节 反侦查行为概述 …… 158
第二节 视频监控中反侦查行为分析 …… 162

第十章 视频影像检验与处理 …… 178
第一节 视频影像检验通用规程 …… 178
第二节 视频影像的特性检验 …… 183
第三节 视频人像与车辆检验 …… 187
第四节 事件过程影像检验 …… 190
第五节 视频影像处理 …… 194

第十一章 视频资料证据 …… 199
第一节 视频资料的证据属性 …… 199
第二节 视频资料的证明力和证据能力 …… 206
第三节 视频资料的审查与判断 …… 210

参考文献 …… 217

第一章 视频监控概述

第一节 视频监控的概念

一、视频

视频(video)泛指将一系列静态影像以电信号的方式加以捕捉、记录、处理、储存、传送与重现的各种技术。连续的图像变化每秒超过 24 帧(frame)画面以上时,根据视觉暂留原理,人眼无法辨别单幅的静态画面,看上去实际上是平滑连续的视觉效果,这种连续的画面称为视频。视频技术来自电视系统,现在已经发展为各种不同的格式,以便消费者将视频记录下来。网络技术的发达也促使视频的纪录片段以串流媒体的形式存在于互联网之上并可被电脑接收与播放。

二、视频图像

视频图像主要是视频监控及其网络系统所产生的图像,是连续的静态图像序列。

(一)人体视觉与图像

人类通过自身的视觉、听觉、嗅觉、触觉、味觉五大神经系统感知与识别自然,而视觉是信息量最大的收集系统。自然界的事物通过视觉神经的感觉、传导并刺激大脑产生认知、识别,从而形成具有线条、形状、明暗、色彩等外在空间表象的记忆。随着人类对事物感觉、认知的不断重复加深、量化比较,产生了对该事物大小、空间位置、运动速度、产生过程等相对固定的印象。在人类社会活动中,这些印象最早是通过口述相传被他人感知的,这种感知过程是一个视觉与听觉的交流、过渡过程,不但"信息量"非常少,而且"差错率"也非常高,所谓"眼见为实耳听为虚"就是这个道理。"绘画"产生后,人们将眼睛看到的事物或记忆中的印象通过画笔颜料等工具重新展现出来,绘画的产品便是"图像"。图像具有直观认知、深化记忆、激发思维、丰富信息等功能。

(二)机器视觉与图像

到了机器时代,人类社会发明了光学透镜、照相机、摄像机、计算机和数字影像技术,图像的定义也发生了革命性的变化。这个时期,图像是指各种图形和影像的总称。

由于照相机、摄像机的光学系统模拟了人眼成像的原理,拍摄记录的图像可以非常接近人眼观察的效果。相机、电视等机器视觉成像产品的普及,又让人们接受并习惯了机器视觉产生的图像与现实景物自然对接。而且,机器视觉记录展示的图像与人体视觉相比更具有客观、真实、全面系统等优点。同时,计算机技术的不断发展,对拍摄、监控目标的智能识别技术也在不断研发中,机器视觉的智能化水平不断提高。在计算机中,图像是由扫描仪、摄像机等输入设备捕捉的画面产生的数字图像,是由像素点阵构成的仿图。数字图像通过计算机在相对的空间中,依据描述像素点、强度和颜色来还原摄像机捕捉到的景物,并直接快速地在屏幕上显示出来。数字图像是由模拟图像数字化得到的、以像素为基本元素的、可以用数字计算机或数字电路存储和处理的图像。

(三) 画面与图像

画面是视觉范围的显示框,是图像信息的承载体。宇宙无始无终,自然无边无际,视觉感受记录到其中一个瞬间(时间上)中的一个局部(空间上),并通过某种形式将其显示出来,这种显示的媒体就是画面,而画面中的内容就是图像。画面和图像又可以被视觉重新认知、识别。对于视频图像来说,决定其在画面中的视觉效果因素很多,除了视觉主体(镜头、光速度、图像格式、压缩比例等)的性能指标外,还有视距远近、视角高低、方向位置以及现场环境等因素。而对于视频画面来说,影响画面播放效果的因素主要有画框大小、长宽比例、明暗亮度色彩反差、播放速度等可调节控制的技术手段。实际应用中,人们往往通过调整画面的大小、反差、色彩等,使画面中的图像更加清晰、色彩更加逼真;通过调整播放速度改变观看效果,以分解动态图像的运动过程。研究画面与图像的关系,也是为了区分静止画面与运动画面、静态图像与动态图像等不同形态的区别,这对于视频图像的分析、处理、应用具有指导意义。

(四) 清晰图像与模糊图像

对于视频图像来说,我们总希望图像是清晰的,但实际应用中,很多时候图像却是模糊的。图像模糊的原因多种多样,或因前端摄像机的质量问题,或因存储压缩比例问题,或因被摄对象移动速度问题,或因现场光线环境问题等。但清晰与模糊也是一个相对的概念,是一个程度的问题,也就是说,该图像能被看清到什么程度,有多个层级,对清晰的要求没有止境,即使在高倍显微镜下也有看不清、辨不明的东西。清晰只是满足了人们在某个阶段、某个层级中的需求,反之就是模糊的。因此,对于模糊图像,我们是否可以换种方式、换个角度来看这个问题呢?或者说把清晰与模糊换成显性与隐性来思考和对待?无论图像清晰还是模糊,总会包含一定的信息量。作为一名视频侦查人员,不但要准确无误地解读图像中的显性信息,也要能从模糊图像中发现有价值的隐性信息。

(五) 画面图像与画外图像

实践中,视频图像只是摄取了现场环境中的一个局部画面,而这些画面中图像内容的局限性往往不能满足侦查人员对案件信息的需求,侦查人员总是希望能够再看到一些画面以外的信息。这里的画面图像是指画面中可以直观地观察到的图像内容,画外图像则是指画面以外的物体通过光照投影、反射、折射以及运动产生的风吹、尘埃、电磁干扰等现象,反映在画面中让人能够对画面以外的物体做出一个具体判断的图像内容。侦查人员通过对画面中图像的观察与分析,了解画面外物体的(图像)信息,意义在于克服视频画面的局限性,以最大限度地获取有用的视频信息和破案线索。[①]

三、视频监控

视频监控是指利用图像采集、传输、控制、显示等设备和控制软件组成的对固定区域进

---

① 公安部五局.视频侦查学[M].北京:中国人民公安大学出版社,2012:34.

行监视、跟踪和信息处理的系统。视频监控从最初的摄像机与视频监视器一对一的系统,发展到后来的一对多系统,再发展到现在的数字式多媒体监控系统,其功能越来越丰富,结构也越来越复杂。总体来说,视频监控一般由前端摄像系统、中端传输系统、后台控制系统和显示记录系统四大部分组成。前端摄像系统将监控视野内的图像转化为光电信号,再通过信号传输系统传输到后台控制系统,后台控制系统再将视频信号还原,分配到显示和记录系统进行再现与记录,并同时将控制信号反馈到前端摄像系统和后台显示记录系统,从而实现对整个视频监控的交互控制。

视频监控按照功能划分一般包括图像采集、录像存储、显示和控制等几个部分。IDRS-IP SAN 网络视频集中存储系统由存储服务器和 IP SAN 磁盘阵列组成。摄像机信号传输至视频编码设备(PC 式硬盘录像机、嵌入式硬盘录像机、网络摄像机或网络视频服务器)中,视频编码设备把视频数据编码成 IP 视频流,通过以太网交换机传输至存储服务器,存储服务器中的视频处理软件以 ISCSI 方式将数据存入后端的 IP SAN 磁盘阵列(IDRS-NS1600-1)中,IP SAN 磁盘阵列通过千兆主机通道与交换机的千兆口相连,可配置成 MPIO 负载均衡方式,保证其性能及安全性。各终端或远程用户通过存储服务器可方便调用 IP SAN 磁盘阵列中存储的历史视频数据。所有的 IP SAN 存储设备可以根据需求灵活地部署在不同的监控中心,但都可以接受存储服务器的统一管理。存储流程见图 1-1。

图 1-1 网络存储流程图

IP SAN 监控存储扩容非常方便,可根据实际需求容量,配置相应数量的存储设备。整个视频监控必须具备故障服务能力(fail over service,FOS),故障服务能力包括故障发生时的切换服务能力和故障修复后的系统自愈合能力。故障切换服务就软件技术来讲分为两个方面:一是目录故障切换服务;二是存储故障切换服务。目录故障切换(directory failover)是指在系统配置一个或多个目录故障切换服务器,在某一个目录服务器出现故障时,其他服务器替代故障服务器的所有功能。工作原理见图 1-2。目录负责整个系统中各种应用的分配和管理,一旦目录发生故障,通过实时监视工具和录像回放工具完成的实时监视和图像回放应用就不能完成。

存储服务在整个系统中主要完成两个任务:一是维持整个系统内的网络视频设备的命令和传输通道;二是做好图像记录。当存储服务器出现问题时,由于系统与前端网络视频设备的联系被切断,图像将不被记录,实时视频图像的监视也就停止了。存储故障切换服务是指当管理前端网络视频设备的存储服务器出现故障时系统应具备的服务切换能力。系统自愈合能力则是指故障切换服务保证了系统内的各种应用在出现故障时仍然可以继续工作,在故障排除后,系统自动或手动恢复到故障前的状态。其工作原理见图 1-3。

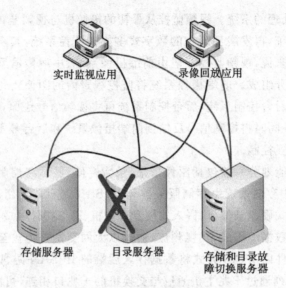

图 1-2　目录故障切换系统

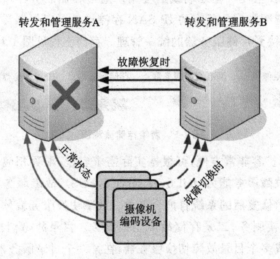

图 1-3　存储故障切换服务系统

第二节　我国视频监控的应用

一、我国视频监控的发展

我国视频监控最早起源于"视频机动车闯红灯自动监测系统"(1996 年北京市公安局和北京市交通工程科学研究所研制),1998 年 3 月 23 日中央电视台"东方时空"在报道中首次使用了"电子警察"一词。"电子警察"就是一种监控系统。[①] 2003 年以来,公安部科技局开展了一系列城市报警与监控系统建设探索工作,先后下发了《关于开展城市报警与监控技

---

① 左玉河,李书源.图说电子警察[M].长春:吉林出版集团,2012:41-43.

系统建设工作的意见》《城市报警与监控系统建设技术指南》等一系列文件,确立了北京、苏州、杭州和济南四种建设模式。2005年10月,公安部科技局在杭州召开了全国城市报警与监控系统建设现场会,会上部署了在全国开展城市报警与监控系统建设"3111"试点工程。[①] 视频监控作为"平安城市"等大型安防工程建设中的重要环节,我国各省各地都在积极建设自己的视频监控系统。自2005年以来,视频监控设施规模不断扩大,现有视频监控总量已经超过前十几年视频监控的总和。从各地公开报道的建设数据来看,加大视频监控在城市建设中的覆盖面,已成为科技创新推进平安城市建设的重要内容,并且部分省、市在视频监控的建设及应用方面已经取得了丰硕的成果。

以湖北省和武汉市为例,湖北省公安厅在2009年召开的"湖北省社会治安视频监控建设规范征求意见会"上对《湖北省社会治安视频监控共享平台建设方案》《湖北省社会治安视频监控安全使用管理工作规范》《湖北省社会治安视频监控建设规范》和《湖北省社会治安视频监控施工规范》等进行了讨论。在这个大背景下,武汉市的视频监控也在稳步进行中。2009年12月3日,武汉市委、市政府召开武汉市视频监控建设工作会议,部署市、区同步建设视频监控工作。会议印发了《武汉市视频监控建设总体方案》《市人民政府办公厅转发市公安局关于视频监控建设与应用管理的指导意见》(武政办[2009]168号)《联网技术规范》和《施工验收规范》。2010年武汉市《政府工作报告》中将"建成全市视频监控体系"列为该年度为群众办好的十件实事之一,武汉市政府将在辖区范围内大量增设视频监控设施(图1-4),基本建成全市视频监控体系,武汉市政府称其为"平安城市"计划。2010年3月,经过公开招标,武汉联通和金鹏电子信息机器有限公司联合投标并最终中标;2010年5月,武汉市公安局正式与中国联通武汉市分公司签订"武汉市视频监控项目"实施合同。

图1-4 城市视频监控摄像头

合同签订后经过一年多的建设发展,武汉市公安局在全市范围内基本完成了一类监控摄像头的覆盖工作。各个区、县公安机关也积极响应号召,逐步推进,不过速度和效率显然不及武汉市公安局。2010年2月2日,洪山区人民政府通过了《关于转发洪山公安分局〈关

[①] 高勇.城市报警与监控系统建设迎来新起点!——公安部下发《关于深入开展城市报警与监控系统应用工作的意见》[J].中国安防,2010(6).

于加强视频监控建设与应用管理意见〉的通知》(洪政办[2010]6号),他们结合洪山区实际,就加强洪山区视频监控建设与应用管理工作提出了若干有益的意见;2010年12月8日,汉阳区政府同中国电信股份有限公司武汉分公司/武汉电信工程有限责任公司达成了"汉阳区视频监控建设项目"的招标协议并公示。经过多年的努力,武汉市的城市报警与监控系统建设已有了相当的规模(其中当然也包括大量社会单位的三类监控摄像头),从而有效提高了公安机关的快速反应能力,案件侦破水平不断提高,城市综合管理水平也得到了有效提升。

随着视频监控技术的发展和安全领域对监控质量要求的不断提高,我国高清摄像头的市场占有率也不断提高。2016年我国高清摄像头市场占比增长至47%,2017年持续快速增长,市场占有率达到59%,已经超过市场上的标清摄像头占有率。未来高清摄像头占有率将继续快速增长,逐步替代市场上的模拟摄像头。另外,我国市场上较大一部分的视频监控产品一直依靠人工监控的传统方式运行,这导致了大量视频数据堆积。它不但占用了存储资源,也使视频监控的实时性变差。案件发生时,大量的视频数据使得检索工作量巨大,大大地降低了检索工作效率。为了克服这一弊端,视频监控行业应逐步向高清化、网络化、智能化方向发展。我国高清摄像头已经占据了市场的半壁江山,网络摄像头的市场占有率也从2016年的40%提升至2017年的48%。随着高清网络摄像头市场占有率的逐步提高,我国视频监控智能化的脚步也向前迈进了一大步。

同时,我国视频监控设备的技术性在不断增强。目前,视频监控从模拟监控到数字监控再到网络视频监控,发生了一系列变化。从技术角度上看,视频监控的发展可划分为,第一代传统模拟闭路视频监控(CCTV)、第二代数模混合视频监控(DVR)、第三代全IP网络视频监控(IPVS),现在正迈入智能视频监控时代。

(一) 传统模拟闭路视频监控(CCTV)

传统模拟闭路视频监控主要由摄像机、视频矩阵、监视器、录像机等组成,利用视频传输线将来自摄像机的视频连接到监视器,利用视频矩阵主机,采用键盘进行切换和控制,采用磁带的长时间录像机,远距离图像传输采用模拟光纤,利用光端机进行视频的传输。

这类模拟闭路视频监控存在以下局限性:监控能力有限,仅支持本地监控,受到模拟视频线缆传输长度和同轴电缆放大器限制;可扩展性有限,系统通常受到视频画面分割器、矩阵和切换器输入容量限制;录像负载重,用户必须从录像机中取出或更换新录像带保存,且录像带易于丢失、被盗或无意中被擦除;录像质量不高是录像的主要限制因素,录像质量随使用时间和拷贝数量增加而降低。

(二) 模拟-数字监控系统(DVR)

"模拟-数字"监控系统以数字硬盘录像机DVR为核心,一半模拟一半数字,从摄像原理上讲,DVR仍采用同轴电缆输出视频信号,通过DVR同时支持录像和回放,并可支持有限IP网络访问。和传统的第一代模拟视频监控相比,数字视频图像监控系统至今已经历了两个发展阶段。20世纪90年代末期,利用PC多媒体技术来实现视频图像的数字化监控,称为第二代半数字化本地视频监控,典型的产品就是数字硬盘录像机(DVR);21世纪初期,以网络为依托,以数字视频处理技术为核心,综合利用光电传感器、数字化图像处理、嵌入式计算机系统、数据传输网络、自动控制和人工智能等技术的一种新型数字监控系统横空出世。它不仅具有第一代本地数字监控系统所具有的计算机快速处理能力、数字信息抗干扰能力,还具有便于快速查询记录、视频图像清晰及单机显示多路图像等优点。而且依托网络,真正发挥了宽带网络的优势,通过 IP 网络,把监控中心和网络可以到达的任何地方的监控目标组合成一个系统,真正实现了目前对视频监控远程、实时、集中的需求,这就是第三代全数字化网络视频监控,典型的产品就是网络摄像机。

由于 DVR 产品繁多,所以这一代系统是非标准封闭系统,DVR 系统仍存在很多局限性:复杂布线,"模拟-数字"方案仍需要在每个摄像机上单独安装视频电缆,导致布线复杂;有限可扩展性,DVR 典型限制一次最多只能扩展 16 个摄像机;有限可管理性,需要外部服务器和管理软件来控制多个 DVR 或监控点;有限远程监视和控制能力,不能从任意客户机访问任意摄像机,只能通过 DVR 间接访问摄像机;磁盘易发生故障风险,与 RAD 冗余和磁带相比,"模拟-数字"方案录像没有保护,易于丢失。

(三) 全 IP 网络视频监控(IPVS)

全 IP 网络视频监控通常指的是安全监视和远程监控领域内用于特定应用的 IP 监视系统,该系统使用户能够通过 IP 网络(LAN/WAN/Internet)实现视频监控及视频图像的录制。与模拟视频监控不同的是,网络视频监控采用网络,而不是点对点的模拟视频电缆,来传输视频及其他与监控相关的各类信息。全 IP 网络视频监控与前面两种方案相比存在显著区别,该系统优势是摄像机内置 Web 服务器,并直接提供以太网端口。这些摄像机生成 JPEG 或 MPEG4 数据文件,可供任何经授权客户机从网络中任何位置进行访问、监视、记录并打印,而不是生成连续模拟视频信号形式图像。在网络视频应用当中,经过数字化的视频流能够通过有线或者无线的网络传输到世界上的任何一个地点,从而使用户可以在任意位置通过网络实现视频监控和视频图像的录制。[①] 全 IP 网络视频监控是由网络摄像机及其监控管理平台所组成的监控系统,系统的核心设备是网络摄像机。无线网络视频监控中不仅包含视频和控制数据,同时也包含系统所涉及的音频数据。

网络摄像机的应用,使得图像监控技术有了一个质的飞跃。第一,网络的综合布线代替了传统的视频模拟布线,实现了真正的三网(视频、音频、数据)合一,网络摄像机即插即用,而且图像清晰,稳定可靠;第二,跨区域远程监控成为可能;第三,图像的存储、检索十分安全、方便,可异地存储,实施简便,系统扩充方便。

(四) 智能视频监控

虽然监控系统已经被广泛地应用于银行、商场、车站和交通路口等公共场所,但实际上,较多的监控任务仍需要人工完成。而且现有的视频监控通常只是录制视频图像,提供的信息是没有经过分析的视频图像。这样的视频图像只能用作事后取证,没有充分发挥监控的实时性和主动性。为了能让视频监控人员实时分析、跟踪、判别监控对象,并在异常事件发生时提示、上报,为政府部门、安全领域及时决策、正确行动提供支持,视频监控的"智能化"就显得尤为重要了。

智能视频监控是利用计算机视觉技术对视频信号进行处理、分析和理解,在不需要人为干预的情况下,通过对序列图像自动分析,对监控场景中的变化进行定位、识别和跟踪,在此

---

① 北京立文锐盾智能技术有限公司.远程视频监控系统解决方案[DB/OL].北京立文锐盾智能技术有限公司网站,http://www.lwrd.net/jiejuefangan/20.html,2011-5-30.

基础上分析和判断监控目标的行为,在异常情况发生时及时发出警报或提供有用信息,有效地协助安全人员处理危机,并最大限度地降低误报和漏报现象。智能视频能够在图像及图像描述之间建立映射关系,从而使计算机能够通过数字图像处理和分析技术来理解视频画面中的内容。视频监控中的智能视频技术主要指的是"自动地分析和抽取视频源中的关键信息"。如果把摄像机看作人的眼睛,智能视频系统或设备则可以看作人的大脑。智能视频技术借助计算机强大的数据处理能力,对视频画面中的海量数据进行高速分析,过滤掉用户不关心的信息,仅仅为用户提供有用的关键信息,并依据设定的规则进行判断和报警,是视频监控技术发展的趋势和方向。

我国目前掌握的最新智能视频监控技术,如背景减除方法、时间差分方法等视频分析编码算法,已经达到了国际领先水平,可以兼容各类模拟监控和数字监控。同时,还可以实现无人看守监控,自动分析图像,瞬间能与110、固定电话、手机连接,以声音、闪光、短信、拨叫电话等方式报警,同时对警情拍照和录像,以便调看和处理。智能视频监控技术以常见的网络数字视频监控技术为基础,具备大家熟知的网络视频监控的优点,同时还具有更大的优势。

第一,全天候监控。智能视频监控可以实现全天候24小时可靠监控,彻底改变以往完全由值班人员对监控画面进行监视和分析的模式,通过嵌入在前端设备中的智能视频模块,或者中心安装的智能分析服务器,对所监控的画面进行不间断分析。

第二,提高报警精确度。智能视频监控不同于简单的视频移动检测报警功能,它可以大大提高报警精确度,前端设备可以集成强大的图像处理能力,并运行高级智能算法,使用户可以更加精确地定义一个安全威胁的特征,有效降低误报和漏报现象,减少大量的无用视频数据。

第三,突发事件处置。智能视频监控通过设置规则并识别可疑活动(例如有人在公共场所遗留了可疑物体或者有人在敏感区域停留的时间过长),在安全威胁发生之前提示值班人员关注相关监控画面,以提前做好准备,在特定的安全威胁出现时采取相应的行为,有效防止在混乱中由于人为因素而造成的延误。

第四,提高安全部门的保护级别。智能视频监控能协助政府或其他机构的安全部门提高室外区域或者公共环境的安全防护。此类应用主要包括高级视频移动侦测、物体追踪、人物面部识别、车辆识别和非法滞留等。

第五,视频资源的其他应用。除了安全相关类应用之外,智能视频监控还可以应用到一些非安全相关类的应用当中,此类应用主要包括人数统计、人群控制、注意力控制和交通流量控制等。

智能视频监控通过对摄像机采集的视频图像进行智能分析,并可以进行多种检测,如突然入侵检测、移动物体检测、运动路径检测、遗留物体检测、运动方向检测和移走物体检测等,从而可以对人或者物体进行分析,定义"越界""出现""增加""遗留""长时间逗留""聚众""违反出入规则""车辆逆行"等报警规则。智能视频监控真正实现了实际应用意义上的 7×24 全天候实时监控,尽可能发挥视频监控的功能,有效地提高了值班人员的工作效率。

二、我国视频监控运用存在的问题

(一) 视频监控的建设问题

根据《安全防范工程技术规范》(GB 50348—2004),视频安防监控系统是指利用视频技术探测、监视设防区域并实时显示、记录现场图像的电子系统或网络。视频监控则是视频安防监控系统在各个城市的直接应用,从2003年开始至今,我国大多数一线城市的公共空间,逐步实现监控探头密布。从视频监控安装及维护主管部门来看,视频监控主要分为两大类:各级政府主导和各个单位、组织主导。以武汉市为例,其视频监控按照建设单位不同分为一类监控、二类监控和三类监控:一类监控由武汉市公安局直接联网控制;二类监控由各区级公安分局直接联网控制;三类监控由社会单位自建,实行本地存储。其中,前面两类属于政府主导,也被称为A类探头,第三类属于单位、组织主导的,也被称为B类探头。武汉市A类探头均由两级政府与相关网络运营公司签订合同,实行"网络运营商出资建设、政府承租、公安机关管理使用、其他部门共享"的模式。根据对安装是否带有强制性,B类探头又可分为强制安装探头和自愿安装探头,前者由相关法规强制特定场所(如贵重金属、国有文物、机密级以上文件的存放场所,广播电视通信枢纽等)安装,后者则完全根据单位、组织自愿决定是否安装,包括超市内部、工厂内部、企业工作场所等。B类探头不论哪种形式,其建设与管理完全归属各单位内部。从建设现状来看,国内一线城市已经基本实现了城区视频监控的全覆盖,在城市的社会治安综合治理、平安城市创建与维护、违法犯罪案件线索提供与查处等方面,发挥了积极、有效的作用。然而,不可否认的是,相当比例的问题仍然存在,主要表现为如下几点。

1. 视频监控建设的区际、城际差异较大

仍以武汉市为例,A类探头外表看来不是由政府直接出资的,但网络运营商实际上还是依靠政府的承租额度决定建设的力度。由于武汉市级财政和区级财政之间、不同区财政之间均存在经济发展的差异,决定了建设力度的差异。

2. 视频监控安装存在漏洞

首先,视频安装主体、安装范围不明确。实践中,由于缺乏法律层面上的相关规定,视频监控应当由哪些人或哪些部门进行安装并没有统一,这导致视频安装的主体比较混乱。有政府为了公共安全的需要安装的,有各种企、事业单位出于单位的安防考虑安装的,也有个人为了住宅安全安装的。其次,视频监控安装的范围也不明确。视频监控的安装范围直接决定着公民个人隐私权的空间范围,当前的视频监控设备有自愿安装的,也有强制安装的,有在公共场所安装的,也有在涉及个人隐私的地方安装的,大多数安装视频监控的场所未设置明显标志。[①] 尽管有些地区出台了一些管理办法,规定了视频监控安装的范围,但也多未能得到有效的执行。另外,视频监控建设缺乏统一布局。由于涉及视频监控建设的部门较多,部门要求不同,造成系统建设缺乏统一的规范,整体布局不合理。最后,摄像头安装位置不规范,拍摄质量不佳。由于安装前没有科学分析,导致拍摄范围不全、拍摄角度不合理或拍摄清晰度不够等,影响视频资料的使用效果。

---

① 高立萍.常规监控技术的合理利用与公民隐私权的保护——以视频监控技术为例[J].赤峰学院学报(汉文哲学社会科学版),2017(7).

3. 视频监控维护、更新严重缺位

视频监控的建设与使用涉及多个部门,实践中,部门间因缺乏统一的机构进行组织协调,而导致各部门间职责分配不清。如果说建设是"一锤子买卖"的话,那么对它的维护和更新则是一个"细水长流"且耗资巨大的工作。如在 2014 年武汉市某区申报的"视频监控升级和社区视频监控技术方案编制项目"中,包含的"不少于三年的技术咨询及服务"采购价就达到 100 万元。除了常规的维护和更新外,当前大多数视频监控的数据保存期限较短,不利于相关机关的调取、研判工作,而大规模、大批量数据保存也是一个"烧钱的活"。由于当下财政支付、行政采购控制等因素,各地政府很难对辖区内的视频监控开展长期的维护与更新。网络运营商在资金限度外,当然不会做过多、额外的投入。因此,视频监控在实际应用中,存在着"重投入轻维护,重安装轻管理"的现象,受部门利益的影响,系统维护方经常出现部门间推卸责任的现象,导致视频监控的维护工作不能及时地展开。视频监控缺乏日常的维护,管理意识不到位,这些必然弱化视频监控的作用,影响侦查活动的顺利进行。

4. 视频监控设备的存储容量不足

由于受技术水平的限制,视频监控设备的存储容量一般都较小,无论是政府建设还是个人建设的视频监控,一般情况下都有一定的保管期限,过了这个期限视频资料就会被覆盖或进行大压缩比的有损压缩保存。① 因此,有些刑事案件发生后,侦查机关未能在案件发生后的第一时间接到报案,案发时间与开展侦查的时间相隔较远,待侦查机关调取视频资料时,由于视频资料保存时间短暂,视频资料往往已被销毁或覆盖,影响侦查工作。

5. 视频监控资源的共享率不高

视频监控采集的信息量较大,其中包含许多潜在的违法犯罪信息。这些信息资源只有得到充分的利用,才能发挥其内在的价值,否则就属于无效信息。因此,为提高视频监控的使用成效,我们需要重视视频监控资源的共享。但在目前,由于资金投入、网络建设等方面的原因,一些地区的视频监控尚未实现网络化,也未能与其他公安情报系统建立关联,致使侦查人员得到有价值的视频监控信息后,因错过最佳使用时机,视频监控的信息未能发挥应有的作用。

(二) 视频监控规范管理问题

1. 缺乏统一的视频监控管理规范

目前,我国没有关于视频监控的相关立法,视频监控的应用缺乏专门性的法律规范。但一些省市如重庆市、北京市、辽宁省、广州市、贵州省、成都市等地先后出台了一些有关视频监控的地方性法规,值得借鉴。如《广州市公共安全视频系统管理办法》第二十一条第二款规定:"视频信息的有效存储期不得少于 15 日,法律、法规、规章或者行政规范性文件另有规定的除外。"《辽宁省公共安全视频图像信息系统管理办法》第十四条第一款第七项规定:"除法律、法规另有规定外,妥善保存图像资料 15 日以上,对具有重要价值的图像资料保存 1 年。"《重庆市社会公共安全视频图像信息系统管理办法》第十九条第一款第八项规定:"信息资料的有效存储期一般不少于 30 日;涉及公共安全的重要信息资料交由公安机关存储,有效存储期不少于 2 年。"《成都市公共视频图像信息系统管理办法》第十四条规定:"图像信息

---

① 孙展明,尹伟中.论视频侦查的几个基本问题[J].公安教育,2015(12).

应当按照相关规定的期限留存备查。"

2. 缺乏必要救济

视频监控设备的广泛使用,不可避免地会涉及侵犯公民个人隐私问题。视频监控在侦查领域的应用如果未能遵守一定的法律界限,也将对个人的隐私造成不必要的侵犯。国家有义务采取适当的措施保护通过视频监控收集的个人相关信息,而最有效的方式显然是通过立法将视频监控的设置与使用予以规范。由于视频监控工作通常都是秘密进行的,因此,许多被监控对象并未意识到自己被监控,因而无法就隐私权遭到侵犯的情况申请法律救济。同时,通过视频监控获得的数据信息,即便被用于公共目的之外的其他目的,被监控者也通常并不知情,所以很难提出法律救济。

三、视频监控市场化运作争议

就社会治安防控和违法犯罪侦查而言,视频监控应该是越密越好、越高清效果越好,但这对各地政府的财政投入是一个巨大的考验。坦率地说,系统完全依靠国家和政府的投入,不仅是不现实的,也是不科学的。在监控系统的建设和维护过程中,如何实现"政府主导"向"市场主导"的转变,应是各地政府亟须考虑的问题。因此,有学者提出,能否对城市视频监控实行市场化运作,用"市场的手"推动监控系统的科学、规范、可持续发展,方为安防监控技术的长久发展之道。

由市场化的公司来建设视频监控,似乎毫无异议,但将视频监控数据交由市场化的公司来商业化运作,绝对是一个令人意外、无法接受的想法。可以肯定的是,这一想法必然会招致广泛的非议,其中最有争议性的焦点在两个方面:其一,视频监控权是否能由国家交给公司运作?其二,视频监控涉及大众的隐私,市场化、商业化运作是否侵犯隐私权?

第一个问题是一个无法从法律上直接回答的问题,因为视频监控权是不是一项国家权力,我国法律并未做直接规定。我国视频监控最早起源于"视频机动车闯红灯自动监测系统"(1996年北京市公安局和北京市交通工程科学研究所研制),1998年3月23日中央电视台"东方时空"在报道中首次使用了"电子警察"一词。"电子警察"就是一种监控系统。早期的交通监控系统全部由各地政府负责安装、公安交通管理部门负责使用,但并无具体法律将这种监控规定为一项国家专属权力。2012年刑事诉讼法修订中增加了技术侦查措施的规定,同时在《公安机关办理刑事案件程序规定》中将"技术侦查措施"限定为"记录监控、行踪监控、通信监控、场所监控",似乎是给视频监控提供了一个法律脚注。然而,按照刑事诉讼法规定的程序,技术侦查措施是在立案之后,根据刑事案件侦查的需要且经过严格的批准手续,方能由法定机关适用,这显然与24小时不间断地存在且运作的城市视频监控不同。其实,最初的视频监控主要应用于私人领域,实践证明,视频监控在私人领域的应用取得了巨大的成效。20世纪60年代,美国闭路电视监控(CCTV)就已经应用于银行和其他商业楼宇,到70年代广泛应用于医院、24小时便利店、艺术展览以及其他各种商业设施。[①] 可见,如果说视频监控权是国家权力且只能由国家行使,那么该如何界定我国各大城市中大量设置的B类探头呢,难道都是侵犯国家权利?显然不是。此外,有人可能认为视频监控容易侵

---

① 公安部治安管理局,公安部第一研究所.国外城市视频监控应用与管理[M].北京:中国人民公安大学出版社,2012:11.

犯个人权利，只能由国家行使。这种观点显然也绝对化。

第二个问题涉及监控数据市场化、商业化是否合法，是否侵犯隐私权的问题。表面上看，这种做法确实可能侵犯个人隐私，但这里需要注意的是，如何界定公共场所的隐私权？隐私权可以追溯到19世纪末自由经济时代的美国，1890年美国波士顿沃伦律师在《隐私权》一文中提出："隐私权"是一种"独处不受打扰的权利"①。但隐私权不是绝对的权利，而是在符合法律和公共利益之下的相对权利。公民个人的信息或秘密是否属于隐私，最主要的判断标准是，它是否与公共利益有关，如果有关就应当被排除在隐私保护范围之外。对此，恩格斯曾经指出："个人隐私一般应受到保护，但当个人私事甚至阴私与最重要的公共利益——政治生活发生联系时，个人私事就已经不是一般意义上的私事了，而是属于政治的一部分，它不受隐私权的保护，应成为历史记载和新闻报道不可回避的内容"②。可见，公共场所的视频监控，其构建的目的就是为了保护公共安全，但当某一个人走在这个公共场所时，公民个人的信息必须为了维护公共利益而舍弃掉。有人可能会提出，监控可以，但将监控数据市场化、商业化，就是侵犯了个人隐私。这种观点属于"外表正义、实质绝对"的理想状态，在任何一个中央集权国家、任何一个强调群体利益与个人权益并重的社会，都不可能绝对保护这种公共场所的个人隐私。比如近年来我国一些地区鼓励全民"抓拍违章奖励""抓拍车窗抛物"等做法，正是个人隐私在公共利益面前的退让。此时，如果过于强调个人隐私至上，实际上是一种绝对权利中心主义，难以得到国家法律保护。

至于监控数据市场化、商业化的市场前景，毋庸置疑，在很多方面，视频监控数据可以发挥出重要的作用，如商业市场潜在消费群体调查、商业区域人流统计、交通路口流量统计，监控数据均可以提供直接、全方位的服务，再比如失踪宠物寻找、失踪人口循迹、公共场所遗失物品找回等领域，原来虽然可以通过报警处理，但由于某些因素的影响（如数额较小达不到立案标准、警力有限无法开展有效搜寻等），利害关系人就可以通过对监控数据进行商业化购买，通过购买获得更好、更全面的服务。监控数据还可以在诉讼中发挥积极的效应。最高人民法院《关于民事诉讼证据的若干规定》第68条规定："以侵害他人合法权益或者违反法律禁止性规定的方法取得的证据，不能作为认定案件事实的依据"。"侵害他人合法权益的方法"一般是指以暴力、胁迫、非法拘禁他人或者以其他方法非法剥夺他人人身自由等侵害他人的人身权利的刑事违法行为方式；"违反法律禁止性规定的方法"则是指由具体法律条文规定给予的否定性社会评价，并依靠法律的强制惩罚性来维护的社会关系。而通常情况下，在公共场所内的视频监控拍摄的数据，显然不是最高法司法解释禁止的方法，完全可以取得合法的证据效力。

视频监控的市场化运作，绝不仅仅意味着视频监控建设上的市场化。如果单纯从建设角度考虑，这是一个纯粹的投资行为。市场化运作要求企业对视频监控进行投资，最后的利润点必然是系统的管理、使用和共享。这里的系统不仅仅单纯指视频监控本身，还应当包括视频监控的监控数据。前期要求企业投资，后期就应当允许企业获利。获利从哪里来？除了政府对系统的建设和使用的租金外，还应当允许企业通过规定的程序和特定的形式，实现对系统使用和数据共享的市场化、商业化。只有这个目标最终实现，企业才可能全身心地投

---

① Samuel Warren, Louis Brandeis. The Right to Privacy[M]. Harvard Law Review,1980(12):193-220.
② 马克思,恩格斯. 马克思恩格斯全集(第18卷)[M]. 北京:人民出版社,1972:591.

入视频监控的建设中,才可能根据客户需要投入更多人力、物力、财力,来加快监控探头的发展步伐。在具体思路上,我们可以考虑由省一级政府通过招标方式确定一个实力相对雄厚、没有违法记录的公司,由其负责省内各地市的视频监控建设、维护和更新职责,同时允许其履行法定手续后对视频监控数据实行商业化运作,政府可以指定特定机关(如保密机关、公安机关)对其数据存储和使用情况进行合法性、合理性、规范性的监督和制约。

第三节 国外视频监控的应用

早期视频监控主要应用于商用安防领域,随着城市的发展,为了满足维护公共安全和预防控制犯罪的需要,许多国家和地区的警方开始在公共重要区域建设视频监控系统,并在城市道路、公共社区等大型公共建筑监控方面积累了很多经验,还在不断地将计算机技术、电子信息技术的最新发展应用到视频监控中来。特别是以美、英为代表的一些发达国家,以"反恐"为契机,投入了大量的人、财、物和科研技术力量,开展信息化、智能化视频监控方面的研究。法国和日本在管理和使用视频监控方面也有一定的特色。

一、英国的视频监控

20世纪70年代,英国开始引进CCTV系统,并拥有了全世界最早的视频监控。90年代以后,英国政府开始实施"地方管理局CCTV计划"。此后,CCTV系统开始在英国各地大规模安装和使用。目前,英国全国建有视频监控摄像机420万台,约占全世界监控摄像机总量的5%,几乎覆盖了所有城市的大街小巷和全国的高速公路。其特点是控制面广、数量众多、分布密集,仅伦敦市区就有约50万台摄像机。同时,英国也是城市视频监控应用水平最高的国家之一。由于英国监控系统建设起步比较早,在已建成的系统中,模拟系统约占7%,数字系统约占30%,大部分是采用模拟光纤接入。英国政府正在积极地将原来的模拟视频监控升级为数字系统。英国的视频监控以固定摄像机为主,通过在同一监控点安装多台监控摄像机实现全方位覆盖。作为固定摄像机的补充,球机多安装于广场、路口等控制范围较大的地方,用于视频跟踪及精确定位,但是比例很少。随着社会的进步、科技的不断发展及市民大众安防意识的不断增强,英国目前的社会治安视频监控,包括其管理体系等都取得了很大的进步和发展。视频监控已成为英国政府打击犯罪及恐怖活动的重要工具。目前,英国视频监控已形成以下优势。

(一)社会资源优势

经过多年的建设和实践,英国视频监控已经成为提高社会防范、有效打击犯罪、提升政府政绩的重要举措。市民的安防意识普遍较高,特别是在大城市,几乎所有的商业场所都自觉地安装了监控系统,而且能通过专用无线通信设备互相通信。绝大多数市民已经习惯生活、工作于被监控的环境当中,他们认为这对自身有好处,因此积极支持视频监控的建设,真正做到了群防群治。

(二)建设模式优势

英国各地区的大型监控系统一般都由市政厅统一设计、规划、建设、管理和维护,避免了财政上重复投资及部门之间复杂的协调。英国政府不仅重视视频监控建设,同时也较重视人权的保护。一方面政府对建设项目进行审批和管理,另一方面从法律的层面,对建设的地点、方式、标志进行规范,形成一种公开、透明的运作机制,让公众了解监控系统,并自发地支持监控系统建设。商家自主地建设监控系统,营造了良好的社会氛围。

（三）应用管理优势

英国已经形成了比较完善的视频监控的应用管理制度和程序。如使用视频监控的地方必须有清晰易见的警示标志,监控摄像机必须安装在显眼的位置,公共场所的视频监控不允许由私人建设,必须由政府负责实施。录像资料必须证明图像没有被修改过,才可以被正式引用作为证据;警察要求政府提供监控录像资料时,必须办理相关手续;在事件调查阶段,政府只能提供拷贝图像等。有的地方政府还专门颁布了地方法规来规范和指导当地的监控系统建设,使各监控系统都能充分发挥作用,有效地预防和打击犯罪,真正发挥了通过科技手段保一方平安的作用。

然而,英国的CCTV系统建设也存在许多不尽如人意的情况,如视频监控设备安装分散,没有战略性的方向,未得到有效控制和规范等。此外,地方管理局、警方和刑事审判机构还面临诸多其他的问题。例如,CCTV系统开发时缺少协调协作的办法和机制,这给系统的兼容带来了重大风险。另外,还有获取图像的成本及潜在的运营损失等问题。为了更好地发挥CCTV系统的作用,许多CCTV系统操作与管理人员都建议对现有CCTV系统的标准、程序、培训及操作方法等进行摸底,并且提出改进措施。英国警察局长协会（ACPO）在内政部联合工作小组和减少犯罪落实委员会的支持和帮助下,对英国CCTV系统十个方面的问题进行了详细的审查,并于2005年9月向内政部提交了《国家CCTV战略》报告。在此报告中,专家们就如何更好地发展英国CCTV系统提出了许多合理的建议。此报告为英国CCTV发展指明了方向,对闭路电视监控系统的规范化建设、使用和管理也起到了积极的引导作用。

由于行政管理体制的原因,英国视频监控没有进行全国性的联网。行业之间也没有进行联网,各部门的系统基本上都是独立运行的。近年来,英国政府根据应用的要求,加强了监控资源的共享,着手开展了区域性的联网工作,进一步加强了视频监控的实战应用。

二、美国的视频监控

美国公共场所的视频监控最先是从商业和私人领域发展起来的。20世纪60年代,闭路电视监控（CCTV）就已经应用于银行和其他商业楼宇,到70年代广泛应用于医院、24小时便利店、艺术展览馆以及其他各种商业设施中。1965年美国有媒体建议政府在公共场所安装监控摄像头,对犯罪进行预防和监控。据文献记载,美国警方最早在公共场所安装视频监控始于1971年,是位于纽约州的芒特弗农市,其他城市很快紧随其后。然而,由于缺乏当地财政的支持,这些早期的视频监控无论是在技术上还是资金上大部分都存在着一些问题,而且当时的视频技术仅限于消极地记录事件,不允许远距离地进行主动监视,且拍摄的图像也很模糊,无法作为立案证据使用。20世纪80年代中期到90年代,随着摄录机以及数字和多路传送器技术的引入,视频技术得到了快速发展,这为执法部门的视频监控提供了可能。1994年美国出台了《控制暴力犯罪和实施相关法律法案》,授权联邦政府资助各州执法部门建立犯罪防控体系,其中包括视频监控。该系统已成为美国政府打击犯罪及恐怖活动的重要工具。根据美国安防行业协会安全行业市场报告,20世纪90年代视频监控的市场份额约占全部安全行业的34%,年增长率为6.7%。

"9·11"恐怖袭击事件发生后,美国社会对公共安全的要求提升到前所未有的高度。有一些州立法规定,在某些情况下要求强制使用视频监控。同时,美国政府也开始在国土安全上大幅度投入,自"9·11"事件至2008年,国土安全资助计划(HSGP)已向州和地方政府拨款230亿美元,用于执法机构的各种安全改善措施,包括视频监控。从美国近年的视频监控发展来看,视频监控技术比以往任何时候都更加积极主动和富于创新。美国一些大城市正利用视频监控技术来改进其安全基础设施,这对于提高城市安全防范力度起到了重要作用。目前,美国视频监控的主要特点表现为如下几点。

(一)视频监控日益智能化、远程化

随着人们对需求的逐步提高,网络摄像机开始向着高清、智能的方向发展,高清晰度和IP视频的需求日益增加。1996年,美国研发出全球第一台网络摄像机,所以美国是最早采用基于IP的视频监控摄像机的国家,基于IP的产品以每年约45%的速度增长。2007年美国《SDM》杂志根据调查发现,安防经销商和集成商希望增加开支的前三项设备是视频监控、IP网络视频设备和监控设备。视频方案供应商将视频管理软件(VMS)融入移动设备和PDA,从而能够进行远程监控。

在智能网络视频监控阶段,监控手段和效果日益智能化。监控智能化体现在两个方面。一是监控手段自动化,主要用于识别特定对象犯罪行为和动态追踪被识别出的对象及其犯罪行为,智能视频方案供应商在视频管理系统中整合了生物测定技术、临界分析技术和搜索技术,从而重新挖掘监控视频信息的价值。二是监控效果智能化,主要用于公共管理系统,如警务系统,实现监控预警、报警、出警等智能化。智能视频分析设备厂商往往会把视频分析解决方案扩大到远程视频监控市场。

(二)网络覆盖范围不断扩大

计算机和网络技术的普及与发展,进一步提高了视频监控的网络化和智能化。这种数字化和网络化的趋势以及数字技术和无线技术的低成本,使监控系统得以在更大的范围以及更复杂的环境下应用。

美国的执法机构正在逐步普及警用视频监控设备。虽然政府缩减开支会减缓警车视频监控设备的增长速度,但市场分析家指出,警车配备视频监控设备正变得越来越普遍,因为视频监控设备明显给警方的工作带来诸多益处。与水印类似验证技术相比,视频记录因为具有不易被更改的特性而被优先用作证据,协助警官处理各类案件的投诉。

(三)急需视频证据分析人员

视频监控技术正在改变执法机构调查案件的方式。美国的视频安防产业增长迅猛,导致执法机构难以应对随之而来的大量视频证据,视频证据分析人员极其紧缺。为了帮助处理和分析视频证据,美国司法部和国际警察局长协会联合美国的四个区域建立了四个法庭视频分析实验室,以向警察局提供视频证据分析。

(四)无线传输成为视频监控发展的趋势

美国很多城市越来越多地采用无线网络技术,无线网络技术已经成为视频监控市场的新方向。拥有无线网络的城市可以通过这些网络设施大幅度削减在全市范围内部署监视器的成本。无线网络可以不铺设线缆,不受光纤点位置的限制,可以临时布监控点,支持移动监控。由于这些措施便于警用车辆或者应急车辆对现场进行实时监控,也便于视频传输,所以新的移动视频技术也可以为警察和应急响应组织提供帮助。

三、法国的视频监控

法国最早的城市视频监控建于1995—1997年,虽然由于涉及公民自由权和肖像权问题,法国社会对此争议不断,但这并未影响法国视频监控的建设与发展。法国政府对于城市公共安全问题非常重视,依据现行法律法规,着力发展城市视频监控,并颁布了一系列新的法规,出台了全国性视频监控计划(2010年的国内安全指导与规划法草案将"视频监控"改称为"视频防护",法国官方此后发布的文件中"视频监控"均统称为"视频防护系统"),创建了专门的顾问机构——全国视频防护委员会和省级视频防护委员会,依法对视频监控的建立和应用进行严格管理,使得法国城市视频监控得到较快发展,在维护社会治安、打击恐怖主义犯罪、协助管理交通秩序方面取得了一定的成效。法国的视频监控建设有以下特点。

(一)依法审批,严格管控

法国的城市视频监控不像英国那样密集,监控摄像机的数量远不及英国那样庞大。究其原因,主要是因为法国长期以来就是强调公众自由权和个人隐私的国家,而视频监控的建立势必会涉及个人自由问题。为实施全国视频防护计划,法国政府根据已有的法规以及为此颁布的新法规和政令,专门在内政部成立了全国视频防护委员会,为内政部部长决策提供建设性意见,并针对视频保护的各种问题为有关方面提供咨询服务。对于视频监控的建立和发展,统一由省政府征求省级视频防护委员会意见,或者必要时征求国家信息和自由权委员会(CNL)的意见后,行使审批权,颁发许可证。国家信息和自由权委员会有权随时对视频防护系统的安装和应用进行检查,严格控制视频监控图像的记录和传输等。法律规定,未经许可安装或维护视频防护系统、未经许可记录视频监控信息、未在规定期限内将记录销毁、伪造记录、阻碍省级视频防护委员会的行动使无资格人员获取图像或者为了未经允许的其他目的使用此类图像的行为人,将被处以3年监禁和4.5万欧元的罚款。各级政府对于城市视频监控的建设和发展,都保持谨慎的态度,做到有法可依,有章可循,对视频监控所涉及的个人信息进行严格管控。

(二)加大力度,严格标准

为了更好地维护社会治安,预防和打击恐怖主义犯罪,改善城市交通秩序,法国政府决定加大视频监控手段在城镇间公共道路和公共场所的布控力度,在2007年出台了一项名为"视频防护计划"的全国性计划,并自2009年起在全国范围内正式开始实施。此计划将全国公共场所和公共道路上的视频监控摄像机的数量增加两倍,即从2009年开始到2011年,摄像机数量从2万台增加到6万台,国家财政为此项计划总投资高达5.55亿欧元。为了保证对视频防护系统摄像机拍摄信息的有效利用,法国内政部于2007年8月3日专门发布了关于确定视频监控技术标准的行政决定。该行政决定针对摄像机以及传输和存储系统,规定了技术标准;另一方面,针对存储系统的互操作性和数据也规定了技术标准。具体而言,就是对系统构成、网络连接、图像质量、视频流量、图像存储等各项技术指标均作出明确规定。法国关于视频监控的法规要求,任何组织和个人在申请安装视频防护系统许可证时,必须出具符合上述标准的证明文件,其申请才可能得到批准。

(三)公开透明,保护隐私

法国视频监控的申办程序和部署结果公开透明。在法国各级政府的官方网站上,老百姓可以随时查找与城市视频防护计划有关的各种政策法规文件,可以直接下载申请安装视频防护系统所需的各种申报表格,检索已经签发的许可证情况。通过网上地图标志及相关责任人安装在视频摄像机附近的指示牌,民众了解已经安装的视频防护系统摄像机的具体位置,真正做到了视频监控申办程序和部署结果的公开透明。此外,为了尊重个人隐私权,法律还规定,实施公共道路的视频监控活动不得显示附近居民居住房屋的内部图像,也不得以特殊方式显示其入口处的图像。除非涉及现行犯罪调查和预备性调查以及司法信息,视频监控图像记录的保存期限最多为一个月,期满后必须销毁记录。任何相关人员均可联络视频防护系统负责人以获取与其有关的记录或者核实此类记录是否已在规定的期限内销毁。

四、日本的视频监控

为确保良好的街头治安、防止发生犯罪事件,日本警方于2002年开始在一些重要场所如车站、街头等地安装视频监控。由于考虑到监控摄像机可能会干涉市民个人隐私权和肖像权,日本在安装及使用城市监控摄像机方面并没有明确的全国性法律,只有地方性的条例对其进行规范。第一个相关条例是2004年由东京都杉并区经过一系列的调查研究后制定的《关于杉并区安装及使用监控摄像机的条例》。自首个条例制定后,日本全国各地根据自身情况,陆续制定了自己的相关条例,涉及的内容基本相同。另外,警方安装及使用街头监控摄像机是基于各都道府县公安委员会的规定以及街头监控摄像机运作大纲进行的,旨在预防在公共场所发生犯罪事件,并当事件发生时能迅速察觉及采取正确的应对措施。此外,警察厅自2009年起的两年间以神奈川县川崎市日本铁路川崎站东地区为主,与法律、都市工学、图像信息处理等领域的专家及自治体、地区居民代表合作,开展了名为"街头监控摄像机系统示范项目"的工作。据警察厅生活安全局生活安全企划科负责人介绍,对安装及使用街头监控摄像机进行的调查结果显示,安装及使用前后对比明显,地区居民对个人隐私会受到侵害的感觉变得淡薄,取而代之的则是安全感得到很大提高,与此同时,实际犯罪发生率也大幅度降低,效果显著。日本视频监控建设有以下特点。

(一)警方与民间合作管理

日本对视频监控机的管理主要分为三个部分,即由警方管理街头监控摄像机、由自治体管理超级防范灯、由市民团体管理监控摄像机。

1. 由警方管理街头监控摄像机

日本警察厅于2009年6月宣布,为预防犯罪,在日本全国14个县、市的15个居民区增设防范摄像监控网,并于2010年初开始执行。警察厅从政府拨款中拿出597亿日元(1美元约合96日元)用于实施这项计划。根据该计划,每个居民区学校一带的主要街道将安装25个摄像头,增设摄像监控网的城市有大津、冈山、广岛、德岛和福冈。警察厅计划把新增的监控网的设备和获得的录像数据交由居民志愿者团体管理,这也是警方首次让居民团体参与这类管理工作。对此,一些居民团体对这项计划提出质疑,担心监控网成为监视居民的工具。但警察厅表示,将竖立告示牌说明摄像头所处位置,并规定监控网获得的数据只用于犯罪案件调查,同时警方还将协助保护公民个人隐私。

2. 由自治体管理超级防范灯

自2002年起日本警察厅开始启用"街头紧急报警系统"(也称为超级防范灯)。该系统主要安装于来往行人稀少的道路、公园或学生上学必经之路等处,以预防犯罪、控制刑事案件的发生。当时,日本犯罪率不断升高,其中以妇女、儿童、老年人为主发生的案件增多,严重威胁着人们的安全。警方希望该系统在犯罪发生时能迅速准确地采取应对措施,防止受害范围扩大,构建安全的社会环境。"超级防范灯"配备有红色警报灯、警笛、监控摄像机、内置电话、紧急按钮等防范报警装置,报警者只要按下报警按钮,警笛就会响起,不仅可以让周围注意到此处发生了紧急情况,还可以通过内置电话与当地警察署或警察本部通信指令室直接通话。同时,警察署或警察本部的监控屏幕上可以显示该防范灯周围的情况。由于每隔一段距离设置有一台防范灯,系统可以追踪逃犯并将其记录下来。

3. 由市民团体管理监控摄像机

街头监控摄像机一般都安装在商业街等繁华地段,商业街的治安形势非常复杂,违法停车、酗酒、遗失物品、发放购物信息等情况司空见惯,且纷繁复杂,都需要使用视频监控进行拍摄、记录,这些情况给该系统的安装和规范化管理带来了不同程度的困难。针对社会治安不断恶化、犯罪率逐年上升的情况,市民团体也可以安装监控摄像机以防范犯罪活动。为避免无秩序安装监控摄像机,在警方的指导下,市民团体主动制定了相关的安装纲要,明确了管理主体和管理方法,内容主要涉及指定的管理者、图像显示器的禁止事项、录像信息的管理以及在向警方提供信息时应注意的情况等。此外,商业街的监控摄像机只有在向警方提供案件发生时的录像信息时才能发挥其功效,而监控摄像机有效与否则是通过诸如目标追踪、与现场的市民通话、报警等起到的作用程度来评判的。自治体、民间安装的监控摄像机与警方安装的监控摄像机相辅相成,对预防犯罪、调查取证等带来了显著效果。

(二) 管理及使用方法规范化

目前,日本全国12个都道府县的警察局对街头监控摄像机的管理及使用方法已规范化,其管理及使用纲要涉及六个方面,即安装目的、安装场所的标志、管理体制的制定、数据的保存期限、数据的使用手续、使用情况的公布。此外,警察厅在《关于警方安装街头监控摄像机系统的研讨会的最终汇总报告》中制定了用于实验的使用准则,该准则除对上述六个方面作出规定外,还另外增加了两项,即对操作系统的管理、复制数据的处理,其目的是在以警察署工作的实际情况为基础,实现正确恰当的管理及日常警务工作双赢的目标,从而获得国民的信任。

(三) 确保监控安装和个人隐私平衡

虽然绝大多数地区居民能够接受安装视频监控,但仍有一小部分地区居民担心个人隐私会受到侵害。此外,一旦发生泄露图像数据或将其使用于非正当目的时,不仅警方安装的街头监控摄像机系统将失去居民对其的信赖,而且还可能导致无法再顺利使用街头监控摄像机。因此,警方在安装街头监控之前做好了充分的调研和准备工作,在安装及使用街头监控摄像机时,通常会将监控摄像机的安装情况、安装及使用系统的概要、安装计划、管理及使用等在各阶段向地区居民或其代表说明相关情况,同时将其说明情况逐次向公安委员会报告,并获得该委员会的认可,从而达成共识。此外,日本吸取美国等国家的经验,尽可能地将安装街头监控摄像机时的事前手续标准化,制定相关指导准则,且各地警察根据该指导准则在公安委员会的管理下安装并使用,以确保地区安全及个人隐私权保护取得平衡。

第四节　视频监控与隐私权

一、隐私与隐私权

隐私就是私事、个人信息等个人生活领域内的事情不为他人知悉，与公共利益、群体利益无关，禁止他人干涉的纯个人私事。隐私权是指自然人享有的私人生活安宁与私人信息秘密依法受到保护，不被他人非法侵扰、知悉、收集、利用和公开的一种人格权，而且权利主体对他人在何种程度上可以介入自己的私生活，对自己的隐私是否向他人公开以及公开的人群范围和程度等具有决定权。隐私权是一种基本人格权利，依据布兰蒂斯和沃伦的定义，隐私权是一种独处的权利。哥伦比亚电子百科全书的定义则是"不被政府、媒体或其他机构、个人无正当理由干涉的独处权。"英国《牛津法律大辞典》认为，隐私权是不受他人干扰的权利，关于人的私生活不受侵犯或不得将人的私生活非法公开的权利要求。

对隐私的界定，由于民族文化，人们生活习惯的差异，法学界可谓仁者见仁，智者见智。"隐私"一词来源于美国，"privacy"从"private"演化而来，意思是指与他人无关的私生活范围。在美国现行法律体系中，隐私实质上是一种范围非常广的概念，因而并没有任何一部立法或其他文件对隐私权作出明确而又具体的定义。美国可以说是当今世界上最早承认隐私权的国家，它于1974年制定了《隐私权法》，1995年10月美国商务部电讯与信息管理局发布的《关于隐私与信息高速公路建设的白皮书》中，认为隐私权至少包括以下九个方面：关于私有财产的隐私；关于姓名与形象利益的隐私；关于自己之事不为他人干涉之隐私；关于一个组织或事业内部事务的隐私；关于某些场合不便露面的隐私；关于尊重他人不透露其个人信息之隐私；关于性生活及其他私生活之隐私；关于不被他人监视之要求的隐私；私人相对于官员的隐私。由此可见，在现行美国法律体系中，隐私已涵盖了个人及个人生活的几乎所有环节，同时也将涉及社会生活的所有领域，已成为现代社会保护个人利益之全面、最有力的"借口"和"手段"。

理论上讲，隐私权包括多种内容，如个人生活自由权、个人生活情况保密权、个人通信秘密权、个人隐私利用权等都体现了"排除人为的不正当障碍"的自由之价值，而体现"支配""控制"的自由之价值如个人隐私利用权，即权利主体有权依法按自己的意志利用其隐私，以从事种种满足自身需要的活动。隐私权的利用同样不得违反强制性规定，不得有悖于公序良俗，即权利不得滥用。然而，随着互联网技术的广泛使用，尤其是视频监控的广泛应用，已经触及许多个人隐私权问题，它还可能会在将来发展的过程中对个人自由的许多方面带来意想不到的问题。

二、视频监控与隐私权

随着科技的发展和维护社会治安的需要，公共安全视频监控建设越来越完善，视频监控点的分布越来越密集。由于公共安全视频监控的探头多安装在公共区域，因此越来越多的人担心视频监控会侵犯公民的隐私权。

视频监控最初主要用于私人领域尤其是商业安防领域，后来被用于犯罪侦防工作。作为现代科学技术应用于警务工作的成功范例，视频监控已经在犯罪侦防领域发挥了重要的作用。这些先进技术除了提高侦查工作的成效之外,还从根本上改变了侦查工作的模式。目前,许多国家都倡导或投资在公共和私人场所安装视频监控。随着人像识别技术和照相增强显示技术的发展完善,侦查领域开始将这些技术与视频监控予以整合,从而快速制作和分析更加清晰、准确的犯罪嫌疑人图像。此外,计算机技术和网络技术的发展,也进一步提高了视频监控的网络化和智能化,侦查人员可以更加便捷地组织信息并寻找侦查线索,进而提高起诉和定罪的成功率。

技术进步伴随相关法律问题的变化,这种情况在隐私权领域表现得尤为突出。各国在推广使用视频监控的过程中,都曾引发较大的争议。例如,2007年7月,美国一项民意调查显示,多数美国人支持在公共场所安装监控摄像头,认为这种做法有助于威慑犯罪和打击恐怖活动。这表明在美国公众围绕是否应该在公共场所安装监控装置的争议中,安全考虑已超越对个人隐私的担忧。但一贯反对这种做法的美国民权组织则呼吁政府完善相关法规,以保护宪法规定的公民隐私权。但是,良好的社会秩序是社会健康发展的前提条件,即使在崇尚个人隐私的民主社会,较高的破案率(警方确定并抓捕犯罪嫌疑人的比率)也是社会所追求的目标。诚如有学者所言,视频监控等先进科技也具有一定程度的侵犯性,但不管怎样,这些技术对公民隐私权的侵犯都无法被消除。我们应当全面地评估视频监控等先进科技对公众安全和社会稳定、隐私和公民自由所带来的影响,减少无谓的争端,并在充分发挥其积极功能的前提下探索行之有效的规范措施。换言之,在视频监控领域,也要实现犯罪控制与正当程序之间的动态平衡。美国联邦法院法官理查德·波斯纳就此指出:"公共安全利益和自由利益都不存在绝对的优先权。它们具有同等重要的作用,并且它们的相对重要性随着时间和情势的改变而发生改变。整个国家的安全感越高,法官就将赋予自由利益更大的价值。如果某个行为给国家带来了很大的影响,那么,国家有理由防止此类行为的发生,甚至以一定的自由利益为代价。这种视具体情况而定的方法不过是常识而已。"①

侦查的目的为打击、预防犯罪和保护人权,而视频侦查又是依托视频监控及其技术应用而产生的现代信息化侦查方法。视频侦查的应用具有两面性:一方面它在打击和预防犯罪中的作用越来越重要;另一方面,随着它的普及应用,公民隐私权的保护不容乐观。不经法律授权随意调取、传播或不当泄露影像资料,侵犯公民隐私权、名誉权、肖像权的行为时有发生,甚至构成犯罪。因此,在视频资料调用的各个环节,必须严格遵守"法定主体、法定事由、法定程序"的原则,必须按照法定的程序执行。

三、视频监控中隐私权的保护

视频监控给侦查工作带来重要的资料信息和技术保障,但同时也给作为国家权力组成部分之一的侦查权以极大的扩充,拥有24小时不间断的全方位监控职能的侦查权极易对公民个人隐私权造成影响。美国博登海默曾尖锐地指出:"……书本上的法律并不总是与行动中的法律相一致,甚至在执意主张用法治进行管理的社会中,也还是存在着权力失控的飞地。"②因此,对视频监控的资料必须规定严格的适用程序,包括安装程序、登录程序、资料共

---

① Richard A. Posner, Security Versus Civil Liberties[J]. The Atlantic Monthly Volume 288, December 2001:46.

② [美]E·博登海默. 法理学:法律哲学与法律方法[M]. 邓正来,译,中国政法大学出版社,1999:360.

享与调配程序等。

(一)视频监控必须设定严格的安装范围

视频监控自产生之日起,实际上就是对公民权利的一种限制。在公共场所,通过视频监控的安装,可以保障公共场所的安全,帮助公安机关更顺利、快速地处理各种案件,帮助交通系统实时监控交通状况,处理突发事件,保障城市交通的顺畅等。但是,这些利益都是建立于公民在公共场所自由权利可能受到一定限制的基础之上的。因此,如何在发挥视频监控优势的同时,保护好公民的隐私不被侵害,这是一个很重要的问题。严格控制安装的范围是必然要求。武汉市几十万个视频监控摄像头的覆盖面在城区达到100%,但这里的100%指的是对武汉各出城道口、桥梁、隧道及金融单位、重要的公共场所等地的覆盖率,而不是所有的地理空间。对于事关公民个人隐私的空间,是不允许安装视频监控的,这一点在我国已经有了地方性立法的尝试,如《重庆市社会公共安全视频图像信息系统管理办法(修订征求意见稿)》规定,旅馆房间、职工宿舍、学生宿舍等地方,禁止安装摄像头等视频图像设备;《甘肃省社会公共安全视频监控管理办法(草案)》也明确规定,涉及公民个人隐私权的场所和区域,禁止安装公共视频系统设施;《哈尔滨市公共安全技术防范管理办法》也规定,在宾馆客房、商场试衣间、更衣室、浴室、卫生间等涉及公民隐私的场所或部位以及机关内部办公室,不得建立视频安防监控系统;辽宁省筹划制定的法规也规定,监控系统将主要安放在公共场所,避开对私人寓所的监控。

(二)视频监控必须执行严格的登录程序

视频监控应实行严格的分级授权制度。一类、二类监控摄像头由公安机关直接控制,市、区人民政府统一授权管理,政府相关部门经授权可以调用视频图像。公安机关根据工作需要,可以调取、复制或接入社会监控资源信息。以武汉市为例,视频监控内部的用户实行分级登录管理,每一级的管理平台负责对其下属的用户进行管理,分配浏览、回放以及报警响应权限,中央管理中心具有最高权限。所有欲进入平台的用户第一步将以访问网站的方式登录到武汉市远程视频监控报警平台,平台将根据其身份确认是否允许登录,在确认无误后将为这个用户颁发数字签名,并在平台内所有管理中心发布;普通用户通过用户名和密码进行验证,用户名和密码由本级管理平台负责分配和管理,普通用户只能对前端摄像机进行浏览,其他的操作权限被禁止。市局一级、区局二级平台管理员首先通过活体指纹验证,通过后再进行用户名和密码验证。在中央管理平台上存在三个超级管理员:一名超级管理员的所有的操作(系统参数改变、下级管理员操作权限改变等)必须同时由另外两名超级管理员同时签署方能生效。

(三)视频监控的资源共享与合理调配

视频监控不仅在社会治安领域发挥重要作用,同时也是参与城市管理的一种辅助手段。仍以武汉市为例,视频监控虽然是由武汉市公安局、各区公安分局为建设主体,但其仍然属于城市社会治安综合治理的重要环节。公安部门在确保信息安全、使用合法的前提下,还应向城市管理、行政执法等政府职能部门提供监控资源。因此,视频监控的图像资源应该可以通过授权的方式提供给武汉市其他政府部门使用,如城管、人防、城建部门、水电煤气、医疗救助等公共事业部门。在发生应急事件时,这些部门可以通过登录本系统中建立的"城市应急站点",在平台超级管理员的协调下,调阅其所需要的现场图像,在政府应急管理部门的统一指挥下,合理配置和调配资源,充分发挥资源的有效利用率。

在公共安全视频监控建设、使用、管理、维护中,需要通过法律规制来维护公共安全与保护公民个人隐私之间的平衡。为维护社会公共利益,适度让渡个人权利与自由,这既是社会生存秩序使然,也是自由权利的相对性使然。

第二章 视频侦查取证概述

第一节 视频侦查的概念和种类

刑事案件侦查的直接目的应是准确、及时地查明案件事实,抓获犯罪嫌疑人。而查明事实,必须经过证据的发现、固定、提取、审查与核实等一系列活动,无证据则无事实,因此收集证据则是侦查活动的中心任务。侦查人员一方面必须依法收集证据,做到取证主体合法、取证程序合法、取证手段合法和表现形式合法;另一方面必须注重取证谋略和取证技术。侦查人员只有树立明确的证据意识,依法采取恰当的取证措施,才能及时有效地完成侦查任务。同时,根据证据认定的事实还必须符合逻辑法则和经验法则,这是"证据裁判主义"在侦查阶段合乎逻辑展开的要求。可以说,刑事案件侦破中各种侦查措施的运用,直接或间接的目的都是为了提取证据。尤其是在以审判为中心的诉讼制度改革背景下,侦查人员更应主动、全面、细致、客观地收集和调取证据。同时,审查、核实证据的证据能力和证明力,将收集和调取证据与认定案件事实有机结合起来,确保收集的证据能够成为法庭审判中定案的根据。

当前,在人、财、物快速且大范围流动的大数据时代,视频侦查既是攻坚克难、侦破重特大刑事案件的"杀手锏"和突破口,也是刑事侦查工作中"既要破大案,也要破小案"的常用的、便捷的、可靠的侦查措施。随着视频监控技术的广泛应用和社会治安视频监控的不断完善,视频侦查的工作条件越来越好,在侦查工作中的作用也愈来愈重要。视频侦查有力地促进和推动了其他侦查措施的应用,促成了现代信息化、合成化侦查新的业态,视频侦查通过对图像信息的结构性描述、时空坐标的精确标注、目标轨迹的划定,为其他侦查措施的最大化运用提供了有力的支撑。视频资料在侦查中的作用,最终取决于它能否作为证据使用。因此,视频侦查过程中,侦查人员应始终树立侦查取证意识,取得有证据能力和证明力的证据,方能达到侦查的直接目的,完成侦查乃至整个刑事诉讼的任务。

一、视频侦查的概念

视频侦查是指刑事案件侦查工作中,侦查人员为了发现案件线索,获取犯罪证据,查明案件事实,预防和打击犯罪,而依法对视频监控记载的有关图像信息进行分析、比对、研判和提取的一项侦查措施。侦查人员通过查阅视频信息,追踪、搜集与犯罪有关的线索和证据,查清犯罪嫌疑人的作案过程和活动轨迹,并对作案过程进行实时的动态分析和案后的综合研判。因此,视频侦查是以视频监控及系统所记录、显示的视频图像及相关信息为基础的"从像到像""从像到人"的侦查模式。视频侦查以计算机、网络信息为依托,运用了"空中侦查""远程控制"等侦查手段。视频侦查以现代信息处理技术和其他侦查手段为支撑,实现了"多警种""多方位""多时空"的大刑侦格局。视频侦查具有侦查方法和手段的独特性、侦查机制和组织结构的引导性、应用范围和领域的广泛性以及破案成效和业绩的显著性等特点。视频侦查将传统的案后侦查机制转变为案前、案中、案后三个阶段相结合的侦查机制,从而拓展了现场勘查的时空范围,扩大了调查访问的对象范围,丰富了案件线索的信息来源,充实了刑事诉讼证据的组成结构。

视频侦查涉及视频监控与识别技术、电子信息显示技术、计算机技术及其他信息捕捉技术和数据库技术等。视频监控探头在监控的过程中,与摄像头相连的接收端电脑处于自动运行中,无论是输入端的摄像头还是接收端的计算机,整个系统的物理特性使记录的视频图像连续完整,能够完全重复整个事件的开始、发展和结束。这不仅可以为侦查活动提供真实可靠且有价值的信息与线索,同时相关的视频图像资料还可以作为刑事诉讼证据使用。视频侦查正是利用了这一载体,对特定时间、特定空间内的视频监控图像进行价值信息的提取,联系案情,基本上可以完成案、像、人三要素相联系与结合的侦查破案模式。同时,结合现代科学技术手段和传统侦查手段,建立起集预防、威慑、打击为一体的综合技术体系。

同时,计算机技术的发展,为视频监控技术的应用提供了基础,而随着监控摄像头各项技术的发展,监控的可视范围越来越大,视频图像的像素越来越高,此项技术将更加高效、实用,计算机技术的发展与互联网技术的发展都为视频侦查技术提供了上升空间。近些年来随着科学技术的发展和日渐成熟,视频侦查已成为侦查工作的核心。

二、视频侦查的种类

视频侦查的作用不仅仅体现在案件发生后,侦查人员可以回放查看视频资料发现线索和轨迹,它在预防犯罪方面,尤其是侦破预谋犯罪案件和现行犯作案方面,同样发挥着不可替代的作用。根据视频侦查的目的不同,我们将视频侦查分为主动式视频侦查和被动式视频侦查。

1. 主动式视频侦查

主动式视频侦查是指侦查机关为了预防犯罪,而通过视频监控设备对特定地点或特定对象进行实时监控的一种侦查方法。它主要是针对预谋犯罪案件以及现行犯罪案件开展的侦查活动。由于预谋性案件具有一定的隐蔽性,在预谋阶段很难被周围群众及侦查机关发现,而视频监控就像是一双双躲在暗处的眼睛,可以在第一时间捕捉到犯罪嫌疑人的举动,记录他们的活动轨迹。侦查人员一旦发现,即可把犯罪控制在预谋阶段,将社会危害后果降到最低。同时面对现行犯作案的犯罪案件,侦查人员可以利用视频监控及时地引导警察出警,追踪、抓捕犯罪嫌疑人,视频监控的目标一般是与案件有关的人、地点、财物、车辆、犯罪集团组织的活动等。视频监控的人通常是刑事案件的犯罪嫌疑人或者能够提供犯罪嫌疑人信息的知情者。视频监控的地点一般是指极易发生犯罪活动的场所、犯罪嫌疑人的住宅或犯罪活动聚集的地点等,例如毒品交易地点、赌博地点、卖淫嫖娼地点、买卖赃物地点或者恐怖主义活动地点等。

2. 被动式视频侦查

被动式视频侦查是指刑事案件发生后,侦查人员通过回放查阅视频资料,对视频信息进行分析、比对、研判,以发现案件线索和获取证据的一种侦查方法。被动式侦查主要针对已经发生的刑事案件,侦查人员通过对视频信息进行分析、比对、研判来发现线索,搜集证据,及时破案,更侧重于打击犯罪。被动式视频侦查中的监控信息主要来源于道路交通视频监控、治安卡口视频监控、道路收费站视频监控、街面安防视频监控、重点单位视频监控、企事业单位视频监控、楼堂馆所视频监控、居民小区视频监控、营业性场所视频监控、银行等金融机构网点视频监控、旧货交易市场视频监控及车站、码头、机场、火车、汽车、轮船、飞机上的视频监控等。因此,在案件发生后,侦查人员应通过调查访问等手段获知案件现场及其周围是否有监控设备,若有则应当及时调取、收集案发时间段内的视频资料,综合各个监控设备、各时间段的信息,发现侦查线索,追踪犯罪嫌疑人的活动轨迹。

第二节 视频监控在侦查中的作用

一、视频监控的特点

(一) 直观性

视频监控图像由机器视觉产生,视频监控通过摄像机记录视觉范围内的人的动作习惯和物的轮廓、线条、色彩等外形特征。这些习惯和特征是人与人、物与物之间相互区别最直观最形象的外在条件。从证据的客观性上说,视频监控图像没有利害关系、没有感情色彩;从证据的真实性上说,监控记录的时间地点明确、活动来龙去脉清楚,显示与反映的事物、行为过程非常直观。具体来讲,视频监控图像的直观性体现在以下几点。

1. 时间地点直观

视频图像显示了监控摄像机在特定时间、特定空间范围内记录的犯罪嫌疑人及其犯罪活动,而时间与空间条件是侦查人员判断犯罪嫌疑人是否具有作案可能的最基本条件。视频图像直观而精确地记录了案件发生发展的具体时间点和时间段,直观而明确地记录了案件发生时的环境,这一特点在案件嫌疑排查中的作用和在诉讼证据中的证明力显而易见。

2. 外形特征直观

视频图像显示的人、物的外形特征直观形象,可以直接用于侦查办案中的摸排、辨认、指认,发布协查通报、通缉和悬赏通告等。

3. 动作习惯直观

动作习惯是指运动中的人、物会遵循一定的规律,不自觉地表现出一些特殊的、反常态的动作,这些动作使得该人、物不同于其他人、物。这些特殊的、反常态的动作,是同类之间相互区别的重要条件。许多习惯动作或许平时不易被他人察觉,侦查人员也很难了解到这方面的信息,但能被视频画面捕捉记录并显示出来。一般情况下,习惯动作只被熟悉的人所了解,或只被同行、业内人士所知晓,这是摸底排查中常用的个体识别的方法。

4. 音效特征直观

许多视频监控带有录音功能,与视频图像同步(播放)显示语言交流、环境音乐、现场噪声等音效信息。这些信息能够更加直观地反映现场环境,更加真实地反映所发生的案(事)件的性质、原因、过程。

视频探头能够直接或者间接地记录犯罪全程,侦查人员可以直接观察获取犯罪嫌疑对象的形象、行为特征、活动轨迹等案件相关信息,通过运用图像与图像、图像与人、图像与物之间的相互比对和甄别得出同一认定或否定结论,为判断案情,查明事实提供证据。

(二) 客观翔实性

视频监控所记录的各种信息,全面地反映了与案件有关的事实,具有客观翔实性。它的拍摄、记录、传输和显示的过程科学、规范。从证据的客观真实性方面讲,案件发生的时间、地点明确,过程清晰,视频反映的内容客观。因此,根据视频监控提供的信息资料,侦查人员可以对犯罪现场进行实地勘验,收集与检验证据,还原案件发生的过程。

(三) 反复使用性

视频探头记录的案发过程、犯罪嫌疑对象情况都以视频资料、录音录像的方式得以完整地保存下来,这样侦查人员可以对视频信息进行反复观看和使用,对案件的内容以及许多细节进行仔细的研判、分析,使他们对案情有更加深入、全面的了解,对于犯罪嫌疑人的情况有更加充分的认识和掌握。[①] 与其他侦查信息不同,视频监控所获得的信息即使侦查人员反复利用和播放,也不会损害数据内容,更不会影响到证据的效力和证明力的大小。

(四) 信息拓展性

视频监控可以带给侦查人员直观的图像数据,同时,通过对图像和信息的分析、处理,充分挖掘和利用视频监控的信息,以便对视频监控信息的内容进行拓展分析,及时发现犯罪嫌疑人的行踪、逃跑路线、可能落脚点等,掌握犯罪嫌疑人的体型、口音、身份特征以及电话记录。这不仅有助于快速有效地确定侦查方案和侦查范围,及时有效地发现和锁定犯罪嫌疑人,还可以掌握犯罪嫌疑人的其他有关信息。如同一类案件中不同类型的犯罪嫌疑人,根据其居住情况进行分析,串并相关案件,判断出是否为同一犯罪嫌疑人所为,是否为同一伙犯罪嫌疑人所为,是否为团伙作案等。实践中,运用视频图像信息的关联特性拓展侦查常用的方法如下。

1. 与现场勘查的关联

许多犯罪行为过程直接被视频监控拍摄记录,现场勘查人员可根据视频监控中犯罪嫌疑人在现场中的活动过程、触摸物品、遗留痕迹等,有目的、有重点地进行搜索、勘查。这种方法目标明确,针对性强,效果明显。

2. 与调查访问的关联

通常情况下,我们认为视频图像中与犯罪有关的人、事、物才有价值,但是有时图像中看似无关的过路人、围观者,也许能提供重要的线索,也是调查访问的重点对象。

3. 与宾馆住宿的关联

视频目标经追踪在相关区域消失,可假设目标进入该区域宾馆住宿,或通过治安监控与宾馆监控相应时间的比对发现嫌疑目标时,及时访问宾馆工作人员,查看宾馆相关视频信息、查看宾馆登记信息来确定嫌疑人的身份及其活动情况等。

4. 与销赃渠道的关联

对于盗窃、抢劫等侵财性案件,可以通过对旧货、废品、寄售市场、首饰加工点等场所的视频监控(也可在案发后及时加装摄像头)相关联,以实现对赃物的控制。

5. 与交通工具的关联

当视频目标有乘坐出租车、公交等迹象时,可通过与交通工具上的视频监控相关联进行追踪,或运用交通工具 GPS 等信息进行跟踪、定位。

6. 与银行信息的关联

当视频目标的犯罪活动涉及银行业务迹象时,可与银行视频及嫌疑对象的银行身份相

---

① 陈闻高.论视频侦查技术[J].铁道警察学院学报,2014(2).

关联,以获取更多的信息,或通过银行资料确定嫌疑人的真实身份。

7. 与通信信息的关联

当视频目标在作案过程中有通信联系的迹象时,可通过相关通信信息获取嫌疑人的真实身份及通信联系的同伙人员身份。

8. 与上网信息的关联

视频目标经追踪在相关区域消失,可假设目标在案发前后在该区域网吧上网,通过观看网吧视频比对发现相同嫌疑目标或通过网吧实名登记的上下网时间,结合研判上网信息确定嫌疑人的身份及联系人等。[①]

(五)事态过程的连续性

视频监控通常展现出来的是一种动态图像,这种图像是一种连续播放的画面,里面的目标人和物处于运动状态。这种连续性至少可以起到以下作用。

1. 追踪犯罪嫌疑对象来去路线

从视频监控建设的角度来说,图像与图像之间虽然存在于一个个独立的画面之中,但它们往往是整个系统中的一部分,能够在同一时间段记录、显示不同区域范围内的人、事、物。因此通过多个画面图像的联系、接力可以直观清楚地了解图像中的可疑人、车、物的运动方向,了解虽然间断却有时空关系的来去路线。

2. 可以直观地了解整个案件的发展过程

由于视频图像常常是一种动态图像,画面所显示的图像处于连续播放的状态,画面中的目标人、物处于运动(活动)过程之中,可以直观地了解整个事态的起始、发展终结的过程。侦查办案过程中,这些可以为分析起因和目标人物的思想、动机提供直观的依据。侦查人员为仔细观察事态发展的过程,还可以改变播放条件,将一段视频循环连续播放或将连续动作逐一分解,以便更好地了解其细节或重要环节。

当前,随着智能化产业的不断发展,视频监控以其直观、准确、及时和信息内容丰富而广泛应用于许多场合,在安防系统中的重要性日益突出,成为技术安全防范最有力的手段。各行业对视频监控高清化、智能化、网络化、数字化的要求也越来越高,数据呈现出爆发性的增长,前端一体化、视频数字化、监控网络化、系统集成化、管理智能化是视频监控公认的发展方向,数字视频图像监控系统也逐步进入大规模商业应用阶段。而数字化是网络化的前提,网络化又是系统集成化的基础,所以,视频监控发展的最大特点是数字化、网络化、智能化,这些特点也已成为一种发展趋势。

视频监控的数字化将系统中的信息流(包括视频、音频、控制等)从模拟状态转化为数字状态,改变了"传统闭路电视系统以摄像机成像技术为中心"的结构,根本上改变了视频监控开放式的协议,使视频监控与安防系统中各子系统间实现无缝连接,并在统一的操作平台上实现管理和控制,这就是系统集成化的含义。视频监控的网络化意味着系统的结构将由集中式系统向集散式系统过渡。集散式系统采用多层分级的结构形式,硬件和软件都采用标准化、模块化和系列化的设计,系统设备配置具有通用性强、开放性好、系统组态灵活、控制功能完善、数据处理方便、人机界面友好等特点,以及系统安装、调试和维修简单化,系统运

---

① 公安部五局.视频侦查学[M].北京:中国人民公安大学出版社,2012:37.

行互为热备份,容错可靠等功能。系统的网络化在某种程度上打破了布控区域和设备扩展的地域和数量界限。系统网络化将实现整个网络系统硬件和软件资源的共享,以及任务和负载的共享,这也是系统集成化的一个重要特点。视频监控的智能化是采用计算机为控制中心,通过系统软件实现控制界面的可视化,控制环境的多媒体化,可以方便地实现对视频切换、音频切换、镜头云台控制、报警输入、联动输出录像的智能化控制,进而达到对事件的分析、统计、处理,实现视频监控的智能化管理。

二、视频监控在侦查中的作用

（一）控制预谋犯罪

视频监控像一双双隐蔽的眼睛,在发现预谋犯罪案件方面具有得天独厚的优势。预谋犯罪案件一般尚未对社会造成严重危害,因此在预谋阶段侦破案件相对于实施犯罪以后再侦破具有更大的社会效益。这不仅可以保护案件潜在的被害人,同时还是侦查机关主动进攻,发现犯罪的体现。但由于预谋案件一般具有较强的隐蔽性,很难被发现,而视频监控恰恰可以实现主动发现的目的。加之犯罪行为本身具有反社会性,犯罪嫌疑人的预谋行为常会表现反常,特别是当犯罪嫌疑人认为旁边无人的时候,其反常性就会表现得更为明显。因此侦查人员往往能从视频监控中识别出犯罪嫌疑人,预先对其控制,达到预防犯罪的目的。

（二）确定侦查范围

视频不仅能够通过静态图像反映案件事实,还可以在连续的视频序列中再现案件的实际场景。因此,我们使用视频监控提供的图像数据,在校准时间的基础上,可以确定案发的时间和案件的过程,甚至可以得到涉案人员的基本情况,并调阅现场和周围的视频监控,用大数据进行活动轨迹分析,掌握犯罪嫌疑人进入和离开现场的途径。在来去路线、交通工具及与他人接触的过程中,事先借助相关信息查找案件线索,判断案情,为确定案件的侦查和范围提供依据。然后根据案件的特点和规律,进行系列性案件分析、比对和研判,以确定侦查的方向和范围。

（三）迅速追缉堵截

如果案件发现及时,犯罪嫌疑人逃离现场不久,侦查人员还可以通过视频监控接力跟踪发现犯罪嫌疑人的行踪并进行追缉。如果犯罪嫌疑人逃离迅速,可以通过视频追踪引导侦查人员设卡堵截。有时虽然视频监控没有记录下犯罪嫌疑人实施犯罪的过程,但侦查人员从其逃跑过程中的反常行为也能推测其逃跑方向,从而可以采取视频动态追踪的侦查措施顺线查找犯罪嫌疑人。

（四）寻找认定犯罪嫌疑人

视频侦查的过程,实际上绝大部分是一种回溯的状态。在侦查已发的刑事案件过程中,如果有视频监控记录下了犯罪嫌疑人在犯罪实施前、实施中、实施后的行为,一般能够还原案件发生经过,为寻找和认定犯罪嫌疑人提供有力证据。

（五）收集和固定视频证据

视频监控能够客观、详细地记录在一定时间、特定区域内发生的案件,并在案件发生时对真实场景进行再现,即可视化。① 侦查人员为了证实犯罪嫌疑人的犯罪行为,采用合法、规范的方法提取犯罪嫌疑人活动的视频图像。这种合法且合理的视频图像属于《中华人民共和国刑事诉讼法》规定的视听资料证据种类,我们称之为视频证据。视频证据是原始、客观的诉讼证据,可以有力地证明犯罪事实,具有直接的证据价值。视频图像的证据价值主要体现在两个方面。一是视频图像是刑事诉讼中的一种非常重要的视听资料形式。它可以客观地记录案件的真实情况,再现犯罪活动的过程。经法院调查鉴定,它可作为独立诉讼证据,并与其他证据相互印证,形成完整的证据链。二是侦查人员将视频图像应用于案件侦查,特别是作为侦查讯问的证据,以提高侦查讯问的效果。当犯罪现场有价值的线索或证据较少,犯罪嫌疑人被审讯时,他们通常具有侥幸心理,拒不和警方配合,这时侦查人员较难继续审讯下去,案件的办理就会陷入僵局。面对这种情况,侦查人员在讯问犯罪嫌疑人时,可以及时出示犯罪现场的视频监控数据,这必然会给犯罪嫌疑人造成强大心理压力。然后抓住时机彻底瓦解犯罪嫌疑人的心理防线,及时讯问,还原犯罪事实,补充证据。

视频监控中的视频图像广泛应用于刑事诉讼中,主要是由于其可靠性和客观性。但是,视频证据很容易失去其真实性。这既是由于视听证据本身所固有的缺陷,同时也是因为从技术上看,被篡改的视频软件可以编辑已经生成的视频图像。因此,侦查人员需要充分考虑视频监控图像的证据属性,尤其要注意视频数据的收集和提取的合法性,以充分发挥其在刑事诉讼过程中的证据作用。

(六)实现多警联动机制

视频监控的功能决定了视频图像的实时性,为此,公安机关建立了比较完善的多警种视频联动体系,实现了多警种、全天候、立体化的实时视频监控,实现了与巡逻、接处警、卡点等环节中的警察联动机制,大大提高了公安机关对社会面的控制能力。常用的多警联动视频实战模式如下。

1. 监控员与街面巡警的联动

实时监控操作员通过视频巡逻、搜索,主动发现嫌疑目标,及时与街面巡警沟通联系,指导巡警跟踪、堵截、抓捕犯罪嫌疑对象。

2. 监控员与接处警民警的联动

实时监控操作员通过与110接警台进行实时对接,了解现行案件的发生、发展情况,快速及时地调动案发现场周边监控资源。并与出警民警对接联动,防止治安事件的蔓延扩大,及时有效地制止现行犯罪行为。

3. 监控员与卡点民警的联动

对于飞车抢夺类的街面犯罪案件或交通肇事逃逸等案件,针对移动迅速的作案目标,监控员及时与卡点民警联系,通报作案目标的位置、逃窜方向、速度等信息,实现快速反应,追缉堵截,及时抓获犯罪嫌疑人。

第三节 我国视频侦查的现状

先进的科学技术无疑是现代侦查工作的重要支柱,作为现代科学技术应用于侦查工作

---

① 宫晓东.视频监控在侦查破案中的应用[J].公安教育,2014(2):39.

的成功案例,视频监控已经在犯罪侦查和防控领域发挥了极其重要的作用。目前,众多国家都在推行在公共区域和场所安装视频监控,让侦查人员能够便捷地利用和查询、收集侦查线索。经过多年的侦查实践探索,视频监控与其他科技手段相结合,视频侦查方法日渐成熟。

一、视频侦查的产生和发展

短短二十几年,计算机数字网络技术的发展把视频监控从模拟监控发展成为数字监控再发展成为智能化的网络数字视频监控。便捷有效的网络数字视频监控技术、低廉化的价格走向,显示出了视频监控技术的极大优越性,许多传统的人力监控活动被视频监控所取代。20世纪初,为有效缓解人少案多的矛盾,全国各地政府部门,特别是公安机关大力推进社会治安防控体系建设,强化社会面的监督与管理,着力提升社会治安动态条件下打击与防控犯罪的能力。视频监控无疑是最有效的措施。目前,一些大中城市、发达地区逐步建立起了各类视频监控。综观我国视频侦查的产生和发展过程,大致体现在以下几个方面。

(一)视频图像信息应用方面

视频图像信息应用经历了从简单直观应用到视频信息的综合深度应用的过程。实际上,从开始应用起,视频图像信息便是侦查取证的重要内容,并成为直观形象的视听资料证据。但在初始阶段,公安机关一般只局限于用简单的视频截图和通过模糊图像处理等技术手段,对犯罪嫌疑人、车、物等进行辨认、协查、通缉。随着各地公安机关侦查办案中实践探索和理论研究的深入,视频图像信息的应用也逐渐向多面性、综合性、纵深性发展,侦查人员通过对视频图像信息的分析、研判,开展目标跟踪、时空定位、过程解剖、速度测算、口供验证、视频信息串并等,总结出一系列新的技战法。以视频监控为基础的侦查手段和相应技战法的广泛应用,又促进了视频监控网络建设的发展,并使视频监控建设更加注重侦查应用,使视频监控网络建设成为侦查基础研究领域的一部分。

(二)视频监控网络建设方面

视频监控网络建设经历了从单一的内部安防建设到多方位的社会面控制过程。建设初期,视频监控主要应用于一些金融机构、商场旅店、企事业单位等内部的监督与安防。公安机关的视频监控建设与应用则是从城市道路交通管控、违章机动车抓拍,逐渐向公共复杂场所、城市道路路口、城际卡口等监控发展,以后逐渐形成"政府主导、公安主管、社会共享"的"控制面广、存储量大、保存期长、调用方便"的视频监控网络系统。特别是第三代全IP网络视频监控(IPVS)系统的成熟应用,实现了强大的中心控制和全面的远程监视。近年来,在许多科技强警示范城市带动下开展的"天网工程"建设,更是将视频侦查的理念贯穿其中,实现了多方位控制、多警种配合、多区域联动的高科技平台,也为视频侦查的开展和实施提供了强大的物质保障。正是因为以数字化为先导的视频监控网络建设的发展,促进了视频侦查模式的创新。

(三)视频侦查模式创新方面

视频监控的发展促进了侦查模式的变化,使侦查从一般的案后取证模式转变到多警种、多部门配合的立体联合作战模式。运用视频监控开展案件侦查,是侦查工作适应新形势的需要。随着侦查机关对视频监控研究、应用的深入,其侦查模式也发生了重大变化。从简单的案后取证发展到了多警种、多部门配合的立体化联合作战。这种以视频监控及图像为前提的侦查模式主要包括如下几种：一是通过大量的后台实时监控人员对城市公共复杂区域、道路路口等实时监视，发现可疑人、物，分析可疑迹象，实行案前控制；二是通过高度的网络集成与预警系统，对重要的政府部门、金融机构、宾馆商场、娱乐场所、收费站及城际卡口等实现自动识别与报警，对可疑身份的人员车辆信息及非法入侵的目标进行预警与处置；三是通过组建专业的视频侦查队伍，以视频监控网络为媒介（或突破口）开展重特大案件的专案侦查。全国各级公安机关在不断利用视频监控成功破获大案要案的同时，认识到视频侦查专业化队伍建设的重要性，相继自发地在各级刑侦部门建立了视频侦查队伍和专业的视频图像实验室、工作室。在市、县、分局、派出所成立了监控中心、分中心，建立了相应的实时监控查看队伍，与街面巡逻、卡口设防、现场处警等相配合，形成立体化防控体系。

上述侦查模式在组织与机制上已不仅仅依赖于公安机关的刑侦部门，而是由公安机关指挥中心、监控中心、巡警、刑警、网警、技术侦查部门等多警种的相互配合实现的。实战中也不仅仅局限应用于刑侦部门办理的案件，同样应用于交警、治安、国保等部门的案件侦查，形成多警种多部门的整体推进办案模式。

二、视频侦查实践中存在的问题

随着视频监控技术的广泛应用和社会治安视频监控的不断完善，视频侦查的工作条件越来越好，在侦查工作中的作用也愈来愈重要。视频监控作为科技手段应用于犯罪侦防领域的成功典范，备受各地公安机关的青睐。以平安城市建设等项目为契机，我国各地公安机关积极开展视频监控建设，并探索将视频监控与其他科技手段相结合，充分发挥视频监控打击违法犯罪的功能。但是，我国视频侦查运用并未达到成熟阶段，还面临着许多有待妥善解决的问题。

（一）视频资料收集范围不当

视频侦查中，存在着视频资料收集范围太大与太小的问题。视频监控设备常常是24小时的实时监控，可记录大量的信息，然而被视频监控录取到的对侦查机关有用的信息的时间可能只有几秒钟。若视频资料收集范围过大，那么在海量的视频资料中检索出有用的信息则如同海底捞针，不仅耗费大量的人力和时间，降低了侦查效率，还延误侦查工作的进行。反之，如果收集的范围太小，那么一些有价值的视频资料可能被遗漏，遗漏的视频资料一旦被覆盖、删除、销毁，即使事后再扩大视频资料的范围也无济于事，且收集范围太小，导致案件的回溯查明缺乏有力的支撑，无法将整个案件有效地进行事实还原，判明犯罪嫌疑人的来去路线等。

（二）视频资料分析、研判不足

对视频资料的分析、研判是整个视频侦查方法的核心，也是获取侦查线索的重要来源。然而，在当前条件下，视频资料的分析研判中存在一些问题。首先，视频信息量大、耗费大量警力。由于大多数视频监控设备进行不间断的实时监控，记录的信息量比较庞大，侦查人员必须从大量的信息中分析出与案件相关的线索。但由于存在视频资料收集范围过大的现象，加重了侦查人员的工作量，无法保证分析视频资料的准确性。这不仅耗费了大量警力，工作效率也不高。其次，视频图像资料缺乏录入。目前，在案件信息录入中不要求录入视频监控图像，系统也没有相应的录入工具或栏目，使监控视频图像，特别是案发现场周边的录像资料、可疑人员影像等信息不能进入违法犯罪综合信息系统,使监控视频信息难以在情报信息研判中发挥作用。由于未建立视频图像资料的录入程序,所以视频侦查在进行分析、研判时就无法通过视频资料中的信息进行快速的串并。

(三)视频资料保存不规范

现场痕迹、物证的收集和保存中必须考虑的两个问题是其合法性和科学性。但视频侦查是一种新型的侦查方法,使用视频侦查手段收集的视频信息如何保存并没有相关的法律法规予以保障。由于视频资料的特殊性,对其保存的过程中需要注意哪些问题,在侦查实践中也未形成统一的规定。视频资料的保存时限也没有相关规定。

三、我国视频侦查的理论研究现状

视频侦查伴随着国家平安城市建设和安全技术防范技术工程的逐步发展而完善。早期视频侦查的研究其实是专门的安全防范技术方面的主要内容。后来,公安机关极力探索利用视频监控在发现、打击犯罪等方面的应用效能,积极开展"从像到像""从像到人"侦查破案新模式,开拓了视频侦查新时代,总结凝练了一系列的视频侦查技战法,为视频侦查的理论研究奠定了基础。

(一)视频侦查理论研究存在的问题

进入21世纪后,随着国内各类视频监控的逐步建立,对视频侦查的专门性研究也逐步增多。我国视频侦查研究起步虽较晚,但势头迅猛、方兴未艾。以下分析它所存在的问题。

1. 具体名称的规范化和统一化问题

对于利用视频监控开展侦查,侦查实务的提法较多,有"视频侦查""刑事视频侦查""视频监控应用""视频监控图像侦查"等不同提法。[①] 理论界也尚未达成统一共识,有学者直接以"视频资料在侦查中的应用"或"视频监控在案件侦查中的运用"展开论述。[②] 也有的将其称为"视频图像侦查"。[③] 从大多数研究成果来看,"视频侦查"这一名称获得最广泛的认可,这个名称也获得了公安部五局《视频侦查学》的认可。"名不正则言不顺",名称的规范化和统一化,有利于学术研究的规范和统一。我们赞同将其明确规定为"视频侦查":一方面已有大量实务部门均如此称呼和应用;另一方面公安部的统编教材以及各类文件也是如此称谓的,其权威性应当得到认可。至于它的简称,建议采用"视侦"而不使用"图侦",毕竟"图像侦查"中的"图"容易让人误解为"图片""图画",视频侦查的重点毕竟是动态的视频录像,不是静态的图片,虽然特定时间点的静态图片也需要研究,但应将其视为视频录像的组成部分。

2. 研究范畴的合适性和准确性问题

视频监控包括前期建设、中期使用、后期维护三大块,侦查与之对应的则是前期布点建设、中期防控应用、后期技术处理。前期建设工作侦查参与度不大,建成后的中期应用是视频侦查的核心和重点,后期对特定时段视频进行图像采集、影像处理、声音面部识别等技术

---

① 张吉春,李涛.当前视频监控图像侦查中存在的问题及完善构想[J].中国人民公安大学学报(自然科学版),2011(3).

② 申群翼,肖国雄.论视频监控资料在侦查中的应用与完善[J].中国刑事警察学院学报,2010(2);郝宏奎.论视频监控系统在侦查中的运用[J].山东警察学院学报,2008(5).

③ 孙展明.视频图像侦查[M].北京:中国人民公安大学出版社,2011:100.

处理则应归属公安技术范畴。当前视频侦查的研究中存在的最大问题,是将视频侦查与视频侦查技术合二为一。按照《学位授予和人才培养学科目录》的规定,公安学与公安技术是两个截然不同的一级学科,前者属于法学学科门类,后者则属于工学学科门类。国内大多数研究中将二者混同,如公安部五局编写的《视频侦查学》中的实务篇和技术篇分别对应的就是视频侦查和视频侦查技术,公安高等教育规划教材《视频侦查技术》中的第二章(视频现场勘查)、第四章(视频内容分析)、第五章(视频侦查中的信息研判)、第六章(视频检验)①则均应属于视频侦查而不是视频侦查技术的内容。有的文章甚至直接将单点切块分析法、多点分析法、轨迹追踪法、特征对比法等视为视频侦查技术的内容。②这种归类方法显然是不对的,视频侦查技术是一门相对独立的学科体系,它完全不同于视频侦查。视频侦查技术应以服务于侦查为目的,应以侦查为主导。③也就是说,视频侦查技术是为视频侦查服务的,应当以视频侦查为中心而不是相反。

3. 视侦定位的恰当性和创新性问题

视频侦查的发展迅猛,一些侦查实务部门已将其视为与刑侦、技侦、网侦并列的第四大侦查手段,甚至有地方提出建构"七侦"(视频侦查、刑侦、技侦、网侦、狱侦、特侦、银侦)联动合成侦查机制。④以湖北为例,"四侦一化"(指刑侦、技侦、网侦、视侦、信息化)已成为湖北公安机关的"名片"之一。但也有研究认为,视频侦查是一种侦查模式,有专家指出,"视频侦查是指公安机关……利用视频监控所记录的图像资料,直接开展侦查工作的一种侦查模式。"⑤还有学者指出,"视频侦查是运用现代先进技术,实现'多警种''多方位''多时空'获取破案信息的全新侦查模式。"⑥当然,还有学者将视频侦查界定为一种"新的侦查方法。"⑦显然,这里对视频侦查的定位有侦查手段、侦查方法和侦查模式三种。在侦查学学术研究中,侦查方法被区分为三个方面,即侦查措施、侦查手段和侦查谋略,其中侦查手段多是指在侦查活动中,侦查机关所运用的秘密方法的总称。⑧显然,侦查手段在传统侦查学研究中是有特定含义的,跟踪、守候、卧底等秘密侦查方法均属于侦查手段的范畴。视频侦查能否定位为侦查手段呢?公安部程序规定将2012年刑事诉讼法规定的技术侦查措施界定为"记录监控、行踪监控、通信监控、场所监控",视频监控是否属于技术侦查措施呢?其实,视频监控是一个24小时不间断的社会监控系统,而技术侦查措施界定的四大监控是刑事立案后经过严格审批程序才能实施的措施,两者不同。因此,不论是从法律规章规定还是从侦查实务现状看,视频侦查都不宜被界定为侦查手段。将视频侦查界定为一种相对宏观的用语——侦查方法,应该没有问题,但它能否成为一种侦查模式,值得质疑。侦查模式是一种带有示范效应的相对独立的侦查体系,现有的视频侦查研究更多地停留在实战技法、应用技战法等方面,

---

① 杨洪臣,李苑.视频侦查技术[M].北京:中国人民公安大学出版社,2015:目录.
② 赵兴龙.视频侦查模式探索[J].中国刑事警察,2011(6).
③ 孙展明,尹伟中.论视频图像侦查[J].中国人民公安大学学报(自然科学版),2011(3).
④ 王禹,黄明方,徐杨.视频侦查案例精选[M].北京:中国人民公安大学出版社,2014:序言.
⑤ 程勇.视频侦查技术应用[M].北京:中国人民公安大学出版社,2012:1.
⑥ 杨洪臣,李苑.视频侦查技术[M].北京:中国人民公安大学出版社,2015:1.
⑦ 杨英仓.视频侦查技术工作的现状和思考[J].贵州警官职业学院学报,2013(6).
⑧ 瞿丰.侦查论[M].北京:中国人民公安大学出版社,2002:第6讲.

升格到侦查模式则应界定为"从像到人"的侦查模式。① 因此,虽然视频侦查的地位和价值不容忽视,但其能否形成相对独立的体系,能否成为一种独立的侦查模式,需要实践中较长时间的检验。

(二) 视频侦查理论研究展望

虽然在具体名称、研究范畴和定位上,视频侦查研究还存在若干争议的地方,但不容否认的是,从侦查学视野看,对视频监控的研究,在较短时间内取得了较好的成绩。可以肯定,在不远的将来,视频侦查的研究仍将保持这种良好的发展势头。

1. 宽泛化

从研究主体上看,视频侦查的研究将出现宽泛化特征。当前,关于视频监控的研究主体较为宽泛,公安系统内外都有,如全国普通高等教育高职高专法律类规划教材《视频监控应用》(汪光华主编,中国政法大学出版社 2009 年版)及公安部治安管理局、公安部第一研究所编著的《国外视频监控应用与管理》(群众出版社,2012 年版)。但对于视频侦查的研究,主要集中于公安部、地方公安机关以及公安政法院校的侦查学者。由于视频侦查的研究带有一定秘密性,其研究主体甚至多为公安系统内部的刑事侦查人员或者视频侦查人员(机构独立的地方),所出版著作多内发而不对外,这种现状可以理解。但随着视频监控应用面的扩大,对视频侦查的研究将出现宽泛化趋势,公安机关内部非刑侦部门的人员(比如治安部门、边防部门等)、其他侦查机关(如检察机关、国家安全机关)也会越来越多地介入。此外,由于视频侦查与视频监控技术紧密相连,计算机领域学者、电子网络部门专家也会开展更多的边缘性研究,使得视频侦查研究领域呈现"百花齐放""百家争鸣"的盛况。

2. 交叉化

从研究领域上看,视频侦查的研究将与其他研究交叉化发展。以前面提及中国知网"视频侦查"关键词的 163 个搜索结果可以看出,研究成果涉及的学科领域虽然主要是公安专业(达到 128 篇)。但同时也还有其他为数不少的交叉性研究,如涉及计算机软件及计算机应用领域的有 16 篇、涉及自动化技术的有 11 篇、涉及诉讼法与司法制度的有 9 篇、涉及电信技术的有 5 篇、涉及信息经济与邮政经济的有 2 篇,其他还涉及建筑科学与工程、武器工业与军事技术、教育理论与教育管理、法理法史、行政学及国家行政管理、计算机硬件技术以及工业经济等方面。并且这些对视频侦查开展的交叉研究,多是近三至五年发表的,如将视频侦查的应用与智慧城市建设结合起来考虑②、从三维模型时空子空间引导出智能视频侦查的研究③等,充分说明作为一种新的侦查方法,视频侦查越来越受到各方面的关注,对其开展的交叉研究也必然越来越多。

3. 体系化

从研究主题上看,视频侦查研究的理论化、体系化趋势比较显著。对视频侦查的专题研究,在我国起步较晚。早期的研究成果更加注重具体侦查方法的归纳与总结,如广东省深圳市公安局福田分局视频管理应用办公室就曾经归纳了"十种视频监控实际应用技战法"(包

---

① 徐安定,谢贤能."从像到人"的侦查新模式——视频监控的实战应用[A].侦查论坛(第六卷)[C],北京:中国人民公安大学出版社,2007:139-173.
② 邱福军.智慧城市视野下视频侦查应用完善探讨[J].现代商贸工业,2016(9).
③ 卢涤非,斯进,王秋.三维模型时空子空间引导的智能视频侦查系统[J].计算机时代,2016(5).

括圈踪拓展法、情景回溯法、伏击联动法、串并比对法、时空叠加法、预判布控法、追踪守候法、轨迹点划法、信息关联法、交叉集成法等);广东省惠州市公安实战部门的人员又提出了"视频监控五大战法"①(包括划定重点监视法、反常行为预警法、"盯、跟、控、抓"连环战法、案发周边搜索法、连续跟踪拦截法等);常州市公安局刑警支队则又提出"视频监控八大技战法"②(包括细节对比法、运动参照法、循线追踪法、倒退回看法、以点定面法、行为关联法、交叉定罪法、图像对比法等)。这些研究均较好地实现了视频侦查的具体化和应用化,对公安侦查工作起到了极好的指导作用。当然,实务的研究最后必须理论化、体系化,才能够使视频侦查有效地提升其地位和价值。因此,晚近时期的成果中,开始出现理论化的研究趋势,如对视频侦查功能的研究③、对视频侦查原理和特点作用的研究④,甚至一些研究开始了对视频侦查的体系建设的思考⑤。这些全新的研究思路,相对于早期的具体战法的成果,在研究的质的方面有了较大的升华,必然成为下一步视频侦查研究的重要主题之一。

四、"互联网⁺"背景下视频侦查的展望

2015年7月4日,国务院发布《关于积极推进"互联网⁺"行动的指导意见》。互联网⁺正式进入国家发展规划层面。互联网⁺不是简单的互联网加各个传统行业,而是利用信息通信技术以及互联网平台,让互联网与传统行业进行深度融合,创造新的发展生态。互联网⁺的影响覆盖于国家的社会治安综治领域,特别是治安防控和侦查取证领域,互联网⁺理念的提出,对视频侦查提供了新的发展的机遇。

(一) 发展机遇

1. 云计算的兴起为视频监控提供了便捷运作的可能

云计算是基于互联网的相关服务而出现的增加、使用和交付模式,通常涉及通过互联网来提供动态易扩展且经常是虚拟化的资源。云计算在视频监控中发挥了存储与应用双重作用。云具有超大的计算和存储能力,单纯从技术上讲,使用云计算比使用本地计算可靠。⑥视频监控探头24小时不间断地运作,加之城市内建构的海量探头(上万甚至数十万),海量的视频数据的存储必须通过云存储模式解决。从应用视角看,如何"在大海中捞针",从人脸识别到人工智能、从虚拟现实到量子通信,视频技术的发展方向——智能化和行为分析技术⑦,均与云计算息息相关。

2. 物联网的建构为视频监控奠定了信息交换的天梯

物联网(Internet of things, IOT)是新一代信息技术的重要组成部分。物联网的核心和基础仍然是互联网,是在互联网基础上的延伸和扩展的网络。公安物联网的运用,将极大提升公安机关的信息获取、传输、存储、处理能力,并终将彻底改变公安工作的流程、效率和体

---

① 欧汉华,曾斌戈,陈职勇.视频监控五大战法[N].人民公安报,2009-9-18(6).
② 常州市公安局刑警支队.视频监控八大技战法[J].中国刑事警察,2010(4).
③ 玉柱,黄伟.视频侦查的四大功能[J].中国刑事警察,2013(6).
④ 公安部五局.视频侦查学[M].北京:中国人民公安大学出版社,2012:4-6.
⑤ 梁兵,代云鹏,李金岭.视频侦查体系建设之思考与探索[J].北京警察学院学报,2014(1).
⑥ 武星.云计算研究综述[J].科技创新与生产力,2011(6).
⑦ 孙展明.视频图像侦查[M].北京:中国人民公安大学出版社,2011:29.

制机制。① 视频监控通过物联网的智能感知、识别技术与普适计算等通信感知技术,成功地实现对犯罪嫌疑人的智能识别、特定区域的感知定位和潜在犯罪案件的有效防控。正如科技界所言,物联网是继计算机、互联网之后,信息产业发展的第三次浪潮。视频监控正是利用物联网这个信息交换的天梯,实现视频监控的业务提升和应用飞跃。

3. 大数据的出现为视频监控实现了侦查效益的突破

英国维克托·迈尔·舍恩伯格《大数据时代》中将大数据界定为不用随机分析法(抽样调查)这样的捷径,而采用所有数据进行分析处理程序。大数据具有 4V 特点:Volume(大量)、Velocity(高速)、Variety(多样)、Value(价值)。大量高速、多样的视频监控数据,必然会在侦查中产生巨大的效益。公安系统实施的"两化一工程"(侦查数字化、侦查数据库化和金盾工程),较好地实现了信息获取网络化、工作方式科技化,情报获取便捷化、侦查效益高效化。互联网$^+$背景下的大数据的出现,为视频侦查工作提供了支撑。

(二) 面临的挑战

视频监控走到重要的历史节点,互联网$^+$对视频监控也带来了挑战。

1. 应用层面挑战

社会经济迅猛发展和互联网$^+$范畴的扩容,对视频监控提出了更高、更广的要求。2016年 2 月中共中央、国务院联合发文要求我国今后原则上建那种没有围墙的住宅区,"已建成的住宅小区和单位大院要逐步打开,实现内部道路公共化。"该意见立刻引起强烈社会反响,核心问题涉及安全。开放式住宅区的安全必然依赖于视频监控的广覆盖。

2. 技术层面挑战

视频侦查中的大数据应用目前还很不成熟,与商业大数据的大规模应用还有差距。城市监控视频数据不同于普通商业大数据,除了时间和空间的属性外,并没有其他的标签。人脸识别、视网膜识别等高新技术还多停留在实验阶段,大多数案件侦查线索的确定还依靠大兵团的人力物力。大数据的应用要求视频的结构化过程,其核心是模式识别算法,要做到自动地把视频中的特征识别出来贴上标签后入库,这样才能真正实现对海量视频数据的快速查询和系统研判。

3. 规则层面挑战

从目前的视频监控归属来看,占绝大多数的都属于社会单位控制所有,在互联网$^+$背景下对视频监控进行高效运作和规范使用,国家难以行使绝对管控权。2015 年 12 月美国 FBI 在调查一起枪击事件时,需要苹果公司在技术上协助调取嫌疑人手机关键加密数据,但遭到苹果公司的拒绝,甚至在通过美国政府与苹果公司协商时,仍未获允许。虽然最后联邦法官裁定,要求苹果提供"合理的技术帮助",但这也给我国互联网$^+$时代的政府提了一个醒:如何制定相应的规则,确保最高决定权和审查权处于可控位置;如何确保在大数据时代,保证个人隐私和公共安全的双向平衡。

面对互联网$^+$的挑战,视频监控应当采取积极的态度正面应对。互联网$^+$时代是一个万物互联的大数据时代,作为一场全新的技术革命,互联网$^+$为社会结构的变迁注入了新生力量,使得传统意义上的金字塔形、块状的层级结构模式变为扁平化社会结构。② 必须充分认

---

① 王祥生.公安物联网应用前景展望[J].公安研究,2012(3).
② 佟力强."互联网$^+$"带来社会变革[N].北京日报,2015-5-27(20).

识互联网⁺时代网络化、科技化、信息化的这种发展趋势,迎趋势而动、顺趋势而为、踏趋势而进。在大规模数据处理过程中,充分利用各类资源对大规模的数据进行结构化处理。大力培养互联网⁺时代的数据处理人才,提高侦查人员的专业素质和能力。重点培养三类人才:具备信息化思维的侦查指挥人才、既懂侦查又会运用信息复合型侦查人才、信息技术个性化应用能手。① 国家相关部门应当及时制定既适应当前互联网⁺时代形势发展,又具有一定的超前性和前瞻性的法律政策和规则,确保大数据的存储、使用、发展、救济的合法、合规、合理、合情。

第四节 人脸识别技术与视频侦查

人脸识别系统的研究,始于20世纪60年代。20世纪80年代后,随着计算机技术和光学成像技术的发展,人脸识别技术得到了较大的提高。真正进入初级实验阶段则在20世纪90年代后期,特别是21世纪初。近几年来,随着科技的发展进步,人脸识别技术正式进入广泛的应用中。人脸识别系统的研发和人脸识别技术的突破,意味着对传统侦查工作的重大变革。作为一种生物特征识别技术,人脸识别技术将在视频侦查工作中发挥更大、更积极的效用。

一、人脸识别技术发展概况

人脸识别技术是指利用分析比较人脸视觉特征信息进行身份鉴别的计算机技术。广义的人脸识别技术包括构建人脸识别系统的一系列相关技术,包括人脸图像采集、人脸定位、人脸识别预处理、身份确认以及身份查找等。狭义的人脸识别技术特指基于人的脸部特征信息进行身份识别的一种生物识别技术。这种技术通过用摄像机或摄像头采集含有人脸的图像或视频流,并自动在图像中检测和跟踪人脸,进而对检测到的人脸进行脸部识别的一系列相关技术。人脸识别技术,通常也称为人像识别技术、面部识别技术。

人脸识别技术属于生物特征识别技术中的一种。生物特征识别技术是基于犯罪行为人生物密码这一与生俱来的生理特征和后天养成的行为特征,而利用计算机技术进行的身份识别。将人脸识别系统引入对犯罪行为人的个体打击,是生物特征识别技术在这一新领域的新应用。生物特征识别技术是指采集、分析人体的独特特征,如指纹、视网膜和声音模式等,进行身份验证的技术。② 相类似的生物特征识别技术还有掌纹识别、虹膜识别、视网膜识别、语音识别、唇纹识别、体形识别、键盘敲击识别、签字识别等。

目前,包括人脸识别技术在内的生物识别技术,已广泛用于西方各国的政府、银行、安全防务等领域。例如,美国得克萨斯州联合银行使用的虹膜识别系统,美国维萨格公司在美国两家机场安装的脸像识别技术,美国加利福尼亚州兰开斯特警方利用视频监控采集人脸图像,英国伦敦警方利用专门开发的人脸识别技术可对视频监控采集到的骚乱分子人脸图像进行识别,澳大利亚昆士兰理工大学QUT的研究人员正在研发一种新的视频监控人脸识别技术,该技术能将2D与3D视频图像相结合,识别人脸没有正对摄像头的目标人物。③

---

① 胡东林.运用大数据提升职务犯罪侦查能力[N].检察日报,2015-3-1(3).
② 陆新淮.高科技手段在公共安全控制领域的应用[M].北京:中国人民公安大学出版社,2007:370.
③ 赵洋.视频监控系统与人脸识别技术的结合应用[J].中国安防,2012(8).

2014年8月起,日本在部分机场的出入国审查(边检)处重启人脸识别系统的实验。2012年实施的首次实验因错误频发而一度中止,但法务省认为,为迎接2020年东京奥运会需提高边检速度,于是决定重启实验。

人脸识别技术也开始进入我国的应用领域。2006年,北京站和北京西站就曾引进了静态取相的人脸比对识别系统。2008年的北京奥运会,是奥运历史上第一次使用了人脸识别技术。2009年,首都机场的工作人员通道就启用了人脸识别门禁系统。2010年,广州高考考场首次全面启用人脸识别系统。2011年,北京天坛医院在各个挂号窗口安装人脸监控设备。2012年无锡采用物联网人脸识别技术。2012年4月13日,京沪高铁在上海虹桥站、天津西站和济南西站三个车站安检区域安装人脸识别系统。2013年9月5日,刷脸支付系统在中国国际金融展上亮相。2015年3月15日,汉诺威IT博览会上,阿里巴巴创始人马云为德国总理默克尔演示了蚂蚁金服的Smile to Pay扫脸技术,并当场刷自己的脸给嘉宾买礼物。2017年9月14日,蚂蚁金服向物流行业开放人脸识别技术,自提柜可实现"刷脸取件",5秒可完成。

二、人脸识别技术对视频侦查工作的影响

作为当前新型的侦查技术模式,视频侦查已成为继刑侦、技侦、网侦之后的第四大侦查手段。视频侦查既能为破案提供准确直观的线索依据,又能为案件诉讼提供客观翔实的证据。因此,加强对视频侦查技术在破案中的应用研究,一方面要继续挖掘视频监控中的潜力,另一方面也要注意对各类高精尖科学技术的借鉴与吸收。人脸识别技术是一种新型的生物特征识别技术,对视频侦查工作将产生积极、能动的影响和推动。

(一)推动了视频侦查工作信息化和科技化的发展进步

我国最早是在1994年开始研究人脸识别问题的。2000年5月,中国科学院计算机所组建了面相识别实验室。2005年1月18日,由清华大学电子系苏光大教授担任人脸识别课题组负责人主持承担的国家"十五"攻关项目"人脸识别系统"通过了由公安部主持的专家鉴定,达到了国内领先水平和国际先进水平。2012年7月25日,公安部下发了《关于加快推进人口信息比对技术应用的通知》,要求全国分三个批次完成系统建设任务。2014年初,公安部副部长黄明提出将加快推进全国人脸比对系统建设步伐,实现全国范围的人脸自动比对和纠错。各省区市要加快人脸比对系统建设步伐,公安部将建立部级人脸比对系统,实现全国范围的人脸自动比对和纠错。[①] 早在2010年9月黑龙江的"全国公安机关刑侦工作座谈会"上,公安部有关领导就已经提出:面对新形势、新挑衅,全国刑侦部门在当前及今后一个时代"合成战、科技战、信息战、证据战"的"四战"的要求。作为新兴的生物特征识别技术,人脸识别技术体现了当前最新的信息化和科技化发展趋势,与公安部对刑侦工作的"四战"要求吻合,有利于推动和发展视频侦查工作的信息化和科技化的步伐。

(二)强化了视频侦查工作专业化和数据化的研究重心

视频侦查工作是伴随着信息化和科技化步伐发展起来的重要的侦查方法和全新的侦查

---

① 骆宏.人脸识别技术在公安工作中的应用与推广——充分发挥人脸识别技术在侦查办案及民生服务中作用[J].中国公共安全,2016(11).

模式,视频侦查系统建设还属于各地正在如火如荼进行中的平安城市和智慧城市的组成部分,是国家三防(人防、物防、技防)建设的主体部分。以视频感知为主体的安防应用,是互联网、物联网技术的典型应用,是平安城市、智慧城市建设中不可缺少的基础设施,是平安城市和智慧城市体系的有机组成部分。按照十三五规划,国家已明确要求2020年,重点公共区域视频监控联网率达100%,重点行业、领域涉及公共区域的视频图像资源联网率达100%。① 从视频监控摄像头的建设现状来看,我国基本上实现了主要区域的视频全覆盖,视频侦查作为一种专业侦查手段,已经从试点、实验阶段走上了全面应用阶段。在2004年至2012年间连续发生的苏湘渝系列持枪抢劫杀人案件的侦破过程中,加入人脸识别技术的视频侦查在其中起到了关键性作用。周克华在长沙作案四起,此案线索的蛛丝马迹被视频监控一一记录,但海量视频的查找工作量十分巨大。警方通过运用人脸时空数据检索系统,利用计算机技术对人脸图像进行降维处理,从低维特征数据库中检出相似度由大到小排列的人脸图像,为破案提供了重要的参考作用。有效解决了人脸图像检索复杂度高、耗时长和存储容量大等困难,节省了宝贵的案件侦破时间。

(三) 拓宽了视频侦查工作智能化和生物化的发展趋势

人脸识别系统的研发和应用,重点以人脸识别技术为核心。人脸识别技术代表了视频侦查工作的智能化发展趋势,作为最容易隐蔽高效使用的技术,现今已成为当今国际反恐、安全防范以及刑事侦查等最重要的手段。区别于其他识别手段,比如指纹识别或者虹膜识别等,人脸识别技术还具有应用简便、不容易被人发现和关注的智能化特点。人脸识别技术完全可以利用可见光获取人脸图像信息,而不同于需要利用电子压力传感器采集指纹的技术,或者利用红外线采集虹膜图像的技术,后面这些采集方式比较特殊,需要采集对象的配合,很容易被采集对象发觉和警惕,从而有可能被伪装和欺骗。此外,人脸识别技术作为一项生物特征识别技术,为视频侦查工作的开展提供了生物化的拓展空间和发展思路。按照2012年刑事诉讼法第130条的规定,对被害人、犯罪嫌疑人的人身检查中,可以提取指纹信息,可以采集血液、尿液等生物样本。但实践中的生物样本,显然不仅仅只有血液、尿液,所以后面采用了概括性的"等"字。生物样本包括的种类很多,在生物样本库Biobank中有多种类型,常见的有组织、器官库,如血液库、眼角膜库、骨髓库,还有正常细胞、遗传突变细胞、肿瘤细胞和杂交瘤细胞株(系)的细胞株(系)库,近年来出现了脐血干细胞库、胚胎干细胞库等各种干细胞库以及各种人种和疾病的基因组库Genomebank,这些可能都将成为视频侦查工作依托的生物基础。

三、人脸识别技术对视频侦查工作的开展

在所有的生物特征中,只有人的面貌是直接暴露在社会中的,相较其他人体生物特征而言最容易取得。不过,由于硬件设备的相对落后以及软件应用的提升局限,视频侦查工作还存在很多问题和差距,需要进一步发展和提升,以适应相关技术的需要。

(一) 人脸识别技术对视频侦查海量数据库的对比度需求

公安机关在侦查破案、追逃追赃过程中会使用相关数据库(系统),因为这些库(系统)存

---

① 郑宇钧."认脸",提升城市安全感[N].南方周末,2018-1-11(A5).

储了待抓获人员(数据库资料基于被通缉者或逃犯)的信息。但这些库中一般只有一张正面的图像,仅凭这一张图像(而且可能不太清晰),有时难以与现实中发现的人脸图像进行比对。国内外通行的人脸数据库中,都预先有所处理,如国内的 BJUT-3D 人脸数据库、CAS-PEAL 人脸数据库,国外的 MIT 人脸数据库、FERET 人脸数据库,它们基本上都是志愿者的人脸及在不同姿态、表情、光照下采集的,具有训练意义。① 因视频侦查要实现人脸识别技术的寻找、比对、确认、同一的认定过程,需要加大人脸数据库的建设。

（二）人脸识别技术对视频侦查中算法差异促进识别准确率

人脸识别技术在以案找脸、以脸找案、以案找案、以脸查前科的查询方式上,奠定了新的侦查模式的基础,也为人脸卡口、动态人脸追逃提供了思路。主流的人脸识别技术,基本上可以归结为三大类,即基于几何特征的方法、基于模板的方法和基于模型的方法。不过,由于各家算法对人脸特征点的抽取不同,以致识别准确率有很大差异。影响了人脸识别产品的几个主要因素包括光线、角度、人脸大小、饰物、配合程度、监控列表库中的照片质量等。② 目前美国最先进的人脸识别系统,在做测试的时候识别误读率也有 1%。在非配合情况下的人脸图像采集,会影响后期的特征提取与识别,甚至会导致人脸检测算法的失效。如何有效地去除遮挡物的影响,是非常紧迫的研究课题。

（三）人脸识别技术在视频侦查中存在隐私保护和安全挑战

据国外媒体报道,顶级社交网络公司 Facebook 在 2016 年已悄悄推出自动识别照片人物这一人脸识别技术,引发新一轮的隐私泄露担忧。Facebook 的"标签推荐"功能使用面部识别技术,使用户为亲友添加标签这一操作更为快捷。面对外界关于隐私保护的质疑,Facebook 回应称照片标签推荐功能仅在向 Facebook 上传新照片时启动,只有好友才被推荐,并且用户可通过隐私设置关闭该功能。在安全方面,已经有人使用 3D 仿真面具骗过人脸识别系统,这可能是目前人脸识别技术最大的挑战。据了解,活体检测技术在人脸识别时要求用户进行眨眼、点头、张嘴等动作,以防止静态图像破解,但通过第三方的 API 接口或SDK 组件可以找到多个突破点,从而使人脸识别形同虚设。而一旦这种破解泛化、普及化,对视频侦查的人脸识别就是一个巨大的冲击,从而动摇其根本。

第五节　以审判为中心的视频侦查取证

党的十八大提出以审判为中心的诉讼制度改革,这一改革具有非常特殊的历史意义和非常重要的现实价值。以审判为中心是现当代司法规律的基本体现,是人权保障的基本要求。以审判为中心的诉讼制度改革,意味着对传统以侦查为中心诉讼惯例的重大变革,必然对侦查工作产生重大影响,尤其是侦查人员的取证意识,直接关系到刑事案件诉讼的成败。

以审判为中心的诉讼制度改革,对视频侦查工作将产生重大影响。从宏观层面上看,这种影响表现在程序性要求的提高、规范性要求的加大和证据性要求的严格。证据裁判原则要求视频侦查工作由公安内部行为转变为外部诉讼行为,证据相关性规则要求视频监控取

---

① 肖军.试论人脸识别技术在侦查破案中的运用与完善[J].北京警察学院学报,2016(4).
② 李建勇.人脸识别技术在视频监控系统中的应用[J].中国安防,2009(4).

证将由信息情报搜集转变为证据的采纳采信;直接言词原则要求视频工作人员从幕后证据提供者身份转变为诉讼中的鉴定人、证人。

一、以审判为中心的诉讼制度改革内容

司法体制改革在我国的提出已经不是新名词。中央层面,自中共十五大开始,十六大、十七大对司法改革均提出一些总体要求,司法改革也逐渐成为我国各级司法机关的自觉行动和每年向同级人民代表大会所做工作报告的重要内容。2013年11月12日中央通过的《关于全面深化改革若干重大问题的决定》在第九部分"推进法治中国建设"中,从三个方面提出了司法体制改革的目标和内容:第一,确保依法独立公正行使审判权检察权;第二,健全司法权力运行机制;第三,完善人权司法保障制度。[①] 2014年7月初,中央司法体制改革领导小组办公室负责人接受人民网记者采访时提出,本次司法体制改革试点主要涉及四项改革:第一,完善司法人员分类管理;第二,完善司法责任制;第三,健全司法人员职业保障;第四,推动省以下地方法院检察院人财物统一管理。

在部分省市进行四项司法体制改革试点的同时,2014年10月,党的十八届四中全会审议通过了《中共中央关于全面推进依法治国若干重大问题的决定》,其中首次提出推进以审判为中心的诉讼制度改革。习近平总书记在《关于〈中共中央关于全面推进依法治国若干重大问题的决定〉的说明》中强调指出:"这项改革有利于促使办案人员增强责任意识,通过法庭审判的程序公正实现案件裁判的实体公正,有效防范冤假错案产生。"2016年6月27日,中央全面深化改革领导小组第25次会议审议通过《关于推进以审判为中心的刑事诉讼制度改革的意见》。2016年10月,最高人民法院、最高人民检察院、公安部、国家安全部、司法部联合发布了《关于推进以审判为中心的刑事诉讼制度改革的意见》,该意见以21条的篇幅分别从证据裁判、证据收集指引、非法证据排除、讯问制度、庭前会议、法庭调查、权利保障、诉讼监督等方面,就如何更好地推动以审判为中心的诉讼制度改革,提出了具体的要求和说明。

以审判为中心的诉讼制度改革是相对于传统的以侦查为中心的诉讼制度体制而言的。何谓以审判为中心,又何谓以侦查为中心? 这里提及的是我国传统上一直在习惯上沿用的诉讼阶段理论。按照诉讼阶段理论,刑事诉讼从开始到结束,是一个向前运动、逐步发展的过程。在刑事诉讼过程中,按照一定顺序进行的相互连接的一系列行为,可以划分为若干相对独立的单元,称为刑事诉讼阶段。[②] 传统的诉讼阶段理论将刑事诉讼阶段分为立案、侦查、起诉、审判和执行五阶段,由于这种阶段的连续性和相互影响性,决定了各个阶段国家机关行使职权的相互紧密性,所以后一阶段的国家机关对前一阶段的国家机关行为的认可度极高,如负责审查起诉的检察院一般比较认可公安的侦查行为,而负责审判的法院也多直接认可检察机关的公诉行为。这就使得各个诉讼阶段类似于一个工厂的流水线,最后的成品质量主要是由第一阶段的主体决定。有人形象地将其比喻为饭局:公安是做饭的、检察是端饭的、法院是品饭的,饭菜质量如何主要是由公安的侦查工作决定的,这就是以侦查为中心的诉讼制度。很显然,这种诉讼制度不符合司法正义和程序公正的本质要求,使得公、检、法形

[①] 刘仕华,黄豹.检察机关自侦办案模式转变研究[M].北京:光明日报出版社,2014:219-224.
[②] 陈光中.刑事诉讼法[M].6版.北京:北京大学出版社,2016:2.

成了一种简单的合作关系,法院的中立性、独立性、终局性地位受到质疑、破坏。以审判为中心的诉讼制度改革,就是改变原来过于倚重侦查工作的弊端,实现审判活动的独立性和证据裁判原则的依法性,确保司法公正的实现。

二、诉讼制度改革对视频侦查取证的宏观要求

通过构建以审判为中心的诉讼制度改革,必须做到侦查、起诉、辩护各环节都围绕审判来展开,实现庭审实质化和复杂案件精细化审理,形成事实证据调查在法庭、定罪量刑辩论在法庭、判决结果形成在法庭的工作机制。① 这种诉讼制度的改革,必然对我国传统的侦查工作产生极大的影响,将对诉讼结构、司法审查、调查取证、侦查模式,以及证人、警察出庭等侦查工作产生广泛而深刻的影响。② 由于目前国内对这种诉讼制度改革对侦查工作的影响的研究已经很多了,在此不做过多论证。但必须考虑的是,视频侦查是作为一种较新的侦查方式,以审判为中心的诉讼制度改革对它会产生哪些影响呢?可从宏观和微观两方面来进行分析。从宏观层面上看,这种影响表现为如下几点。

(一)对视频侦查的程序性要求提高

对于视频侦查的定位,到底是一种侦查手段、侦查方法,还是侦查模式,尚未有定论。不论是从我国相关法律规章的规定还是从侦查实务现状来看,视频侦查不宜被界定为侦查手段;将视频侦查界定为一种相对宏观的用语——侦查方法,应该没有问题。但它能否成为一种侦查模式,值得质疑。③ 作为一种与刑侦、技侦、网侦并列的侦查方法,严格意义上说,我国尚未形成一个规范性的程序性要求。应该如何在侦查工作中更好地应用视频侦查,尚未形成一个具有广泛约束力的程序性规则。现阶段关于视频侦查的一些规定,或者停留在宪法的人格尊严方面,或者停留在刑法领域的窃听、民法领域的名誉权方面,或者停留在一些信息领域的立法中,如《政府信息公开条例》《娱乐场所管理条例》,或者停留在一些地方性办法中,如《重庆市社会公共安全视频图像信息系统管理办法》《北京市公共安全图像信息系统管理办法》等,这些对视频信息提取的规定,普遍存在语意含糊、程序简单、效率低下等特点,根据这些规定提取的信息,根本无法成为法庭控辩双方质证的对象。公安机关内部,在设置有单独的视频侦查部门的地方,其他侦查部门去提取相关视频信息时,还需要填写《呈请调取证据报告书》,但在视频侦查依附于刑侦部门的地方,这种提取工作更简单,几乎不需要任何文书。这种简单的做法,在以审判为中心的诉讼制度改革过程中,可能遭到"致命的""高强度的"攻击,关于视频信息的来源、提取过程,是否伪造等问题,极易成为庭审中的质疑点。

(二)对视频侦查的规范性要求加大

视频侦查的核心和重点是视频数据的筛选和定位,但视频监控探头在我国的建设是逐步发展完善起来的。以武汉为例,根据统计,体系从 2008 年开始已完成一期、二期建设,目前全市视频监控探头达 100 万个,全市视频专网可联网调看的一级、二级探头达到 4.6 万个。根据三期建设方案要求,到 2020 年,全市将新建社会治安视频监控及多维数据采集前

---

① 刘冠南."以侦查为中心"向"以审判为中心"转变[N].南方日报,2017-3-22(A3).
② 陈团."以审判为中心"的基本要求及其对侦查工作的影响[J].中国刑警学院学报,2017(1).
③ 陈晓辉.侦查学视野下的视频监控研究之评述[A].侦查学论丛(第 17 卷)[C],北京:中国人民公安大学出版社,2016:237-242.

端4.4万个,一、二类探头达到9万个。① 相对于由武汉市政府和各区政府投资建设的一、二类探头,更大数量的是各个社会单位自建的探头。由于视频压缩从MPEG4到H264等算法都没有标准统一的文件格式,所以不同公司的监控系统保存的视频文件格式都不相同。目前,市场上各种视频监控保存文件格式种类繁多,主要的文件后缀名有MP4、H64、264、MPG、MPH、HE4、MV4、SM4、JP4、JP7、DAV、GV4等,这些不同格式的视频文件一般只能使用监控系统自带的专用播放软件播放,或者需要监控系统转换格式下载后才能独立播放。而以审判为中心的诉讼制度改革必然要求视频文件的完整、无损、原始状态,这对视频侦查的规范化是一个巨大的挑战。

（三）对视频侦查的证据性要求严格

关于视频侦查的证据性问题,实质上研究的是视频监控提供的视频数据的证据性问题。关于这个问题,主要应当集中于证据类型定位、证据证明效力及证据采纳规则三个方面。关于证据类型定位,主要存在视听资料与电子数据的争议,现阶段还是应当将视频监控提供的证据视为视听资料中的一种,归结为带有电子属性的特殊的视听资料形式。② 不过,在公安部颁布的《公安机关执法细则》中,只提到了"计算机犯罪现场勘验与电子证据检查"。公安部公共信息网络安全监察局颁布的《计算机犯罪现场勘验与电子证据检查规则》中,显然将视频监控视为一种电子证据形式,其第二条明确规定,电子证据包括电子数据、存储媒介和电子设备。当然,不论是视听资料还是电子数据,从类别上看都属于实物证据。根据《关于推进以审判为中心的刑事诉讼制度改革的意见》第四条第二款的规定,对物证、书证等实物证据,一般应当提取原物、原件,确保证据的真实性。所有证据应当妥善保管,随案移送,这是以审判为中心的诉讼制度改革的基本要求,而这个要求对于视频侦查来说,原物、原件的认定难度很大,特别是一些社会单位的三类探头,由于系统老化和更新不足,可能规范化的提取都成问题,如何确保它在法庭庭审中的证据属性不被质疑,需要深入的研究和探讨。

三、诉讼制度改革对视频侦查取证的微观要求

如果说,以审判为中心的诉讼制度改革对视频侦查工作的宏观要求仅仅体现在程序性、规范性和证据性上,则以审判为中心的诉讼制度改革对视频侦查工作的微观影响,更多地体现在证据相关原则、具体制度和行为要求的影响上。

（一）证据运用原则要求

主要表现为证据裁判原则的影响。证据裁判原则要求所有的视频侦查信息（证据）都必须提交法庭审查认定,视频侦查工作将由公安内部行为转变为外部诉讼行为。证据裁判原则,是指对于案件争议事项的认定,应当依据证据。证据裁判原则要求裁判的形成必须以达到一定要求的证据为依据,没有证据不得认定犯罪事实。我国刑事诉讼法的相关规定体现了证据裁判的精神。根据《关于推进以审判为中心的刑事诉讼制度改革的意见》第二条的规定,严格按照法律规定的证据裁判要求,没有证据不得认定犯罪事实。侦查机关侦查终结,人民检察院提起公诉,人民法院作出有罪判决,都应当做到犯罪事实清楚,证据确实、充分。

---

① 吴昌华.江城"天眼"已达百万个[N].楚天都市报,2017-5-1(A02).
② 陈晓辉.证据战视野下的系统研究[J].武汉公安干部学院学报,2016(2).

最高人民法院《关于全面推进以审判为中心的刑事诉讼制度改革的实施意见》中规定,要发挥庭审在查明事实、认定证据、保护诉权、公正裁判中的决定性作用,确保诉讼证据出示在法庭、案件事实查明在法庭、诉辩意见发表在法庭、裁判结果形成在法庭。证据裁判原则要求公安机关提供的视频侦查信息(证据)都必须提交法庭审查认定,提交法庭认定的证据必须符合证据的三性,即客观性、相关性和合法性。一般说来,与当事人陈述、证人证言等证据相比,视频监控证据不受主客观因素影响,能够真实地还原案发的经过,准确地记录案发过程中的人和事,因此更能客观地反映案件事实。但同时,这类证据形式易被伪造、篡改、删除。视频资料证据是科技发展的产物,它的形成借助于一定的科技手段。同样,人们也可以借用一定的科技设备对其进行剪辑、增加、删改、伪造、变造等处理。因此,对于视频资料证据不能采用简单的"拿来主义",应当对其合法性和真实性做认真审查。[①] 在传统侦查中心主义模式下,检察机关和审判机关对公安机关提供的视频资料证据信任度很高,多采取简单直接认可的做法,公安机关视频侦查工作根本不对外。但在以审判为中心的诉讼制度改革进程中,由于将来的庭审中将更加强调控辩双方的地位平等和积极对抗,辩护方对控诉方提交的视频资料证据的质疑会大大加强,对法庭当庭或者在庭前会议中认定视频资料证据的可采性的可能也大大提升,公安机关内部的视频侦查取证工作将成为一个外部的诉讼法律行为。

(二)证据采信制度要求

证据相关性规则要求所有提交法庭的视频侦查信息(证据)都必须能够形成证据链,视频监控取证重心将由信息情报搜集工作转变为视听资料的采纳采信制度建构。长期以来,对证据相关性问题的研究在我国一直处于一种较为尴尬的地位。一方面,传统学者几乎都承认相关性是证据所应具有的仅次于客观性的基本属性之一,也大力强调相关性在保证准确认定案件事实方面所具有的重要意义;另一方面,我国目前对判断证据相关性的具体标准和方法以及针对特定相关证据的处理原则等方面的规定则几乎是一片空白。[②] 但是如何认定证据具有相关性,这是一个侦查实践中具有相当难度的事情。根据美国《联邦证据规则402》的规定,除非根据特别规则,或者法律予以排除的证据,所有相关性证据都应当被采纳。在司法实践中,确定证据是否相关的方法通常是看所出示的证据是不是与所争议的案件的时间、事件或者人物有关。[③] 如何认定视频资料证据的相关性?这需要视频侦查人员在海量的数据源中进行寻找和挖掘,这种寻找和挖掘可以通过特定的技术(如人脸识别系统),但更多的是通过视频侦查人员的人工筛选和识别。由于视频侦查工作将由公安内部行为转变为外部诉讼行为,相对应的是,视频监控取证也当然地由传统的信息情报搜集工作转变为建构视听资料的采纳采信制度。这种制度的建构必须坚持依法性、制度性、规范性,确保通过该制度能够顺利实现视听资料的法庭可采性。在这个过程中,还有一个非常现实的严峻问题:视频监控数据的筛选和挖掘工作的主体是谁?由于警力的相对局限,我国多数地区公安机关的视频监控人员部分为聘用制的工作人员,不具有执法权。以武汉市公安局视频侦查支队为例,视频侦查和监控专业队伍由800名民警和1200名监控文员组成,监控文员是发现视频监控信息的主力军,但这些人不具有侦查人员的身份无法行使侦查权。在传统模式下,

---

① 徐伟红.视频监控证据规则研究[J].中国安防,2012(10).
② 俞亮.证据相关性研究[M].北京:北京大学出版社,2008:封四.
③ 高忠智.美国证据法新解:相关性证据及其排除规则[M].北京:法律出版社,2004:40.

监控文员为民警提供各类信息情报,没有太大的问题,但现在要求他们提供的就是证据,且极可能要出庭接受质询,他们的身份显然就不适宜了。如何规范视频侦查民警与监控文员之间的权力划分,明确相互的职责和地位,将成为下一步工作的重点之一。

(三) 直接言词原则要求

直接言词原则要求视频侦查信息(证据)相关人员(视频侦查人员、鉴定人员等)都必须出庭作证、接受控辩双方的询问,视频工作相关人员将从幕后证据提供者身份转变为诉讼中的鉴定人、证人身份。直接言词原则是大陆法系国家诉讼制度的基本原则,在刑事诉讼和民事诉讼中均被视为圭臬。直接言词原则最早起源于德国刑事诉讼,经历了上百年的发展,现已成为德国刑事诉讼的基石。[1] 作为刑事诉讼法的重要原则之一,直接言词原则包括直接原则和言词原则两项内容。我国刑事诉讼法虽未直接出现直接言词原则的字样,但相关条文其实一定程度上吸收了该原则的合理内核,并且在诉讼制度和程序中多有体现,如控辩双方对出席法庭的证人质证的规定、保障庭审对证据进行实质性审查的规定等。《关于推进以审判为中心的刑事诉讼制度改革的意见》第十二条规定,完善对证人、鉴定人的法庭质证规则。落实证人、鉴定人、侦查人员出庭作证制度,提高出庭作证率。公诉人、当事人或者辩护人、诉讼代理人对证人证言有异议,人民法院认为该证人证言对案件定罪量刑有重大影响的,证人应当出庭作证。侦查人员、证人出庭作证,将是以审判为中心的诉讼制度改革的核心内容,是刑事审判实质化、刑事庭审对抗化的重要标志。这对从事视频工作的侦查人员以及相关鉴定人员而言,绝对将会是一场不容忽视的"战争"。小到某监控视频提取时间、提取程序等问题,大到如何能够确保监控视频信息没有遭到变造、监控视频中人物的同一认定、多个监控视频能够形成证据链等,均会成为庭审争议的焦点。视频工作相关人员将从幕后走到台前,对相关视频资料的来源进行说明,对视频监控中的同一认定进行鉴定,业务能力和诉讼能力将得到极大的提升。

---

[1] 刘玫,程衍.贯彻直接言词原则[N].检察日报,2015-7-16(3).

第三章 视频侦查取证基本原理

第一节 视频监控技术原理

一、视频监控技术概述

视频监控是指利用图像采集、传输、控制、显示等设备和控制软件组成的对固定区域进行监视、跟踪和信息处理的系统。一个视频监控,无论是简单的小系统还是复杂的大系统,无论其构成方式复杂程度如何,都由前端设备、传输信道、控制设备和终端设备四部分构成。这四部分缺一不可,相互关联、相互制约,不能偏废任何一部分。[①]

视频监控技术是指将闭路电视技术应用于安全防范、侦查破案的一种现代化技术手段,它与各种报警系统和出入管理系统共同构成现代化防范和侦查破案综合系统。[②]

近年来,随着计算机、网络及图像处理技术、传输技术的飞速发展,视频监控技术也有了长足的发展。目前,国内外市场上主要有数字控制的模拟视频监控和数字视频监控两类产品。前者技术发展得已经非常成熟、性能稳定,并在实际工程中得到了广泛应用,特别是在大中型视频监控工程中的应用尤为广泛;后者是新近崛起的以计算机技术及图像视频压缩、图像传输技术为核心的新型视频监控,该系统解决了模拟系统的诸多弊端,但仍需进一步完善和发展。目前,视频监控正处在数控模拟系统与数字系统混合应用并逐渐向数字系统过渡的阶段。

二、模糊图像处理技术

视频图像侦查的顺利开展需要依赖于视频监控图像文件的质量。由于摄像机性能、视频线缆性能、视频图像压缩模式、现场光照条件、探头的安装位置与角度等,都有可能导致已经生成的视频图像不符合侦查的要求。模糊图像处理技术属于图像处理技术中的一种,该技术利用计算机,对图像信息中的数字信号进行运算或处理,以期提高图像的质量,达到预期的结果,因此它也称为计算机图像处理技术。如对被噪声污染的图像除去噪声、对信息微弱的图像进行增强处理、对失真的图像进行几何校正等。

三、GIS数字图像处理技术

地理信息系统(GIS)是以采集、存储、管理、分析、描述和应用整个或部分地球表面与空间和地理分布有关的数据的计算机系统。它以地理空间数据库为基础,采用地理模型分析方法,适时提供多种空间和动态的地理信息。其基本功能是将表格型数据转换为地理图形

---

① 王禹.视频侦查实战技能[M].北京:中国人民公安大学出版社,2014:13.
② 马海舰.侦查措施新论[M].北京:中国人民公安大学出版社,2012:293.

显示出来,然后对结果进行分析和操作。现在 GIS 在视频图像侦查中发挥着重要作用。目前在视频图像侦查中,普遍的做法是将视频监控点位信息标注在地图中,很多地方公安机关建立的以 GIS 为载体的视频图像侦查综合应用平台,使视频侦查发挥合成作战的优势。

四、建立在视频监控上的时空关系

任何事物的生成与发展都离不开时间和空间这两个因素,犯罪行为也一样发生在一定的时间和空间范围之中,确定时空关系是案件侦破的前提条件。众多的视频监控(系统)被安装在不同位置,在相同的时间监视记录着不同空间内的人、事、物及其变化过程,在空间上它们相互独立,但在时间上和逻辑上又彼此关联。时空关系建立在视频监控之上,是一种将犯罪(及与犯罪有关的)时空与视频监控记录的时空进行比对、分析的一种方法。虽然这两个时空的重叠具有一定的偶然性,但随着视频监控建设数量不断增加,监控范围、领域不断扩大,犯罪行为发生在视频监控范围内的概率也随之上升,从而使视频监控成为调查取证不可或缺的对象。对案件时空的分析研究不仅仅局限于案件发生的时空,还包括与案件相关的所有时空内容,如犯罪嫌疑人案前踩点、进出现场、实施犯罪、隐匿罪证、逃离流窜等时空内容,也包括被侵害目标、相关证人或其他与案件有关人员的时空关系。这些内容都有可能与视频监控记录的时空内容相重叠,从而成为侦查线索或证据资料。

第二节 物质交换原理

一、物质交换原理概述

(一) 物质交换原理的含义

物质交换原理的基本含义是当两个物体的表面在运动中相互接触时,总会发生微量物质的转换,即一个物体表面上的微量物质会转移到另外一个物体的表面上去。[①]

(二) 物质交换原理的类型

物质交换原理表明犯罪的过程实际上是一个物质交换的过程,作案人作为一个物质实体在实施犯罪的过程中总是跟各种各样的物质实体发生接触和互换。因此,犯罪案件中物质交换是广泛存在的,是犯罪行为的共生体,这是不以人的意志为转移的客观规律。具体来说,这一理论涉及的物质交换是广义上的,可分为两种类型:一是痕迹性物质交换,即人体与物体接触后发生的表面形态的交换;二是实物性物质交换,又可分为有形物体的物质交换和无形物体的物质交换。前者包括微观物体的互换和宏观物体的互换,微观物体的互换是指在犯罪过程中出现的微粒脱落、微粒粘走,宏观物体的互换是指作案人遗留物品于现场或从现场带走物品等。[②] 随着电子技术的发展和普及,物质交换有了更广泛的外延,即信息类的虚拟交换,如作案行为遗留在视频监控和互联网络、信号基站中的各类电子数据信息等。

[①] 瞿丰,刘瑞榕.侦查学总论[M].北京:中国人民公安大学出版社,2008:11.
[②] 瞿丰,刘瑞榕.侦查学总论[M].北京:中国人民公安大学出版社,2008:12.

二、物质交换原理在视频侦查取证中的体现

任何犯罪都有时间和空间的轨迹,从理论上来说,只要不是非接触性犯罪(如网络诈骗犯罪),犯罪嫌疑人的活动时间和空间就能被视频侦查技术侦查到。实际上,由于我国城市化程度越来越高,视频探头布局的点位越来越多,结构越来越合理,可以预见,随着时间的推移,在市内发生的案件,全部都可以通过视频侦查技术来获得不同程度的案件线索,或者通过视频接力直接获取嫌疑人作案后藏匿的位置进行抓捕、破获案件,包括一些从其他方面入手毫无头绪的疑难命案。

1. 视频侦查取证中虚拟信息交换的时间

从时间范围讲,不仅仅局限于作案实施阶段形成的视频资料,还应该回溯到作案预谋阶段,乃至更早时段形成的相关视频资料,以及作案实施后直到破案之前整个时间段内形成的视频资料。

2. 视频侦查取证中虚拟信息交换的场所

从空间范围讲,不仅包括主体现场的视频资料和关联现场或可能的关联现场的视频资料。一方面可以直接调取主体现场的监控装置对犯罪嫌疑人及犯罪活动本身的直接记录,另一方面也可以调取主体现场周围、犯罪嫌疑人可能的来去路线上、其他可能的关联现场上的监控装置对犯罪案件相关构成要素的记录。

3. 视频侦查取证中虚拟信息交换的内容

从内容方面讲,可利用的视频资料的类型是极其广泛的,既包括实质性犯罪活动内容,也包括与犯罪直接相关的内容,还包括与犯罪间接相关的内容。

第三节　因果关系原理

一、因果关系原理概述

(一) 因果关系原理的含义

刑事案件是由许多相互联系、相互制约的事物所构成的统一整体。因果关系原理是揭示刑事案件中普遍联系事物的先后相继、彼此制约的规律。[1]

(二) 因果关系原理的特点

刑事案件中的因果关系具有普遍性、客观性和复杂性的特点。

1. 普遍性

因果关系是刑事案件本身所固有的联系在人的思维中的反映,而不是人脑固有的主观范畴。案件中的任何现象都有其产生的原因,任何原因都必然引起一定的结果。无原因的结果和无结果的原因都是不存在的,每一现象都受因果关系的制约。在侦查实践中,某些原因未能被认识的现象是存在的,但未被认识的原因却依然存在着。因果关系存在于一切犯罪案件之中,贯穿于每个案件的始终,这就是因果关系的普遍性。

---

[1] 瞿丰,刘瑞榕.侦查学总论[M].北京:中国人民公安大学出版社,2008:15.

2. 客观性

因果关系的客观性是指因果关系是犯罪案件中各种犯罪现象之间自身固有的关系,它不以任何人的意志为转移。不管人们承认不承认,它的客观性是改变不了的。所以说,因果关系是刑事案件自身固有的规律。刑事案件因果关系的普遍性和客观性告诉我们,没有无因果关系的刑事案件,或者说缺乏因果联系,刑事案件也就不复存在了。

3. 复杂性

刑事案件中的因果关系是极其复杂的。刑事案件因果关系的复杂性主要体现在以下几点。第一,一果多因,即在刑事案件中,一种结果往往不只是一种原因引起的,而是多种原因所造成的,换言之,不同的原因可能产生同一结果。第二,一因多果,即同一原因,产生不同的结果。第三,因果位置的互换性,即刑事案件中的原因和结果在一定条件下,各向其相反的方面转化。从刑事案件发展的整个过程来看,原因和结果是经常变换位置的,在此环节中是结果,而在彼环节中就成了原因;反之,在此环节中是原因,在彼环节中则又成了结果。第四,刑事案件因果关系的复杂性还表现在原因的隐蔽性上。一方面,犯罪行为的隐蔽性,造成原因的隐蔽性。在侦查实践中,侦查人员所能直接观察到的只是犯罪的某些现象,其他层次的现象多是隐而不见的。正因为如此,我们才需要运用因果关系的原理去探索具体案件中的因果关系。另一方面,由于作案人的狡猾性,他们常在实施犯罪过程中对犯罪现场进行伪造、伪装或破坏,造成某些因果关系链条的中断或发生障碍,增加了侦查人员分析判断因果关系的难度。但伪造、伪装和破坏只能改变某些犯罪现象的状态,侦查人员仍能利用这种现象去揭示各种深层次的原因。此外,我们还注意到有许多表面看来是突发性的刑事案件,实际上有一个潜伏期,一旦遇到机会,就会突然爆发出来。[①]

(三) 刑事案件中主要的因果关系种类

刑事案件中原因和结果的关系所反映的内容十分广泛,既包含犯罪事件发展过程中的因果关系,也包含侦查过程中侦查行为与侦查结果的因果关系。刑事案件中常见的因果关系包括以下几种。

1. 案前的因果关系

包括犯罪动机与犯罪目的的因果关系、犯罪动机与犯罪行为的因果关系。

2. 案中的因果关系

包括犯罪行为与现场痕迹的因果关系、犯罪行为与感觉等反映形象的因果关系、犯罪技能与犯罪方式之间的因果关系、犯罪行为与犯罪结果的因果关系。

3. 案后的因果关系

包括犯罪结果与犯罪后行为的因果关系、作案人的反常心理与反常言行的因果关系。

二、因果关系原理在视频侦查取证中的体现

(一) 因果关系原理在视频侦查取证中的作用意义

1. 因果关系是视频侦查取证的重要前提

对于已经发生的刑事案件,侦查机关要及时破案才能更好地履行其职能。在实施侦查

---

① 瞿丰,刘瑞榕.侦查学总论[M].北京:中国人民公安大学出版社,2008:15-16.

的过程中,案件的因果关系规律具有方法论的意义。刑事案件侦查的基本方法,是通过揭示各种犯罪现象与作案人之间的内在联系,达到揭露作案人的目的,而这一方法正是建立在案件自身因果关系规律的科学基础之上的。也就是说,任何刑事案件,总是有前因后果的,分析出犯罪结果的可能原因,就可以查找到作案人。同样,在视频侦查取证中,根据因果关系原理,视频侦查取证可以选择最佳的环节,或从原因找原因,或从结果找结果,或从结果找原因,或从原因找结果,最终都是为了查找作案人。当然,在探索案件因果关系时,必须充分考虑到因果关系的各种复杂因素,多种可能性,防止对因果关系作出错误的分析判断,从而贻误战机。

2. 因果关系原理是推动视频侦查取证向前发展的动力

因果关系贯穿于刑事案件的始终。案件中原因和结果的关系形成一个统一体:因果链。这个链的各个环节是相互依存和相互制约的。在视频侦查取证过程中,侦查人员要抓住因果关系中的"链",解剖它、分析它,由结果推导原因,由远及近、由浅入深,由原因再导原因,直至侦查破案,查明全部案情。一起刑事案件的侦破过程,始终是围绕着案件本身的因果关系展开的,当视频侦查活动向前发展时,侦查机关对已排查出的犯罪嫌疑人,要分析其与案件因果关系的联系,看这种联系是本质的必然的联系,还是外在的、非本质的联系。只有抓住了案件最本质的因果关系,认定犯罪嫌疑人才会准确无误。可以这样说,侦查机关只有认识了案件的因果关系,视频侦查工作才会取得主动,侦查活动才会不断向前发展。

3. 因果关系原理是提高视频侦查取证自觉性的必要条件

案件的因果关系是客观的,不依赖于人们的意识而独立存在的。但人在客观的因果规律面前又不是无能为力的,即我们可以认识这种因果规律,利用这种因果规律,驾驭这种规律,做规律的主人,积极为侦查破案服务。把握案件的因果关系,认识因果关系发展的必然性,就能在视频侦查取证中获得自由权,就能力争主动,利用和发展优势,避免被动,顺利地实现侦查目的。

(二) 因果关系原理在视频侦查取证中的表现形式

1. 犯罪动机与视频中的犯罪行为的因果关系

犯罪动机是推动犯罪行为人实施犯罪活动的内心起因,同时犯罪动机也是通过犯罪行为来外化和表现的,所以不同犯罪动机驱使下的犯罪会呈现出不同的现场迹象。视频图像资料能够原始客观地记录现场状况,真实反映作案人、被害人事前、事中或事后的活动情况,所以视频中的犯罪嫌疑人的行为表现是分析判断案件性质的重要依据。

2. 犯罪心理与视频中的犯罪行为的因果关系

犯罪心理是指影响和支配行为人实施犯罪行为的各种心理活动或心理因素的总称。犯罪心理是犯罪行为的内在动因和支配力量,犯罪行为是犯罪心理的外部表现。在视频图像资料中通过分析犯罪嫌疑人的行为特点,可以分析出其当时的心理状态,继而对犯罪嫌疑人条件刻画提供依据。例如当犯罪嫌疑人在监控画面中表现出东张西望徘徊不前,或兜圈子又走回起点时,说明犯罪嫌疑人很可能对地形不熟,是外来人口可能性比较大。如果犯罪嫌疑人明知自己的面容会被监控摄录下来而不予遮掩,说明犯罪嫌疑人的心态是无所畏惧,极可能是外来人员。

3. 犯罪行为与视频中的摄录影像的因果关系

犯罪嫌疑人或受害人等与案件相关的人员在案发中或案发前后实施了一定的相关行为

后,如果现场有监控探头,必然被摄录,而摄录的资料所反映的影像内容与相关行为存在密切关联。比如,如果视频中反映出车辆尾部刹车灯亮起,则可判断该车辆有刹车的动作或情节。

第四节 同一认定和种属认定原理

一、同一认定原理概述

(一) 同一认定和种属认定的含义

同一认定是侦查学和物证技术学的一个专门术语,它是指在犯罪侦查过程中,具有专门知识的人或了解客体特征的人,通过比较前后出现客体的特征而对这些客体是否同一的问题所作出的判断。

种属认定是指具有专门知识、经验的人,依据客体的特征对客体的种类所属、先后出现客体的种类是否相同的认识活动。能够进行种属认定是因为每一类客体所共有的,并且在一定时期内保持稳定不变的特性,可以为人们所认识。

(二) 同一认定的类型

根据同一认定的主体是否为鉴定人,可将同一认定分为鉴定型同一认定和非鉴定型同一认定;根据同一认定对象的不同,可以将同一认定分为人身同一认定、物体同一认定、场所同一认定和事件同一认定;以进行同一认定的依据为标准,可以将同一认定分为根据客体的形象特征进行的同一认定和根据客体的运用习惯进行的同一认定;根据同一认定的结论,可以将同一认定分为肯定性同一认定和否定性同一认定。

(三) 同一认定的条件

1. **客体的特殊性**

辩证唯物主义认为,客体事物各有其特殊的本质,这一特殊的本质,决定了事物之间的差异性。任何事物都不同于其他事物,任何事物只能和其自身保持同一性。辩证唯物主义的同一性观念使我们深刻认识到,事物的特殊性是指每个特定事物所独具的特性,是事物的特殊点和个别要素,它表明事物只能与自身等同。事物都有其各自质和量的规定性,世界上没有两个完全相同、绝对一致的事物。同一认定的最重要基础就在于任何事物都有特殊性,都有相互区别的规定性。因此,当一个事物先后在不同时间和不同地点被发现时,只要它留下自己的反映形象或其他特征反映体,人们就有可能判断这两个先后被发现的事物实际上是同一事物。

2. **客体的相对稳定性**

辩证唯物主义认为,运动和物质是不可分割的,世界上既没有无物质的运动,也没有不运动的物质。不过,千变万化的物质世界中也存在着各种形式的静止状态,或者说,客观事物在其发展变化的过程中也具有一定的稳定性。当然,运动和变化是绝对的,静止和稳定是相对的。不同客体的稳定性有所不同,不同特征的稳定性也有所不同。各种痕迹物证都会随着时间的推移而发生或大或小的变化,因此,在同一认定时必须考察痕迹物证的稳定性。相对稳定是物质运动的一种特殊表现形式。所谓相对稳定性,是指在一定时间内保持其特征基本不变,维系着自身同一的属性。客体的相对稳定性为观察、实验和研究客体的特征提供了基本条件。在侦查活动中,特别是在刑事技术领域内,通常是在获得物证(被寻找客体)以后才发现受审查客体的,如果客体不具备稳定性,同一认定就无法进行。同一认定所要求的相对稳定性是指客体特征在进行同一认定的"必要时间"内保持基本不变的属性。同一认定的必要时间是由具体案件中寻找客体留下特征反映体的侦查人员发现嫌疑客体并进行鉴定的时间长短决定的。如在间隔时间较短的两段视频监控录像中,同一人的衣着、身型、步态等信息都是相对稳定的。为此,侦查人员必须努力缩短需要进行同一认定的"必要时间"。必须指出的是,尽管每一个客体都有相对稳定性,但稳定的程度却各有差别。一个客体,先后出现两次,两次的间隔时间可能较长,也可能较短。如果相隔时间比较长,而该客体特征相对稳定的时间比较短,则进行同一认定的可能性就小。因此,同一认定的条件之一就是客体特征必须在较长时间内基本稳定不变。

3. 客体特征的反映性

客体特征的反映性是指客体的特征能够在其他客体上得到反映的一种属性。我们知道,物体在运动过程中经常会以某种方式与其他物体接触,并且会在对方身上留下自己的"痕迹",或者某种形式的"反映"。对于同一认定来说,重要的不是这种反映的可能性,而是这种反映的容易程度和清晰程度。首先,同一认定要求客体特征比较容易在其他客体上得到反映。其次,同一认定要求客体特征的反映具有较高的清晰度。影响客体特征反映清晰度的因素包括客体本身的清晰度、反映客体特征的那个物体的性质和形成反映的方式和力量等情况。客体特征的反映性与人类的认识能力和特征识别能力之间有着密切的关系。一般来说,客体特征的反映是客观存在的,但是这种反映能否在同一认定中加以利用则取决于人的认识能力和水平。在传统的侦查理论和侦查实践中,同一认定理论仅仅作为刑事侦查技术和技术鉴定的理论加以应用,这不仅在内容上限制了同一认定理论的应用,也在客观上限制了对同一认定理论研究的深化。事实上,同一认定理论不仅仅是刑事技术鉴定的理论,而且还是贯穿于各项侦查措施和侦查手段之中,贯穿于侦查活动的全过程中的理论。[1]

二、同一认定、种属认定原理在视频侦查取证中的体现

视频侦查取证将同一认定和种属认定理论建立在视频图像的基础之上,运用视频图像开展分析研究、推理判断及检验鉴定工作。视频侦查取证中应用的同一认定和种属认定主要是针对客体外形在形式和外表形象上所做的同一认定或种属认定,其形式有如下几种。

（1）对特定的不同时间与空间中的犯罪嫌疑对象各种图像之间的同一认定或种属认定。

（2）对不同的时间与空间中的视频图像与现实中嫌疑客体的同一认定或种属认定。

（3）对未知来源的视频资料的同一认定及种属认定。

随着视频技术、视频监控技术的发展和侦查应用的深入,视频侦查取证的基础也随之发生变化,不仅仅局限于图像信息,对监控系统加载的音频信息也可以做同一认定和种属认定。

---

[1] 瞿丰,刘瑞榕. 侦查学总论[M]. 北京:中国人民公安大学出版社,2008:20-25.

第四章 视频侦查取证的组织与指挥

随着视频监控网络的健全与发展,视频侦查取证在震慑犯罪、打击犯罪、证实犯罪等方面的作用日益凸显。由于视频侦查取证是一项系统工程,涉及的侦查取证环节和侦查取证人员较多,专业性也较强,为此,在案中、案后以及积案中都需要进行统一的组织协调和指挥部署。

第一节 案中视频侦查组织与指挥

一、案中视频侦查概述

(一) 案中视频侦查的概念

案中视频侦查取证是为了及时发现、制止犯罪和抓获犯罪嫌疑人,对重点区域进行的实时视频巡查和对正在发生的案件进行的即时视频查找、识别、跟踪、锁定以及引导拦截、抓捕等的一项侦查活动。这里的"案中"并不是仅限正在犯罪实施中的案件,还包括犯罪实施后,犯罪嫌疑人正在逃离途中或已经逃离、隐蔽但时间不久的案件。[①]

(二) 案中视频侦查的前提条件

案中视频侦查的基础是区域内有高密度、网格化的监控设备,至少在重点区域能够实现一定程度的监控无缝对接效果,并有充足的监控警力,以保证能够开展24小时不间断视频巡查工作和满足人机比例不低于1:15的三班执勤力量的要求。

(三) 案中视频侦查的要求

案中视频侦查要求工作规范、奖惩制度严格,工作任务、职责明确;完善统一指挥机制,实现点对多、扁平化的指挥调度;完善快速反应机制,完善突发案件视频侦查处置工作预案,建立24小时协调机制,建立全市视频侦查三级联络员制度;建立健全视频巡逻机制,实行可视化指挥、扁平化调度、信息化巡防。案中视频巡查人员要熟悉辖区交通状况、视频监控状况和案发情况,熟悉视频监控设备,掌握一定的视频查看方法技巧。

(四) 案中视频侦查的特点

案中视频侦查可以实现有效处警、速战速决、快速破案,避免案后侦查办案耗时耗力的被动局面,对及时发现犯罪、打击犯罪有着重要的作用,所以需要安排专人对辖区高危地段进行视频巡查,这既是一项日常工作,也是常态化的工作。而且案中视频侦查紧迫性、战机性非常强,一旦在巡查中发现嫌疑情况或接到报警、布控等警情后,都需要立即开展下一步的查证、跟踪、围堵等处置工作。

---

① 公安部五局.视频侦查学[M].北京:中国人民公安大学出版社,2012:42.

二、案中视频侦查的队伍组成与职责分工

(一)案中视频侦查的组织

案中视频侦查取证工作由于案情复杂多变、时间紧急、专业性强且常常需要多地多警种相互配合,所以严密的组织与分工尤为重要。只有专职化的队伍、明确的分工、通畅的指挥协调,才能保证案中视频侦查工作顺利进行。

(二)案中视频侦查的队伍组成

案中视频侦查队伍由实时视频巡查人员、视频侦查指挥人员等视频侦查人员和视频巡查人员、指挥中心接警人员、巡逻人员等其他参与人员组成。

(三)案中视频侦查队伍的职责分工

视频侦查指挥人员负责对各类受理的即时警情、指令、协查等及时分析研判确定是否开展侦查工作;下达各项视频查看任务,及时沟通协调,指挥引导处警、卡点、巡逻人员实施围追堵截和抓捕工作。实时视频巡查人员平时负责重点区域实时视频巡查和重点预警图像的关注。同时,对视频巡查中发现的重要警情、接到视频自动报警信息、接到指挥中心、专案指挥部指令或接到其他监控室(中心)紧急协查等,及时进行嫌疑视频的查找、识别、跟踪以及对涉案视频的提取和存储等工作。指挥中心接警人员或值班民警负责对报警的各类警情进行梳理,并指挥相关监控室(中心)开展视频侦查工作。处警、卡点或巡逻民警和协警接到指令后,负责对可疑人员或车辆的查证和对犯罪嫌疑人或车辆的围追堵截和抓捕等工作。

三、案中视频侦查的组织指挥

(一)拓展警情来源

指挥部署巡查人员在日常视频巡查中注意发现犯罪预备实施、正在实施或犯罪实施后正在逃离的警情;监控画面中人员、车辆与预警图像相似或相近需要处置的警情和监控画面中人员或车辆行为、轨迹可疑的警情三类。视频巡查区域不宜全面覆盖,应根据人员配备、监控设施、本辖区区域和发案规律特点等实际情况,以最大用警效率为原则,在充分研判基础上确定重点区域和时段。

(二)做好警情处置与反馈

指挥部署视频监控室(分中心)或视频巡查人员受理各类警情后,立即开展实时视频查证嫌疑图像、跟踪锁定嫌疑图像,并及时向有关部门和办案人员反馈视频侦查结果。

(三)重视案中视频侦查技战法的运用

指挥部署监控值机人员运用好目标追踪法、重点巡查法、报警联动法、信息捕捉法、可疑信息查证法、布控拦截法等案中视频侦查取证的方法。

第二节 案后视频侦查组织与指挥

一、案后视频侦查概述

(一)案后视频侦查的概念

案后视频侦查是指具备视频侦查条件的案件发生后,组织专门人员,运用视频侦查技战

法,为推进或破获案件而开展的一系列侦查活动,是视频侦查工作的重要组成部分。它是针对不具备案中视频侦查条件或通过案中视频侦查无法取得突破的案件开展的一项侦查工作。案后视频侦查工作对象(案件)没有明确判断标准,一般包括新发杀人、爆炸、放火、抢劫等重特大案件、本辖区重大系列性或有重大影响的案件等。[1]

(二)案后视频侦查的特点

视频侦查取证中,视频查看、研判任务量大、时间紧,投入大量警力、物力,办案成本相对较高,所以案后视频侦查取证是一种有选择的非常态化侦查模式,通常是重特大有影响案件在其他侦查措施无法开展时使用,并强调与其他侦查措施手段的配合协调。

二、案后视频侦查的队伍组成与职责分工

重特大案件发生后,侦查部门应第一时间或根据案件侦查需要组建视频侦查组,一般受专案指挥部领导,承担整个案件视频侦查工作,完成指挥部交办任务。对于特别重大且视频侦查工作量较大的案件,应成立视频工作指挥部,根据需要下设视频现场勘查、视频调取、查看、分析研判等若干工作小组,开展相关视频侦查工作。案后视频侦查组人员组成:视频侦查指挥员(多由视频研判人员担任)、视频勘查人员、视频研判人员、视频查看人员,其他配合查证的侦查人员,信通技术人员(没有视频专业队伍的地方可以借助信通技术部门支持)、临时抽调人员等。

(一)视频侦查指挥

一般由案件主侦单位视频侦查人员、上级视频侦查人员或具备一定工作经验的视频研判人员担任,负责专案指挥部与视频侦查组之间的信息传递,视频工作材料整理,视频侦查情况汇报等;组织视频现场勘查、了解案件信息,确定视频查看的重点区域和时间范围;确定工作目标,下达工作任务、进行视频侦查力量的组织与分工等。

(二)视频现场勘查

由具备专业能力的视频研判、侦查人员为主承担(根据需要其他相关技术人员也可承担),负责对案件现场及周边监控分布、交通状况等情况进行实地勘验,绘制监控分布图(在相应的地图上标注摄像头位置、方向及拍摄范围),视频时间校正、调取、保存等。

(三)视频分析研判

由视频侦查人员和视频图像处理人员担任,负责对工作中疑难图像进行分析研判、清晰化处理、排除和确定嫌疑图像、梳理嫌疑人图像轨迹,分析、确定嫌疑人、车和物的去向、落脚点或区域等。

(四)视频查阅追踪

由视频侦查人员、协辅警人员担任,初期通过回放查看发现可疑目标或图像,如果视频侦查指挥、研判人员确定了嫌疑图像,且根据视频监控网络的点位布局,各点之间的距离位置关系,嫌疑目标运动的速度,对嫌疑目标在各摄像点出现的重点时段做出预判后,查看相应监控点的视频资料,搜寻相关嫌疑目标。

---

[1] 公安部五局.视频侦查学[M].北京:中国人民公安大学出版社,2012:47.

（五）专案视频资料存档

由固定的内勤人员或指定的视频侦查人员承担，负责对案件相关的视频图像、侦查情况等进行梳理存档工作。①

三、案后视频侦查的组织指挥

（一）重特大案件及时启动案后视频侦查工作

当重特大案件发生后，案后视频侦查取证应采用第一时间介入的理念，与现场勘查和现场访问工作同步启动。案后视频侦查启动工作包括人员调派和器材准备。

（二）指挥部署视频现场勘查工作

视频现场包含了丰富的时空信息和案情信息，重视视频现场勘查工作对整个侦查破案起到了举足轻重的作用。案后视频侦查取证中，指挥人员指挥部署视频勘查人员按照一定规范和方法有序地组织实施视频勘查工作。

（三）指挥部署视频查看和视频追踪工作

如果在视频初看中没有取得进展或所获取嫌疑图像尚不确定，为进一步获取、确定嫌疑图像，案后视频侦查取证指挥人员需要指挥部署相关人员进行深入查看，包括确定查看的目标和时空范围，根据确定的目标和视频资料的多少制定详细的计划和分工，明确每个参战人员关注的部位、内容。在视频现场勘查和视频查看发现确认嫌疑图像后，为查获嫌疑目标，案后视频侦查取证指挥人员需要指挥部署相关人员利用视频监控对嫌疑人、交通工具的活动、来去轨迹进行视频追踪。

（四）重视视频侦查取证方法的应用及证据的印证与固定

在嫌疑图像确定后，或嫌疑人、交通工具、落脚点（落脚区域）、去向明确后，要充分运用视频侦查技战法，进一步明确嫌疑人身份、特征，开展深入的侦破工作。运用目标追踪法发现嫌疑人的落脚点后，直接组织布控抓捕。嫌疑人查找或抓获后，视频侦查还需要与口供相互印证，排除或确定嫌疑人；与口供相互补充，对嫌疑人交代出来的警方之前尚未掌握的视频资料、情节、细节特征进行查证补充，并对相关视频证据进行调取和完善。

第三节　积案视频侦查组织与指挥

一、积案视频侦查概述

（一）积案视频侦查的含义

积案视频侦查是指视频侦查人员按照一定机制对案件进行视频初步侦查，获取涉案视频图像，利用积累的视频信息或专门的视频作战平台开展案件串并、图像比对等视频研判和查证，并为案件侦破提供线索和证据的一项侦查工作。

---

① 公安部五局.视频侦查学[M].北京：中国人民公安大学出版社，2012：48.

(二) 积案视频侦查的内容

积案视频侦查包括两项主要工作：一是涉案视频提取存储，是对案件进行视频初步侦查，提取相关视频资料，进行查看、分析、确定嫌疑目标，并按照一定要求进行存储的工作；二是视频图像研判和查证，是对涉案视频图像进行分析研判，从中获取线索后开展的侦破工作。[①]

(三) 积案视频侦查的特点

积案视频侦查主要是对不具备案中视频侦查条件和不宜开展案后视频侦查的点多面广的大量小案开展工作，是一项日常性、非紧急性、适度性的工作。在实际工作中，有大量具备一定视频侦查条件的案件，经过案中、案后视频侦查没有取得突破的案件和被视频监控覆盖到的点多面广的一般案件，如入室盗窃、扒窃等多发侵财类犯罪，考虑到破案成本、工作成效等不适宜采用案中、案后视频侦查模式开展工作，而是采用积案视频侦查模式。

(四) 积案视频侦查的前提条件

为了促进涉案视频存储和信息研判工作，积案视频侦查需要具备视频作战的实战平台，对涉案图像进行信息化管理，整合监控分布、警用地理、常用人像库等各类常用资源。要配备专业的视频提取和研判人员。视频提取人员要对辖区交通状况、视频监控状况和案发情况有深入了解，能够熟练操作视频监控设备；视频研判人员要在视频提取人员要求基础上，具备分析、判断、提炼、总结、指导等能力和水平。建立涉案视频提取、入库机制、视频图像研判机制、常态化的协调机制、奖惩机制等。

二、积案视频侦查的组织分工

(一) 涉案视频提取存储

一般由基层派出所视频监控室（中心）的责任民警及协警承担。如果没有专门视频侦查人员，可由负责现场勘查的技术或侦查人员兼顾承担。

(二) 视频图像管理、研判

主要由省、市、县（市）区的视频侦查人员承担。[②]

三、积案视频侦查的组织指挥

(一) 对视频图像提取环节的组织指挥

指挥部署相关人员收集前一天或当天辖区报警信息，对分析确定有涉案视频提取条件的案件进行视频初侦初查。根据案件涉案视频查看工作量大小，划定的查看时间段和范围，组织适当的警力开展视频回放查看，并确定嫌疑目标。

(二) 对视频图像研判环节的组织指挥

组织研判人员在平台内，根据案件作案特点、规律和图像比对进行综合串并；根据案件的规律特点在平台内发布案件防范信息；对重点图像在平台内发布图像布控与预警。根据案件需要，组织适宜的方式开展视频图像辨认。指挥研判人员从涉案视频入库数量和质量上对平台进行有效的管理，以保证视频图像研判的顺利有效开展。

---

① 公安部五局.视频侦查学[M].北京：中国人民公安大学出版社，2012：52.
② 公安部五局.视频侦查学[M].北京：中国人民公安大学出版社，2012：53.

第四节 视频侦查组织与指挥的要求

一、组织指挥应迅速及时

由于视频资料具有存储周期短、调取耗时长、容易灭失等特性,对于时效的要求尤为重要。以往工作中,因为关键视频灭失,导致侦查线索中断,懊悔不已的教训十分深刻。因此,视频侦查工作一定要抢前抓早、不等不靠,在第一时间指挥部署侦查人员调取查看,必要时,部署侦查人员对于关键点位的视频资料要及时备份保全,以备工作所需。

二、组织指挥应立足现场

很多时候,视频侦查工作的主要内容是重现犯罪过程、追踪犯罪轨迹、锁定犯罪嫌疑人。实际工作中,由于案发现场各不相同,周边环境复杂多样,指挥人员要组织视频侦查民警反复多次勘查现场,熟知各个出入口、进出通道、周边路网、地域环境等细节,实地感知犯罪现场,做到了然于胸,才能有效封控圈踪。而随着工作的进展深入,又会随时产生新的视频环境和线路,勘查现场的过程往往周而复始。

三、组织指挥应兼顾全案

视频侦查是专案侦查工作的一个组成部分,其工作方向和重点往往来源于案情及其他工作的指引,因此,视频侦查民警不仅要"眼观六路",而且要"耳听八方"。工作中,必须熟知案情,随时掌握整体侦查工作进展,适时调整视频侦查思路,抓住重点,有的放矢,避免因信息闭塞、闭门造车,导致工作偏差和走弯路。视频侦查中,指挥人员应实时向视频组通报案件其他方面的工作进展,将视频侦查发现的情况与整体侦查工作有机相结合,切实增强视频侦查工作的方向性和针对性。

四、组织指挥应精准研判

实战中,视频影像千变万化,个体特征大同小异,图像可能模糊残缺,如何从车水马龙、人流熙攘的动态画面中去伪存真,捕捉到犯罪嫌疑,需要视频指挥人员即研判民警具有较强的辨识、甄别能力,具有较强的侦查意识和研判思维。视频侦查指挥人员应带着强烈的侦查意识,运用发散性思维,善于从蛛丝马迹中发现破案线索。同时,视频侦查工作中往往涉及针对人、车、物品、现象的辨认识别,比如人的外形外貌、车辆的品牌型号、物品的款式特征,以及人们的生活习惯、风土人情等。因此,视频侦查民警除了要具备侦查专业知识外,也应当具有丰富的生活经验,要注意观察、体会生活中的点滴细节,通过积累阅历、增长见识,不断提升自身的判断力,从而在实战中能够准确辨识、刻画犯罪嫌疑人。

五、组织指挥应技能专业

实战中,由于设备款型不同、视频格式各异以及大量的模糊图像需要处理,要求视频侦查民警不但要熟悉各类视频存储设备和各种视频播放软件,同时还要熟练掌握视频图像处理的基本技能,以及一些视频侦查专门工具的操作使用。否则,关键时刻不得要领、手足无措,再高的研判本领也难以发挥作用,工作效率和质量将会大打折扣。

六、组织指挥应克服困难

很多案件的视频条件差、现实困难多,需要视频研判民警发扬不怕困难、连续作战、务求必胜的信念,才能最终取得案件突破。比如:有的案件中心现场没有视频资源,不能重现犯罪过程,只能靠外围封控辨识犯罪嫌疑人,工作量成倍增加;有的案件发生在非城市视频发达地区,县级公安视频资源极度缺乏,无法使用到一处有效的公安视频;有的案件现场毗邻大片平房区,周边街路纵横交错、四通八达,民用监控难以形成有效封控;有的案件案发后第二天全地区停电检修,对视频侦查工作带来了意想不到的困难;有的案件由于人地生疏,协调、调取民用监控需要耗费更多精力;有的案件视频研判人员案前已连续长时间参与其他专案的侦查工作,精力、体力严重透支,处于极度疲劳状态等。因此,在困难面前只有具备坚强的信念和坚定的意志,才能取得视频侦查的成功。

七、组织指挥应善于协调

现实工作中,视频侦查工作往往需要大量应用到民用监控,由于至今还没有相关的法律规定和强制力,必须通过工作取得业主的配合,从某种程度来讲,调取民用监控最能检验视频侦查民警的群众工作能力。工作中,要本着诚恳、谦虚、平和的态度,善于同各色人等打交道,靠真诚打动群众,取得理解、信任和支持。

八、组织指挥应争取重视

由于视频侦查中的现实困难很多,任务艰巨,需要各级领导的重视和支持,尤其是重特大案件,需要刑侦支队长、刑侦局长等领导的重视和支持,而争取领导重视的方式方法不仅仅局限于口头汇报,还可以通过各种方式争取领导以实地跟踪指导等方式指挥视频侦查取证的各个环节,如直接参与关键视频的查看、校验、分析研判等,为案件把关定向,为视频侦查工作提供强大的精神动力和正确的指挥决断。

九、组织指挥应善于管理

视频侦查是单兵作战、多点组合的系统工作,既检验团队合力,又考验每名参战民警的责任心。多数情况下,视频侦查工作耗时长、见效慢,很难立竿见影。一个点位发现的可疑情况,需要多个点位封堵排除,才能坚信认定,对于关键视频图像,往往要经过反复多次回放查看,才能给出意见。从某种程度上讲,这项工作是对责任心、耐心、体力和毅力的综合考验。很多案件的视频条件差、现实困难多,需要视频研判民警发扬不怕困难、连续作战、务求必胜的信念,没有坚强的信念和坚定的意志,难以取得成功。工作中,往往是每人负责一个点位,再进行综合研判分析,如果其中一个环节出现丝毫疏忽纰漏,都会带来难以想象的无谓工作量,甚至无法补救,将整体侦查工作引入误区,最终功亏一篑。因此,组织指挥人员应强化对视频侦查民警的队伍管理,加强其责任意识,并制定合理的考核奖惩制度,使其在视频侦查工作中能高度负责、一丝不苟、作风严谨。[①]

---

① 黑龙江省大庆市公安局刑侦支队.从侦破黑龙江大庆市 2015 年"4·22"故意杀人案浅谈视频侦查的"基本功"[EB/OL].公安网,2015-05-19.

第五章 视频侦查取证实施①

第一节 视频侦查取证规范

视频侦查取证工作规范的制定，散见于各个执法部门的内部文件，参差不齐，规范文本间的矛盾也较多。视频侦查取证工作没有统一的法律规定，这必然制约着视频侦查取证规范化的发展。因此，从较高层面完善视频侦查取证的有关法律制度，是规范取证工作的当务之急。视频侦查取证的工作规范建设应该从以下三个方面来考量。

一、视频侦查取证的法律关系

法律关系是指法律规范在调整人们的行为过程中所形成的具有法律上权利义务形式的社会关系。构成法律关系的三个基本要素有法律关系主体、法律关系内容、法律关系客体。视频侦查取证的法律关系是调整人们在视频侦查取证工作中所形成的权利义务关系。视频侦查取证权利义务关系规范化是当前视频侦查工作顺利进行的根本保障。

1. 视频侦查取证的法律关系主体

法律关系主体是指在法律规范中享有权利和承担义务的人。视频侦查取证的法律关系主体是在视频侦查工作中，享有权利和承担义务的机构和个人。其中，最主要的权利主体是享有侦查权的侦查人员和机构，另一方则为视频监控数据的所有人。在中国主要指依法办理刑事案件的公安机关和视频监控所有者，在西方国家主要是指警察机构和视频监控数据的所有人。由于中西方文化的不同，在视频侦查主体取证的法律主体上的权利义务设置的范围存在较大的差异，但是争论的焦点主要是法律主体的授权程序问题，即公安机关或者警察机关的视频侦查取证有关权利的取得是通过司法授权还是通过行政法授权的问题。

我国的《中华人民共和国刑事诉讼法》并没有对视频侦查取证程序做任何规定。也就是说，视频侦查取证工作并没有获得法律认可。因为，任何侦查措施和手段都应通过《中华人民共和国刑事诉讼法》体现出来，如果没有法律之规定，此侦查措施手段就是违法的，由此，将会导致十分严重的法律后果，那就是违法取证，所有的证据效力都归于零。而在现实中，公安机关对于视频侦查取证工作的依赖性很大，根据统计，通过视频侦查获得线索证据在案件中达到70%左右。在没有法律规定的情形下，又无行政法授权下，贸然行使视频侦查取证工作，会带来极大的法律隐患。在我国视频侦查取证工作常被戏称"狗肉上了正席。"视频侦查取证主体没有法律支撑现实令人尴尬。

而在西方国家，出于对个人隐私保护的目的，法律法规对视频监控数据的应用非常谨慎。英国是世界上第一个将视频监控应用于刑事犯罪领域的国家。20世纪90年代后期，威尔士和英格兰对于视频侦查手段并没有取得法律上的认可。在这种情况下，视频侦查取证

---

① 本部分是湖北省教育规划课题"视频侦查'四化'情景教学法研究"（2015GA027）的支撑成果。

工作的依据和授权主要依据内部的规章制度和高级警官的足有裁量权，严格上讲，这也是一种行政许可。或者依据英国法院和欧洲人权法院的判例进行裁决。在相当长的时间里，这种手段的应用没有得到有效的控制，即使人们普遍认为它会导致公民自由的削弱，侦查人员在视频侦查取证时，也没有得到统一的一致性的指导和约束。但是近几年来，随着英国《数据保护法案》等一系列法律规范的陆续出台，英国也逐渐认识到了视频侦查取证的规范化的重要性，把视频侦查取证作为一种侦查手段，必须通过司法授权才能取得，才能成为相应的主体资格。否则就不具有法律上的适格性。而在比较注重公民隐私权保护的美国，对于视频监控的使用，包括在进行视频侦查取证时，必须经过依法授权才能实施。在许多情况下，侦查人员可以申请视频监控的安装公司在特定的位置安装视频监控，并不需要法院来进行司法许可和授权命令。但是当警察需要利用视频监控的数据进行视频侦查取证时，作为一种侦查手段，应当依法授权，否则就会涉及美国宪法第四修正案的制约。美国宪法第四修正案指出，政府必须先获得司法认可的搜查令才能进行搜查和扣押（包括逮捕）。视频侦查取证作为一种侦查手段，必须在司法机关的批准和监督下才能实施。

从法律上讲，视频侦查取证的法律主体应当有法可依。根据我国实际情况，我们认为视频侦查取证的法律主体应当是公安机关和侦查人员，另一方为视频监控数据的所有人和视频监控内容所涉及的人。根据我国侦查措施和手段的传统做法，对于视频侦查取证应当以法律的形式写进诉讼法中，或者规定在公安机关的内部规章中。在授权的形式上，不需要按照西方的司法审查程序，因为一案一授权的方法并不符合我们的实际情况。我们认为在法律中进行明确或者以行政法规的授权更加高效，具体的做法中，可以参照《中华人民共和国刑事诉讼法》第一百三十六条的搜查之有关规定进行：为了收集犯罪证据、查获犯罪人，侦查人员可以对犯罪嫌疑人以及可能隐藏罪犯或者犯罪证据的人的身体、物品、住处和其他有关的地方进行搜查。执行搜查任务的侦查人员按照法律的规定来办理，相应的权利应该在《公安机关办理刑事案件程序规定》中予以明确。对于视频监控数据所有人的义务应以《中华人民共和国刑事诉讼法》第一百三十七条的规定来明确：任何单位和个人，有义务按照人民检察院和公安机关的要求，交出可以证明犯罪嫌疑人有罪或者无罪的物证、书证、视听资料等证据。

2. 视频侦查取证的法律关系客体

法律关系的客体，又称权利客体，是指法律关系主体的权利和义务所指向的对象。一般来说，法律关系的客体包括物、非物质财富以及行为结果三类。视频侦查取证的法律关系客体是指视频侦查取证法律关系主体权利义务的具体指向，包括视频影像数据所有、处分、应用过程中和视频监控的建设中有关的权利和义务的指向。具体包括公民隐私权、视频监控的设计安装权、视频监控数据的所有权和使用权四个方面。

（1）公民隐私权：目前法学界通说认为，公民的隐私权是自然人享有的对其个人，与公共利益无关的个人信息、私人活动和私有领域进行支配的人格权。隐私权是排除在公共利益之外的，个人不愿意公开或者披露的私人生活秘密。公民的隐私权是公民人权的重要内容，历来受到各国立法机关的重点保护。在中国，不同学者的观点也各不相同，对隐私权没有一个准确的定义，中国民法中也并没有直接将隐私权定义为一种独立的人格权利，只是借助了司法解释里面通过保护名誉权来保障公民的隐私权。2009年12月26日，《中华人民共和国侵权责任法》第2条才第一次明确将隐私权定位为一项独立的人格权，这表明我国在隐私权法律保护方面的重大进步。虽然我国对公民隐私权的保护还没有专门的法律文件,但是,随着公民法治素养的提高以及法律制度的不断完善,公民的隐私权保护必定是一个大的趋势。

从美国的做法上看,出于视频监控取证会侵犯公民的个人隐私权的考虑,美国国会制定了一系列文件对可能的视频监控的违法行为进行规制。1986年通过的《电子通信隐私法》(ECPA)明确规定,本法案重点保护已有的电子邮件、语音邮件以及远程计算机的有关业务,指出未经公民个人的允许任何其他人不得记录和泄露有关的电子通信的内容,但同时也强化了政府在电子信息监控领域所享有的权利。美国的判例法,以"对隐私权的合理期待"来强化对公民隐私权的保护,并通过联邦宪法第四修正案来反对不合理的搜查和扣押。当然,视频侦查取证作为一种侦查的搜查扣押措施必须受到本条的制约。

视频侦查取证中公民隐私权的保护是首先要解决的问题。我们认为,公民隐私权保护既不能跟美国的做法一样,过于纠结保护问题会导致侦查工作的低效率,也不能跟过去一样无法可依。现阶段的做法应该立足于我国实际情况,对于隐私权的保护要强化依法依规合理使用,搞好有关的数据安全。在合理合法的情况下,视频侦查取证工作就能顺利进行,同时也能搞好公民隐私权的保护。

(2) 视频监控的设计安装权:视频监控的设计安装行为是实现视频侦查取证的基础工作。目前,视频监控的安装并不是一个简单的民事自主行为,无论是在中国,还是在国外,都要受到诸多因素的制约,尤其是法律法规的规定。在中国智慧城市的建设纲要的要求下,对于视频侦查监控系统的安装是行政法规规定的必备项目。从2005年起,中共中央办公厅、国务院办公厅转发《中央政法委员会、中央社会治安综合治理委员会关于深入开展平安建设的意见》,平安城市建设在全国31个省、市、自治区全面展开。除此之外,公安机关和企事业单位以及个人互相补充,形成了以公安机关(政府有关部门)为主体的,社会力量为补充的视频监控网络建设。在法律建设中,视频监控的设计安装权也涉及视频侦查取证法律关系主体之间的关系和责任分配。我国对于视频监控设计安装应当依据城市建设的规划要求来实施,并且要符合平安城市的建设标准。

(3) 视频监控数据的所有权和使用权:视频监控数据的所有权和使用权很复杂。视频监控的使用主体存在使用权和所有权分离的问题较多。一是视频监控的建设、管理和使用上存在不同的情况。二是非公安机关主导建设的视频监控,包括社会力量建设的视频监控(例如个人建设视频监控)与有关机构和国有企业建设的视频监控。由于建设主体不一样,管理人员、管理制度和使用方法也不一样,在视频监控数据的所有权和使用权方面存在较大的区别,当然现在也没有明确的管理制度。因此,对于此类视频监控数据,在应用视频侦查取证中,就存在使用者与应用者的分离。另外,对于公安机关主导视频监控的建设和使用的视频监控,也存在部门之间的权利和义务关系。总而言之,视频监控数据的侦查使用权的设置,存在较大的法律漏洞。应当在公安机关的内部规范中,进行规制,以形成视频监控数据的规范化应用。视频侦查取证中主体的所有权和使用权的内容应当包括:所有权和使用权的授予;所有权和使用权的内容;所有权和使用权的应用规则;所有权和使用权的救济等。

3. 视频侦查取证的法律关系内容

法律关系是指处理特定法律关系中的主体之间相互关系的具体行为准则。从其本质上看,法律关系包括权利和义务两个方面。具体来说,它包括在视频侦查取证中有关的法律主体之间所形成的权利和义务关系。从权利义务关系的对立统一上看,视频侦查取证的法律关系如下。

(1)公民隐私权和国家侦查权:在视频侦查取证中,保证公民隐私权与国家侦查权的平衡,是构建和谐的视频侦查取证法律关系的重大内容。第一,法律既要保障公民的隐私权,同时,国家为打击刑事犯罪而采取的侦查措施权力也应当予以保证,二者不能偏废。第二,在二者的关系上,要用发展的思路来解决这对矛盾,我国整体还处于社会主义的初级阶段,法律制度的建设也要符合设计情况。在打击刑事犯罪压力依然存在的今天,国家侦查权力的适度扩张,是非常必要的。第三,要依法依规合理使用视频侦查取证,保证公民隐私权不被侵犯,严格禁止利用视频监控数据资料来进行违法犯罪活动。

(2)视频侦查取证的权利与义务:视频侦查取证的权利与义务应当保持协调一致。由国家赋予公安机关视频侦查取证权、视频监控数据使用权,公安机关在视频侦查取证中必须履行一定的义务,包括保密义务、遵守法定程序的义务等。

二、视频侦查取证的基本原则

视频侦查取证的基本原则是指能够集中体现行政法的根本价值和行政法的主要矛盾,并反映现代民主法治国家的宪政精神,对视频安防监控系统的使用与实施具有普遍指导意义的基础性或本源性的法律准则。

(一)公共利益本位原则

公民在某些公共场所的活动可能会受到监控。对公共场所进行监控的目的多种多样。例如:国家为了国家的安全利益或者公共安全而在一些重要地段、部位安装闭路电视监控系统;交通运输部门为了安全运营而在机场、车站安装闭路电视,以及对旅客行李物品和人身进行安全检查;银行为了自身安全而安装闭路电视监控系统,如银行为了自身安全利益而在营业大厅内安装闭路电视监视系统,对出入大厅的人员进行摄像,损害了他们的隐私权。

根据公共利益本位原则,对隐私权的保护,要受到公共利益的限制——社会公共利益优先于个体利益。出于维护公共利益的需要,可以依照法定程序对他人的隐私进行干涉和披露。在公共利益与个人利益的矛盾运动中,公共利益是矛盾的主要方面,居于支配地位,个人利益是矛盾的次要方面,居于受支配的地位;当个人利益与公共利益在同一领域相遇时,个人利益应当服从于公共利益。视频安防监控系统的安装和使用,是维护公共利益的需要,不可否认,在保护公民的隐私权和维护公共安全之间,确实存在着矛盾。而隐私权与视频安防监控系统使用的冲突的核心问题,其实就是个体的权利与多数人权利或者权力之间的冲突问题。为形成安全的社会秩序,实践中我们又不得不作出选择。根据法律资源利益最大化原则,立法和司法都要不可避免地倾向于最大的利益方向。如此,当隐私权涉及公共利益时,法律就要偏向于后者,因为它符合大多数人的需要,从长远来看,在根本上也符合隐私权主体的利益。当今社会的发展,有两个因素使得我们必须对个人隐私有某种程度的限制。第一,公共利益的问题涉及国家安全、公众利益、国防利益等。国家利益本身也会涉及公共利益,公共利益有一个扩张的趋势,人们生活在一个国家和社会的共同体当中,这是无法回避的。第二,市场经济的发展必然也会对个人隐私作出某种程度的限制,通过市场对个人隐私的某些利用,它最终也能反过来造福人们,因此更要兼顾社会公共利益和经济发展的关系。

公共利益本位原则与隐私权的可克减性是一致的,隐私权作为一项基本人权在受到各国法律和国际公约保护的同时,又是一种可克减的权利。例如,联合国《公民权利和政治权利国际公约》第 4 条规定:"在社会紧急状态威胁到国家的生命并经正式宣布时,本公约缔约国得采取措施克减其在本公约下所承担的义务,但克减的程度以紧急情势所严格需要者为限,此等措施并不得与它根据国际法仅负有的其他义务相矛盾,且不得包含纯粹基于种族、肤色、性别、语言、宗教或社会出身的理由的歧视。"据此公约第 17 条"关于隐私权或私生活之保护"属于可克减的权利。但克减公民的隐私权必须符合国家在社会紧急状态威胁其生命时为前提,并遵守有关克减程度和程序的相关规定。

(二) 职权法定原则

职权法定原则是指任何主体实施视频监控的权力来源与作用都必须具有明确的法定依据,否则越权无效,要受到法律追究,承担法律责任。首先,实施视频监控的权力的取得和存在必须有法律依据;没有法律依据的监控权从根本上说是一种非法的权力。也就是说,实施视频监控权力的主体职权必须依法授予,否则权力来源就没有法律依据。这是对权力来源的要求。这样有助于界定非法监视的概念。有的监视行为是公开进行的,有的是秘密进行的。监视他人活动,必须有法律依据,凡是没有合法依据的,就是非法监视。其次,法律一经对实施视频监控的权力作出规定,从另一角度看实际上也就是对权力的范围进行了限定,有权主体必须在法律规定的权限范围内行使其实施视频监控权才是合法的。同时,法律不仅为有权主体设定了权限范围(实体),也为其规定了行使职权的方式和过程(程序)。有权主体行使行政职权不仅要依据法定的权限,还要依据法定的程序。这是对权力行使的要求,构成职权法定原则的核心。最后,职权法定原则还要求有权主体不得越权,如果越权则不具有法律效力。"这是因为,法律效力必须法律授予,如不在法律授权范围内,它就在法律上站不住脚。"因此,法院及其他有权国家机关可以撤销越权行为或者宣布越权行为无效,并依法追究有关责任主体的法律责任。这是对权力行使后果的要求,构成职权法定原则的保障。如果违法的权力并不承担法律责任,那么权力来源于法律、权力应受法律限制将毫无意义。

在职权法定原则下,应当明确以下几点:一是国家军事机关、司法机关以外的任何组织和个人不得持有和使用无线摄像设备;二是公安机关是图像信息采集系统安全的监管部门,具体负责对图像信息采集系统建设和使用等环节的审批、指导、检查、监督、验收、处罚。图像采集系统的建设,须经公安机关进行方案审批、建设督导、验收合格。三是监控设备的生产、销售和购买需要经过公安部门批准。法律保护监控者的利益,允许他们安装监控设备,但是必须报经公安机关和其他有关机关批准。监控者对出入该公共场所的人员进行录音或摄像,一般不构成侵害隐私权。法律同样也保护公民的隐私权。监控者所获取的有关被监控者的个人信息资料,必须要正确、合理地使用,不得披露、泄露该信息资料。如果监控者超出进行监控的目的范围使用上述个人信息资料,或者不当地披露、泄露,则仍然构成侵犯隐私权。

(三) 正当性原则

行政正当原则源自英国的自然公正原则和美国的正当法律程序原则,其基本含义在于行政权力的运行必须符合最低限度的程序公正标准。正当程序原则直接体现了现代法治国家对行政权力公正行使的最低限度,也是最基本的要求,从根本上承载了现代行政程序的基本价值追求——程序正义,是确保程序正义观念在行政行为中得以实现的重要保障。有权主体收集、处理、存储、传输和利用图像信息的过程要符合正当程序原则,主要有以下三个方面的具体内容。

一是确保参与。参与的核心是公平听证。所谓听证,即"听取意见"。它是指受收集、处理、存储、传输和利用图像信息的过程运行结果影响的利害关系人有权参与权力的运行过程,表达自己的意见,并对权力运行结果的形成发挥有效作用。这也是保证相对人有效参与行政程序的前提条件。在视频监控的立法过程和法律实施过程中,对与所涉及的公众隐私权具体范围是什么、应该在什么情况下、什么样的范围和原则内实施,个人的参与和决定权如何行使就成了行政立法积极规定的内容,也是行政执法的直接依据。这些应当由立法机关在广泛听取、充分尊重公众意见的基础上加以明确规定,并保证公众广泛参与立法过程和行政过程的权利。

二是透明公开。它是指行政机关收集、处理、存储、传输和利用图像信息的过程运行的每一阶段和步骤都应以行政相对人和社会公众看得见的方式进行。按照现代民主与法治的基本要求,行政公开化的内容应当是全方位的,不仅行政权力的整个运行过程要公开,而且行政权力行使主体自身的有关情况也要公开。就行政机关收集、处理、存储、传输和利用图像信息的整个运行过程而言,首先在公共安全图像信息系统的监控场所或区域,应当设置明显能够识别的标志,在社会公众进入或离开监控区域时,要对上述内容加以提醒,以示警示。其次要将政策明示,定期提醒,即要经常地提醒、教育社会公众熟知和遵守法律规范。最后对资料的保存、使用与处理要明确公布。在使用收集的图像信息作为处罚依据的执法活动中,还要注意采取互联网、电子幕墙和电子显示触摸屏、新闻媒体、电话声讯查询、手机短信等多种公开方法,确保行政相对人的知情权。

三是目的正当。目的正当原则是指收集、处理、存储、传输和利用图像信息的过程必须有明确并且合法的目的,禁止公务机关和非公务机关非法超出目的范围收集、存储个人图像资料。使用个人图像资料的目的必须是特定的且与原收集目的一致的,超出原收集目的使用的,应该有法律的明确规定。行政机关只有在法律授权的范围内,依照法律目的收集、处理、存储、传输和利用个人信息才是符合实质意义上的正当程序原则。任何单位和个人应当严格管理公共安全视频系统采集的图像信息,依法按程序使用、查看和复制相关信息,不得随意传播、复制或用于个人目的的查询使用。公安、国家安全等行政执法机关因行政和执法工作需要,或发生自然灾害、事故灾难、公共卫生等突发事件时,政府等有关主管部门在履行出示执法证件和执法单位介绍信函等必要程序后,可无偿调取、复制或查看公共安全视频系统图像资料,必要时可以临时接管公共安全视频系统控制权。对于因执法原因而调整改造视频系统损失或额外开支的,执法单位应给予相应补偿。行政机关应当采取各种必要的措施,确保个人图像资料准确和安全。及时更新陈旧过时的信息,防止个人图像资料未经许可被扩散、更改、透露,或者被销毁。

(四)最大限度维护人格尊严原则

隐私权作为一种基本人格权,是指公民享有的私人生活安宁与私人信息依法受到保护,不被他人非法侵扰、知悉、收集、利用和公开的一种人格权。隐私权是人类文明发展的成果。该权利确立了人的多样性,隐私权的享有更有助于个人自我的发展。同时也保证了人际关系的相对稳定性,人身、财产的安全性,它对于维护个人的安宁和安全感,个人与社会的和谐起着不可或缺的作用。人格尊严是每个公民应有的宪法性基本人权,行政机关或社会团体或其他一般公民的任何言行均以不侵犯他人的个人隐私为底线,在充分尊重公民个人隐私等基本人权的前提下维护整个社会公益。贯彻最大限度维护人格尊严原则,应该注意以下几个方面。

一是应采取列举式明确视频监控安装范围与公民隐私权的界限,为行政权行使设定隐私权的具体边界和明确隐私权的行政法保护的范围。在明确应该和可以安装视频监控的范围的同时,还应从最大限度维护人格尊严的要求出发,以法律形式明确在下列地点除国家军事机关、司法机关以外,任何组织和个人禁止使用监控设备。

(1) 私人住所及其他私人空间。

(2) 酒店、宾馆的客房。

(3) 公共休闲娱乐场所的包房。

(4) 游泳池。

(5) 任何场所的厕所、洗手间。

(6) 任何场所的更衣室。

二是通过立法严格限制视频图像信息系统使用人员的范围,明确对使用公共安全视频监控管理和使用单位建立值班监看、资料管理、安全管理和维护保养制度要求,对擅自改变视频系统的设备、设施的位置和用途,对买卖、散发、非法播放视频图像资料,擅自改变视频图像信息系统用途的行为,规定处罚的种类和强度,加大查处的力度。

三是强化对不依法收集、使用和公开个人图像信息行为的监督,疏通对侵犯个人隐私权行为的行政救济和司法救济的途径。为防止和纠正行政机关借口公共利益侵犯公民、法人和其他组织的合法权益,必须建立健全行政权力监督和公民权利救济的机制。

三、我国视频侦查取证有关的法律规制建议

除了必须进行专门的授权之外,设置监控系统还应该符合相关的实体和程序要件,以实现严格、全面而完善的法律规制的目的。

(一) 设置主体

在安装视频监视系统采集治安信息的过程中,为了防止对个人信息自决权的侵害,对于设置主体应该进行专门的法律规定,而不是任何组织和个人可以任意安装并采集公民个人信息。从实践来看,由于设置经费的限制,当前设置主体呈现多元化趋势,既有自治组织,也有厂矿、企业,还有诸如高校等事业单位,甚至还有个人。这些组织和个人基于种种原因,希望设置监控装置,这就必然会涉及其设置方案是否符合治安要求的问题。为此,我们应对视频监控的设置主体进行专门的立法规范,并责成有关机关对其设置方案以及后续行为进行必要的监管。

(二) 设置地点

视频监控设置在何处直接关系到该系统能否发挥其作用以及能否保障民众的隐私权。因此,地点的选择和确定成为监控系统设置的关键。从比较法的角度来看,监控系统设置的实体要件应该是经常发生或者可能发生犯罪案件的"公共场所""公众出入场所"。例如我国台湾地区《警察职权行使法》第十条第一项规定:"警察对于经常发生或经合理判断可能发生

犯罪案件之公共场所或公众的出入之场所,为维护治安之必要时,得协调相关机关(构)装设监视器,或以现有之摄影或其他科技工具收集资料。"具体而言,所谓"公共场所"就是指不特定多数人共同使用或者聚集的场所。而"公众可以出入的场所"就是指不特定人可以自由出入的场所,如商店、餐厅等。

（三）设置的实质标准

所有的"公共场所"以及"公众可以出入的场所"是否一律就应该设置监控装置呢？当然不是。即使在此类场合,警察依然必须判断该区域是否属于"经常发生"或者"经过合理判断可能发生"案件的区域,如果对维护治安确实有必要,则警察机关可以设置监控装置。至于警察如何判断该区域是经常发生,还是可能发生犯罪的区域,则属于警察专业判断的领域。警察机关应该按照相关数据或者专业标准进行判断,而不能任意决定。一般而言,所谓"经常发生"就是指在同一地区、同一场所或者同一类型的行为样态,于某一特定的时间内,有相同或者类似的具体事实一再被发现。以犯罪案件为例,实务上常以犯罪率或犯罪热点作为参考数据。而"合理判断"应由警察依据客观事实以及专业经验为之。

（四）监控系统的选择

众所周知,由于科技的进步,监视器有着各种不同的功能。例如：有些精确度较高,有些则较低；有些具有夜视功能；有些监视器是全方位的,有些则是固定的；有些仅具有一般的监视功能；有些则具备了脸部识别、图像虚拟警戒、爆炸物追踪等智能功能；有些监视器是模拟视频与近距离监控；有些则是模拟视频与远距离联网监控；有些则是数字视频与 IP 网络监控；还有的则是数字视频与光纤网络监控等。显然,选用何种规格的监视器应该根据治安需要以及隐私权保障等因素综合考虑,而不能动辄选用最先进、最高级的器材。

（五）基本程序要件

监控系统设置、使用、管理等整个过程必须符合法定程序要件。这主要涉及监控系统的设置程序、治安信息的保存程序、使用程序、传递程序、销毁程序。首先,就监控器的规划、设置而言,应该由有关机关在进行充分调研的基础上,根据治安秩序维护的实际需要,结合本地区实际情况作出切合实际的规划方案。其次,就监控系统的使用而言,法律也应该从以下几方面作出具体规定。

一是监视系统的管理、维护以及动态评估。监控系统一旦设置,有关部门就应该保证其正常运行,而不能放任不管,防止由于功能出错,而侵害民众的合法权益。因此,相关法律必须对监视系统的管理、维护作出具体的规定。同时,监视系统的设置并非是永久的,而且,由于治安形势的不断变化,原来适合安装的条件可能不复存在。在这种情况下,警察机关应该对监控系统按照一定标准作出动态评估,以正确判断哪些是不需要的,哪些是需要的。

二是信息保存。一般而言,由于录制保存信息较之只看不录更容易侵害民众权益,因此,如欲保存相关信息,则必须有法律之专门授权。也就是说,为调查犯罪或者违法情形所必要的,可以保存有关的信息。但是,信息保存应该有时间限制,而不能遥遥无期。

三是信息使用与传递。一般而言,治安信息的使用应该符合法律规定的收集目的。换而言之,治安信息仅能适用于与治安秩序维护的目的,而不能任意用于其他目的。当然,在必要的时候,在符合法律规定的条件下,可以传递给其他机关使用。当前,由于相关法律的缺乏,许多治安信息被滥用甚至牟利。这显然违反了法律的基本精神。

四是信息销毁。相关信息应该严格按照法律规定的目的进行使用。一旦活动结束以及相关法律目的达成,则应该及时删除。对此,法律应该作出专门规定。我国台湾地区的《警察职权行使法》对此分别作出了"一年"以及"五年"的规定。除了应该及时删除相关信息之外,还应该规定完善的销毁监督以及记录程序,以有效保障合法权益。

五是救济途径。由于治安信息采集容易侵害民众的隐私权,因此,相关法律应该规定权利受到侵害时的救济途径。从当前实践来看,这几乎没有受到重视。视频监控设置、相关信息的收集虽然在防止犯罪发生、及早掌握治安情况、提高处警效率、破案率的提升等方面有一定的助益,但是其潜在的侵害性也不容忽视。正是基于以上考虑,时下如火如荼进行的"天网工程"必须受到法律的授权、控制和规范。只有在法律的框架下,在警察补充性原则、正当法律程序、比例原则、合目的性原则、安全保护原则、参与原则等法治原则、制度编织的"正义之网"下,视频监控才能真正发挥其作用,而不是成为一头吞噬人性尊严的怪兽。

第二节 视频侦查取证操作流程

视频侦查在侦查实践中的运用越来越广泛。在视频侦查取证过程中,所有的案件侦查工作都应该在遵循视频破案的一般规律和基本流程基础上,抽丝剥茧,最终发现犯罪嫌疑人。

一、视频侦查取证的个案操作流程

由于视频侦查具有方法简单,适用范围广的特点,因此视频侦查取证工作存在于各警种和各类案件的侦查之中。部分运用视频侦查的主体并非专门人员,而是普通的侦查人员。针对此类个案的视频侦查操作过程主要强调针对单个案件的侦查简单、快速、有效。

(一)视频侦查取证准备

1. 视频影像数据存储工具

视频监控里所需要的数据,需要侦查人员事先准备好较大容量的存储设备,来对涉案的视频影像资料进行提取。为了防止数据丢失,或者为保证存储数据的合法性,防止数据混淆,需要侦查人员对存储设备进行有效的检查和周密安排。必要时,在正式采集数据前统一进行测试。

2. 法律文书

由于在视频侦查取证过程中,视频影像数据除了为侦查人员提供有效的破案线索外,还在起诉阶段作为重要的诉讼证据来使用。因此,在视频侦查取证时,依法依规调取视频影像数据,是保证证据合法的基本手段。目前,调取视频影像数据使用普通的调取证据程序,所以需要侦查人员在事先准备好相应的法律文书和证据保存文书。由于一个案件需要调取的视频影像资料涉及多个视频监控的数据,因此,为了避免重复和遗漏,一般还需要制作调取视频监控数据的表格,其格式依据各地的公安机关的具体要求来执行。

3. 地图标注

视频监控影像的地图标注,可直观地表现犯罪嫌疑人的轨迹与案件事实之间的联系,更加清楚地回顾案件事实。对视频监控的位置信息、时间信息和行为信息进行统一标注:有助于侦查人员在案发后,有效地分析利用视频监控;可以防止遗漏和重复工作;可以综合案件信息,对犯罪嫌疑人的行为轨迹进行最大程度的刻画和分析。

(二) 搜寻涉案视频监控

由于侦查机关并不是视频监控的管理者,因此在案发以后,侦查人员首先要对案情进行了解,还要求对可能的中心现场外的关联现场的视频监控进行了解,包括除了公安机关安装的视频监控外,还有各个单位视频监控,以及个人建设的视频监控网络,这都是公安机关搜寻的对象。了解的对象主要包括受害人、目击者、现场勘查人员、现场保护人员、侦查人员等。了解的重点是案发时间、具体位置、嫌疑人可能经过的路线、嫌疑人可能的特征及携带物品情况,以及中心现场主要通道及其周边的监控点位的分布情况等。在寻找现场探头时,需要合理划定调阅范围,结合案情设定调阅范围与梯次,解决好快速浏览与全面调阅、在线调阅与现场调阅等的矛盾。

(三) 调阅监控资料

在收集视频监控的数据资料时,侦查指挥人员应该根据案情的需要确定合理有度的视频架空范围。根据不同的视频监控,侦查人员在调阅视频资料时有不同的方法。针对"天网"等视频监控,侦查人员主要采取平台观看和平台调阅。针对社会面上的视频监控资源主要采取调取证据的形式调阅。在调阅社会面视频监控资源时,侦查人员首先要出示法律文书,访问视频监控的管理者,然后校准视频监控时间,复制视频和播放器,最后制作提取笔录,要求视频监控管理员签字确认等。

(四) 发现案件嫌疑人

在调阅的视频监控图像中人来车往,因此,视频侦查的首要问题是从中发现涉案的嫌疑对象。为了快速高效地发现案件嫌疑人图像,上海高等专科学校的黄圣琦提出,可以根据犯罪嫌疑人与被害人的接触条件不同对案件进行分类,然后根据不同的种类确定发现犯罪嫌疑人图像。第一类是犯罪嫌疑人与被害人有接触的案件,如抢劫、强奸等。针对此类案件,重点是通过对被害人的询问,确定案发时空,从而高效地发现犯罪嫌疑人图像。第二类是犯罪嫌疑人与被害人有隐蔽接触的案件,例如扒窃案件。此类案件中,虽然被害人不能准确确定案发的时空,但由于犯罪嫌疑人必然要与被害人接触,因此可以通过对被害人活动轨迹的还原,从而发现犯罪嫌疑人图像。第三类是没有接触的案件,例如对停在路边的汽车进行盗窃等。此类案件虽然犯罪嫌疑人与被害人没有直接的接触,但案发的时空是比较确定的,因此可以围绕案发现场来发现犯罪嫌疑人图像。

(五) 锁定嫌疑人轨迹

轨迹是指一个点在空间的移动,它所通过的全部路径就称为这个点的轨迹。轨迹实际上是同一对象按照时序排列的空间点的集合。当在视频图像中发现了犯罪嫌疑人的图像(犯罪嫌疑的人、车、物等)时,可以以此为追踪对象,还原其案发前后的活动轨迹。通过锁定犯罪嫌疑人的视频轨迹,可以发现更多的涉案视频,或者发现新同轨物品,发现同行(伴行)人车等,并且可以根据其活动轨迹刻画犯罪嫌疑人条件,确定其乘坐的交通工具等。如果侦查人员在视频监控里发现了与犯罪嫌疑人有关的信息,就可以将这些信息与犯罪嫌疑人的身份联系起来,这样就可以借助其他侦查措施和手段,进一步分析犯罪嫌疑人的身份信息。

(六) 确定嫌疑人身份

在视频图像中发现了犯罪嫌疑人的图像之后,还需进行落地查证。在进行落地查证时,必须与其他部门配合,与其他侦查手段相结合,最终确认犯罪嫌疑人的身份信息。确认犯罪嫌疑人身份信息的通道很多,在进行视频侦查取证时,犯罪嫌疑人的购物信息、银行卡信息、上网信息等都是确定犯罪嫌疑人身份的有效途径。

二、视频侦查取证的平台操作流程

随着视频监控建设的普及和视频侦查的广泛应用,视频侦查将会越来越专业化。在专业化的视频侦查应用中,除了对个案进行侦查外,更重要的是对视频侦查资源的归集、研判和综合应用等。

(一)视频侦查案件受理

随着视频侦查的专业化和视频侦查机构的专门化,专业的视频侦查应用必然涉及案件的管辖问题。在侦查部门受理刑事案件以后,往往会根据侦查需要确定是否需要采取视频侦查。如果需要采取视频侦查,则要求视频侦查部门配合。对视频侦查部门来说,这些其他部门转入的案件就是案件的受理过程。一旦受理并经过审批,就会进入视频侦查流程。根据案件大小和性质的不同,不同的视频侦查部门也应当有不同的案件管辖分工。一般来说,治安案件、一般刑事案件由派出所接处警开展视频侦查工作;重大刑事案件由县(区)公安机关和派出所共同开展视频侦查工作,主要以县(区)公安机关为主;重特大刑事案件及领导交办案件由(地)市局的视频侦查大队开展视频侦查工作。

(二)录入视频侦查实战平台

受理案件以后,应当将案件录入视频侦查平台,建立索引。后期视频侦查所获得的资料线索等都将录入平台,侦查人员依托平台开展工作。

(三)视频侦查案件工作的开展

针对受理的个案,主要遵循视频侦查个案应用流程开展工作。

(四)对视频图像进行结构化描述,录入平台

对侦查中获取的视频图像信息必须要录入平台。受技术水平的限制,目前对视频图像的结构化描述主要还是由人工进行。为了保证人工描述的准确性,一般在后台设立专人负责录入。这些录入人员重点对犯罪嫌疑人、车、物的特征进行结构化描述,如衣着颜色、发型、体态特征、行为特征等,同时将相关视频和截图一并保存。

(五)基于同种类案件的研判流程

在平台中输入足够多的视频案件信息以后,可以进行数据检索"碰撞"。通过对同类不同个案的案件特征进行分析研判。

(1)使用案件特征研判。根据案件类别、作案手段、作案工具等条件对同类案件进行分析,将同类案件相似度较高的提取出来。

(2)根据上一步已筛选出的案件进一步进行研判。

(3)对以上两步的研判结果进行比对观看,形成串并案。

(4)将串并案中所有个案轨迹在PGIS地图上呈现,研判犯罪嫌疑人的落脚区域。

(5)根据嫌疑人落脚区域调取高危人员(类案前科人员、高危地域人员)图像进行比对,确定犯罪嫌疑人身份。

(6) 根据串并案案发时空信息及个案轨迹信息综合研判,结合其他侦查手段确定犯罪嫌疑人身份。

(7) 制作案件串并表。

(六) 基于个案嫌疑对象特征的分析

基于个案视频嫌疑对象,对其监控视频进行结构化描述后,再针对结构化描述特征在数据库中开展分析,通过嫌疑对象特征进行串并以便发现其他案件。

第三节 视频侦查取证现场勘查

一、视频侦查现场勘查的概念

视频现场是指视频监控(或设备)及其记录、存储的与案件有关的时间、地点、人、车、物、事的视听信息的场所。它以视频监控(或设备)为载体,包含了视频监控(或设备)所监视控制的空间范围,是监控系统(或设备)所记录、存储的与案件有关的时间、地点、人、车、物、事的视频信息。相对于传统的侧重于从平面角度认知的现场而言,它从立体的层面,多角度地认识、记录和利用了与案件相关联的信息。

视频现场勘查是侦查人员对案发现场及相关场所与犯罪有关的视频、图像资料进行发现、固定、提取、存储、分析和应用的一种侦查活动。与传统的现场勘查一样,视频现场勘查的内容主要包括现场实地勘查、现场访问、循线追踪、现场实验、现场分析等。通过视频现场勘查,主要是为了发现、固定、提取、存储、分析与犯罪有关的视频、图像资料,判断案件性质,分析犯罪过程,确定侦查方向和范围,为侦查破案提供线索和证据。公安机关对具备视频现场勘查条件的刑事案件现场,应当及时进行视频现场勘查。

二、视频侦查现场勘查与传统现场勘查的关系

(一) 视频现场勘查是现场勘查的重要内容

现场勘查是侦查人员依法运用刑事调查和刑事技术的手段,对犯罪现场所进行的调查、勘验检查和记录、分析等活动。现场勘查的意图是通过现场遗留的痕迹物证和人们的感知信息去发现和还原犯罪过程。随着科学技术的发展与新技术的应用,现场勘查的模式和内容也得到了发展,现场勘查也由侧重于平面的勘查向立体勘查转变,在不断提升对手、足、工、枪、DNA 等传统痕迹物证应用效能的同时,扩展了涉案现场电子信息的采集与应用。

(二) 视频现场勘查是传统现场勘查的拓展与延伸

视频现场勘查既是现场勘查的重要组成部分,又是现场勘查模式与内容的拓展与延伸。视频监控作为现代科学技术应用的产物,既是技术性安防的工具,也是案件现场上的"天眼"与"目击证人",其拍摄、记录、存储的信息,可能直接"目睹"案件现场在案前、案中、案后的变化过程,犯罪嫌疑人的作案过程以及作案后的逃逸方向与路线,通过视频影(音)像信息能再现犯罪嫌疑人的性别、人数、体貌特征、衣着特征、口音、作案工具、涉案物品、交通工具等,通过证据化应用,这些视频影(音)像信息能成为直接或间接证实犯罪的依据。

视频现场既包含犯罪行为的实施场所,又包含涉案对象进入或逃离犯罪现场的路线、隐

匿藏身、生活居住的场所,还包括犯罪嫌疑人及其关系人、被侵害目标及关系人、目击证人及其他与案件现场有交集关系的人可能出现的场所。相对传统的现场勘查而言,视频现场勘查将传统现场勘查中某些无法实现的场所变成了现实,拓展了现场勘查的内容,延伸了现场勘查的时空范围。从时间范围而言,它不仅仅局限于对犯罪行为实施时的现场勘查;从空间范围而言,它不仅仅局限于犯罪行为实施地的勘查,可以跨地区、跨省市;从勘查方法而言,既可实地勘查,又可以通过通信、网络系统异地勘查。

(三)视频现场勘查拓展了现场勘查的信息来源

随着犯罪流窜化、职业化的发展,现场遗留的痕迹物证越来越少,依据传统现场勘查获取的信息去还原犯罪过程越来越困难。对某些非接触性侵财案件来说,如电信诈骗等案件,就基本上没有进行传统现场勘查的条件。但随着视频监控技术的发展与广泛应用,甚至有的地方能够达到24小时全天候"车过留牌,人过留面"的要求,因此这些视频监控信息就成为现场勘查的重要内容。而且通过视频现场勘查,能够准确地再现犯罪行为的发生过程,从而能够为划定现场勘查范围,收集痕迹物证提供有力支撑。

(四)视频现场勘查与传统现场勘查的相互作用

一般情况下,人们都认为痕迹物证的收集是现场勘查的事情,与视频图像无关。其实如果视频图像能清晰地反映出犯罪嫌疑人遗留的痕迹物证位置,那么将会为痕迹物证的收集提供明确的指引。在中心现场,犯罪嫌疑人会极力避免留下各种痕迹物证。而犯罪嫌疑人在进入或逃离中心现场的危险区域的前后,其心态会相对放松,行为比较随意,会留下较多的痕迹物证。如果在视频中发现犯罪嫌疑人遗留了痕迹物证,现场又没有受到严重破坏,就必须及时对这一现场进行勘查,力争提取痕迹物证,并对其进行关联查询、"碰撞"。同样,在现场勘查中,发现的车轮痕迹、鞋印种类与数量、现场遗失物的种类与特征等信息,也可以作为视频追踪的标签,引导视频现场勘查。

三、视频侦查现场勘查的任务与内容

(一)视频现场勘查的任务

视频现场勘查的任务是发现、固定、提取、存储、分析与犯罪有关的视频图像资料,判断案件性质,分析犯罪过程,确定侦查方向和范围,为侦查破案提供线索和证据。

(二)视频现场勘查的内容

1. 现场实地勘验检查

视频现场勘查人员到达现场后,应了解案件发生、发现和受害人、犯罪嫌疑人的情况。需要采取搜索、追踪、堵截、鉴别、安全检查和控制销赃等紧急措施的,应当立即报告现场指挥员,并果断处置。视频现场勘查人员不得进入中心现场。确需进入现场的,须经现场勘验、检查指挥员同意,并按指定路线进出现场。对位于中心现场的视频存储设备进行检查、提取工作必须在现场勘验、检查人员的指导下进行。

2. 现场访问

视频现场勘查人员应当向报案人、案件发现人,被害人及其亲属,以及其他知情人或者目击者了解、收集有关刑事案件现场的情况和线索。

(1)现场访问包括以下主要内容:刑事案件发现和发生的时间、地点、详细经过,有无可

疑人或车辆在现场周边出现,以及物品损失等情况;现场可疑人或者作案人数,作案人性别、年龄、口音、身高、体态、相貌、衣着打扮、携带物品及特征,来去方向、路线、交通工具等;中心现场进出线路、监控点位情况;其他有关现场、被害人的情况等。

(2)现场访问应当符合以下基本要求:视频现场勘查人员在询问被访问人前,应当了解被访问人与被害人、犯罪嫌疑人之间的关系,确定现场访问的任务和方法,保证访问工作合法、客观、准确;现场访问时,视频现场勘查人员应当向被访问人出示证件,告知被访问人必须履行如实作证的义务和作伪证或者隐匿罪证应当承担的法律责任;视频现场勘查人员不得向被访问人泄露案情,不得使用威胁或者引诱的方法对被访问人进行询问。

3. 现场外围追踪

视频现场勘查中,应当对作案人、被害人、可疑的人、交通工具的来去路线进行追踪。在视频追踪中,发现与犯罪有关的视频资料必须予以提取,对与犯罪相关的痕迹、物证应当立即进行现场保护,及时通知有关部门予以处理。现场外围追踪结束后,应当制作犯罪嫌疑人进出现场路线监控点位图、犯罪嫌疑人出现时间表,与案件视频资料一并建档保存。

视频追踪的任务包括:发现与犯罪有关的痕迹、物品等;确定作案人逃跑的方向和路线,追踪作案人;对监控视频中所反映的犯罪嫌疑人隐含信息进行查证;发现其他与犯罪相关的线索。

4. 侦查实验

为了证实视频资料中犯罪嫌疑人及相关人员的身高、衣着特征、步幅步态、出现时间、出现消失点位、其他特殊的行为,物品的细节特征等,可以进行侦查实验。对侦查实验的过程和结果,应当制作《侦查实验笔录》,参加侦查实验的人员应当在《侦查实验笔录》上签名或者盖章。对与验证相对应的监控点位的记录实验过程的监控视频资料进行提取,并与案件视频资料一并建档保存。

(1)侦查实验的任务包括:犯罪嫌疑人的身高、体态特征,衣着颜色、类型,携带物品或与犯罪相关交通工具的颜色、大小、种类、类型等;验证在一定时间内能否完成某一行为;验证视频资料中出现的人员、物品之间的关系;研究人员、物品在现场条件下的变化规律;分析判断某一情节的发生过程和原因;其他需要通过侦查实验作出进一步研究、分析、判断的情况。

(2)侦查实验应当符合以下要求:侦查实验一般在案发地点进行;侦查实验的时间、环境条件应与案发时间、环境条件基本相同;侦查实验使用的监控设备及朝向与记录视频资料时的监控设备、朝向一致;评估实验结果应当考虑到客观环境、条件变化对实验的影响和可能出现的误差。

四、现场视频资源的种类

目前,我国视频监控的安装和管理主体呈现多元化。随着科技的发展和视频监控技术的普及,各类新型视频监控将层出不穷。在进行视频资料收集时,应了解各类不同的视频监控类型,尽量避免遗漏。根据不同的标准,一般可以将视频监控资源进行如下的分类。

(一)根据犯罪现场种类进行分类

1. 主体现场视频资源

主体现场是犯罪行为人实施主要犯罪行为的场所。由于犯罪行为人在现场停留时间长,遗留痕迹多,往往集中反映了犯罪行为的主要特征,因此是传统现场勘查的重点。同样,主体现场的视频往往可能直接记录了犯罪行为发生的全部或部分过程,是揭露犯罪行为的直接证据,也是侦查工作最有效的线索来源。因此,对主体现场的视频资源进行采集是视频侦查工作的重点和起点。

2. 关联现场视频资源

关联现场是指主体现场以外,同犯罪行为人实施犯罪行为有关的一切场所。例如预谋犯罪、购买准备作案工具、销毁犯罪证据等场所。关联现场与主体现场各自从不同的侧面反映着犯罪行为的发展过程。由于作案人的注意力有限,因此在关联现场往往比较容易放松警惕,从而留下较多的痕迹物证。关联现场的视频往往能够记录案发前、后犯罪嫌疑人、被害人的活动情形。犯罪嫌疑人在离开主体现场后,往往容易放松警惕,从而在视频监控中留下更多真实的影像。随着监控网络的发展和跨区域作案犯罪的增多,作为视频现场的外围也随之扩大,经常会扩展到周边地区,有的甚至延伸到外省市或境外。

(二) 根据视频监控方式进行分类

1. 固定式视频监控

固定监控视频,是指监控系统前端安装在固定的点位上,监视控制的范围、方向、角度固定不变的视频监控。目前大部分视频监控探头都是固定的视频监控探头。固定式视频监控记录的信息是该点位特定的监控范围内的人、事、物发生变化的过程。

2. 移动式视频监控

移动式视频监控,是指监控系统(或前端)并不固定,监控的范围、方向、角度等会随监控系统(或前端)的移动而发生改变。例如在公交车、出租车、巡逻车等上面安装的视频监控等。警察佩戴的移动式执法记录仪等也属于移动式视频监控。

(三) 按不同安装主体进行分类

1. 公共安全视频监控

公共安全视频监控俗称"天网"系统,是指政府投资,公安使用,企业维护的系统。公共安全视频监控主要覆盖城区主要街道和重点复杂场所,以及省(区)际、市际、县际的交通要道和进出城的重点位置等。目前公共安全视频监控正向多信息采集,"联网、联库、智能、高清"等方向发展。

2. 道路交通视频监控

道路交通视频监控是公安交通管理部门,为维护交通安全秩序,监控、发现、纠正、查处驾驶员和车辆违反交通管理法规行为,疏导与引导交通,而在路口或道路中间设置的视频监控。目前我国各地的道路交通视频监控已经基本形成网络。道路交通视频一般除了保存视频文件外,还会对交通违法行为进行实时抓拍,抓拍的照片图像质量要大大优于视频图像质量,这也为车牌自动识别的应用提供了基础。随着车牌自动识别技术的发展,通过车牌自动检索车辆视频轨迹将大大提高视频侦查工作的效率。

3. 社会视频监控

除了公安机关管理的视频监控以外,还有其他的社会性视频监控资源可供侦查利用。例如,公路收费站点的视频监控就是对道路交通视频监控的有益补充。由于道路收费站点一般都设置在交通要道,环绕城市,在格局上形成一种包围状态,基本上能够控制通过该道路出入城市的所有车辆。而且车辆在通行或缴费时一般都需减速或停车,所以在侦查中通常能够获得理想的车辆、驾驶员和乘坐人的图像。再比如银行等金融机构网点的视频监控一般都比较全面,设备也较为先进。从门前到入口、大堂、柜台内、金库,再到ATM柜员机,视频监控无处不在,且信息丰富。社会上有大量的如企事业单位的视频监控,高速公路服务区视频监控,机场、码头、车站内外的视频监控,物流场所的视频监控,居民小区视频监控,网吧、旅馆等营业性场所视频监控,银行等金融网点视频监控,私人商户视频监控等资源。这些社会性的视频监控资源往往能够弥补"天网"视频监控网络的空白,在收集时需要引起足够的重视。

4. 其他视频资源

由于视频录制设备的普及,特别是手机录音录像功能的强化,社会中存在有许多非视频监控类的视频图像资源。例如行车记录仪、个人DV、新闻纪录、视频聊天等图像。这些非监控类的视频资源如果记录了与案件或事件相关的图像信息,同样可以应用于侦查或其他方面的社会管理。

五、视频侦查现场勘查的要求

由于视频现场勘查属于现场勘查的一种,所以同样要遵守现场勘查的一般规定。同时基于视频现场勘查的特殊性,视频现场勘查也有其特殊的要求。对刑事案件现场视频现场勘查不得少于二人。视频现场勘查人员到达现场后,应当了解案件发生、发现和受害人、犯罪嫌疑人的情况。需要采取搜索、追踪、堵截、鉴别、安全检查和控制销赃等紧急措施的,应当立即报告现场指挥员,并果断处置。视频现场勘查人员不得进入中心现场。确需进入现场的,须经现场勘验、检查指挥员同意,并按指定路线进出现场。对位于中心现场的视频存储设备进行检查、提取工作必须在现场勘验、检查人员的指导下进行。

由于视频监控文件体积较为庞大,而存储保管设备容量有限,因此一般视频监控文件都会有一定的存储期限,超过存储期限后将会被自动覆盖,或被进行大压缩比的有损压缩存储。因此视频资料存储的时效性决定了侦查人员在案发后必须第一时间赶赴现场收集相关的视频图像资料。

六、视频侦查现场勘验的步骤

(一)了解案件情况

案件发生以后,侦查人员首先要对被害人、报案人等进行询问,主要了解两方面的内容。首先是要了解案件发现和发生的时间、地点、详细经过,有无可疑人或车辆在现场周边出现,以及物品损失等情况。必要时可以要求被害人对室外现场进行指认,从而有利于下一步有针对性地寻找周边的视频监控。其次是对涉案目标特征进行了解。如作案人数,作案人性别、年龄、口音、身高、体态、相貌、衣着打扮、携带物品及特征,来去方向、路线、交通工具等,从而有利于后期发现和搜寻视频目标。

(二)寻找中心现场视频监控探头

按照"先重点后一般,先中心后周边"的原则,对现场的视频监控探头进行查看搜索。首先要根据犯罪行为实施情况和现场环境,对中心现场的视频探头进行搜索。要紧密围绕现场信息去发现犯罪嫌疑人图像。现场勘验是获取犯罪信息的重要途径,视频侦查人员必须掌握了解现场痕迹物证的遗留、分布信息。特别是作案工具、现场物件丢失、嫌疑人衣着特征等信息,并以此为特征查找涉案影像。由于视频监控的安装和管理主体多元化,所以需要了解现场周边的视频监控分布情况,否则将会漏掉一些重要的视频图像资料。同时还要了解探头安装的位置、方向、角度,了解监控点周围的地理位置、道路环境、光照条件,了解监控的可视范围和监控盲区等。

（三）寻找外围现场监控探头

如果中心现场无监控探头,要根据现场访问、勘验检查等获取的犯罪嫌疑人进入和离开犯罪现场的信息,对关联现场的视频进行搜索和保存。如果发现犯罪嫌疑人有可能驾驶交通工具,则需要对沿途的交通违法视频拍摄点、城际交通卡点、公路桥梁收费站点、高速公路出入口等的视频资料进行搜索和保存。如果犯罪嫌疑人有可能是流窜作案,应考虑对车站、码头、机场的视频监控和相关地铁、公交、城轨、出租车等交通工具的视频资料进行搜索和保存。如果犯罪嫌疑人有可能逗留、伺机作案,应考虑对宾馆、网吧、游戏厅、洗浴中心、影院等的视频资料进行搜索和保存。如中心现场有明显、大量的搏斗痕迹,犯罪嫌疑人可能受伤逃跑,则应考虑对医院、社区诊所、药房的视频资料进行搜索和保存。

要有收集社会视频资料的意识。目前各地的"天网"视频监控网络基本覆盖了主要道路,而且多可以联网调阅,是视频侦查的主要资料来源。但如果"天网"视频监控存在盲区,或不能获取有效的视频监控图像时,则要有收集社会视频资料的意识。特别是在某些重特大疑难复杂案件中,在案发后要及时主动封存、收集现场周边社会面的视频资料。

寻找视频"眼界"要开阔。除了寻找屋檐下的监控,还要寻找室内、高处的监控。某些室内监控也有可能拍摄到室外的图像,如银行ATM柜员机的视频监控就常常拍摄到街面的情况。除了案发地所在街道的视频监控外,还要注意发现街道对面的监控。街道对面的监控可能辐射到案发地监控所辐射不到的位置,在来去路线不明的情况下,能够帮助发现嫌疑目标的来去线路。要注意发现隐蔽的或者易忽视的监控探头。人的注意力有限,很难把每一个隐蔽的监控点位都找到,所以在一个监控系统内要查看每一个监控画面,把有用的点位资料都找出来。

注意全面收集视频资料。例如,与某一点位相邻的监控都要调取。不要认为该位置已经有了监控资料,相邻的监控方向范围差不多,就人为地排除、不调取该监控的资料。视频侦查中,每一处的监控资料都是有用的,上下方向看上去一致,但角度肯定不一致、焦距不一致,那照射的范围、远近也不相同。左右方向看上去一致,但偏角肯定不一致。监控范围越广,获取的信息就会越多。

（四）初步阅看视频资料

刑事侦查讲究战机,而战机稍纵即逝。通过初步阅看中心现场的视频资料:一是可根据视频图像显示的犯罪嫌疑人的相貌特征、人数、交通工具、逃匿方向与路线等,辅助其他侦查措施快速推进;二是根据视频图像显示的被害人出现的时空点位、接触的人员、驾乘的交通工具、消失的区域等,以被害人的活动轨迹为标签,为及时解救人质、搜寻被害人下落、发现犯罪嫌疑人等提供行动依据;三是确定视频图像的调取与阅看的时间段,为下一步的图像应用确定分析样本;四是通过初步阅看,结合现场访问,进一点熟悉和了解案件基本情况,避免和减少工作中的盲目性。

（五）提取视频资料

观看搜索涉案视频,要对发现犯罪嫌疑人的视频资料进行记录和提取,若未发现犯罪嫌疑人,应根据具体案情确定所需保存的时间段,对现场及现场周边的视频资料进行提取。对可能与犯罪有关的视频资料,如不能及时提取,应当立即进行封存,处理后及时通知解除封存。在提取时应当按照先校时、后查看、再提取的原则进行。发现视频资料损坏、破坏、删除的,应当将视频存储设备予以封存、提取,交有关部门处理,处理后及时归还。

（六）记录视频现场勘查情况

视频现场勘查结束后,应当及时制作视频现场勘查工作记录。视频现场勘查记录应当包括现场监控点位图(包括犯罪嫌疑人进出现场路线监控点位图)、已提取的现场及现场周边视频资料现场录像信息表、对已提取视频资料的查看表、犯罪嫌疑人(车辆)出现时间表、与犯罪有关的视频截图。视频现场勘查记录应当客观、全面、详细、准确、规范,能够反映视频勘查工作的流程和结果。视频现场勘查记录应当与犯罪有关的视频截图相互吻合。

1. 现场监控点位图的制作方式

（1）运用现有地图进行制作标注。可以购买案件发生地的行政区划图、城区分布图、交通示意图、景区示意图等现成的地图,直接在上面进行标注。

（2）运用互联网电子地图制作标注。可以利用互联网下载的免费电子地图或购买商用电子地图,在电子地图上进行标注。或者利用企事业单位自建的电子视频监控点位分布图进行标注和分析。

（3）运用警用地图加载标注。目前许多公安机关结合业务性质、管辖范围、工作要求等,运用现代科技手段,对本辖区内的重点目标、路段制作了警用电子地图。对此可根据具体需要,将各种性质、用途的监控(点)位置、方向加载标注进去,作为公安业务的基础工作进行建档备查。案件发生时可随时查询、调用,从而提高工作效率。

（4）运用建筑设计、装修施工、消防路线、导游导购等图纸加载标注。对于一些结构复杂、设施完备的大型商场、宾馆、厂区、景区等,可要求直接提供相应的内部结构或监控布置图加以标注分析。

（5）运用现场勘查技术员制作的犯罪现场图进行标注。

2. 视频现场分布图的标注内容

（1）标注每个监控探头的位置、监控方向、范围及监控的安装使用单位,以方便视频资料的采集。

（2）标注每个监控的性质,如固定探头、移动探头,或者标注群众提供的 DV 视频、手机视频等;标注不同视频相互间的关系,如并列、连续、交叉、重复等。

（3）标注每个视频探头校正的时差,也就是快或者慢多长时间。

（4）如果可能的话,应标注视频目标(犯罪嫌疑人、车、物)出现在某一监控点的时间、方向、移动速度或先后次序等,以便分析视频目标的活动情况。对于多次出现的可疑目标,可以用列表的方式记录其活动过程,以便分析其活动规律。

（5）必要时测量各监控点、各探头之间的距离。

（6）必要时标注监控盲区,以便分析视频目标消失、失踪的原因。

第四节　视频影像的调阅与查看

视频监控客观地记录了案件的有关信息，侦查人员对其中的信息解读，必须以侦查思维通过"看"的方法对其分析。在海量数据下，获取与案件有关的线索和证据是非常困难的，需要侦查人员在侦查视角下，认真研究、观看，最终获得有效的破案信息。

一、视频影像调取

视频资料可以作为证据使用，也可以通过它发现案件线索。如果调取的视频资料将会作为证据使用，必须符合调取证据的法定形式。在提取视频资料、监控设备时，侦查人员不得少于二人，提取时应当出具《调取证据通知书》，制作《提取笔录》，《提取笔录》要注明提取的地点、日期、提取的数量、名称、方法，提取的视频与北京时间的时间差和视频资料提供单位或个人、提取人等。

（一）视频影像的调取方式

1. 平台调取

针对公安机关直接管理的视频资料，可以联网查看。如要作为证据使用，可在视频监控平台直接进行调取、下载、存储相关图像资料。作业流程必须符合上述视频资料调取的法定形式。

2. 现场拷贝

针对非联网的视频资料，在调取时主要采取复制的形式。因此在收集视频监控图像资料前需要事先准备好大容量的移动存储设备，例如移动硬盘、U盘等。为了防止数据丢失，一定要事先检查存储设备质量是否正常。为了保证存储数据的合法性和防止数据混淆，在收集某一个案件的视频数据时必须清空存储设备里面的无关数据。现场拷贝视频资料时的作业流程，同样要符合视频资料调取的法定形式。

（二）视频影像调取的步骤

1. 出示法律文书

公安机关在调取、接入或者直接使用视频监控时，应当由2名以上的侦查人员进行，并出示本人工作证件和相关文书进行。在收集、提取视频图像资料时，一般采用调取证据的形式。

2. 访问视频监控的管理者

对需要收集和提取监控图像的监控点，要访问该视频监控的管理人员，并制作相应的访问笔录。了解系统的运行情况，包括存储介质、记录压缩方式、播放设备软件等。其中要特别关注以下几点。

（1）了解系统的安装使用情况，查看系统运行是否正常，校检系统记录的时间是否正确，有无误差并记录误差值。

（2）查看监控画面的可视范围、监控的方向和角度。分析其对场所、道路的封锁控制能力，了解监控盲区。观察光照效果，评估画面质量。

（3）了解存储介质、存储方式、存储时间、压缩比例，播放设备和软件等信息，为视频采集做准备。

3. 时间校准

视频监控在保存视频文件的同时会同步存储视频监控时间。视频监控图像上生成的时间依赖于视频监控本身的系统时间。而由于操作失误、系统误差等原因，都可能导致影像资料所显示的生成时间与实际时间产生差异。特别是当资料涉及监控系统多，误差也会很多，如果提取时没有做好误差记录，而案侦时间较长，就根本无法提供时间校对说明。所以在调取完视频资料后，应及时在文件夹名上做好误差备注，这样即使办案时间久，也有据可查。当视频资料作为诉讼证据使用时，特别是需出庭举证时，若时间未经校对或无校对说明时就会很被动。例如在不同视频监控中存在时间误差，尤其是出现后面的行为时间早于前面的行为时间时，如果没有及时进行校正，而作为证据呈堂，就很有可能被作为瑕疵证据或非法证据被排除。例如在一起故意杀人案件中，超市的监控系统记录嫌疑人于10时30分购买了一把刀，而在杀人现场的监控系统记录其在10时05分使用购买的刀具实施抢劫杀人。警方在提供证据时并未说明两个视频监控存在时间误差。结果被告人的辩护律师在法庭上提出，根据已有证据显示犯罪嫌疑人杀人在前，买刀在后，因此被告人应当无罪。最后公安机关通过补充侦查，提供了视频监控时间校对情况说明后才摆脱此尴尬局面。

当以未经校准时间的视频资料作为其他侦查措施的行为坐标时，它将严重误导侦查工作的推进，浪费宝贵的时间。因此，校准时间应成为视频侦查的常规工作。在提取视频资料时，首先要查看视频监控的时间与北京时间是否一致。如果不一致，在提取的同时要记录其与北京时间的具体误差。为了校准时间，一般有几种常用的方法：一是布置任务时，统一与北京标准时间进行计时校准；二是运用一些手机自动显示通信系统发布的精确计时功能进行校准；三是按照带秒的电话报时台，如拨打中国移动的12117自动报时服务台进行校准；四是可以利用手持GPS进行精确校时。

4. 复制视频和播放器

由于不同视频监控设备的保存格式和操作方式有差异，所以视频图像资料的调取、保存方法也各不相同。单帧视频图片是指部分视频监控附带的单帧拍照模块所抓拍并保存的图片。此类图片质量好于视频图像截图，常用于画面清晰度要求较高的公路收费监控、城际交通监控、道路违法监控等。单帧图片采集一般可用U盘、存储卡等轻便的存储介质，通过监控设备的USB接口直接复制。如果能够直接提取监控设备的存储介质，例如提取录像带、硬盘等，那将是最简单、最直接的方法，但大多数情况下需要进行复制。如果监控设备本身具有备份导出功能，那么可以通过监控设备的USB接口或网线接口进行复制，或者通过监控管理系统平台或客户端进行下载。如果该设备没有备份导出功能，那么可以直接在监控系统存储设备中查找相关内容进行复制。针对某些非联网或较陈旧的视频监控，在不得已的情况下，也可以采取拆解设备进行硬盘对拷的形式。如果既没有备份导出功能，又不能轻易拆解存储设备，那么也可以通过信号转录法进行提取，即利用视频采集卡连接监控系统视频信号输出口直接将数据采集到电脑硬盘上。如果实在不行，也可采取对监控屏幕进行录像拍照的方法进行固定，但由于这种方法获取的图像质量差，像素损失大，因此一般只能作为紧急情况下的权宜之计。由于不同监控系统的生产制造商不同，视频压缩标准和封装方式不同，有时会出现通用视频播放器不能播放的问题。因此在采集某些陈旧系统或冷门系统的视频资料时，最好将该系统的播放器同时采集，以便在其他计算机上播放观看。

5. 制作提取笔录

视频图像资料作为一种电子型证据,在调取和保存过程中很容易出现被篡改的情形,因此应当严格履行相应的调取保管手续。视频现场勘查应制作视频现场勘查记录,包括现场监控点位图(包括犯罪嫌疑人进出现场路线监控点位图)、已提取的现场及现场周边视频资料、现场录像信息表、法律文书、对已提取视频资料的查看表、犯罪嫌疑人(车辆)出现时间表、与犯罪有关的视频截图等。提取视频资料、监控设备时,应当制作《提取笔录》,注明提取的地点、日期,提取的数量、名称、方法,提取的视频与北京时间的时间差和视频资料提供单位或个人、提取人等,并要求侦查人员与监控设备的管理人员等进行签名确认。对于现场提取的视频资料,应当按照有关规定建档管理,存放于专门场所,由专人负责,严格执行存取登记制度。

二、视频影像的查看

(一) 播放器选择

公安机关管理的一类监控视频一般都可在平台上在线观看,因此这里主要讨论的是其他社会性探头的视频资料的观看。对播放器的选择关键是看其是否具有针对该文件压缩类型的相应解码器(或播放软件),同时最好具有单帧播放和截图的功能。

1. 使用视频监控自带播放器

由于种种原因,某些视频监控文件只能使用其自带的播放器播放。因此在收集时,首先应当问清视频监控管理员视频文件的播放软件要求。如果选用监控系统自带的播放器,那么在收集视频资料时就应一并收集。如果视频监控管理员不能提供自带的播放软件,也可以到网上搜寻相应的播放软件,或者直接向视频监控设备厂商索取。

2. 使用兼容性播放器播放

目前,一些较知名的大型监控设备生产商一般采用较成熟的先进压缩技术,一些小厂生产的设备会采用这些名牌大厂的压缩卡,其提供的播放软件具有较强的兼容性,例如"海康威视""大华"播放器等。海康威视播放器主要针对 h.264 压缩标准,支持的文件扩展名有 mpeg、mp4、h64、264、h264、he4 等。大华播放器主要针对 MPEG-1 和 MPEG-4 压缩标准,支持的视频监控录像扩展名有 mpg、rnp4、dav、avi、qt、mov、mpeg、mlv、asf、wma、wmv 等。

3. 使用通用播放器播放

要使监控录像能在 Windows Media Player 等通用播放器中播放,需要在计算机中安装相应的视频解码器插件。

(二) 查看步骤

1. 熟悉案情

在进行视频观看时,侦查人员首先要吃透案情,了解案发的时间、地点,通过现场勘验、调查访问所掌握的情况,如作案人数、逃跑的方向、使用的交通工具等,遗失的物品或遗留的物品、鞋子特征等,掌握犯罪嫌疑人或视频追踪对象的主要特征。然后要明确观看研判的主要目的,即需要通过观看视频图像来获取犯罪嫌疑人的清晰图像、体貌特征、穿着打扮、携带物品、来去路线,是否乘坐交通工具,犯罪嫌疑人周围出现的人员、车辆,是否使用手机,是否出入旅店、网吧、商城等信息。

2. 归纳特征

根据案情和已知视频，需要归纳嫌疑对象的特征，便于后期观看和应用，以利于发现更多的涉案视频。在一些大规模视频侦查中，还需要组织视频观看员培训，提供已知视频特征，训练识别对象的技能。

3. 组织观看

视频影像查看，就是为发现犯罪嫌疑人轨迹而准备的。为了提高视频查看效率，一般应采用侦查人员查看与大规模分工观看相结合的方法。对于案情较为简单的案件，可由侦查人员自己观看发现的办法。如果案情重大复杂，最好将所有的视频观看人员集中在一起观看，这样便于在发现可疑影像和线索时，及时进行相互沟通联络，特别是在涉及视频轨迹追踪时就显得尤为必要。为了保证视频影像的观看质量，防止侦查人员长时间持续观看导致注意力和观察力下降，最好限制侦查人员每次持续观看的时间，也可以部分采用视频图像摘要和检索进行辅助观看，减轻侦查人员的工作负荷。

4. 及时沟通，深挖线索

为了保证视频图像的观看质量，可能需要将视频观看员集中起来观看。视频观看的过程不是独立的，观看视频的侦查人员应当及时与侦查人员、技术员等进行沟通。通过及时沟通，可以将视频图像中的有用线索及时反馈给侦查人员，由他们去转化为具体的侦查结果；如果在观看过程中遇到某些反常行为，视频观看员也可以邀请侦查人员一起到视频监控现场进行侦查实验；当在观看过程中遇到难以解决的技术问题时，可以邀请技术专家共同进行处理。在识别对象时，可以邀请被害人、目击者及相关人员进行协助辨认等。

（三）查看方法

1. 调节播放速度

在观看视频时，为了提高效率或查看细节，可以使用不同的视频播放速度，如正常播放、快速播放、慢速播放、单帧播放等。快速播放是为了节约时间而快速浏览整个过程或与案件无关的视频情节。慢速播放是为了看清事件的发生、发展过程及细节。单帧播放是为了识别细节或截取图像质量最好的涉案视频片段或图片。

2. 调节视频画面效果

视频监控在拍摄时由于受天气、灯光等因素的干扰，其画面可能会出现太亮、太暗、反差太弱、色彩还原不准确等现象。因此在播放时可以对亮度、反差、色彩等进行调节，以获得较好的观看效果。

3. 调节画面大小

调节观看视频的大小只是一种改变视觉效果的方法。一般情况下，如果放大视频画面，则会降低画面清晰度；反之，则会提高清晰度。

4. 联机互动查看

联机互动查看是指在重特大案件侦破时，采集了较多的视频资料，为了将这些不同系统、不同探头拍摄的视频资料有机地整合起来，而集中多台计算机联机查看。该方法主要应用于视频嫌疑目标的确定、视频目标的跟踪、动作分解、同伙定位等。

（四）查看记录

1. 内容

（1）地点与方向：对于多系统视频信息用于侦查工作的，查看过程中应记录该视频提取的地址、拍摄方向、角度、探头编号等内容,以防止互相混淆而重复查看,浪费人力。

(2) 时间与时间段:一般的视频监控信息在画面上随机嵌入了系统时间,视频资料的保存文件也是系统按照顺序自动生成起始时间编码。查看过程中除了记录这些时间信息外,还需要记录画面中发现可疑目标所处的时间和进出画面的时间段,以便于后续查看的快速定位。

(3) 目标与特征:要详细记录查看过程中发现的嫌疑目标的具体形象,包括大小、形状、色彩等特征及活动过程描述。

(4) 个人分析与想法:每个侦查人员的工作经验不同,对事物的认识、理解也不同。所以在观看过程中应当记录下自己对视频对象认定、否定或存疑的依据,以便综合研判。

2. 方法

(1) 描述法:根据案情需要,结合查看过程中发现的可疑视频信息内容进行记录和描述,主要内容为画面显示时间(重点时间或可疑目标进入和离开的时间段),可疑目标的名称、形状、大小、色彩等特征,可疑目标的活动线路、方向及活动过程等。

(2) 列表法:在多人员、多线索、大批量或以视频侦查取证为主的查看过程中,可以制作符合案情需要的记录表格,将关键因素结合起来,要求观看人员按照规定内容填写查看记录。

(3) 截屏、抓拍、打印法:对于一些重要画面,查看过程中可采取抓拍、截屏或直接打印等方法,并进行编号、注释和说明。

第五节 视频侦查嫌疑目标发现

视频影像直接记录了与犯罪活动有关联的过程,为视频侦查开创了从影像到人的全新侦查模式。通过影像来发现犯罪嫌疑人和破案线索,成为视频侦查取证的重要内容。

一、视频嫌疑目标的概念和特点

(一) 视频嫌疑目标的概念

视频嫌疑目标是指在视频影像中,能够进行视觉识别,并与案件存在某种关联性的人、物、事。这种与案件的关联性有时表现为直接的关联,有时也表现为间接的关联。这种关联是取得案件突破的重要线索。一般情况下,犯罪嫌疑人是视频嫌疑目标的核心内容,实践中的所谓视频嫌疑目标就是与犯罪嫌疑人有关的一切人、事、物等。

(二) 视频嫌疑目标的特点

1. 易识别性

视频影像能够显示许多内容,这些内容一般能够通过视觉进行区分,从而被人识别为不同的目标。如果图像非常模糊,即使其中蕴含了有关信息,也不能被识别。为了提高视频侦查的效率,应尽量发掘视频目标中的明显特征和稳定特征。在视频侦查中不仅需要在同一视频图像文件中识别同一目标,而且需要在不同的视频图像文件中识别同一目标,因此对视频目标的可识别性要求更高。

2. 关联性

视频嫌疑目标是一种图像信息,需要落地查证,使其与现实生活中的目标建立关联。视频侦查要为侦查破案服务,视频目标就必须与案件关联起来。虽然用视频嫌疑目标来称谓,但其与现实侦查中的嫌疑目标并不一致。视频嫌疑目标不仅仅限于犯罪嫌疑人,也包括被害人、证人、车辆、物品等。只要为了实现视频侦查的需要,视频图像中的分析目标都有可能成为视频嫌疑目标。

3. 扩展性

视频嫌疑目标并不是一成不变的,而是会随着侦查的深入而发生改变。例如已有的视频嫌疑目标可能随侦查进展而排除与案件的关联性。同样,随着侦查的深入,通过视频嫌疑目标也可能会拓展更多的涉案视频目标。视频嫌疑目标的扩展性说明了以犯罪嫌疑人为目标视频轨迹在实战中的线索延展与扩张,从数量上说几乎是无止境的,从时空上说,突破了案件的时空限制,扩大了线索来源。

二、视频嫌疑目标的发现方法

(一) 直接发现法

所谓直接发现,是指侦查人员根据案件对犯罪嫌疑人的描述和认知情况,在掌握有关的犯罪嫌疑人的某些情况后,直接通过视频影像发现犯罪嫌疑人。直接发现犯罪嫌疑人是在侦查人员认真了解案情情况后直接认定影像的嫌疑人的方法,目前是一种比较可靠的发现方法。

1. 根据犯罪嫌疑人的特征直接认定

侦查人员在了解犯罪嫌疑人的特征后,对视频影像中可能特征的人进行查看认定。例如,在对受害人、知情人以及报案人等的询问走访后,确认犯罪嫌疑人的重要特征,转而确认视频影像中的犯罪嫌疑人,由此展开的视频侦查取证工作。如果已知犯罪嫌疑人的身份,则可以在视频中寻找、发现具有特定特征的视频嫌疑目标,同时也可以根据已知视频嫌疑目标发现新的视频嫌疑目标。例如根据伴行人(被害人、相关人)图像发现犯罪嫌疑人等,根据已知作案用车辆,来发现未知的同伙的伴行车辆。

2. 根据案件发生的时空特征直接确定

根据案件发生的时空要素,侦查人员由此推定犯罪嫌疑人。侦查的过程是一个由已知到未知的过程。根据已知的信息,无论是通过视频侦查获取信息,还是通过其他侦查手段获取信息,都能够成为确定视频嫌疑目标的依据。例如在案发时间段,出入现场的人都可能是犯罪嫌疑人。

3. 根据现场痕迹物证发现嫌疑目标

现场的痕迹物证,特别是体积较大、痕迹明显的现场遗留物或遗失物,往往能成为锁定视频嫌疑目标的标志物。因为这些物品与案件有密切的关联,同时又具有可识别性。

(二) 间接发现法

视频侦查间接发现犯罪嫌疑人影像的方法(间接发现法)是指案件发生后,通过与案发现场有关联的地点的探头,或者时间空间的转换,发现案犯影像的方法。间接发现法是视频侦查取证的高级应用形式,在现代视频侦查行为越来越高端的形势下,间接发现法非常具有实战价值。

1. 反常行为确定犯罪嫌疑人

这里的反常行为指的是在案发时,视频影像中的人的非正常行为表现。主要是:尾随受害人的人,或者在受害人周围的行为异常人;受害人追击犯罪嫌疑人的画面;案发影像中有伪装、躲避以及遮掩等反常行为的人;案发后快速离开现场的人;现场中出现的陌生人。

2. 关联现场的推定法

一般来说,在案发中心现场没有获得有效的视频影像,就必须借助关联现场来取得案件的有效突破。关联现场是与中心现场有关系的场所,是犯罪嫌疑人作案前后的必经通道和趋向,在此,关联现场发现犯罪嫌疑人的方法,同样有助于我们获得犯罪嫌疑人的影像。这种发现案犯影像的方法,通常是在案犯进入犯罪现场的路段或者作案后逃离犯罪现场的路段,以及销赃的地方,或者作案的必经之地。这些地方与犯罪的中心现场存在关联性,所以被称为关联现场发现案犯影像的方法。与直接发现案犯的影像比较起来,采取这种方法发现案犯的影像,一般需要侦查员在仔细分析现场情况后,对流窜盗窃分子可能出现的暂住地、销赃地、来往路线、车站码头等关联现场进行研判,在预设的地点和时间段内,展开案犯视频影像的搜索、甄别和确认。

3. 空间跳跃法

侦查员借助于某种联系,实现在新的空间里发现犯罪嫌疑人影像。这里的新的空间,是指与犯罪嫌疑人行为有某种联系的地点,一般是犯罪行为实施前后的吃、住、行、销、乐等有关的场所和位置。比如2015年4月武汉市洪山区某小区的两家别墅被盗案,虽然现场和周边都没有安装视频探头,但侦查人员以案犯在现场留下的脚印上的气味为嗅源,利用警犬在周边的空旷地搜寻了5公里,最终在离现场5公里的地方,视频探头发现了2名案犯的影像。本案之所以能在新区域里找到案犯影像,是借助现场"嗅源"实现空间连接,从而拓展了视频影像发现的空间。笔者认为,实现视频侦查空间连接的"联系"点,在实践中非常丰富,需要侦查员不断总结,注入新内容。

4. 其他技术辅助法

当在视频侦查中心现场不能发现犯罪嫌疑人时,通过现场勘查或其他技术辅助,往往可以找到犯罪嫌疑人的去向(有时为来路),从而为进一步进行视频轨迹发现创造条件。例如,时间前溯辨认法,即以案发时间为基准点,分析案前的视频影像来获取犯罪嫌疑人的影像。在视频侦查中,如果案发现场没有发现犯罪嫌疑人的影像,但侦查人员认为案犯对当地情况熟悉,可能经常在这条路线上出现,就可以组织受害人对案发前从这条路段走过的人的影像进行辨认,来发现案犯影像。

三、视频嫌疑目标的初步确认

(一) 初步确认视频嫌疑目标

视频嫌疑目标的初步确认并不是对犯罪嫌疑人身份或涉案车辆属性的确定,而是基于视频目标与案件关联性的一种判断。而且这种判断并非是最终的判断,而是基于现有信息的一种初步判定,并会随着侦查的深入而进行修正。

(二) 初步确认视频嫌疑目标的意义

虽然初步确认视频嫌疑目标只是侦查人员的一种初步判断,但对后续视频侦查和其他侦查措施的采取都具有重要作用。首先,视频嫌疑目标的初步确认能够明确视频追踪的目标特征和确定视频追踪起点,是开展后续视频侦查的基础。其次,视频嫌疑目标的初步确认结果将会录入到视频侦查信息系统数据库中,因此判断的准确性将会影响到数据库的数据收集,并影响到更深层次的综合应用。再次,可以据此开展摸底排队、追缉堵截、蹲坑守候等侦查措施。

(三)初步确认视频嫌疑目标的途径

视频嫌疑目标的初步确认具有重要的意义,需要从多方面进行论证。首先可以通过组织相关人员进行辨认。特别是与目标有过正面接触的被害人、目击证人、物品原持有人等。在视频侦查中,如果条件允许,一般应当请相关知情人去辨认视频嫌疑目标。其次,可以通过与现场痕迹物证等进行验证。例如,根据现场的遗失物、遗留物的比较鉴别等。最后,就是要排除时空矛盾,如查明视频嫌疑目标与已知的现场状况,其他已经确认的视频嫌疑目标,其他目标的已知活动状况等是否相互矛盾。

四、视频嫌疑目标的特征分析

初步确定视频嫌疑目标后,就要围绕这些嫌疑目标进行分析。从图像的角度而言,视频图像分析主要解决"是谁、从哪来、到哪里去"的问题。视频分析主要以人、车、物等可识别的特征进行客观的结构性描述,解释其蕴含的心理动机,揭露不同目标之间的关联性等。

(一)视频图像中人像的分析

视频图像中人像的分析主要包括衣帽物品特征,体态特征,个体识别特征,动作、行走步态特征,语音特征,伪装物(遮掩物)特征,生理特征,职业特征,地域特征等。

(二)视频图像中车辆图像的分析

车辆图像分析主要包括车牌特征分析、车辆种类特征分析和车辆个体特征分析。车牌主要分析车牌真伪,车辆的拥有人和使用人、车牌的模糊查询和数据碰撞等内容,车辆种类特征主要分析车辆的生产厂家、车辆型号等。种类分析主要根据车灯数量和形状位置、车门拉手形状、轮毂外形、天线位置等特征进行判断。车辆的个体识别是在不依赖车牌的情况下,根据车辆上的细节特征,区分不同个体的车辆。个体特征分析主要依据车身上喷绘的图案、文字,车体装饰、车内悬挂品、前挡玻璃张贴的年检、缴费、保险标贴的颜色、形状、位置等特征进行判断。

(三)视频图像中物品图像的分析

视频图像中的物品通常是指现场遗留物、现场遗失物、目标随身携带的物品。它们的特征大体包括物品种类、形状大小、颜色图案、个体标识等。这里的物品指的是与犯罪有关的一切物品,它记录犯罪的有关情况,能够证明案件的有关事实。例如,2010年9月的某日凌晨发生一起抢劫、强奸案。一名下班回家的女性被两名男子强行带上一辆小汽车,在离上车地点几十公里的郊外强奸、抢劫。被害人提供了从小汽车上带来的一个超市用的塑料袋,以及犯罪嫌疑人喝啤酒的线索。侦查人员顺藤摸瓜,找到这家超市,并调取了超市出售啤酒的记录后,经过受害人辨认,确认了犯罪嫌疑人在超市购买啤酒时的视频影像,由此获取犯罪嫌疑人的线索和作案证据,最终顺利破案。

第六章 视频侦查取证方法

第一节 视频侦查时空取证

所有的刑事案件都是在一定的时空中发生的,由于时间具有一维性、排他性(或称不可逆转性),因而在侦查实践中作案时间被认为是不可毁灭的罪证。犯罪的时空要素是刑事案件构成的必备因素。从视侦取证工作来看,准确地判断案发时间,对于正确划定侦查范围、确定或否定嫌疑对象、印证犯罪嫌疑人口供的真伪等方面都具有重要的作用。从证实犯罪角度上讲,时空要素是犯罪事实的基本内容,证据链形成必须要查清犯罪行为发生的时空信息,否则就会造成基本犯罪事实不清的状况。

视频影像直接记录了犯罪行为的发生过程,并带有摄录的时间信息,这就为通过影像资料分析确定案发时间提供了可能。通过视频记录的时空信息,具有以往任何条件都无可比拟的优势,其定时定位不但精确,而且有空间上的参照物可供对照、测量,又可做时间上的连续、分解。通过视频时空信息,可以为案件中的疑难、复杂问题分析提供许多解决方案。因此,只要找到了记录犯罪行为发生的影像资料,通过时间校准以后,该部分影像资料生成的时间就是案发时间,这种方法称为视频侦查取证时空证据直接确定法。但由于种种原因,视频监控并没有记录现场犯罪行为,这时侦查人员需要通过查看阅读视频监控画面信息和附加记录的时间信息,推导认定案件的时空因素,包括进出现场时空、作案过程时空、重要情节时空、逃跑路线时空、生活轨迹时空等。案件现场与时空相关联的因素很多,只要条件具备,都可以进行分析,交叉比对认定。例如,视频时空与位置、区域的关系,视频时空与距离、速度的关系,视频时空与习惯、规律的关系,都可以作为时空的认定的参考因素。这种方法称为视频侦查取证时空证据间接确定法。

一、时空证据直接确定法

如果在案发中心现场有视频监控,把犯罪行为实施过程记录下来了,那么侦查人员就可以通过视频监控来直接认定犯罪行为发生的时空条件。由于视频监控是按照时间顺序记录其所"看"到的一切的,而犯罪行为的发生就是这些时间过程的一个个特定的"点",每一个点位对应着犯罪行为的时空信息,或者每一个特定行为的时空信息。这些时空信息对于视频侦查取证来说非常重要,它们是说明犯罪过程、构建犯罪事实及其证据链的关键工作。相比于传统侦查工作中的时空证据的取得,在准确性、客观性和及时性上,有不可比拟的优势。

1. 确认犯罪影像

侦查人员确定视频犯罪影像是提取时空证据的前提条件。如前所述,侦查人员确定犯罪嫌疑人影像的途径很多,在确定犯罪嫌疑人后认真分析对应的时空条件,从而全面准确掌握案件信息,为后续的案侦工作打好基础。掌握精准的时空条件是进一步深入开展视频侦查取证工作的前提和保障。

2. 记录时空信息

侦查人员在掌握犯罪视频影像资料后，应该对有关的犯罪行为及事实对应的时空要素进行记录，以被后期使用。在一个案件中，可能涉及的视频监控数量较多，时空跨度较大，这时侦查人员应该以最先发现的视频监控的时空信息为中心点，逐步完善在视频全轨迹追踪的其他视频监控中的时空信息。在这种情况下，侦查人员应该制作视侦时空信息对照表，以备后用。从视频侦查实战出发，以某个准确的视频影像为基点，通过扩面顺查、逆向回查、跨越式联系等技战法，可以达到对犯罪嫌疑人行为时空信息的全面掌握。

3. 时间校准

时间条件是案件分析的最基本的要素之一，由于每一个视频监控自带的计时器快慢不一，画面显示的时间数据参差不齐，所以在视频资料采集之前，侦查人员要考虑该系统显示的时间是否准确。很多情况下，由于监控设备本身质量问题或者外部环境（如天气、温度、监控设备安装稳定性等）问题，使得监控主机的视频时间和北京标准时间不一致，这就会给侦查破案工作带来诸多不便。目前视频监控只有少部分通过"时间校准器"自动完成监控设备北京时间校准，大部分视频监控在调取时应当先校正北京时间，确保提取的视频范围和质量。侦查人员应根据标准的国际时间，对视频监控时间进行调准，并依照规定记录在案。

二、时空证据间接确定法

有些案件由于中心现场没有监控，或者有监控，但因为视频监控的设备安装或管理问题，造成视频影像的时空认定困难，不能通过影像资料直接判定案发的时间和空间。这时侦查人员需要收集外围现场的影像资料，结合犯罪行为特征，发现影像中的异常，运用逻辑推理来确定案发的具体时间和空间，称为时空证据间接确定法。

1. 通过逻辑分析确定案发时间

（1）根据犯罪嫌疑人随身携带物品变化确定案发时间。根据物质交换原理，作案人实施犯罪以后，总会在现场留下或带走某些物品。如果这些物品特征显著，能够在视频监控中反映出来，那么可以以此为特征判断案发时间。当然，应当首先排除这种变化是由于其他因素造成的可能性。

某年7月8日，某地一家国际大酒店发生一起笔记本电脑和拎包被盗的案件。虽然不知道具体案发时间和作案人特征，但由于被盗物品为笔记本电脑和拎包，赃物特征明显，而且酒店的环境特征决定了作案人来去路线必然要经过大堂，所以侦查人员收集了酒店大堂案发当天的视频监控录像。通过查看监控录像，警方发现有两名年轻男子在上午7时29分空手进入酒店，但在9时30分离开酒店时，一人提着笔记本电脑，另一人拎着一个包。通过对酒店调查发现这两名男子并不是酒店入住人员和工作人员。因此，警方认定这两名男子有重大作案嫌疑，并确定案发时间为上午7时30分到9时30分之间。

（2）根据被害人的变化确定案发时间。被害人是犯罪行为的受害者，所以当犯罪行为发生以后，被害人也会发生变化。但这种变化特征显著，能够在视频监控中反映出来，可以以此为特征来判断案发时间。

例如，在一起出租面包车失踪案中，警方就是紧紧跟踪失踪的面包车，并根据司机影像前后的差异来确定案件性质和案发时间的。某年12月16日，警方接到报案称，从事非法出租车营运的金某连同其面包车一起失踪。于是，警方调集相关路段的监控录像，还原了金某驾驶的面包车的运行轨迹。当日 15 时 51 分,百丈卡口的监控录像显示还是金某驾驶其面包车,在副驾驶座上还坐着一名男子。但在 16 时 24 分过安吉卡口的时候,监控录像显示驾驶员已经不是金某,而且副驾驶座上已经没有该男子的踪影。由于金某是面包车驾驶员,一般情况下不会轻易地将自己的车交由陌生人驾驶,因此警方分析金某很可能已经遇害或者被控制,并且案发的时间应该就在这一小时以内。

(3) 根据被盗物品的变化确定案发时间。某年 9 月 20 日晚,某地桂竹巷发生一起抢劫杀人案。受害人名叫汪梦某,22 时 20 分被发现勒死在自家三楼卧室中,被劫财物有人民币 5000 余元及数码相机一部、手表一块、白金戒指一枚、白金项链一条、苹果手机和平板电脑各一部,涉案财物价值 2 万余元。通过查询卡口信息发现受害人当晚驾驶轿车从温泉二路回家,20 时 11 分左右经过中医院,分析到达桂竹巷家中应该是 20 时 20 分左右。被抢手机于 9 月 20 日当晚 21 时 53 分关机,根据手机关机时间和关机地点,结合交通情况,确定案发时间为 20 时 20 分至 21 时 30 分。

(4) 根据动物的行为变化确定案发时间。某年 8 月某日凌晨 2 时许,某地一板厂内,中年妇女张某听见院内狗叫,出门查看时在屋门口被人用刀捅死。其丈夫王爱某出来查看时,凶手已经逃走。死者邻居老杨反映,案发时先是听到自家狗叫声,紧接着听到死者家的狗叫得厉害。死者的丈夫反映自家的狗一叫,死者就出门查看情况,刚出门就听见喊叫,等自己出了屋门凶手就不见了,时间很短。死者的丈夫报警时间为 2 时 35 分 54 秒,但记不清从案发到报警有多久。调阅邻居监控:北京时间 2 时 30 分 06 秒,之前一直趴着的小狗抬起头来;2 时 30 分 45 秒,小狗前腿站起来;2 时 30 分 59 秒,小狗后腿也站起来,之后跑到院子中央,对着案发地方向叫了两声;2 时 31 分 14 秒,小狗往公路跑去。确定案发时间为 2 时 30 分 06 秒之后,犯罪嫌疑人进入案发现场,引起现场的狗叫。

(5) 根据犯罪嫌疑人的反常行为推定作案时间。根据犯罪嫌疑人在实施过程中,占用的时间长,与常规行为有较大的时间差,以此矛盾为依据来确定具体的作案时间。推定作案时间,需要侦查人员能够准确认定一个行为的反常情况。某年 4 月 9 日,某省中医院发生新中国成立以来最大投毒案件,犯罪嫌疑人在电热开水器投入鼠药引起 300 多名住院病人及医院职工中毒,一人死亡。利用对医院内的 48 个监控录像进行排查,找出了 22 时 51 分该院女研究生吕春某从研究生楼经过病房楼五层下电梯到达一楼电热开水器打水回去喝了没有中毒,而另一名男研究生冯高某在 23 时 08 分打回宿舍的水已经有毒的情况,确定了作案时间在北京时间 22 时 51 分至 23 时 08 分这 17 分钟的时段内。该院一楼西药房职工王庆某于北京时间 23 时 05 分(监控显示时间为 23 时 07 分)去打水,打水所用时间超出正常所需时间近 2 分钟,王庆某具有重大作案嫌疑。经审讯,王庆某交代了他因个人经济利益而投毒报复医院的作案事实,及时破获了这起震惊全国的特大投毒案。

2. 根据视频监控设备被破坏情况来确定案发时间

有的作案人为了避免留下作案的影像会故意破坏影像记录设备。在这种情况下,虽然现场没有记录案发经过的影像,但其破坏监控设备的时间,往往从另一个方面证明案发时间。监控设备在非正常断电时,会自动生成一个日志文件,记录断电时间,因此只要查明断电时间,就可以确定案发时间。

3. 通过其他影像变化分析案发时间

由于摄像头的角度或者现场光线等因素的影响,案发现场视频资料中有可能没有记录下犯罪嫌疑人的行为,因此也就无从确定案发时间。但既然有犯罪活动发生,那么就必然会对犯罪现场产生一定的改变,视频监控设备也就必然会将这些改变原原本本地记录下来。虽然在影像资料中可能看不见犯罪行为和犯罪嫌疑人,但如果利用视频图像信息中的某些点滴变化,再根据现场环境的特殊性进行分析,还是有可能推断出案发时间的。

某年9月29日凌晨,巡防队员在某市街心公园发现一无名女子被人用石头砸成重伤,后经抢救无效死亡。该女子被发现时躺在公园亭子的长椅上,呈侧卧位,头部及相对应的椅子和地面有大量血迹,综合现场情况分析该亭子为第一现场。由于案发现场位于公园内,里面有较多的摄像头,而且案发现场也处在一个摄像头的监控范围内,于是警方调取相应位置和时段的视频监控录像进行对接碰撞。由于案发现场在该监控摄像头的上部边沿部位,特别是因公园的景观灯在23时关闭,所以案发现场光线昏暗,因此在记录第一现场的视频监控录像中难以直接发现有价值的线索。侦查人员后来通过多次侦查试验,确认犯罪嫌疑人进出现场的时候,必然会短时间遮挡大理石椅子在摄像头中的反光。通过对光点的仔细观察,发现在23时40分的时候有黑影遮住光点进入现场,但8秒钟以后又遮住光点离开现场。那么这个时间是否就是案发时间呢?侦查人员根据现场死者头部受到石块多次打击的行为分析,认定在这8秒时间内,作案人不可能找到石块并完成犯罪行为,所以分析此时应该还不是案发时间。侦查人员继续仔细观看视频录像,发现0时02分又有一个黑影遮住光点进入现场,0时04分后又遮住光点离开现场。结合现场情况,侦查人员分析这个时间段应该就是案发的时间,这个黑影也应该就是犯罪嫌疑人,而且很有可能与前一个黑影是同一人。当准确确定案发时间以后,侦查人员利用顺查法,在其他摄像头中发现了犯罪嫌疑人的清晰图像和行走轨迹。

第二节 视频侦查人像取证

犯罪嫌疑人的特征主要包括体貌特征、生理特征、职业特征、地域特征以及与被害人的关系特征等。刻画犯罪嫌疑人特征关系到侦查方向的确定,是进行摸底排队的重要依据。传统侦查中主要根据现场勘查和现场访问来再现犯罪嫌疑人的特征。由于视频图像中往往能够直接反映犯罪嫌疑人的上述特征,因此使用起来往往更直接、更准确。例如:从监控对象穿着拖鞋、睡衣等衣着特征可以推断其活动范围不大,很可能就居住在附近;从穿着的运动服、工作服等服饰特征可以挖掘出其职业特点;从携带行李箱的情节可以推断他可能刚从外地回来或将要外出,等等。

一、视频侦查人像取证要点

(一) 视频人像的选取

视频人像信息的落地查证往往就是"由像到人"的过程,即由辨认人对视频人像进行辨认,从而确认犯罪嫌疑人的真实身份。传统的对人的公开辨认,往往是"由人到人"的辨认,即由辨认人对身份已经明确的犯罪嫌疑人进行辨认。视频侦查中的"由像到人"的辨认过程往往类似于传统侦查中的"寻找辨认"。视频侦查中的"由像到人"的辨认过程一般有两个步骤:首先是对涉案视频中的人像与案件关联性的辨认,然后再对视频图像中人像的真实身份的辨认。由于视频人像的辨认主体既有可能是侦查人员,也有可能是被害人、知情群众甚至犯罪嫌疑人等,因此对所辨认的视频图像的质量要求也较高。在实际应用中,为了使图像辨认工作顺利进行,在保证视频截图清晰度的前提下,应当优先选用距监控目标近、角度低、变形小的视频进行截取图像。如果选取不同视频监控的图像,要尽量使用摄取角度、高度近似的监控图像。选取人像的图像表情最好自然,符合一般人的识别认知。

(二)视频人像的处理

视频侦查取证时,当得到的人像较为清晰时,可以在一定条件下实施人像的同一认定工作,或者直接利用公安机关的人像库进行人脸的比对,或者用于案件视频线索的串并,以获得较为有利的侦查线索和证据。

但由于种种原因,在视频侦查取证时,侦查人员经常会遇到视频影像资料模糊的情况。视频侦查取证中的模糊图像处理可分为单帧模糊图像处理和模糊视频处理两部分,原因主要包括摄像头像素过低、镜头对焦不准、现场光线太强或太弱、拍摄目标运动速度过快以及摄像头位置安装不当、压缩存储衰减等。要在这些比较模糊的视频图像中发现和捕捉与案件有关的信息,就需要对其进行清晰化处理。由于对整个视频文件进行处理难度较大,也比较费时,所以侦查实践中主要是进行模糊单帧图像处理。首先选择与案件紧密相关的关键视频片段,然后运用一些专门的图像处理软件来实现,实践中既可选用 Photoshop 等通用软件,也可选用比较专业的图像处理系统,如美国"识慧"、荷兰"影博士"等图像处理系统。在模糊图像处理步骤上,要先分析造成图像模糊的原因,再根据原因通过特定的算法进行图像还原处理。如果选取的供辨认的人像视频或截图比较模糊或有较大变形时,还要进行相应的技术处理。如果不能提供清晰的辨认视频或截图照片,必要时还应当提供由侦查人员归纳出的人像特征,或者根据视频图像制作出相应的模拟画像。

(三)视频人像的辨认

侦查人员对视频人像进行技术处理之后,就应该对人像进行识别,以得到更加丰富的破案信息。一般而言,对视频影像进行辨认识别是视频侦查取证的基本做法。不同于传统的辨认,视频人像辨认中辨认人的发现往往是辨认的第一步。侦查中的传统辨认一般都是由特定的辨认人对犯罪嫌疑人进行辨认。在视频侦查中的辨认更多的是由不特定的辨认人对影像或截图进行辨认,即在进行辨认时,往往辨认人也是不特定的群众。所以侦查人员首先要解决的是如何寻找辨认人的问题。在犯罪嫌疑人身份和辨认人身份都不明确的情况下,一般只能采取在一定范围内公布案情,发动群众来进行辨认的方式。因此合理确定公布影像资料或视频截图的范围显得尤为重要。

某年1月某日,武汉市某小区业主家接连被盗。通过现场勘查和调查走访,发现案犯四人的视频影像,并开着一辆黑色的锐志车,挂着号码为武汉市的假车牌,同时还获取了四人作案时的影像。通过高危研判,侦查人员判定此一系列案件应为江西宜春籍人员所为。按照这一侦查思路,侦查人员在宜春市的看守所进行政治攻势,组织在监所内的人犯进行视频影像辨认,但是没有效果。接着改变了工作方式,在当地警方的配合下,把宜春市袁州区的寨下乡、柏木村、卢村等5个村镇作为摸排的重点范围,通过辨认,找到了有关的犯罪嫌疑人,最终顺利破案。

二、视频侦查人像取证方法

（一）犯罪嫌疑人的消失区域辨认

在不能合理排除犯罪嫌疑人离开了视频监控相对封控的区域，那么犯罪嫌疑人应与这个短暂消失的区域有着必然的关联性，他们在这个区域内短暂消失，意味着可能有潜藏的窝点、生活的地方、工作的单位、活动的场所等，有针对性地选择以上区域，搜寻其内部视频资料，比对、识别、辨认案件视频人像，往往能实现"从像到人"的目的。

（二）犯罪嫌疑人的经常活动的地方

一般来说，公布犯罪嫌疑人影像资料或视频截图的范围应当以犯罪嫌疑人的吃、住、行、销、乐等活动场所为重点。有时也可以依据犯罪嫌疑人的社会经历到相关场所进行寻找识别；也可以根据犯罪嫌疑人在视频图像中出现的特定时间和空间进行分析，从而准确确定视频图像的识别人员和区域，如与犯罪嫌疑人有关正面接触或熟悉犯罪嫌疑人的社区工作人员、治安积极分子等。

（三）知情人所在区域

当图像分析判断犯罪嫌疑人可能来自某一个区域或某个阶层，或与某个区域或阶层有生活、工作、羁押、服刑等长期交集关系时，可在这些区域、阶层内选择合适的知情人员，对人像视频或截图进行辨认。特别是在侦办高危地区人员犯罪案件时，原籍地、办案地及相邻地区的看守所等羁押场所的在押人员的辨认应当是开展辨认的重点范围。

（四）网络媒体辨认

通过网络媒体公布视频图像资料，发动群众来辨认犯罪嫌疑人是非常有效的形式之一。网络、电视、报纸等传统媒体的受众范围广，社会各层面中的男女老少都有可能接触。加之传统媒体在群众心目中比较严肃和权威，所以通过传统媒体发动群众进行辨认往往能够取得较好的效果。而且媒体为了吸引受众，也喜欢播报各类刑事案件。所以当刑事案件发生以后，警方如果需要发动群众，就可以主动联系媒体，有针对性地提供相关视频和图像发动广大群众辨认。

利用互联网发布犯罪嫌疑人视频图像除了能够发动群众积极进行辨认外，同样也能够对犯罪嫌疑人施加强大的心理压力，从而促使其暴露或自首。因此，警方在互联网上公布案情和犯罪嫌疑人照片，积极发动群众进行辨认时，同时也要考虑到犯罪嫌疑人同样也会看到相关信息，所以既要注意保守相关侦查秘密，又要考虑对犯罪嫌疑人施加一定的心理压力。在通过网络发动群众进行辨认时，侦查机关也要随着网络热点的变化及时更新公布案情的形式和载体，充分重视不同行业、不同群体的QQ群、微信群、微博等新型网络即时通信传播形式。

（五）内部通报与串并

在侦查中，可调取现场或案件可能涉及的宾馆酒店、网吧、游戏厅、车站、机场、银行、加油站、高速公路出入口收费站、道路卡口等关联场所的视频监控中的影像资料，经技术处理，把犯罪嫌疑人的人像和相关物品（如车、船、携带物品的特征等）的模糊图像清晰化处理，获得较好品质的图像后，上传至公安内网，请求或部署有关部门迅速组织受害人、知情人或相关人员进行辨认识别,以达到扩展线索、指认犯罪、串并案件的目的。

(六)通过组织看守所、戒毒所、监狱等场所的在押人员进行辨认

针对刑事犯罪专业化、团伙化、地域化的特点,在侦查中,根据案情需要,可通过相关部门的配合,在看守所、戒毒所、监狱等场所组织在押人员对视频录像或相关截图进行观看、辨认和揭发,从中发现犯罪嫌疑人的线索。

(七)利用人脸识别技术进行自动比对

人脸识别技术在视频侦查中具有独到的技术优势,其适用范围和使用方式正在不断得到扩展。人脸识别技术能够把人脸、眼距、骨骼比例等面部特征整合成一种独特的人脸三维系统数字模型,也就是说,将人的面部特征转化为数字模型,通过数据识别人脸。系统可以对任何符合条件的人面照片进行识别,搜索出目标人。由于人脸自动识别能够后台隐蔽操作,而视频监控能够非接触式采集视频图像资料,因此利用人脸自动识别系统能够隐蔽、实时地对重点区域的重点人头进行自动识别和监控。利用人脸自动识别系统不仅能够实现对重点区域和重点人头的自动监控,而且具有强大的事后追踪能力。视频监控具有视频监控文件保存功能,能够在事件发生的同时记录并保存当事人的面像,这就为事后利用人脸识别系统进行事后人员轨迹追踪提供了可能。而且由于现在公安机关的户籍资料、重点人口信息等数据库中都保存有人员的人像数据,这就为从视频资料中提取的犯罪嫌疑人照片进行人脸自动识别提供了完善的比对样本。而且在实际办案过程中,利用人脸自动识别系统在人员资料数据库中自动识别犯罪嫌疑人的身份作用已经越来越明显。

三、视频侦查人像取证主要内容

(一)犯罪嫌疑人的生理特征

犯罪嫌疑人的生理特征主要包括性别、年龄、身高、体重、体态、体表标记(文身、痣、瘢痕)、步幅特征、动作特点、有无肢体或其他残疾等。可通过现场勘查和现场访问进行获取,还可充分利用视频监控图像来完成,两者相互依托、相互印证。

(二)犯罪嫌疑人的体貌特征

体貌特征是指人体在面容、长相、体型、体态等方面表现出来的特点。一般来说,犯罪嫌疑人的体貌特征在视频监控中往往暴露得比较充分。视频监控的角度、分辨率,以及犯罪嫌疑人有意伪装遮掩等可能导致视频图像中犯罪嫌疑人的体貌特征暴露不充分。在图侦中通过视频图像资料确定犯罪嫌疑人的体貌特征主要基于两个方面的考虑:一是通过视频图像资料确定犯罪嫌疑人的体貌特征,然后由侦查人员据此特征去排查犯罪嫌疑人;二是通过已知的犯罪嫌疑人视频图像资料确定犯罪嫌疑人的体貌特征,然后据此特征来确定不同视频监控图像的人是否为同一个人,从而丰富和完善犯罪嫌疑人的体貌特征并可据此进行视频追踪。在不同视频图像资料中进行犯罪嫌疑人的"同一"认定在图侦中显得尤为重要(当然这里的同一认定并不是鉴定中的同一认定,还需要在后续的侦查中进一步验证)。由于同一个案件需要分析不同监控设备所记录的图像,而且不同设备的视频图像并不能实现完全的无缝对接,所以在分析犯罪嫌疑人时必须首先确定不同监控视频图像中的人是否为同一人。在图侦中对犯罪嫌疑人体貌特征的确定主要是从面部特征、动作特征、衣着特征等方面来进行的。

人脸是普通群众识别不同个体的最主要特征之一,所以如果不同视频监控图像中都出现了面部特征一样的人,其同一性毋庸置疑。但由于受监控设备角度、光线等原因的制约,在监控视频图像中往往很难获取犯罪嫌疑人的清晰正面图像,所以这时就需要根据其衣着、携带物品等来进行辅助认定。由于衣着特征在视频监控影像中所占面积较大,特征表现得更为明显,所以它往往成为视频追踪的重要依据。在查获犯罪嫌疑人以后,其着装特征也成为认定其犯罪的重要证据。

随着面具制作水平的提高,现在不仅面具价格低廉,而且也越来越逼真。因此在一些案件中,犯罪嫌疑人为了逃避监控,会在实施犯罪的时候佩戴面具。用面具进行伪装,除了遮掩了面部特征之外,还可能会转移侦查人员的侦查视线。特别是在目前面具越来越逼真的情况下,侦查人员仅仅根据视频图像有时是很难进行区分的。

在美国俄亥俄州的一起抢劫案中,犯罪嫌疑人在3小时之内抢劫了四家银行及一名药剂师,总共劫获了15000美元。犯罪现场目击者称作案人是一名黑人,且监控录像里也表明作案人是一名黑人。因此,警方根据监控图像误将一名黑人当作犯罪嫌疑人逮捕,该黑人的母亲看到电视上播出的犯罪嫌疑人照片时,也以为是自己的儿子。后来真正的犯罪嫌疑人的女友看到了关于抢劫的报道,并在犯罪嫌疑人住的酒店里发现了两幅面具和有追踪印迹的钱币,随后向警方报了案。警方将其抓获以后才发现他是白人。

(三)犯罪嫌疑人的身高

通过在现场设立三维立体坐标,用图像处理软件或通过现场试验可以测算犯罪嫌疑人的身高。

(1)变动过的监控摄像头即便恢复到案发时的状态,也会产生误差。

(2)图像中犯罪嫌疑人的位置离摄像头越近,被测对象占的比例就越大,轮廓越清晰,试验的误差越小。

(3)头顶点位置应该根据摄像头的角度进行判断。

(4)脚底点位置是被测对象重心与地面交叉点的位置。

(5)实验测得的身高还要根据被测对象的姿态、腿部弯曲的程度、身体前倾和两脚分开的程度来校正。

(6)所测的身高为被测对象的穿鞋身高。

(四)犯罪嫌疑人的衣着

从监控对象穿着拖鞋、睡衣等衣着特征可以推断其活动范围不大,很可能生活居住在附近;从穿着的运动服、工作服等服饰特征挖掘出其职业特点;携带行李箱可以推断其可能是刚从外地回来或将要外出等。某年8月13日,某市主干街道一影吧内发生一起一死一伤的抢劫杀人案件。据伤者反映,犯罪嫌疑人穿背面有漫画图案的红色T恤,曾多次在该影吧看过录像。通过搜索现场附近的全球眼视频监控,发现案发前有一名衣着特征相似的男青年,其衣服背面也有漫画图案,经技术处理和伤者辨认,确定该图案是网络游戏中的人物形象。综合分析判断,侦查人员认为犯罪嫌疑人应当就生活在现场附近,并且很可能爱好网络游戏。因此,侦查人员在附近网吧中查看监控录像,最终抓获犯罪嫌疑人。

(五)犯罪嫌疑人的职业

1. 从动作来分析

由于长期的职业训练,人们会形成一些稳定的习惯性动作,而这些习惯性动作反过来又会彰显出其职业特征。视频图像能够记录行为人的动作,所以如果视频反映出其有特殊的和习惯性的行为,那么我们就可以去分析该行为形成的原因,从而发现其职业特点。

某年7月30日,在某市一闹市区发生一起的士司机被殴打致死的案件。当时的士司机与一对骑摩托车的男女发生刮擦事故。骑摩托车的年轻男子对的士司机挥拳便打,然后驾驶摩托车与搭乘女子离开,的士司机送医院后不治身亡。警方随后调取了案发现场的监控录像。通过观看监控录像,警方发现该年轻男子对的士司机进行连续击打,出拳速度非常快速,在短短13秒内,共出拳24次。而且在击打结束以后,还有一个耸肩放松的动作。据此,警方分析该男子应该受过散打或拳击的专业训练。破案以后发现,该男子为一体育学院散打专业毕业的学生。

2. 从服装来分析

很多职业会有自己特殊的服装或工具,所以根据视频监控图像中出现的特殊着装或者特殊工具也能够确定其职业范围。某年10月2日,某地周市派出所接报警称,周市镇黄浦江北路世纪华联超市多次被盗。调取超市内部视频监控发现犯罪嫌疑人的整体特征与周市镇圣美精密有限公司厂服比较一致。虽然颜色上与周市镇圣美精密有限公司厂服存在一定差异,但可能是昏暗的光线造成的。后经工厂确认犯罪嫌疑人作案时的服装的确是圣美精密有限公司的厂服,因此,侦查范围被缩小到企业内部。

3. 从作案手段分析

在某些案件中,作案手段和方式也能够反映出犯罪嫌疑人的职业特征。一段时间内,在大庆市连续发生了多起银行卡内资金被盗的案件。受害人既未泄露自己的银行卡密码,也没有丢失过银行卡,甚至自从存进资金以后就再未使用过银行卡,但其中的资金却无缘无故地消失了。警方通过侦查,发现被盗银行卡内的资金都是通过ATM机取走的。警方调取银行监控录像,发现取款人为一名30多岁的男子,其反侦查意识非常强。通过查看犯罪嫌疑人取款监控录像,发现其在ATM机上取款时使用的是一张商场的购物卡。该商场是大庆市最大、最繁华的商场。犯罪嫌疑人为什么会使用商场购物卡来伪造银行卡呢?通过调查发现,该系列盗窃案件的事主都是该商场的会员,因此犯罪嫌疑人很有可能就是该商场的工作人员。通过监控录像中所得犯罪嫌疑人外貌特征,警方很快就发现该商场信息部专门负责POS机和会员卡服务的刘某某完全符合上述条件,由此破获了此案。

(六)分析作案人数

作案人数的确定往往关系到在侦查时是去查团伙还是查单干的犯罪嫌疑人。一般情况下,由于视频监控图像能够充分、全面地反映案发过程,因此具体的作案人数比较好确定。但在有些案件中,某些犯罪嫌疑人只在事前踩点时才出现,而在实施犯罪时并不在现场,这就需要进行综合分析。还有一些案件,虽然犯罪嫌疑人就在案发现场,但他们往往只是从事踩点、望风、传递信息等隐蔽性较强的活动,这更需要侦查人员开阔思路,进行综合分析判断。

某年8月29日,某市发生一起银行储户被抢劫的案件。事主刚从银行取出24万元现金,将其中 22 万元放在一个黑色手提袋中。走到银行旁边的轿车边,刚打开后备厢,准备将钱放入时,后面就突然冲出一名男子对其进行袭击,并抢走钱袋,然后坐上前面早已准备接应的同伙的摩托车逃窜。通过监控录像发现本案为两人作案,一人具体实施抢劫,另一人负责接应。但警方通过深入查看录像,发现两人并没有进入银行观察。那么他们是怎么知道事主取了巨款的呢? 在排除了熟人作案以后,侦查人员认为肯定还有一名隐藏在背后观察事主取钱的人存在。案发时在银行内办理业务的储户都被一一查否,最后焦点集中在银行的一名保安身上。银行内的监控视频录像显示,他在被害人取款离开时,对门外做了一个示意的动作。后来通过侦查,证实正是这名保安与另外两人共同实施了这起抢劫案。

(七) 籍贯或居住地

通过对监控录像中的语音进行分析处理,获取语音内容及语音所反映犯罪嫌疑人的地域、言语风格等特征,为案件侦查确定方向、范围。现场获取的语音资料,还可以运用声纹检验鉴定技术进行个体籍贯或者居住地的认定。

视频侦查人员要加强对视频监控中语音信息的利用意识,重点分析语音内容及语音特征(方言地域、讲话是否正常等)。在银行、收费站等各种营业窗口以及其他一些建设标准较高的监控设备中,通常附带语音录制功能,视频侦查人员要注意在这些场所发现并调取语音资料。在调取语音资料时,要注意可能存在监控视频和语音文件分离的情况。

某年 9 月 20 日,某市先后发生多起冒充便衣警察诈骗外地旅客的案件,涉案金额达 10 万余元。民警获取到犯罪嫌疑人在某银行的一段监控录像,查看视频,发现一名犯罪嫌疑人接听手机且有较长时间的通话。民警通过对监控录像中的语音进行分析,发现犯罪嫌疑人操外地口音。经专门工作,确定言语区域为湖南,语音内容为告知自己所处位置,让同伙开车来接他们。侦查人员利用湖南口音这一特征,结合作案特点,开展信息研判,确定犯罪嫌疑人户籍地为湖南祁阳。通过住宿记录等信息轨迹进一步分析,破获了该案。

第三节 视频侦查车辆取证

近年来,随着流窜犯罪的增多,汽车成为犯罪嫌疑人跨区域流窜作案的重要工具,车辆行驶必然会留下一定的信息,成为案件侦查的重要线索。在实战中,有效利用"以车找人"这一技战法,将会起到事半功倍的效果。在确定作案车辆后,可以从机动车驾驶人信息、机动车驾驶人违法信息、机动车驾驶人事故信息、车辆租赁信息等各类信息中去查找可疑人员,再结合相关违法犯罪信息系统、逃犯系统等信息锁定犯罪嫌疑人及同伙。或者有时犯罪嫌疑人选择搭乘出租车辆,同样也可以取得有利于侦查破案的情况。

一、视频侦查车辆取证要点

犯罪嫌疑人驾车流窜作案的时间、空间跨度大,案发地逗留时间短,给侦破工作带来了很大难度,但由于车辆特别是车牌号的相对唯一性,又为破案提供了有利线索。如果能直接获得真实车牌号,将会获取车主信息,从而直接破案;或者获取假车牌号通过比对形式确定真实车牌号,也可以确定车主信息。

根据案发时空特点,在调查走访等传统侦查手段的基础上,充分调取监控视频、卡口信息,通过多个角度、多种途径的碰撞比对,明确嫌疑车辆的特征。然后,运用全国机动车信息资源库对已知车辆的车辆信息、车主信息、交通违法信息开展人车信息关联,梳理重点人员,刻画其行为特征,再围绕上述人员拓展摸排其同户、同住、同案人员,并结合其在案发期间的活动轨迹进行筛选甄别,由此进一步缩小侦查范围,明确犯罪对象。

案件发生后,侦查人员应第一时间调取案发现场及周边的视频监控录像或者卡口抓拍照片,这是视频侦查工作的基础。案发地及周边监控或照片可以及时准确反映案件真实情况,为确定犯罪嫌疑人的体貌特征、作案人数、所驾乘的交通工具及其他线索打下基础。根据案发现场掌握的走访信息,借助视频监控和道路交通卡口系统,进一步确定犯罪嫌疑人驾乘车辆的路线,包括到达犯罪现场的路线和逃跑的路线情况,适当扩大侦查面,根据合理推测和现场走访情况调取沿途监控,通过多种信息化手段,初步确定犯罪嫌疑人。围绕犯罪嫌疑人展开调查,排查同户人员及车辆信息,通过交叉比对、数据碰撞,进一步缩小侦查范围。通过倒查方式,调取嫌疑车辆或犯罪嫌疑人平常时间段内的轨迹信息,与案发时间段内的轨迹情况进行分析,排除干扰目标,进而锁定嫌疑车辆或犯罪嫌疑人的真实身份。

二、视频侦查车辆取证方法

(一) 车辆轨迹重合法

利用受害人车辆的路线与嫌疑人车辆的路线一致的方法,分析锁定犯罪嫌疑人车辆,从而带动案件侦破。某年 2 月 25 日 8 时许,事主陈某(女,42 岁,家住海淀区某小区)报案称:她准备驾车外出时发现,放在后备厢装有 65 万余元现金的旅行包被盗。2 月 24 日事主车辆通过海淀西四环北路与板井路交会处时,车后跟随一辆黑色捷达车,军牌号为京 K××156。调取 24 日全天事主的行车路线,发现该黑色捷达车一直跟着事主的车。

(二) 现场访问法

现场访问法是指侦查人员在出事地点,向了解案件有关情况的人进行调查询问的活动。现场勘查是发现侦查线索、收集犯罪证据的途径。视频侦查取证中可利用现场访问线索来确定犯罪嫌疑车辆。某年 9 月 9 日 11 时许,在山东省某采石厂发现一具被掩埋的高度腐败的女性尸体。经鉴定,初步确认死者 30 岁左右,死亡时间在 15 天以上,死亡原因经法医检验系遭他人加害窒息死亡。由于尸体被发现时已高度腐败,身上的衣着已破碎不堪,无法直接发现有价值线索,在将获取的 DNA 检材上报刑侦支队与全国 DNA 数据库进行比对后,发布了寻尸协查通报。经大量查询和分析,发现北京市失踪人员王华某于 8 月 21 日 12 时许到北京朝阳区找其前夫周某解决经济纠纷后失踪,且两人手机当日同时关机后至今未开机。而王华某的年龄、体貌特征及失踪时穿着与无名尸特征有很多相似点。9 月 12 日 14 时许,经过 DNA 检测,成功比对确认尸体即是失踪人员王华某。现场访问,某年 8 月 22 日中午曾有一名男子驾驶一辆轿车陷在抛尸现场不远的草丛中,在周围村民的帮助下才驶离现场,由于从抛尸到发现尸体时间间隔长达 18 天,参与推车的村民无法记清车辆的准确特征,只能确认车辆车牌号码中带有"京"字。经进一步工作,侦查人员发现了嫌疑车辆,并获取了驾驶人较为清晰的图像。最终分析王华某的前夫周某有重大嫌疑。

(三) 涉案物品确认法

涉案物品确认法是指利用视频侦查时涉案物品的特点,来确定犯罪嫌疑车辆。某年 6 月 21 日夜间至 22 日凌晨,某市居民张惠某停在自家院内的一辆电动车被盗,经查询当日警情,发现该村村民胡孝某的两辆电动车亦被盗。经调取现场周边监控,发现当天凌晨2时至4时的重点时间内有一辆载有5人的电动三轮车驶入刘村(经村民辨认并非该村居民),离开时三轮车上载有两辆电动车,另一人骑一辆电动车尾随。进入现场是空载,离开现场则有三辆电动车被带离,因而这5名男子有重大作案嫌疑。

(四)时间确定法

时间确定法是指利用案发的准确时间结合案件时空因素来确定嫌疑车辆的办法。某年5月15日下午2时许,事主陈某某停放在某市一路口的一辆黑色北京现代索纳塔汽车被人采用砸车窗玻璃的手法窃走车内现金4万元及相关证件。警方通过调查发现,本案应为驾车流窜作案。侦查人员确定案发时间后,收集了案发时间内受害人停车地点周边的监控视频,查看并记录了案发时间段内从监控探头下通过的每一辆车,以及车辆类型、颜色、特征和行驶方向。通过进一步工作,侦查人员发现了涉案车辆。

(五)条件推理法

所谓条件推理法,是指在案件的侦查过程中,通过对案件的过程分析,或者侦查人员结合具体案情进行分析,因为某些罪犯对涉案车辆的类型、装置有特殊要求,推理后得出犯罪嫌疑人使用车辆的情况。如在某年2月14日,在某市中南路建设银行内发生一起信用卡诈骗案。市民黎某取款后将银行卡遗忘在ATM机内,2分钟内卡内存款被他人分两次取走5000元。在接下来的视频监控接力追踪中,未发现犯罪嫌疑人。犯罪嫌疑人消失在一段长约100米的路段中,因此推断犯罪嫌疑人是驾车来到案发地的,并成功在视频监控中找到了犯罪嫌疑人所驾车辆。如在某年4月至5月,某市连续发生多起夜间盗窃油罐柴油的案件,犯罪嫌疑人深夜或凌晨驾车泵取油罐里面的柴油。由于案发时间为深夜,光照条件不好,所以视频图像中的嫌疑车辆非常模糊,看不清任何特征。为了进行视频图像侦查,侦查人员根据案件情况对嫌疑车辆的种类特征进行了分析。由于犯罪嫌疑人每次作案盗窃的油量都在3000升左右,所以嫌疑车辆种类应该为油罐车、厢式货车、面包车等,而且车内应该有油泵和泵油管等专业工具。由于嫌疑车辆多次作案,根据不同案发现场之间的位置关系进行分析,警方确定了嫌疑车辆的行驶路线,通过该路线上的监控视频,警方发现三辆面包车有重大作案嫌疑。围绕嫌疑车辆进行侦查,警方最终将水某某等3名犯罪嫌疑人抓获。据犯罪嫌疑人交代,他们累计作案数十起,盗窃柴油价值70余万元。

(六)GPS数据法

在涉案车辆及其是否装有GPS系统尚不明确,或在案发时间点不知有哪些车辆进入现场的情况下,可以通过GPS控制中心,调出案发时间段进入、逗留、驶离现场的车辆数据进行分析,并结合现场访问与视频图像综合研判,从而发现其乘坐的车辆,再通过车辆的GPS系统运行轨迹来继续还原犯罪嫌疑人的运行轨迹。

某年10月15日11时许,在福建省某市鲤城区一片区改造工程工地发生一起持刀杀人案件。通过访问案发时与死者同行的现场目击证人黄某,基本了解了犯罪嫌疑人的年龄和体貌特征、随身携带物件以及行凶作案的具体情况,并确认了犯罪嫌疑人作案后在鲤城区新门街蔬菜公司附近搭乘一部绿色出租车潜逃。出租车都安装了GPS卫星定位系统,其运行轨迹可查询。经侦查工作,最后将范围缩小到在该时间段内经过此地的4辆出租车。找到这4辆出租车的司机,同时提取了这4辆出租车上的视频以供辨认。其中闽C××229出租车司机确认当时载过与现场目击证人黄某描述特征一致的人员。从该出租车上调取的视频资料中截取犯罪嫌疑人图像,经现场目击证人黄某辨认,确为此人作案。

(七)轨迹分析法

由于手机在使用过程中一直在不同的基站之间切换,因此其运行轨迹往往非常明显。利用视频图像资料深度研判通信轨迹、车辆行驶轨迹和犯罪嫌疑人团伙成员的轨迹(简称"三轨"),进而精确打击犯罪,这一做法在实际工作中越来越被广泛运用,它的作用也越来越明显。

某年6月12日14时许,某市河西分局刑侦支队接到一起绑架勒索案件。当日早7时许,被害人刘翘某从家中外出上学,在学校门前被两名犯罪嫌疑人挟持到一辆汽车上,称其得罪了人,他们是代为收取赔偿金,并让被害人联系同学借得一张银行卡以便进行交易。中午13时许,犯罪嫌疑人用刘翘某的手机与被害人的母亲吴秀某联系,进行威胁恐吓,索要3万元赎金,并告知其银行卡号交付赎金。在犯罪嫌疑人的催促下,吴秀某将15000元赎金汇入其指定账号。犯罪嫌疑人将赎金取出后,于当日18时许,将被害人刘翘某弃至河西区解放南路与郁江道交口附近后驾车逃逸。由于被害人为未成年学生,案发时又受绑架者控制,因此能为办案人员提供的破案线索很少,只能提供绑架者为两名20多岁的本地男子,犯罪嫌疑人所驾驶的车辆为一辆白色哈飞两厢汽车的信息。根据两名犯罪嫌疑人曾使用被害人移动电话索要赎金的情况,调取被害人移动电话信息,对涉及的通信基站信息予以固定,对具体通话地点进行了确认。带领被害人刘翘某回忆犯罪嫌疑人作案过程,结合通信基站位置指认其被绑架期间犯罪嫌疑人的停顿地点、行动路线和经过时间,对主要的路段、时段进行记录,勾勒出犯罪嫌疑人的主要行动轨迹。根据犯罪嫌疑人的行动轨迹,专案组调取了与轨迹相应的道路监控录像进行分析后发现,外环线6月12日9时26分一辆牌照为B××531白色哈飞牌汽车由解放南路驶出外环线,时段、路段与此案中犯罪嫌疑人的行动轨迹基本吻合,进而顺利侦破案件。

三、视频侦查车辆取证的主要内容

由于车辆运行速度快,所以会经常遇到视频监控图像质量较差的情况,如图像模糊不清等。加之犯罪嫌疑人为了逃避打击往往会采取盗抢车辆作案、遮挡牌照、换挂牌照甚至不挂牌照等反侦查行为。这就要求侦查人员首先要通过视频图像识别车辆的种类和特征,然后再在相关场所和区域进行辨认和查证。

(一)车牌分析识别

车牌作为车辆的外部标志,是识别不同车辆的重要依据。现阶段,车牌自动识别处理技术已经比较成熟,在收费站或治安卡口,一般都会对过往车辆的车牌信息进行记录,这就大大方便了后续的检索查询。如果在视频图像中有清晰的牌照特征,就可以以此为特征对车辆进行查找和识别。

1. 模糊车牌

在视频监控图像中车牌号码可能比较模糊或者反映得不完整,这时就需要在进行图像清晰化处理的同时,根据已知部分号码进行模糊查询,并与涉案车辆特征进行碰撞。

某年8月4日凌晨,某市农科路某小区一辆黑色途胜车被盗。经调取监控录像,发现一辆黑色本田轿车驶入,车上的一名男子将该途胜车盗走。由于案发在深夜,案发现场环境光线昏暗,犯罪嫌疑人驾驶车辆在监控探头下调头,在此过程中,车辆尾部处于某个角度时,隐约能看到车牌照中的一位数字。随着车辆尾部的转动,侦查人员一帧一帧地反复观看监控录像,发现犯罪嫌疑人驾驶车辆的车牌号码后几位是"905"。经过与旁边车辆车牌对比,发现嫌疑车辆的车牌较大,应该为军牌。经查发现军用车牌照"济V××905"悬挂在不同车型的汽车上,频繁于凌晨在洛阳白马寺站和郑州之间往返。依据分析掌握犯罪嫌疑人使用的车牌号码的运行轨迹,结合郑州案发情况,确定了他们经常出现的区域和地点,进而侦破此案。

2. 盗牌(套牌)

在利用车辆作为犯罪交通工具的时候,为了转移侦查视线,逃避打击,有的犯罪嫌疑人会在其居住地(或逗留地)、经过地、作案地直接盗抢车辆或盗取一副或多副车牌,悬挂在作案车辆上,驶入其认为的安全区域后再换挂另一副盗牌或真牌,有的直至被抓获时其车辆还悬挂着盗牌;有的犯罪嫌疑人在驾车驶往作案地途中悬挂盗牌,而在作案时又未悬挂车牌。

对犯罪嫌疑人在使用被盗车牌来说,被盗车牌的被盗地也是侦查的重点范围。因为盗取车牌的行为本身就蕴涵犯罪嫌疑人的信息,因此必须进行重点查证。犯罪嫌疑人在实施盗取车牌行为的同时,往往还会伴随有其他的犯罪行为,因此通过对盗取车牌行为地的查询,往往还能够串并更多的案件。如果通过串并案件,多次发现涉案车辆的运行轨迹,则可以通过运行轨迹分析其落脚点,从而确定查证的重点范围。

3. 悬挂假牌

有的犯罪嫌疑人为了转移侦查视线,逃避打击,会通过互联网或地下假牌、假证黑市,购买假牌、假证悬挂在作案车辆上,或专用假牌,或真牌、假牌混用,或真牌、假牌、盗牌混用,一切皆以逃避侦查为目的。作案车辆在作案时一般都使用假牌,而这同样也可以指向侦查的重点范围。因为犯罪嫌疑人作案时一般会换车牌,但不会换车,所以通过车辆特征可以确定查证的重点范围。犯罪嫌疑人在作案时会使用假车牌逃避侦查,但在来到作案地点的过程中,为了避免在路上被交警检查,有可能会使用真车牌。因此,当发现作案车辆特征以后,可以扩大搜索范围,以发现悬挂不同牌照而具有相同特征的车辆。特别是发现挂外地车牌的涉案车辆时,一定要去调取出入案发地的道路卡口和高速公路出入口的视频图像资料,以期发现涉案车辆的真实牌照。

(二)车型分析

对涉案车辆种类的识别可以判断其车型,从而可缩小侦查范围、明确摸排方向。特别是针对新车型,或者当地市场流通量较少的车型,在侦查中的价值更大。

在车辆特征的识别中,一般首先根据车辆的大特征来识别车辆种类,然后再根据其细节特征来识别具体车辆。在车辆种类的识别中,主要根据车灯数量和位置、车门拉手形状、轮廓外形、天线位置等进行判断。对车辆的个体识别,主要依据车辆上文字的喷涂、车身不干胶装饰彩条、车内饰品悬挂、香水瓶、牌照托架、车尾防静电条,以及车前挡风玻璃上年检标志、缴费标志等的粘贴位置和后挡风玻璃上的广告式样及粘贴位置等进行比对。

在晚上,因光线原因造成车辆的外形特征不明显,这时可以利用车辆的前灯、尾灯、刹车灯等发光物体的位置关系来进行判别。特别是可利用因损坏或者修理而造成的灯光差异特征进行车辆识别。如果侦查人员还不能确定,也可以通过访问各种车辆的4S店,由专业人员进行判断。

(三)车辆轨迹分析

在无法确切锁定车辆的情况下,可以根据判断出的作案车辆活动轨迹,对轨迹地周边的流动、暂住及盘查等人员信息进行数据交叉碰撞,依据是否有车、车辆特征等条件,发现可疑人员。

犯罪嫌疑人在寻找作案目标或躲避打击时,其驾驶的车辆在特定的时间或区域内总是会出现一些异常的轨迹,它反映了犯罪嫌疑人当时的一种心理现象,暴露出其实际目的,这种心理现象通过行驶轨迹反映出来再被监控所记录下来,从而被我们利用监控所发现。

1. 停留时间异常分析

某年 10 月 13 日凌晨,某市某区一辆海马轿车被盗。视频追踪被盗车辆轨迹,发现该车在海宁剧院附近停留 7 多分钟。异常停留分析推断:犯罪嫌疑人可能在集结同伙或者拿重要东西。通过对停留点附近该时段旅馆、网吧等数据的查询,发现华联大酒店 13 日凌晨一名女子退房离去,时间吻合。视频图像比对,退房女子与盗车现场出现的可疑女子的发型、体态、衣着、背包特征吻合。进而破获此案。

2. 车辆运行轨迹分析

某年 5 月 28 日 5 时至 5 时 40 分,浙江省某县沈某步行上班时被人持锐器刺伤,经抢救无效死亡。经初步调查,犯罪嫌疑人沿途守候、望风和实施袭击分工明确,得手后驾驶一辆白色无牌汽车逃离。在案发时间段,对进出现场的监控进行查看,发现一辆可疑车辆。结合现场访问,目击者称案发前一天凌晨,看到一辆白色车辆在现场出现。比对案发前一天的视频,在相应时间段也发现了该车的踪迹。侦查人员根据嫌疑车辆的行动轨迹,分析得出了犯罪嫌疑人落脚点,调取该区域旅馆、网吧等监控,发现 27 日凌晨 5 时 57 分,一辆白色汽车进入蓝桥酒店停车场,后有 5 名男子下车步行前往蓝桥酒店,调取酒店视频,发现相应时间段有 5 名男子入住该酒店。通过住宿信息查询,获取嫌疑男子身份信息,经比对,确定身份证系本人使用。

(四)车辆特征分析

车辆特征包括车型固有特征、车辆改装特征、车辆前挡风玻璃贴标特征、车内饰品特征、司乘人员的习惯特征等。追踪目标车辆过程中往往会遇到录像条件较差的监控,这些监控只能反映车辆一些区域的特征,所以依据车辆的细节特征有时不用看到车牌照也能确认追踪对象。

某年 5 月 24 日,受害人李某在瞿溪某银行取款后驾车经过瓯海大道娄桥段时,被几名驾驶 2000 型桑塔纳的歹徒拦路抢劫,手机和现金等物被抢。通过调取相关道路卡口的监控视频,发现一辆福建牌照的 2000 型桑塔纳轿车具有重大嫌疑,经进一步调查,却发现这是一辆套牌车,案件到此陷入了僵局。那么该车是否还有其他特征可供侦查呢?经反复仔细查看监控资料,终于在模糊的照片中发现该车的前方装有一个类似 GPS 定位装置的长方形盒子,从汽车的这一特殊装置分析推测这辆车很可能是租来的,通过查询汽车租赁公司的 GPS 轨迹,发现瓯海汽车租赁公司的一辆 2000 型桑塔纳轿车就是作案车辆。最后通过租赁登记信息确定并抓获犯罪嫌疑人。

第四节　视频侦查物品取证

作案人在犯罪现场实施犯罪以后,总会留下或带走某些物品,这些物品是发现和认定犯罪嫌疑人的重要依据。在视频侦查中,除了犯罪现场的遗留物和遗失物以外,犯罪嫌疑人在实施犯罪过程中一直随身携带的物品同样也能够成为追踪犯罪嫌疑人视频活动轨迹的重要标记物。涉案物品在图侦中的作用主要体现在两个方面:一方面涉案物品能够成为追踪视频轨迹的标志物,它能够指引侦查人员发现更多的涉案视频图像;另一方面通过对涉案物品图像的分析和查证,也能够缩小侦查范围,甚至直接发现犯罪嫌疑人和认定犯罪。

一、视频侦查物品取证的要点

(一) 分析查找现场遗失物品影像

在视频侦查中,现场遗失物是引导侦查人员获取关联视频信息和图像串并的重要依据。如果在现场勘查中发现有特征比较明显的遗失物,并且这些遗失物在视频图像中又能够比较明显地反映出来,那么就可以以此为特征,比对案发前后行为人携带物品的差异,从而发现嫌疑目标;或者根据现场遗失物品的使用范围、使用时间和地点、使用人及其同行人等情况,然后在特定的区域寻找相关视频图像资料;或者以现场遗失物品为特征,通过分析查证视频图像资料,从而还原犯罪嫌疑人的作案轨迹等。

(二) 分析查找现场遗留物品影像

现场遗留物是指犯罪嫌疑人实施犯罪过程中在犯罪现场遗留的与犯罪行为或犯罪嫌疑人有关的物品。常见的现场遗留物的种类包括:作案工具类,车辆零部件类,生活用品类,身份证件类,卡片类,纸张类。上述物品销售、使用的场所和地点均可能安装有视频监控设备,记录下犯罪嫌疑人或关系人购买或使用这些物品的影像。通过对此图像的分析,可以实现从物到像,再从像到人的目的。

(三) 分析查找犯罪嫌疑人携带物品影像

犯罪嫌疑人携带物品是指犯罪嫌疑人为实施犯罪而随身携带的物品。如果犯罪嫌疑人在犯罪后,将随身携带的物品遗留在现场,就是前面所述的现场遗留物,如果犯罪后又带离现场的物品,则为现场遗失物品。因此,我们一般称为的犯罪嫌疑人携带物品指的是在犯罪过程中犯罪嫌疑人都随身携带的物品。物品的种类、颜色、型号、数量、体积、用途、来历等,侦查人员应根据案件及物品的特点,对其特征的分析要有所侧重,要从视频影像中分析涉案物品的信息,并最终用于侦查破案。

二、视频侦查物品取证的方法

(一) 现场遗失物品图像的识别与查证

1. 根据现场遗失物图像特征直接发现犯罪嫌疑人

物品不会凭空消失,通常情况下在现场遗失的物品,特别是大宗物品总会在其他地方出现。因此通过比对案发前后涉案视频图像,如果有人在案发后突然拥有现场遗失的物品,那么此人必然有重大嫌疑。所以侦查人员在阅看、分析视频时,不仅要注意可疑人员的动作,还要注意其携带物品的变化。

2. 根据遗失物品特点确定寻找涉案视频的重点区域

如果某些现场遗失物有特定使用范围和区域,可以根据它们的使用范围、使用时间和地点、使用的人员及其同行人员等情况,有针对性地在相关场所或区域收集视频图像资料,以拓展层面信息,为视频侦查研判提供更多的参考依据。

3. 以遗失物品图像为标记追踪犯罪嫌疑人活动轨迹

如果某些现场遗失物具有自身的特殊标识,其轨迹能够被追踪,那么也可以根据其使用的轨迹进行相关视频图像资料的收集。例如银行卡、带 GPS 的被盗车辆等,都可以根据其轨迹,在出现的银行、收费站、卡口等地方收集相关的视频图像资料。

(二)现场遗留物品图像的识别与查证

1. 以现场遗留物品为标记倒查犯罪嫌疑人的活动轨迹

如果在案发现场发现了犯罪嫌疑人留下的特征明显的遗留物,那么就可以以此遗留物为视频追踪标志物,倒查物品来源,以物找像,发现可疑目标,还原其活动轨迹,从而确认其身份。

2. 以现场遗留物品为标记发现犯罪嫌疑人视频图像

在对现场遗留物的逻辑倒查中,必须充分抓住物品的特殊性,准确划定其销售范围,及时对该物品的销售记录和视频图像进行研判,实现以物找像,再以像定人的目的。

3. 根据现场遗留物确定查找视频的重点区域

在侦查中,侦查人员不仅要注意现场遗留物中是否有特殊物品,还应当注意一些特殊物品的使用范围。例如在犯罪现场遗留有某酒店的火柴,那么这说明被害人或犯罪嫌疑人可能在该酒店住宿过,因此应当迅速到该酒店调取住宿旅客的登记资料和相关视频资料。必要时还可以与旅店住宿信息、高危人群信息等进行碰撞来查找犯罪嫌疑人。另外,现场遗留的某些物品也能够说明案件发生的具体过程,从而为图侦提供条件和思路。如果在案发现场遗留了车窗玻璃碎片或者车辆碰撞刮擦碎片,在尚不知嫌疑车辆的具体车牌和车型的情况下,也可以以车辆的损坏情况为条件进行视频侦查,挖掘出车辆的破坏和维修信息,从而发现破案的有价值线索。

(三)犯罪嫌疑人随身携带物品的识别与查证

如果犯罪嫌疑人随身携带的物品既不是现场遗失物,也不是现场遗留物,但根据受害人、目击证人或已有的视频图像能够发现其有明显特征,那么同样可以成为视频追踪的标记物,也可以通过查证其来源来缩小侦查范围。犯罪嫌疑人随身携带物品的影像查证,重要的是在犯罪嫌疑人确定的基础上,同时要分析其随身携带的物品,以此为标记,锁定嫌疑对象的时空行为轨迹,获得侦查破案线索。

某年 3 月 25 日某时,某市一小区门口 20 余人聚众斗殴,多人受伤,一男子(马某,20 岁)在斗殴中被人持刀捅伤致死。由于斗殴双方均为徒步至案发现场,系因双方身体碰撞引起,斗殴双方互不相识,给侦查工作带来极大的难度。查看案发现场附近摄像头记录视频,仅显示部分斗殴情况,且犯罪嫌疑人面部特征辨看不清。反复观看录像,最终发现其中一人戴粉色帽子,手拿一装有布鞋的塑料袋。因此,侦查人员根据犯罪嫌疑人随身携带的塑料袋,调取附近超市和商场的监控视频,最终确定杨金某为犯罪嫌疑人。经进一步工作,于 4 月 1 日将杨金某(男,19岁)等八名犯罪嫌疑人抓获。

三、视频侦查物品取证的主要内容

(一)物品种类

在视频侦查取证中,犯罪嫌疑人携带物品的种类,就是侦查线索和证据的重要部分。物品的种类包括生活用品、作案工具,或者用于掩盖的衣服等。侦查人员对视频影像中的物品种类分析,最大限度挖掘视频侦查有关的线索证据,为侦查破案服务。侦查人员通过视频影像涉案的物品种类,主要把握如下几个关系。第一,视频影像中的涉案物品,尤其是犯罪嫌疑人的携带物品的种类与其身份之间的联系,能否推及其职业特点、活动区域、工作场所等;第二,视频中的涉案物品的种类与犯罪行为的关系;第三,视频中涉案物品种类与案件现场痕迹物证之间的联系;第四,视频中涉案物品种类与犯罪嫌疑人的思想精神状态的联系。

(二)物品的外形颜色

涉案物品的外形特点是视频侦查取证的另一个重要方面,包括体积、颜色、形状等。侦查人员在弄清涉案物品的外形颜色基础上,通过物品颜色标记,锁定嫌疑对象。某年4月位于武昌珞狮南路的武汉某大学校园西区家属楼发生一起盗窃案,涉案物品价值高达30余万元。被害人上午9点离家,晚上回来后,发现自己财物被盗走后报案。在视频侦查过程中,由于受害人的家中没有安装监控探头,整栋楼的电梯也没有安装监控探头。只有这栋楼的四周安装有视频监控。侦查人员通过现场访问后得知,受害人家中的红色旅行箱丢失。犯罪嫌疑人逃离时,还带走了一个红色的30厘米×50厘米的旅行箱。于是侦查人员以这个红色的旅行箱为特征,结合现场周围特殊的环境,先把现场周围东南西北四个方向的四个探头上午9点至晚上7点这个时段14个小时的内容全部拷贝下来,受害人辨认,当天下午3点15分左右一高一矮两个年轻人,其中高个年轻人提的红箱子就是被盗的箱子。他们正从被盗的小区旁边的小路往校外面走,继续追踪发现这两人在马路边拦了一辆的士离开了。最后的侦查结果证实了这两人就是罪犯。

(三)物品用途

为了实施犯罪,犯罪嫌疑人通常会携带作案工具等物品。按照用途分类一般可以分为作案工具、生活物品以及其他为顺利实施犯罪而携带的物品,如包装袋、工具袋、行李箱等。侦查人员可以通过现场分析,对犯罪嫌疑人应该携带的物品进行分析,锁定嫌疑人,也可以在嫌疑人确定的情况下,分析其行动轨迹。

(四)物品来历

视频侦查取证中,对涉案的物品来历进行分析,是进一步分析其行为轨迹的重要途径。一般而言,分析犯罪嫌疑人购买、制作、盗窃作案物品的过程,尤其是准备作案工具的事实,是侦查人员全面把握犯罪过程,分析作案动机的重要依据。通过视频影像发现犯罪嫌疑人携带物品的来龙去脉,有助于全面收集犯罪证据材料,为查获犯罪嫌疑人打下基础。

第五节 视频侦查事件过程取证

视频侦查事件过程取证,主要通过视频影像的回访,来达到对已经发生的案件事实过程的认知和认定。犯罪事件的过程取证,包括犯罪行为发生从预备、实施直至最后活动等作案过程各个环节。侦查人员通过视频影像,还原事实真相,分析犯罪情节,有利于准确把握案情,全面收集证据,以利于案件的预审查证和顺利起诉审判。视频侦查事件过程取证的主要内容应当包括以下八个方面。

一、犯罪嫌疑人进入和离开现场的细节

在发现犯罪嫌疑人之后,需要明确的是犯罪嫌疑人"案前从哪里来"和"案后到哪里去"两个问题,往往需要以犯罪嫌疑人进入和离开现场的时空点为起点,对其案前、案后的活动轨迹进行接力,发现其达到现场方式或离开现场方式。

某年4月28日下午3时50分许,在某市古曲路与劳动路十字路口做清扫工作的女工王某在清扫路面时,发现一名中年女性将一担疑似垃圾的物品倾倒在古曲路和劳动路十字路口东南角的绿化带中,并将扁担和塑料桶丢弃在十字路口的东北角。王某觉得可疑,上前翻查该妇女倾倒的垃圾,发现是人体的臀部尸块。现场勘查发现,尸块用编织袋包裹,分别放在两个塑料桶中,现场还有扁担等物品。调取现场周边监控录像,还原其行走轨迹,发现犯罪嫌疑人从古曲路由北往南穿过人民路抵达抛尸现场,抛尸后由南往北返回。在三江花城监控与圭塘派出所监控系统图像中均发现可疑对象,而两点之间相距约800米,两者出现时间相差1分25秒。因此作案人不可能步行,必然乘坐了交通工具。侦查人员查阅了两地之间开行的公交车线路,并获取了相关时段公交车上的监控视频图像,很快发现犯罪嫌疑人。

二、犯罪情景

侦查人员依据对案情的研究,分析犯罪嫌疑人进出现场时可能经过的路线、衣着和携带物品的变化情况、可能的交通工具、作案后可能会去的场所等要素,结合现场和相关区域周边的交通情况,查看相应的监控录像,进而发现线索。

某年8月25日,某地发生一起盗窃挖掘机电脑板敲诈案件,犯罪现场留下了写有联系电话的一张纸条,从纸条上的手机号码话单中发现有一充值记录,遂调取该手机充值时的监控视频,侦查人员从监控中看到犯罪嫌疑人在充值完成后,又买了一张充值卡,犯罪嫌疑人已经充值了为什么又买一张充值卡带走呢?这是一个反常现象,侦查人员捕捉到犯罪嫌疑人的这一反常行为后经过缜密分析,推理其再买一张充值卡很可能是为了充值其他手机的意图。该案正是凭借这一正确分析推断,确定了犯罪嫌疑人再买充值卡的意图,从而顺利查清犯罪嫌疑人的身份并最终将其抓获的。

三、作案条件

作案条件包括犯罪动机、因果关系、熟悉程度、专业技能、心理素质等方面。这些条件在视频信息中的反映有可能是瞬间的、不稳定的,也可能是隐性的、偶然的,分析时既要切合实际,也要和现场痕迹物证、调查访问相结合进行综合判断。分析作案条件,主要是分析作案人应具备的特殊技能、必备条件以及对现场的熟悉程度。作案人在实施犯罪行为的过程中,为了实现犯罪目的,完成特定的犯罪行为,有时必须具备必备的条件。如果没有该条件,那些特定的犯罪行为就无法完成。

某年 1 月 31 日,某县一处在修的水闸工地看管人员谭某被杀死在工地旁边的排涝站门口。经现场勘查和调查访问,判断犯罪嫌疑人从水路来,具备船只条件。遂迅速调取查看了重点时段内现场周边水路的监控资料,发现了两条可疑船只。经图像处理,可疑船只的特征明显,两船均为五吨左右的水泥挂机船,船尾均有方形船棚,其中一艘右侧船舷中部挂有一汽车轮胎。侦查人员以找船为突破口进行侦查,经一天工作,发现了嫌疑船只,确定了犯罪嫌疑人高某和王某,并将其顺利抓获。

四、隐性行为

基于对个人隐私的保护,视频监控多建立于公共区域,因此犯罪嫌疑人在视频中"消失",很可能是进入了诸如浴室、宾馆、网吧等相对私人的空间、处所之内。对于此类情况,侦查人员应对消失点附近的上述各个场所进行排查,以期发现犯罪嫌疑人轨迹并拓展其他侦查信息。

在目前各地监控体系尚不完备的情况下,多个监控区域之间往往存有若干盲区无法有效监控。对于此类情况,侦查人员应到现场踏勘并通过与监控后台操作人员实时联系来确认特定监控设备的盲区,进而有针对性地拓展"监控封锁圈"。对于盲区内的公交站点和出租车 GPS 轨迹也该引起足够重视,如不将犯罪嫌疑人在盲区内乘车离开的可能性考虑进去,任凭后续工作中再如何拓展"监控封锁圈",都有可能是无用功。

五、落脚点

通过对案发现场周边视频监控影像资料的分析,还原其作案过程,查清其最初出现位置和最后消失位置,也是确定犯罪嫌疑人落脚点的重要依据。

(一)视频顺查

某年 12 月 21 日凌晨 3 时左右,栗某行走至某市魏都区铁东街东口时,被 3 名陌生男子挟持到一辆黑色轿车上,该 3 名男子将其拉至一隐蔽地点在车内对其实施了轮奸,后将栗某抛弃在市区新兴路山花植物油厂院内,犯罪嫌疑人驾车逃窜。调取现场视频监控发现,12 月 21 日 2 时 49 分,一辆黑色无牌轿车从许昌市中立交桥由西向东行驶,该车在铁东街出现和停留的时间均与受害人陈述的时间相符,是一辆黑色轿车,车型类似桑塔纳 2000 型,未悬挂车牌,该车有一明显特征,即左前远光灯不亮。通过调取大量视频监控,民警沿途追踪嫌疑车辆,最终在襄城县台湾城附近一家宾馆发现犯罪嫌疑人。

(二)视频回查

某年 4 月 21 日,某市发生了一起杀人抛尸案。案件侦查中,专案组通过对现场视频监控分析,发现一名携带拉杆箱的人有重大作案嫌疑。通过对 5 个监控点的空间回查追踪后,发现此人从一条小巷中出来,而这条小巷内仅有 3 栋房屋。于是,警方以此区域为重点,进行了细致排查,很快发现了第一现场,从而确定了犯罪嫌疑人,仅用 18 个小时就破获了这起在出租房内的抛尸案。

(三)消失区域

某年 6 月 18 日,刘某报警称,6 月 2 日,他使用个人名下中国银行卡到中国农业银行太仓分行浮桥支行取款时,将银行卡遗忘在取款机内,后发现被别人从其卡中冒领人民币 7500

元。根据受害人银行卡交易明细,侦查人员获取了相关时间段内在 ATM 机上取现的犯罪嫌疑人信息。发现犯罪嫌疑人取款后骑一辆黑色电动车经中兴街向附近的浮桥村方向行驶。经调取犯罪嫌疑人行驶顺向上的几个监控,均未发现其轨迹,因此分析该人很可能居住在浮桥村内。在对登记在浮桥村的常住、暂住人员进行查询,发现一名叫辜永某的暂住人员与犯罪嫌疑人相貌十分相似。同时到辜永某的暂住地进行密访,发现其确实有一辆黑色电动车。至此,可基本确定其作案嫌疑。

六、异常行为

对于不能直接提取到信息的监控对象,查看视频监控时,首先要注意发现犯罪嫌疑人有悖于常理的行为、有别于大多数人的习惯,捕捉到监控对象的特殊或反常行为,然后通过分析推理其特殊或反常行为的意图,并挖掘出其背后潜在的信息。判断监控对象的行为是否反常,不仅要求侦查人员要有敏锐的观察力,还要求侦查人员具有较丰富的社会经历,能够了解人们社会生活的一般行为习惯。实践中,还可以从监控对象购买特殊物品、假装用手机打电话等一些特殊行为判断分析其行为的意图。例如,在飞车抢夺银行取款人案件中,可以从查看银行视频监控中有无多次进出银行却没有办理业务的人、多次到 ATM 自动取款机操作但不取款的人、在银行门口假装打电话而多次来回走动的人等入手,分析判断发现并确定犯罪嫌疑人。

(一) 踩点

某年 6 月 19 日晚 21 时许,某市一打金店老板郑某及其妻子在回到其家门前时被两个持枪歹徒开枪击伤,两铁盒的首饰被抢走,案值 30 多万元。通过郑某的打金店安装的监控探头,发现一名可疑人员在案发当晚骑一辆女式摩托车反复经过郑某经营的打金店前,并在郑某快打烊时利用手机通话。因此利用通信系统发现了两组可疑手机号码,可疑手机在案发前后频繁相互通话且为外地手机号码,案后可疑号码的轨迹是当晚就离开福鼎,到达温州,再从温州到达湖南长沙,6 月 20 日在长沙停留 2 天后,到达湖南省吉首市。通过网上调取长沙市 6 月 20 日旅客入住登记与案发前数天福鼎旅馆业入住记录相互碰撞,发现湖南籍犯罪嫌疑人席某的入住资料,与技侦反馈回来的犯罪嫌疑人资料相一致,至此一号犯罪嫌疑人的真实身份立即浮出水面。

(二) 一快一慢

作案人在踩点或物色目标时,心思较为谨慎,反映在行为上就会出现犹豫,动作频率较慢,甚至会出现无关、无效的附加动作;作案得手后,出于快速逃离现场的心理,动作会明显加快。应注意发现这种一快一慢之间的反差,往往能发现犯罪嫌疑人。

(三) 行为反常

有些犯罪嫌疑人在作案后为了掩饰自己的身份往往作出一些与整个大环境相冲突的举动。在美国波士顿马拉松爆炸案中,FBI 等执法机构能快速锁定犯罪嫌疑人也正是因为发现在爆炸瞬间无关群众均向爆炸冲击波的正方向躲避,而一男子却逆向朝爆炸冲击波方向逃跑的举动。

第七章 视频侦查取证与传统侦查措施的结合[①]

作为一项现代化侦查措施,视频侦查与传统的侦查措施如摸底排队、并案侦查等侦查措施之间是互为补充、相辅相成的关系,视频侦查取证在现场勘查、串并侦查、摸底排队、侦查讯问等传统侦查措施中有着广泛的运用空间。所以,在各项传统的侦查措施在实施的各个环节步骤中,唯有与时俱进,及时吸收视频侦查取证等现代化侦查元素,才能使视频侦查取证与传统侦查措施之间出现高度融合、相互促进的良性互动局面。

第一节 视频侦查取证在现场勘查中的应用

一、现场勘查概述

（一）犯罪现场概述

1. 犯罪现场的概念

犯罪现场是指犯罪人进行犯罪和留有与犯罪有关的痕迹、物品的地点或场所。[②]

2. 犯罪现场的分类

按照不同的划分标准,犯罪现场可以分为原始现场与变动现场、主体现场与关联现场、真实现场与伪造现场、第一现场、第二现场等。

（二）现场勘查概述

1. 现场勘查的含义

现场勘查是在刑事案件发生后,侦查人员为手机犯罪证据,查明犯罪事实,对与犯罪有关的场所和人、事、物进行的现场勘验检查和现场调查的侦查措施。[③]

2. 现场勘查的任务

现场勘查的具体任务包括查明事件性质,查明犯罪活动,发现、固定、提取与犯罪有关的痕迹物证,记录现场情况,适时采取紧急措施,分析案情,确定侦查方向,划定侦查范围等。

3. 现场勘查的要求

一是依法,要求严格遵守刑事诉讼法及公安机关办理刑事案件程序规定的有关法律法规实施勘查。二是及时,要求快速赶赴现场实施勘查。三是全面,要求勘验范围、访问范围、分析范围要全面。四是细致,要求注意微量或模糊不完整的痕迹物证和易忽略部位,访问中注意详细查明案情。五是客观,要求尊重事实,不主观取舍、想当然。

---

① 本章内容为湖北省教育科学"十二五"规划 2013 年度课题:虚拟侦查视角下"侦查措施与策略"教学改革研究(课题编号 2013B156)的成果。
② 沙贵君.犯罪现场勘查学[M].北京:中国人民公安大学出版社,2015:15.
③ 高春兴.犯罪现场勘查学[M].北京:中国人民公安大学出版社,2011:28.

4. 现场勘查的指挥

一是对紧急措施的指挥，决定和组织实施现场勘查的各项紧急措施的开展，如根据案情需要，组织指挥实施抢救人命、抢险救灾、追缉堵截、查询冻结等紧急工作。二是对现场调查的指挥，包括：及时布置现场调查、按轻重缓急安排调查顺序、组织调查人员观察了解现场已明确调查的内容等；重点调查对象亲自询问。三是对实地勘验的指挥，包括：抓好勘验方案的制定；确定勘查范围、顺序；对勘验加以指导；及时提取信息化线索和证据，如现场的视频、通信、住宿上网信息。四是对现场分析的指挥，勘查结束后，指挥人员需要对情况汇总环节、分析讨论环节、总结环节进行指挥部署。

（三）紧急措施的方法

现场勘查阶段，根据案情需要，采取紧急措施，包括抢救人命、排除险情、现场搜索、追缉堵截、账户控制等。追缉堵截是对在逃的犯罪人和重大犯罪嫌疑人进行追捕的一种紧急侦查措施。这种措施通常是在勘查现场的过程中使用。在侦查的其他阶段，当发现重大犯罪嫌疑人逃跑，且具有相应的客观条件时，也应当采用。追缉堵截包括追缉和堵截两个方面的行动。追缉是根据已掌握的犯罪人或犯罪嫌疑人的外貌特征、携带物品、现场痕迹和遗留物反映的情况，沿着其可能逃跑的方向和路线进行寻迹追捕的行为；堵截是根据侦查机关的通知和布置，在犯罪人和犯罪嫌疑人逃跑过程中可能经过的路口、关卡进行的阻截、拦捕行动。侦查机关在有追缉堵截条件的案件发生后，要迅速有效地开展追缉堵截工作。为确保实战效果，警方应制定行之有效的追缉堵截应急预案，并通过实战演练强化快速反应能力，确保一旦发生了案件，能做到第一时间快速处置，结合本地区的人文地貌特征，迅速调整警力部署，相关警种各司其职，通力协作，及时形成包围圈，将犯罪嫌疑人牢牢地控制在警方的控制区域内，不给犯罪嫌疑人留下出逃的时间和空间。

（四）现场访问的方法

1. 现场访问的含义

现场访问是侦查人员在现场勘查过程中，为查明案情、收集侦查线索和证据，就案件的发生、发现等情况，依法对有关人员进行查询、访问的一项专门调查活动。[①]

2. 现场访问的对象

询问的对象包括三个层次：一是犯罪现场的发现人、报案人；二是事主、被害人及其家属、亲友；三是犯罪现场周围和犯罪嫌疑人来去路线沿途的可能知情人。

3. 访问对象的寻找

访问对象可以从围观人员中发现寻找、从电子信息中发现寻找、从前期访问中发现寻找、通过现场走访发现寻找、通过发布公告发现寻找。

4. 现场访问的内容

访问的内容包括何时、何地、何人、何事、何因、何情、何果等。

5. 现场访问的步骤

一是访前准备，需要了解访问对象，选择访问的时间、地点。二是初步接触，向访问对象表明身份，针对访问对象的不同心理疏导对方的情绪。三是正式询问，先向访问对象进行框

[①] 沙贵君.犯罪现场勘查学[M].北京：中国人民公安大学出版社，2015：53.

架性的提问,再向其追问细节性问题。四是制作访问笔录,固定证据。五是审查访问结果,由于被害人、目击人、知情人受各种心态和主客观因素的影响,其访问结果并不一定是真实可靠的,需要从感知条件、感知能力、心态神情、证据间有无矛盾等多方面进行审查判断。

（五）实地勘验的方法

1. 实地勘验的含义

实地勘验是侦查人员借助感觉器官和科学技术手段,对犯罪现场中有关痕迹物品人身尸体等进行观察、显现、记录、提取、分析和检验,发现、收集侦查线索和犯罪证据的一项侦查活动。①

2. 实地勘验的步骤

一是整体巡视,确定勘验的范围、重点及顺序;二是局部观察,全面发现痕迹物证;三是个体勘验,分析、提取痕迹物证。

3. 现场物证的类型

犯罪现场常见的物证包括手、足、工、枪等痕迹类物证;手写或印刷类文书物证;尸体、血液、毛发等生物类物证;作案工具;微量物证;毒品与毒物;电子信息类的虚拟物证等。

4. 现场物证的甄别

对于犯罪现场遗留的痕迹物品是否是犯罪嫌疑人所留,可以通过调查访问、形成物、形成时间、痕迹物品之间的位置关系、作用力方式、内容关联性等进行甄别。

（六）现场实验的方法

现场实验是指侦查人员为了查明案情,探究某些事实、现象、行为等与犯罪的关联性,运用重演或再现方法,对某事物、现象或行为的产生、变化过程进行模拟性实验,以确定某事实、现象或行为能否发生或其发生条件、过程的一种侦查措施。

1. 现场实验的目的

通过侦查实验验证已知的线索、证据,如能否看到、听到,能否完成,是否吻合等;求解未知的案件线索、证据,在何种条件下能发生与犯罪现场状况相符的结果。

2. 现场实验的原则

侦查实验需要遵循合法原则、还原原则、多次原则,实验过程中遵守刑事诉讼法和公安机关办理刑事案件程序规定的有关程序规定,对实验的各种条件尽量接近案发时的条件,并反复多次进行排斥偶然性。

3. 现场实验的步骤

现场实验实施前,需要准备法律手续、制定实验方案、确定人员和分工,准备物质条件;具体实施现场实验时需要安装实验设备设施、进行调试性实验,进而进行实验的操作与观察,采集实验数据信息。实验后分析评估实验结果,及时制作侦查实验笔录。

（七）勘查记录的方法

1. 勘查记录的概念

犯罪现场勘验、检查工作记录,简称现场勘查记录,是指侦查人员在犯罪现场勘验、检查过程中,对与犯罪有关的场所、物品、痕迹、尸体、人身等进行勘验、检查时,记录勘验、检查过

---

① 高春兴.犯罪现场勘查学[M].北京:中国人民公安大学出版社,2011:73.

程和结果,运用文字、绘图、照相、录像等方法而制作的一种重要法律文书。①

2. 勘查记录的任务

勘验记录作为重要的刑事诉讼证据之一,要客观、全面地记录现场情况,包括方位、概貌、中心、细目情况,以及勘验情况,包括勘验的过程和结果,固定实地勘验的证据。

3. 勘查记录的种类

包括现场笔录、现场照相、现场绘图、现场录像。

(八) 现场分析的方法

1. 现场分析的含义

犯罪现场分析是指犯罪现场勘查指挥员在犯罪现场勘查基本结束后,组织全体勘查人员根据犯罪现场访问和犯罪现场勘验所获得的犯罪信息材料,对案件情况以及初步侦查方案等问题进行分析研究,并作出判断的一项侦查活动。因这项活动通常是在犯罪现场附近场所进行的,所以也称犯罪临场讨论、犯罪临场分析等。②

2. 现场分析的任务

现场分析需要确定案件性质,明确立案依据,分析判断案件具体情况,制定初步侦查计划,全面总结审查勘查工作,提出对现场的处置意见。

3. 现场分析的步骤

现场分析是在汇集访问组、勘验组等工作材料的基础上,先进行案情的单项分析,再综合分析全面的案件构成要素,最后进行论断和决策,决定下一步的初步侦查方案。

4. 现场分析的内容

一是分析事件性质。依据犯罪结果、犯罪动机、被害人的陈述、被害人的背景情况、现场环境结构、犯罪过程、遗留的痕迹物证等分析该现场是否是刑事案件,以及刑事案件的性质种类。对案件性质的分析一般分为两个层次,一是从犯罪行为结果的角度进行分析,主要依据《中华人民共和国刑法》的相应罪名来明确案件的基本属性,如杀人案件、盗窃案件、抢劫案件等,二是从侦查的角度进行分析,根据犯罪人的动机目的或者所处范围进一步明确案件的具体属性。准确分析案件性质对准确划定侦查方向和范围、刻画犯罪嫌疑人条件等具有重要的作用。如果能够准确判断案件性质,则侦查会取得事半功倍的效果,否则侦查工作就会走弯路,甚至会走入死胡同。二是作案时间分析。所有的刑事案件都是在一定的时空中发生的。由于时间具有一维性、排他性(或称不可逆转性),因而在侦查实践中作案时间被认为是不可毁灭的罪证。准确地判明案发时间,对于划定侦查范围、确定或否定嫌疑对象、印证犯罪嫌疑人口供的真伪等方面都具有重要的作用。现场分析中,可以依据访问结果中看到或听到的有关情况、现场相关人员的活动规律、现场痕迹物证的变化、实施犯罪所需要的时间等分析犯罪嫌疑人侵入现场到离开现场的起止时间。三是作案地点分析。依据痕迹物证分布、痕迹物证形成规律、现场物质增减变化及来源去处、现场环境特点等分析是否是第一现场、第一现场的位置、是否还有关联现场。四是分析作案人数。依据访问结果、遗留的体痕、工痕的数量、犯罪所需能力、类案特点等分析作案人数。五是分析作案人特征。分析犯罪嫌疑人的生理特征、地域特征、社会特征、知情特征、心理特征。六是分析作案过程。依

---

① 沙贵君. 犯罪现场勘查学[M]. 北京:中国人民公安大学出版社,2015:143.
② 沙贵君. 犯罪现场勘查学[M]. 北京:中国人民公安大学出版社,2015:195.

据痕迹物证、技术手段、犯罪行为之间的依赖关系分析犯罪嫌疑人预备、进入、实施、逃离现场的过程。七是并案条件分析。依据案件性质、作案手法、痕迹物证、体貌特征等分析是否与其他案件具备串并条件。

(九) 现场重建的方法

1. 现场重建的含义

犯罪现场重建是有关的技术专家依据侦查技术人员在犯罪现场,将所收集到的任何有关犯罪行为的信息,通过科学的逻辑分析、物证鉴定、现场实验等科学手段和方法,对犯罪案件的动机、性质、行为过程,以及犯罪人的人身及心理特征进行识别鉴定,为侦查破案提供线索,构建犯罪证据体系的一项法庭科学技术活动。

2. 现场重建的功能

犯罪现场重建具有揭示和演示双重功能。揭示功能是指它对既往犯罪客观事实的揭露作用;演示功能是指它可以形象地对已经发生的犯罪内容及其过程予以展现,当然这种展现可以是口头描述的方式、图片或实物模拟的方式、动画的方式等。犯罪现场重建不仅仅用来解决查找并证实犯罪嫌疑人的问题,也用来解决在有明确的犯罪嫌疑人的情况下,嫌疑人是否为被指控的犯罪行为的实施者,或者其所实施的行为内容、方式、性质是否同被指控的相一致。

3. 现场重建的分类

依据犯罪性质的不同,现场重建可分为多种,通常运用的有爆炸案件现场重建、杀人案件现场重建等;依据重建内容多少或重建程度的不同,犯罪现场重建可分为犯罪瞬间状态重建、犯罪情节片段重建、犯罪情节整体重建、犯罪行为全程重建;依据重建中所要解决的关键性问题的不同,可将犯罪现场分为以解决位置关系问题为目标的现场重建、以解决行为方式为目标的现场重建、以解决行为顺序或过程为目标的现场重建、以解决犯罪人数为目标的现场重建、以解决其他问题为目标的现场重建;依据重建意图与证明方式的不同,可将犯罪现场重建分为立论性或验证性犯罪现场重建、求知性犯罪现场重建和驳论性犯罪现场重建。

4. 现场重建的依据

犯罪现场重建主要依据犯罪现场的痕迹、物证本身,犯罪现场痕迹、物证的位置和状态及其相互关系,痕迹、物证的实验室检验结论,被害人、事主、其他目击人等知情者提供的有关情况和信息。重建主体的专业知识、社会经验和重建必须坚持的科学原则、逻辑方法,也是确保重建成功的必要条件。

5. 现场重建的步骤

犯罪现场重建是一个收集相关事实并在此基础上大胆假设、小心求证的过程。这个过程可分为五步。一是收集事实。所收集的事实,包括从犯罪现场、被害人、目击证人和其他知情人那里所能获取的所有的、以各种形式存在的实物或信息。二是进行推测。基于所掌握的事实,依据重建内容的范围,对某些犯罪瞬间状态、犯罪情节片段、犯罪情节整体或犯罪行为全程的发生过程与方式等情况做出初步的推测性解释,这种推测仅仅是事物可能发生的状态。三是形成假设。如果说上一步进行的推测既基于一定的客观事实,又鼓励想象与联想全面展开的话,那么这一步则是在上一步推测出的种种可能性中捕捉有足够的事实基础和证据支持的可能,使上一步的推测更进一步,形成假设。有时对同一问题可以形成两种甚至更多的假设,在求证阶段再进行深入研究。四是两面求证。假设一旦形成,就需要对假设的科学性、客观性进行论证。假设可以是大胆的,但求证必须是谨慎的。这种求证应包括两个方面的内容:一方面是假设的充分性求证,即应探明用以支持特定假设的事实和证据,是否充分确凿;另一方面是假设的唯一性求证,即应注意一果多因现象的存在,假设只有经过充分性和排他性的双重检验后才可能是客观科学的。因此,对假设的求证不仅要借助于事实与证据,也要借助于逻辑知识。必要时应进行相应的模拟实验加以验证。五是得出结论。一经充分的两面求证,就可对某些犯罪瞬间状态、犯罪情节片段、犯罪情节整体或犯罪行为全程的发生过程与方式等情况做出具体的推断,得出具体的结论。[①]

二、视频监控与现场勘查结合使用的重要意义

(一) 现场勘查的基础性

1. 现场勘查是查明案情的基础

犯罪现场是犯罪的遗迹,是犯罪信息的发生地和留存地,犯罪现场蕴藏着十分丰富的犯罪信息,是认识犯罪的门户。通过现场访问和实地勘验等勘查工作,侦查人员在全面细致地收集到案件信息和痕迹物证的基础上,科学刻画犯罪嫌疑人的作案条件,划定侦查方向和范围,为下一步的初步侦查指明方向。

2. 现场勘查是收集证据的基础

通过现场访问、实地勘验、勘查记录等勘查工作,不仅可以查明案情,还可以收集到被害人陈述、证人证言、物证、书证、勘验检查笔录、侦查实验笔录、搜查笔录、视听资料、电子数据等法定的刑事诉讼证据,为侦查终结奠定坚实的基础。

3. 现场勘查是查缉犯罪嫌疑人的基础

在现场勘查阶段,通过开展追缉堵截等紧急措施,可以将未来得及逃离现场太远的犯罪嫌疑人及时缉拿归案,最大限度地做到案件快侦快破。

(二) 现场勘查的难点、困境

1. 实地勘验方面的困境

犯罪嫌疑人戴手套作案、穿鞋套作案、清理现场、杀人抛尸;现场遭到事主和无关群众的破坏,或遭到自然气候的破坏;警力不足造成的现场勘查率和效率不高。

2. 现场访问方面的困境

有些案件由于各种主客观原因,如找不到目击者、知情人,或者目击者、知情人受种种心态的制约,没有为警方提供有价值的案情线索等,获取到的有价值的现场访问线索十分有限。

3. 紧急措施方面的困境

传统的追缉堵截由于受主客观条件限制,成功率并不高。根据对某市的调研结果显示,在没有借助视频监控等信息化手段的情况下,街面两抢案件追堵犯罪嫌疑人成功率几乎为零。又如臭名昭著、骇人听闻的周克华系列持枪抢劫杀人案,犯罪嫌疑人周克华每次作案得手后,并没有选择最快的交通工具逃离现场,而是步行很长一段路程,也没有立即逃往外地,在面对这样一个"慢节奏"的"瓮中之鳖",警方通常无法通过追缉堵截等措施及时抓获歹徒。

---

① 郝宏奎.论犯罪现场重建[J].犯罪研究,2003(4):18-19.

（三）视频监控与现场勘查的互补性

视频监控技术的广泛应用与逐步完善,给刑事现场勘查工作带来了新的指挥方式、痕迹物证的甄别手段、现场侦查实验和现场记录方法,扩大了现场勘查可视范围,让现场勘查工作更及时、全面、高效,为快速准确分析案件意见和侦破案件提供了新的现代科技手段,它必将能够在现场勘查中得到更为广泛的应用并发挥其优势。

三、视频监控在现场勘查中的侦查取证方法

（一）视频监控在现场勘查指挥中的应用

由于视频监控具有的远程可视化的独特优势,使视频监控在现场勘查指挥中发挥出了不可替代的重要作用。

1. 视频监控在现场勘查指挥中的意义

在一些重特大案件现场、远程现场的勘查中,作为刑侦部门指挥员,既要掌握案件的实时动态,同时又要掌握现场勘查的具体进展情况,如果仅仅是为了指挥现场勘查而到现场,可能就会失去直接指挥警力快速围追堵截犯罪嫌疑人的有利时机;或者仅在指挥部指挥追捕,对现场勘查工作进展却不甚明了,不能及时掌握第一手案件信息,就会影响到现场勘查的指挥工作。这样一来,现场指挥和实时追捕两者就产生了矛盾,而视频监控恰好解决了这个问题。我们只要利用"天网"视频系统、勘查车视频系统、巡逻车视频系统、民警执法记录仪等就可以把现场的实时视频资料情况及时传输到刑侦研判中心或指挥中心,让刑侦部门领导既能够实时掌握现场勘查情况,远程进行现场勘查指挥,又能够及时分析案件情况,判断犯罪嫌疑人可能逃跑的路线,掌控全局,有效地实施对犯罪嫌疑人进行追捕、对突发事件处置管控等各项工作的全面指挥,减少交通、通信等因素带来的影响,实现快速处置,提高侦破与打击、防控事态恶化的效率。

2. 视频监控在现场勘查指挥中的载体

公安机关现有的实时视频监控,如"天网"视频、勘查车视频、治安巡逻车视频、执法记录仪等系统,把现场的实时视频资料情况及时传输到刑侦研判中心或指挥中心,为指挥员实施现场指挥提供了重要的技术支撑。

3. 视频监控在现场勘查指挥中的作用

一是指挥紧急措施。针对现场上出现的诸如犯罪嫌疑人未来得及远逃或正在继续犯罪以及有伤者需要抢救或存在爆炸隐患或火势蔓延等紧急情况,指挥人员借助视频监控,远程指挥,打破常规、先急后缓,果断采取紧急措施,控制事态,排险救难。二是指挥访问、勘验。指挥员利用勘查车视频、执法记录仪等视频监控直接观察到现场技术人员正在进行勘查的情况以及开展现场访问的情况,利用对讲机或其他通信系统指挥现场勘查人员高效率地进行勘查和访问工作。

（二）视频监控在追缉堵截中的应用

追缉堵截是一项机动性、紧迫性及对抗性很强的侦查措施,在实践中,犯罪嫌疑人作案后为逃避侦查打击,往往迅速潜逃,一些重特大案件和严重暴力犯罪的案犯更是如此。这些人一旦逃脱,就得以喘息,从而毁灭罪证和处理赃物,给侦破工作造成很大的困难,使一些案件成为难案、积案。从以往追缉堵截的情况看,成功率较低,究其原因,追缉堵截失败的客观

原因,主要是犯罪嫌疑人反追堵意识的增强,包括逃离现场迅速、逃跑途中改变外部特征、不断变换逃跑方向、冲卡绕卡混卡、就地隐藏等;主观原因包括警方赶赴现场不够迅速等。为了提高追缉堵截的成功率,可以借助视频监控等信息系统,提高追缉堵截的科技含量和精准度。

1. 视频监控在快速反应环节上的应用

在警方到达现场的过程中,包括三个时间:一是发现犯罪的时间,即从犯罪实施到被发现为止;二是警方发现犯罪的时间,即从犯罪被人发现到报案为止;三是警方人员到达现场的时间,即警方反应的时间。以上三个时间总量称为TAP。研究认为:TAP越少,制止和预防犯罪就越容易、越有效。据统计:当反应的时间少于3分钟时,有30%的犯罪嫌疑人当即可擒;当反应的时间在5~10分钟时,捕获率就降到了17.9%。由此可见,为确保重大案件处置万无一失,我们必须形成快速反应、上下贯通、运转高效的追缉堵截模式。在视频监控高度发达等信息化背景下,应坚持以视频监控等信息化手段引领追缉堵截方式的变革,即在开发警用地理信息系统(PGIS)平台的基础上,将其与城市视频监控、实有人口房屋信息、"DQB"等系统的视频、数据信息集成、整合,直接服务于追缉堵截指挥中心,在PGIS系统的基础上,借助情报研判、视频电子巡逻、报警定位(图7-1)、"三方通话"、警力定位(图7-2)、视频实时调度系统、最佳路径分析等多种手段,有效提升追缉堵截指挥决策的实时性、便捷性和可视化程度,实现扁平化、科学化、智能化追缉堵截指挥机制。

图7-1 精确定位警情位置

2. 视频监控在判明逃跑方向环节上的应用

对于接到有犯罪嫌疑人逃跑方向的报警,或者根据处警、侦查单位的请求,在PGIS地图上快速查明报警事发地点,通过现场监控查看案发地周边地形地貌,及时布置追缉堵截。在判明犯罪嫌疑人逃跑方向的基础上,调整犯罪嫌疑人可能即将要经过的路线视频画面进行堵截,通过与视频系统的接口,实现对实时数字视频信息的接入与控制。可通过点击、框选等多种选择形式实时调用单路视频或多路视频,及时获取犯罪嫌疑人的线索,捕获犯罪嫌

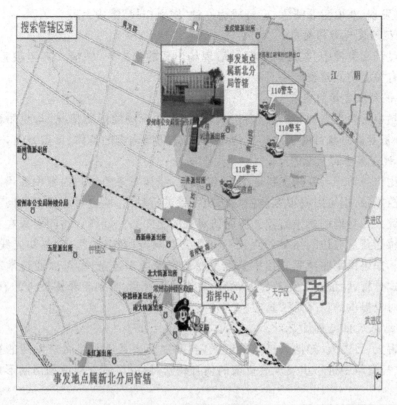

图 7-2 周边警力可视化

疑人。

3. 视频监控在明确逃犯特征环节上的应用

在追缉堵截过程中运用体貌特征、携带物品特征及交通工具特征条件时,应充分注意犯罪嫌疑人逃跑过程中可能发生的变换衣着、改变交通工具、采用步行法等反侦查行为,在结合现场访问、视频引导等情况综合分析的基础上,坚持以抓捕目标的稳定特征为依据进行追缉堵截,直接抓获犯罪嫌疑人,破获各类案件。

4. 视频监控在设卡堵截环节上的应用

对犯罪嫌疑人进行设卡堵截时,为了防止其绕卡、混卡、避卡、冲卡的反侦查行为,只在路面架设一个堵截卡点是不够的,除了设中心卡点之外,还需要前方观察卡和后方加强卡的通力配合,而视频监控可以在前方观察卡和后方加强卡中发挥重要作用。借助中心卡点前方一定范围内的若干视频监控,识别发现借助交通工具或步行逃跑到此方向的犯罪嫌疑人,及时通知中心卡点民警做好设卡拦截准备。同时,后续加强卡可以借助视频监控发现蒙混过关后原形毕露的混卡犯罪嫌疑人。

(三) 视频监控在现场访问中的应用

利用视频信息可以实现对现场访问的有效引导,即利用一切可能利用的视频监控存储的视频信息资源,在使用刑事技术、技术侦察手段、网络侦察手段对刑事犯罪现场进行同步勘查的同时,调用相关视频监控存储的视频信息资料,对案件情况进行分析、研究,并形成情报,引导现场勘查、调查访问等侦查活动。视频监控探头如同现场目击者,利用视频信息进行分析研判,发现、获取犯罪线索,已经成为一种"网上作战"常规手段。

1. 借助视频发现访问对象

可以通过调阅案发中、案发前及案发后现场出现的目击人、知情人甚至被害人,发现寻找到与案件有关的访问对象。

2. 借助视频确定访问内容

根据视频中反映出来的受害人、目击人、知情人在现场的活动情况、与犯罪嫌疑人的接触情况等,分析受访对象可能了解的案情,从而确定访问内容的具体、重点方向。

3. 借助视频审查访问结果

一是对比访问结果与视频资料证据有无矛盾。受访对象的访问内容中如果有些情节内容被视频监控摄录,则可以将视频监控与访问结果进行对比,通过对比发现访问结果与视频证据是否一致。二是借助视频监控分析受访对象的感知条件好坏。访问对象在案发时对犯罪嫌疑人的感知条件对访问结果的真实性有重要影响,包括感知距离、感知光线、感知角度等客观条件。如果民警在视频监控中获取了受访对象的上述条件,可以通过常理分析或侦查实验的方式分析、验证在上述条件下,受访对象能否看到、听到犯罪嫌疑人的有关情况,从而分析受访对象提供的情况是否真实。

4. 访问结果反推视频侦查

根据受害人、目击人、知情人提供的线索,到案发沿途寻找前期尚未发现的视频监控探头,继而在监控资料中进一步发现有价值的侦查线索,使视频侦查和现场访问形成良性循环和活动。

(四)视频监控在实地勘验中的应用

1. 借助视频监控明确勘查重点

运用视频监控技术可以明确现场勘查取证重点。通过观看现场历史视频资料,能够快速地掌握分析犯罪人活动轨迹情况,从而更好地为现场勘查人员提供一个直观的现场形象,使勘查人员容易确定进行勘查和提取痕迹物证的中心重点部位。

2. 借助视频监控扩大勘查范围

视频监控技术的应用可以扩大现场勘查可视范围,提高现场临时决策的效率。因为如果清楚犯罪嫌疑人在现场外围的活动情况,就可以对犯罪人的活动地点、路线进行寻迹勘查,获得其留下的痕迹物证,如烟头、唾沫、手纸等。以往勘查人员对现场的了解通常仅限于中心现场和小范围的附近现场,常常使更大范围的外围现场成了勘查死角。犯罪现场外围包括中心现场附近犯罪人伺机作案前逗留地和进入中心现场前、作案后逃跑的路线两侧。通过传统的调查访问可能会了解到一些情况,但是在没有目击者的条件下其调查结果不得而知。这样,一旦在中心现场无法获取很有价值的痕迹物证,外围的勘查取证就显得异常重要。

3. 借助视频监控发现现场痕迹物证

经过对视频资料的观看分析,还很容易对现场情况作出合理判断,使勘查人员有针对性地对中心重点部位的犯罪痕迹物证进行提取。

4. 借助视频监控甄别现场痕迹物证

视频资料具有很强的直观性、可辨别性,它能够直观、生动地向我们展示犯罪嫌疑人与犯罪行为之间的联系。视频资料也是认定犯罪嫌疑人有罪和排除无辜者的重要依据。自动保存的数据可以作为案件的视频资料的证据形式,有利于案发后的分析和研判。在过去的现场勘查中,传统的做法是从现场提取到手印、足迹、鞋印等痕迹物证之后,必须结合相关人员在现场活动情况分别对其手印、足迹、鞋印等进行逐一的甄别排除,排除之后余下的痕迹物证才能作为作案人的犯罪嫌疑证据。但是,这种做法不但工作量大,而且由于现场访问不细致或其他客观的因素很容易造成误判,使侦查方向产生偏差,从而影响侦破工作的进行。事实上,犯罪嫌疑人在现场的活动轨迹常常被客观地记录下来了,通过对视频历史资料的分析研判就可以直接观察、了解到犯罪嫌疑人在现场活动的轨迹和触摸过的部位,然后分别对相应部位的痕迹物证直接进行提取甄别,从而可以减少工作量,提高甄别的误差。①

(五)视频监控在现场实验中的应用

1. 借助视频监控还原实验条件

侦查实验是为确定案件中某一特定行为或事件在某种情况下能否发生,而按当时的情况和条件,人为地重新呈现的一种侦查活动。侦查实验的重要原则之一是还原现场条件,实验条件与案发时条件相同或尽量相似,才能确保实验的准确可靠性。实验条件包括时间、地点、实验人员、实验物品、距离、光线、角度、高度等,这些实验条件如果在案发视频中有所反映,就可以按照视频中反映的情况进行还原,从而确保实验的条件是真实可靠的,不是主观臆断或未经验证的,以提高侦查实验结果的可靠性。

2. 借助视频监控开展侦查实验

一是视频技术侦查实验的含义。运用视频技术进行侦查实验是使实时视频与历史视频在同一地点、同一环境、同一角度等相似条件下进行模拟操作,以证实某一人的体态特征、物品特征、行为动作等是否达到具备某一目的条件的侦查活动。二是视频技术侦查实验的目的及优越性。利用视频监控技术进行侦查实验的实质性操作和目的与其他形式的侦查实验一样,不过视频侦查实验中存在的优越性却是传统侦查实验无可比拟的。因为视频侦查实验能够直观、生动、具体、逼真地反映和再现历史视频资料,可以快捷地得到能够确定或确认某一特定行为或事件的证明或参考信息。实验结果也可以证明利用视频监控技术进行侦查实验的可行性、实用性和优越性。三是视频技术侦查实验的方法。根据现场勘查和调查访问后,侦查人员在同一探头的相同地点和环境下,模拟犯罪嫌疑人的身高、动作、衣着和随身物品的特征,将原始图像和实验时的图像进行比对,从而论证犯罪嫌疑人的身高、作案过程、穿着特征、携带物品特征、作案工具特征和涉案车辆特征。具体而言,就是现场实验人员模拟犯罪嫌疑人当时在现场的情景,包括站立的位置、姿势、行为动作,尽可能地达到最佳相似效果。视频操作人员将视频实时角度调整到和捕抓犯罪嫌疑人图像时相一致,然后选择三到四处犯罪嫌疑人站立时的特定位置,通过实时视频观察,用电话指挥现场实验人员不断调整姿态,模拟当时犯罪嫌疑人的姿态和动作,尽量与历史视频资料一致,并用参照物将其位置固定。通过测量参照物、现场实验人员的身高与历史视频中犯罪嫌疑人的比例,侦查人员可以推算出犯罪嫌疑人的身高。

3. 借助视频技术记录侦查实验

侦查实验是一种法定的侦查措施,侦查实验结果是一种法定的刑事诉讼证据形式,所以

---

① 吴志文.浅谈视频监控技术在现场勘查中的作用[J].广西警官高等专科学校学报,2012(2):13-14.

要求对实验过程和结果进行客观、全面的记录,记录的方式除了笔录之外,录音录像是必要的补充。《公安机关办理刑事案件程序规定》第216条规定:"为了查明案情,在必要的时候,经县级以上公安机关负责人批准,可以进行侦查实验。对侦查实验的经过和结果,应当制作侦查实验笔录,由参加实验的人签名。必要时,应当对侦查实验过程进行录音或者录像。"所以,在重特大及疑难案件中开展的侦查实验的过程和结果应以同步录音录像的方式进行记录固定。

(六)视频监控在现场重建中的应用

1. 借助视频收集信息

收集信息是正确认识案件情况的前提,是侦查工作的起点。侦查人员对案件的客观认识能否形成,犯罪现场重建工作能否顺利开展,案件能否得以侦破,收集信息是基础性的一环。而信息来源中重要的一环就是视频资料,包括案发现场的视频监控、案发前后的关联现场的视频监控等。借助视频资料证据,也可以审查现场访问结果和实地勘验收集到的线索,实现对前期收集信息的理性审查,是对犯罪现场重建的进一步认识深化。

2. 借助视频演示重建结果

作为一种侦查方法,现场重建同时满足了控辩式诉讼模式的需要,我国刑事诉讼制度改革进一步吸纳控辩式诉讼模式因素后,法庭审判的对抗程度加强,对证据展示方式、证据质量、法庭辩论与证明方式都提出了更高的要求。而借助视频动画等方式演示犯罪重建的过程和结果,可以形象地对已经发生的犯罪内容及其过程予以展现,它既是一种探究现场真相的认知方法,同时又为刑事诉讼控辩双方的证据展示与法庭证明作了事实与认知准备。

(七)视频监控在勘查记录中的应用

视频监控技术在现场勘查中还有一个重要的作用,就是对现场勘查活动进行现场录像。现场录像是运用录像技术记录现场状况的一种科技手段。不管是勘查人员的录像设备、勘查车视频、民警执法记录仪、"天网"视频、治安巡逻车视频还是其他社会视频,其影像资料也是刑事诉讼中的一种重要证据。通过现场录像的全景、中景、近景和特写来客观记录现场勘查的过程和结果。它用音像手段真实客观地记录了现场勘查活动,对现场勘查活动的真实性、客观性、合法性、有效性提供了视听资料证据。

(八)视频监控在现场分析中的应用

1. 对显性信息的直接应用

对现场历史视频资料进行回放,可以重新展示现场案发前后犯罪嫌疑人在现场中心及周围的作案活动轨迹,犯罪人的人数、体态特征、作案手段和动作过程以及嫌疑人的作案工具、车辆特征。回放视频资料,侦查人员可以把时空、人数、生理、工具、手法等案情分析得简明扼要,不必像过去那样每次在现场勘查后都要对案件进行详细的分析。

2. 对隐性信息的间接分析

在视频图像分析过程中,除了要对视频图像资料本身的显性信息进行分析外,还要注意对视频图像中隐含的隐性信息进行发掘和查证。视频监控提供的虽然只是一些简单的图像资料,但是这些看似简单的资料,却常常隐藏着破案的关键信息。如果能从这些简单的图像资料入手,挖掘出隐藏在背后的潜在信息,就能够找到案件的突破口。

一是分析事件性质。对事件性质的分析,主要依据现场访问情况、现场勘验情况。随着社会经济的快速发展，人的社会交往日益频繁，各种利益关系交错复杂，这就大大增加了查明被侵害对象社会关系的难度。而且随着犯罪嫌疑人的反侦查能力的增强，现场遗留的痕迹物证也越来越少，许多街面犯罪甚至无勘查条件，而视频监控往往能够比较全面、客观、真实地记录案发过程，这又为分析判断案件性质提供了新的途径。

二是分析案发时空。时空影像资料本身一般都有摄录的时间信息，这就为通过影像资料分析确定案发时间提供了可能。但是由于监控设备本身可能存在监控盲区或犯罪嫌疑人采取破坏探头等反侦查行为，或监控探头存在时间误差，或者由于监控探头的摄制方向、摄制角度等问题导致未能完全记录下犯罪行为的发生过程等，也有可能导致在通过视频资料分析案发时间上发生困难。此时可以利用两面压缩法分析案发时间段，即根据案发现场附近关联现场中案发前后两个视频监控摄录的有关行为的时间点分析案发时间段。或者用反推顺延法分析案发时间点，即根据关联现场的时间反推中心现场的案发时间点。

三是分析犯罪嫌疑人的生理特征。在犯罪嫌疑人的面貌未被视频监控摄录的情况下，可以根据穿着打扮、体态、走路姿势、携带物品、体质等对嫌疑人的性别、年龄等生理特征进行分析，也可以通过已知的犯罪嫌疑人视频图像资料确定的体貌特征为线索，据此特征来确定其他视频监控图像中的人像与犯罪嫌疑人为同一人，从而丰富和完善犯罪嫌疑人的体貌特征并可据此进行视频追踪，由此分析确定出犯罪嫌疑人的生理特征。

四是分析犯罪嫌疑人的人数。有些案件中，某些犯罪嫌疑人只在事前踩点时才出现，而实施犯罪时并不在作案现场，或者在有些案件中，虽然有些犯罪嫌疑人就在案发现场，但他们往往只是从事踩点、望风、传递信息等隐蔽性较强的活动，需要侦查人员开阔思路，进行综合分析。

五是分析犯罪嫌疑人的住址情况。通过对案发现场周边视频监控影像资料的分析，还原其作案过程，查清其最初出现位置和最后消失位置，是确定犯罪嫌疑人落脚点的重要依据。可以从视频画面中分析犯罪嫌疑人对犯罪现场的熟悉程度、是否掩饰面部特征、是否惧怕暴露其他与身份有关联的信息、借助的交通工具的奔袭能力等分析犯罪嫌疑人是否是当地人，落脚点距离现场的距离范围。如果犯罪嫌疑人在监控画面中表现出东张西望徘徊不前，或兜圈子又走回起点等，说明犯罪嫌疑人是外来人口的可能性比较大。如果在监控画面中犯罪嫌疑人是步行或骑自行车、电瓶车等，说明居住距离不远。如果犯罪嫌疑人明知自己的面容会被监控摄录下来而无所畏惧，不予遮掩，说明极有可能是外来人员。如果在监控中反映出犯罪嫌疑人使用了特殊的作案手法，而这些手法又极具有地域特征，则犯罪嫌疑人来自高危地区的可能性极大。

六是分析犯罪嫌疑人的职业特征。通过犯罪嫌疑人在监控中反映的作案手法、行为能力、穿着打扮、使用物品、行为习惯等，分析推测犯罪嫌疑人的职业条件。

七是分析犯罪嫌疑人的前科特征。根据视频监控中体现出的犯罪手法娴熟与否、是否胆大妄为、是否在作案时心理素质稳定老练等分析犯罪嫌疑人的前科劣迹情况。

八是分析犯罪嫌疑人的层次特征。可以根据视频监控中体现出的犯罪嫌疑人的外貌、衣着、行为习惯、能力、爱好等分析犯罪嫌疑人的经济层次和社会层次。

九是分析犯罪嫌疑人的知情特征。可以通过监控画面中反映出来的犯罪嫌疑人是否十分熟悉被侵害目标、是否有案前踩点行为等，分析犯罪嫌疑人对被侵害对象是否知情知底。

十是分析犯罪嫌疑人的赃物特征。可以通过监控画面中显示的犯罪嫌疑人案发之后增加的可疑物品,分析犯罪嫌疑人所持物品是否是赃物。

十一是分析犯罪嫌疑人的反常特征。可以通过监控画面中反映出来的犯罪嫌疑人行为是否有悖常理、是否与自身平时的经济情况和行为习惯区别较大等,分析犯罪嫌疑人是否行为反常、经济反常等。在现场中心部位没有监控装置,犯罪嫌疑人的实质性犯罪行为未能被拍摄下来的情况下,需要借助疑点关联分析法等视频侦查方法分析、查找嫌疑人,即分析查找出特定视频资料中的某一人或某几人系犯罪行为的实施者,即查找、分析、确定犯罪嫌疑人的体貌特征。此时可以在关联现场的特定时空范围内的视频中发现寻找疑似踩点、尾随或与受害人同行等预谋犯罪或有作案时间条件的可疑人员或案发后携带物品疑似赃物、作案工具或疑似案后逃窜的可疑人员,从这些可疑人员中进一步分析研判其作案可能性,从而查找到犯罪嫌疑人的体貌特征。各类案件中嫌疑人行为或嫌疑车辆的可疑之处各不相同,但有一定的规律特点,表现为人员搭配、人员衣着、人员行为和人员携带物品反常。人员搭配反常如特定时间、场合下男女同行、两人或多人同行;人员衣着反常如衣着与季节、时段不符,破损、穿着不整等;人员行为反常如眼神及眼神交换、表情(情绪低落、异常兴奋、哭、吵等)、肢体动作(拉扯、抱头、弯腰等)、行为(非正常跑动、跟随、逗留、窥视、贴近车辆等)等;人员携带物品反常如携带物品与身份不符、故意隐藏、遮盖物品、物品为疑似作案工具等。嫌疑车辆可以表现在车辆外观和轨迹反常等方面。车辆外观反常如车牌号码与本地常见号码编排不符,车牌遮挡,夜间遮阳板下拉,车身、车窗玻璃、反光镜、轮胎、轮毂新鲜损坏,车辆行驶中应急灯闪烁、报警声响等;车辆轨迹反常如非正常停车、倒车、逆行、跟车、非正常速度行车、兜圈等。①

第二节 视频监控在并案侦查中的侦查取证

一、并案侦查概述

(一) 并案侦查的含义

所谓并案侦查,是指将同一人或同一伙犯罪嫌疑人所做的若干起刑事案件串联起来,一并组织专案侦查的一项侦查措施。并案侦查的前提是主体的同一性和案件的系列性。②

(二) 并案侦查的科学依据

(1) 犯罪行为的连续性为侦查工作提供了侦查嫌疑人员。刑事犯罪嫌疑人,特别是惯犯、累犯,常常连续犯罪,他们在一次犯罪得逞后,犯罪心理会逐步强化,一再实施犯罪。同一个或同一伙犯罪嫌疑人实施两起以上犯罪案件,为并案侦查活动提供了工作对象。

(2) 犯罪人个体情况和犯罪手段的特定性使区别不同犯罪主体实施的犯罪案件成为可能。首先,不同的犯罪嫌疑人有其不同于他人的个体身体条件和自然特征。其次,不同的犯罪嫌疑人由于其心理素质、心理特征、智力水平、文化水平、社会经历、生活环境、职业技能等方面的不同,犯罪行为方式会具有一定的特殊性,形成反映特定犯罪嫌疑人犯罪活动方式的

---

① 公安部五局.视频侦查学[M].北京:中国人民公安大学出版社,2012:44.
② 许细燕.侦查措施[M].北京:中国人民公安大学出版社,2015:131.

"名片"。犯罪人个体情况和犯罪手段的特定性,使区别此一犯罪主体实施的犯罪和彼一犯罪主体实施的犯罪成为可能。如果犯罪人千人一面、犯罪手段千篇一律,侦查人员就无法区别不同犯罪主体实施的犯罪案件。区别不同犯罪主体实施的犯罪案件,为认定相同犯罪主体实施的犯罪案件提供了必要的前提。

(3) 特定犯罪人个体情况的相对稳定性和犯罪手段的习惯性使认定相同犯罪主体实施的犯罪案件成为可能。首先,特定犯罪人个体情况,比如其体貌特征及与其身份相联系的指纹、DNA 基因,在一定时期内是相对稳定的,有些内容甚至是终身不变的。其次,特定犯罪人的犯罪手段在一定时期内具有一定的习惯性。人们在日常生活中,经过反复学习和多次实践,会逐渐形成一定的行为习惯。这些习惯一经形成,往往会在以后的活动中反复、自动地出现,在一定时间内相对稳定,形成习惯定势。犯罪行为方式同样也具有习惯性或相对稳定性,这种稳定性,一方面是其日常工作和生活中相对稳定的行为特征在犯罪活动中的移植,另一方面是犯罪主体在特定时段、特定智力水平状态和特定犯罪阅历条件下,对其自身犯罪方式的一种相对定型。如撬压方式相同或相似,诱骗、胁迫方式相同或相似,总是使用某种器械作为抢劫的暴力工具或杀人凶器等。尤其是盗窃、抢劫、诈骗、抢夺、强奸等案件,犯罪嫌疑人在一定时间内或持续作案过程中,往往在作案手段或方式上保持着同一性的痕迹,即便伪装,也难免露出蛛丝马迹。①

(三) 并案侦查的方法步骤

1. 寻找并案案源

在刑事案件信息库中,按照时间条件、空间条件、性质条件、手法条件等进行模糊查找,或者按照痕迹物证条件、有明显特定标志的涉案物品等进行精确查找。

2. 分析并案条件

依据痕迹物证条件、生理条件、涉案物品条件、作案手法条件、时空条件、案件物品内在关联性等分析串并,其中,痕迹物证条件、特定的生理条件、有明显标志或称个别特征的工具条件及案件间物品的内在关联性为并案中高度相关条件或称为硬件条件;作案手法条件为中度相关条件;时空接近、案件性质相同为低度相关条件。

3. 串并实施侦查

根据系列案件的发案规律,分析推测其下一步走势,可以布控抓获现行犯罪嫌疑人;整合系列案件中的侦查线索,丰富摸排条件,缩小摸排范围,找到系列案件侦破的突破口。

二、视频监控与并案侦查结合运用的重要意义

(一) 并案侦查的重要性日益凸显

随着社会经济的快速发展,交通、通信的日益发达,人、财、物流量增加,犯罪嫌疑人打破地域界限,跳跃作案、流窜作案、连续作案成为常态。当前,盗、抢、骗等侵财类案件占全部案件总数的 90% 以上,让民警打不胜打、防不胜防。而这些案件有着一个共同的突出特点,就是犯罪嫌疑人习惯接二连三地作案,非常容易形成系列案件。对待这些民生小案,如果办案民警一起一起侦查,无疑人力物力财力都捉襟见肘,而串并案侦查是公安刑侦部门在长期的

---

① 郝宏奎.论并案侦查条件的科学运用[J].中国人民公安大学学报,2006(4):42.

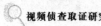

侦查实践中摸索总结出来的对付多发系列犯罪和流窜跨区域犯罪的一种基本方法,合理地运用串并案件可以收到"抓一人破多案、以小案破大案、破一案带一串、破一串扫一片"的良好效果,是事半功倍、四两拨千斤的"潇洒侦查法",不仅可以提高总体破案效率,而且有利于打击多发性、连续性、区域性犯罪活动,达到遏制刑事案件的多发态势。

(二)传统并案侦查的局限性日益凸显

随着时代的发展,一方面是多发系列性案件居高不下,另一方面是犯罪嫌疑人的反侦查伎俩日益突出,仅仅依靠传统的侦查措施开展并案侦查已经显得力不从心,比如传统的并案侦查中,很多案件受各种条件限制,侦查初期并不知道犯罪嫌疑人的生理特征条件、交通工具以及痕迹物证条件,而依据犯罪嫌疑人的生理特征条件、交通工具条件、痕迹物证条件等恰恰是并案侦查所有条件中的"硬件条件"或称"高度相关"条件,没有这些硬件条件和高度相关条件,并案侦查的成效必将大打折扣。

(三)视频侦查可以助推传统的并案侦查

随着科技的进步,当前公安机关有了布局强大的视频监控,使并案侦查中通过获取犯罪嫌疑人的生理特征条件和交通工具条件甚至痕迹物证条件开展串并侦查成为可能,也使成功获取犯罪嫌疑人的生理信息和交通工具信息成为可能,同时使并案后根据犯罪嫌疑人的行为趋势开展电子巡逻抓捕成为现实,这些极大地提高了并案侦查的有效性。所以,传统的并案侦查只有与现代化的视频侦查相结合,才能焕发出新的生机和活力。

三、视频监控在并案侦查中的侦查取证方法

视频串并法是指从多起案件视频监控录像入手,根据嫌疑人体貌、衣着、携带物品、交通工具等特征,结合其作案手段、侵害对象等具体案情,进行并案侦查的战法。

对多发性案件开展串并时,除使用常规串并手段外,还应强化视频串并意识。应该说,在串并案的各个阶段,视频侦查都有极大的使用空间。

(一)视频监控在寻找并案案源、分析并案条件时的应用

串并案的依据有痕迹物证条件、生理条件、涉案物品条件、作案手法条件、时空条件、案件物品内在关联性。在每一起案件的案发中心现场以及案发前后的现场视频监控中:努力发现寻找犯罪嫌疑人的人数、面容、性别、年龄、身高体态、衣着等生理特征;努力寻找监控中犯罪嫌疑人使用的交通工具特征、作案工具特征;寻找两起或多起案件间的赃物、工具等物品是否存在内在关联性;努力寻找犯罪嫌疑人在监控中是否遗留了有价值的可供提取的痕迹物证;努力寻找犯罪嫌疑人在监控中表现出来的作案方式方法。只有借助监控设施找到这些并案条件,才能为下一步的寻找并案案源、分析并案条件打下坚实的基础。

某年8月23日22时,张某到孝感市开发区公安分局城东派出所报案称,自己于当晚8时许独自驾车在长征路中百超市购物后,打开车门上车时,被三名男子挟持到自己汽车的后排座椅。三名嫌疑人用头套蒙住被害人的头,用布绳索捆绑被害人的双手,并持刀威胁,抢走被害人的随身财物,逼问出银行卡密码,并取走现金1.3万元,之后将被害人的丰田凯美瑞汽车抢走。案件发生在孝感中心城区,繁华商业地段,正值人员活动的高峰期,影响极为恶劣,侦查迅即展开,1小时后,在城郊的107国道边发现了被嫌疑人丢弃的轿车,嫌疑人已经逃离。通过勘查,从车内提取了2枚可疑指纹,嫌疑人作案时戴的一副平光眼镜,以及头

套、布绳等作案工具。据被害人陈述,三名嫌疑人在实施抢劫时,自称被害人得罪了某人,是受雇而来实施报复的,表达出来的意思绝非图财抢劫。三名嫌疑人均为男性,年约30岁,操不标准的普通话,一人被称作"小武"或"小吴"。被害人为政府公务员,为人谦和低调,没有与人结怨。通过调看附近的监控录像,还原了案发前嫌疑人的活动情况,发现嫌疑人一直随意游荡,并未反映出有特定的目标,在被害人打开车门的一瞬间,三名嫌疑人随即聚拢实施作案。综合判断,作案目的应为图财,受雇于人实施报复是嫌疑人为了扰乱侦查视线而放的烟幕弹。银行监控录像反映一名犯罪嫌疑人在ATM自动柜员机上取款时,上穿蓝色Kappa牌短袖T恤,右胸印有"ITA"字样,左腕戴有一块手表,但不能反映嫌疑人的面貌特征;办案民警从该团伙作案手法、伪装意识、默契程度、逃离路线等细节分析,认为该团伙属于流窜作案,应该在其他地方还有案件,确定了网上串并、扩展范围、寻找支撑、异地突破的侦查思路。侦查员进入全省警综平台,检索发现案件一:8月11日武汉市江岸区李某某被持刀抢劫案件,其作案手法、选择对象与开发区案件如出一辙。办案人迅速赶赴武汉市江岸区北湖派出所,向办案民警和受害人了解详细情况,并拷贝回了嫌疑人在ATM机上取款的录像,虽然无法确定嫌疑人,但可以证明该团伙确系流窜作案,且暴露出习惯动作的特征,有串并条件。筛选发现案件二:在开发区案发的前一天,即8月22日晚7时40分,在安陆市城区步行街口,受害人胡某某同样遭到了三名男子绑架、抢劫。在进一步询问被害人后,发现案件发生的过程基本一致,某些细节惊人相似。调取ATM机取款视频监控,发现嫌疑人也穿蓝色Kappa牌短袖T恤,右胸印有"ITA"字样。侦查人员调取安陆8·22案件案发后嫌疑人坐车向孝感流窜的卡口照片,发现有相同"ITA"衣着的男子。组织受害人张某辨认,确认为同一犯罪嫌疑人。安陆"8·22"和开发区"8·23"两起绑架、抢劫案串并成功。侦查人员通过卡口监控确认犯罪嫌疑人是乘坐出租车流窜于安陆、孝感作案。在安陆"8·22"案件中,反映出嫌疑人有持枪情节。侦查员在全省警综平台中再次筛选,很快发现案件三:同年8月7日晚6时许,徐某某在武汉市硚口区京汉大道被两名嫌疑人持枪抢劫,逼问密码后取走人民币2.5万元。进一步询问,获悉在作案过程中,两名嫌疑人之间有短信联系的细节。侦查员在调取该起案件的ATM机监控资料,发现作案人在取款时使用头套和眼镜伪装,和开发区"8·23"案件中遗留的物品完全一致,有串并侦查的条件。在甄别视频监控时,侦查员发现武汉"8·7"案件中,作案人取款时没有戴手表,而在开发区"8·23"案件中,嫌疑人左手腕戴有一块式样较名贵的手表。侦查员大胆推测,该手表可能为赃物,再次进入全省警综平台查询,又发现案件四:同年8月15日,张某在武汉市江岸区沿江大道被三名男子持刀抢劫,被抢物品除现金、银行卡外,还有一块帝驼牌手表。由于警综平台的案件信息非常简单,办案民警电话联系上被害人,并进行了详细询问,获悉案发时,张某被三名嫌疑人控制在自己的轿车内长达四个多小时,为了摆脱困境,遂假装心脏病突发。嫌疑人唯恐引发命案,将被害人带至雪松路,委托一名出租车司机拨打120急救。由于120急救车迟迟未到,嫌疑人情急之下用自己的手机两次拨打120催促。据此情节,侦查员获悉嫌疑人的重要信息,侦查工作向前迈进一大步。9月22日,武汉市局江岸分局抓获犯罪嫌疑人林焱某、吴某、林明某。三名嫌疑人对流窜武汉、孝感、安陆、安徽等地的10余件绑架、抢劫的犯罪事实供认不讳。总结此案的侦办经验,在此案的侦破中,常规的侦查手段缺乏支撑点,侦查人员迅速确定了网上(包含视频)串并。由于此系列案件是抢劫银行卡取款案件,犯罪嫌疑人必然要暴露在取款机监控探头之下,则犯罪嫌疑人的生理特征暴露无遗,包括面容、性别、年龄、身高、体态、衣着等,这些都可以作为并案侦查分析比较的依据。虽然有的案件犯罪嫌疑人蒙面取款实施反侦查,但是无法遮掩其除了面容之外的其他生理特征,尤其是两起案件中的衣着特征相似。而且,犯罪嫌疑人实施蒙面反侦查后,虽然掩盖了原有的面容特征,但是也增加了面具这一新的特征,而监控中的蒙面面具与另一起案件中提取的犯罪嫌疑人遗留的面具款式相同,继而又增加了作案工具条件相同的相似点。通过串并后发现犯罪嫌疑人在后期的监控中较之于前期的监控画面,手腕上多了一块手表,根据案件性质及犯罪心理,侦查人员大胆推测这块手表是案件中抢劫得来的赃物,继而通过涉案物品手表作为关键词进行检索,进一步发现了同类案件,经分析具备串并条件,从而进一步扩大了串并案案源,丰富了案件信息,最终在系列案件中找到破案突破口,使侦查工作取得重大突破。

(二)视频监控在并案后抓获现行犯罪时的应用

应该清醒地看到,系列性犯罪最大的特点是连续犯罪,犯罪嫌疑人绝对不会因侦查人员的并案侦查而放弃继续犯罪。所以,对已并案件的侦查要将控制系列犯罪活动的进一步发展放到重要位置,"侦""控"结合,切忌跟在犯罪嫌疑人后面转。也就是说,在并案侦查期间,应一手抓现有并案的侦查,一手针对并案犯罪活动的规律和活动范围,以及侵害的部位和对象等特点,做好防范控制工作,在发案可能性较大的场所,可以临时架设探头予以主动监视控制,采取定点守候行动、视频电子巡查等,由公安机关110指挥中心或派出所视频监控室组织专人,通过视频监控对串并案后研判出来的高危时间段、高危地区场所进行实时电子巡查监控,发现与系列案件中犯罪嫌疑人生理特征或工具特征或行为手法特征相同的可疑人员后,及时通知巡逻和布控民警开展盘查、抓捕。

某年7月8日14时40分,群光广场一楼瑞恩钻饰名店19件价值共50余万的首饰品被盗。案发后,专案组通过现场走访和调取现场录像,查明当天12时许,有4名女性嫌疑人以购物为由吸引店员注意力,由其随行女童借机潜入柜台内实施盗窃行为。群光广场内部监控探头记录下了"7·8"盗窃案件作案过程。录像画面中显示,四名成年女性带着一名小女孩分批靠近瑞恩钻饰柜台。之后,四名成年女性嫌疑人假装购买饰品,将两名营业员吸引到柜台一侧,小女孩乘机从柜台进出口爬入柜台内实施盗窃。得手后,从原路爬出柜台,与成年嫌疑人汇合后迅速离开现场。经对同类案件进行研判,专案组发现同年6月28日下午,洪山分局徐东所辖区新世界、新干线商场连续发生2起盗窃手机专柜待售手机的案件,作案手法与"7·8"案件相似。侦查人员调取了徐东新世界商场内部监控探头记录下来的作案过程。6月28日16时33分许,在一专门销售电子产品的商铺内,一小女孩乘营业员被嫌疑人吸引注意力时,对柜台实施盗窃。

徐东新干线商场内部监控探头记录下来的作案过程显示:6月28日17时许,在一手机专柜前,嫌疑人假装购买手机,吸引营业员注意力,小女孩乘机在营业员背后盗窃手机。通过对"6·28"和"7·8"两起盗窃案件中的视频监控进行比对,发现两起案件中嫌疑人的衣帽鞋袜等衣着特征、发型身高等体态特征以及随身携带物品特征十分相似,可以认定为同一伙嫌疑人。经过视频串并案,专案组分析认为该伙女性嫌疑人是专门针对商场柜台实施盗窃的团伙,应该还会在相关场所继续实施作案。为此,专案组将其清晰视频资料通报给相关单位安保人员,对上述盗窃团伙开展布控,力争在其再次作案时将其抓获。7月11日上午11时许,1名小女孩在瑞恩钻饰专柜附近窥视时,被正在群光广场办案的专案组民警与商场保安发现。经辨认,小女孩正是"7·8"案件中实施盗窃的行为人。专案组分析,小女孩应有大人带领,立即调派侦查员在附近搜索其他嫌疑人。果然,侦查员在群光广场肯德基餐厅及商场附近成功抓获嫌疑人胡某某、何某某二人,当场从其随身携带的挎包中查获群光广场瑞恩专柜7月8日被盗的19件首饰。经审讯,嫌疑人胡某某、何某某交代二人邀约柏某某(女,27岁,在逃)、宋某某(女,32岁,在逃)等人带着何娟(5岁)共5人于6月28日在徐东新世界、新干线商场盗窃手机作案2起,于7月8日在群光广场盗窃首饰19件的犯罪事实。纵观此案的侦破,通过案发中心现场的视频监控获取了犯罪嫌疑人的性别、面容、年龄段、大致身高、体态、发型、衣着、随身携带物品、作案手法等,继而以生理条件、手法条件、时空条件等为依据进行并案。并案成功后依据监控画面中显示的犯罪嫌疑人体貌特征开展蹲点守候,将预谋实施作案人员及时抓获,借助监控图像中犯罪嫌疑人的体貌特征对幕后操纵的成年犯罪嫌疑人予以寻找、确认抓捕。

(三)视频监控在并案后关联碰撞嫌疑人信息方面的应用

1. 交通工具视频多点碰撞法

交通工具视频多点碰撞法是指在系列案件发生后,如果办案人员分析推测犯罪嫌疑人多起案件作案时都使用了交通工具,且使用的交通工具极有可能相同,但在系列案件的每一起案件的现场中心区域都无监控资料可用,此时无法直接获知犯罪嫌疑人交通工具特征。侦查人员可以通过研判所有案件中两个以上与案件有关联的时空场所出现的交通工具的交叉重复情况,从而确认涉案交通工具的一种侦查方法。侦查过程中,在犯罪嫌疑人实施犯罪的具体过程中未能被监控装置所拍摄的情况下,如果推断犯罪嫌疑人作案时凭借了交通工具,并且这些交通工具有可能会被现场外围周边的监控装置拍摄,或者会被同一个收费站的监控装置所摄取,此时如果现场周边具有一定的交通流量,则仅凭其中一个现场外围的视频资料无法判明哪一个或哪几个交通工具是犯罪嫌疑人所使用的交通工具。此时,可以对系列案件中多案现场外围、周边、道路收费站等处的视频资料予以研判,对出现其中的交通工具进行交叉碰撞,则可发现交通工具信息,进而通过车辆信息关联出犯罪嫌疑人的人员身份信息。

2. 涉案人员视频多点碰撞法

涉案人员视频多点碰撞法是指在案件发生后,在现场中心区域无视频资料可用,无法从实质性犯罪行为认定犯罪嫌疑人的情况下,办案人员通过研判多起案件中与犯罪案件相关联的时空所出现的人员的交叉重复情况,从而确认犯罪嫌疑人的一种侦查方法。

第三节 视频监控在摸底排队中的侦查取证

一、摸底排队概述

(一)摸底排队的含义

摸底排队是指侦查机关在现场勘查案情分析的基础上,在特定的人群和地区范围内按照犯罪嫌疑人特征为条件,对有作案迹象和作案可能的人逐个调查了解,以发现重大嫌疑人的一项侦查措施。[1]

---

[1] 许细燕.侦查措施[M].北京:中国人民公安大学出版社,2015:100.

(二) 摸底排队的方法步骤

1. 分析摸排条件

根据案情,分析犯罪嫌疑人是否具备时空、动机、生理、痕迹、工具、赃物、知情、职业技能、结伙、前科、住址、手法、层次、反常等作案条件。

2. 确定摸排范围

根据摸排条件,划定摸底排队的人群范围和地区范围。

3. 实施摸底排队

包括全面排查和重点筛查。全面排查是对摸排范围内的人员逐一进行调查摸底。重点筛查是对有可疑迹象的人员进行线索追查和甄别筛选,将疑点多且突出又无无罪的合理解释,或有间接或直接证据的可疑人员肯定为重大嫌疑人。

二、视频监控与摸底排队结合使用的重要意义

1. 由摸底排队的重要性决定

摸底排队这项侦查措施具有使用率高、基础性强的明显重大特点。除侦查初期犯罪嫌疑人明确或犯罪嫌疑人投案自首外,案件侦查初期都要经过摸底排队的过程,即先刻画嫌疑人特征,再推断侦查方向和范围,然后在确定的方向范围内发动群众提供嫌疑对象的过程。缺少这一过程,嫌疑人就难以浮出水面,所以摸底排队是侦查破案最基本、最常用的工作方法,同时也是极为有效的破案方法,大多数案件侦破都离不开它。

2. 由传统的摸排措施的局限性决定

摸底排队这项侦查措施工作量大、复杂,排查人、事、物很多,传统的摸底排队需要村不漏组、组不漏户、户不漏人,可能走访上千人,排查几十、几百甚至更多的可疑对象。但当前面临的破案打击工作现实是,一方面是案件数量居高不下,另一方面是流窜犯罪等反侦查伎俩增强,同时还面临着群众对破案速度效率的期望越来越高,在多重压力下,传统的人海摸排战术已经无法适应新的形势,亟须与现代化的侦查手段相结合,为其注入新的活力。

3. 由视频侦查的优势特点决定

在视频监控高度发展的今天,犯罪嫌疑人案前预谋、案中作案、案后逃离应变,甚至犯罪嫌疑人吃住行销乐等各个环节都有可能被监控探头摄取记录。根据监控画面中的行为,我们可以分析时空、结伙、生理、工具、住址、手法、前科、层次等作案条件,依据摸排条件,可以进一步划定摸底排队的地区范围和人群范围,借助视频监控可以全面排查具备时空条件的人群,借助视频监控可以重点筛查具备时空条件、生理条件、工具条件、赃物条件、结伙条件等。以往需要耗用几十名民警几个星期马不停蹄的加班加点、入村入户的工作,现在借助视频侦查后只需要几个有限的民警坐在办公室几天即可完成,节省了大量的人力物力财力。

三、视频监控在摸底排队中的侦查取证方法

(一) 视频监控在分析摸排条件时的应用

1. 利用视频监控分析犯罪嫌疑人的自有原生属性条件

自有原生属性条件包括犯罪嫌疑人的生理条件、住址条件、职业条件、前科条件等。一是分析生理条件。可以根据视频监控中体现出的犯罪嫌疑人的外貌、衣着、走路姿势、行为

习惯、能力、爱好等分析确定犯罪嫌疑人的容貌、性别和年龄区间、经济层次和社会层次。通过比对法或实验法分析犯罪嫌疑人的身高、体态。二是分析住址条件。可以依据视频分析住址条件的依据是从视频画面中分析犯罪嫌疑人对犯罪现场的熟悉程度；是否掩饰面部特征；是否惧怕暴露其他与身份有关联的信息；借助的交通工具的奔袭能力；是否使用了带有地域特征的特殊作案手法等分析犯罪嫌疑人是否是本地人，落脚点距离现场的范围及是否来自高危地区等。三是分析职业条件。通过犯罪嫌疑人在监控中反映的作案手法、行为能力、穿着打扮、行为习惯等，分析推测犯罪嫌疑人的职业条件。四是分析前科条件。根据视频监控中体现出的犯罪手法娴熟与否、是否胆大妄为、是否在作案时心理素质稳定老练等分析犯罪嫌疑人的前科劣迹条件。

2. 利用视频监控分析犯罪嫌疑人的作案衍生属性条件

作案衍生属性条件包括犯罪嫌疑人的时空条件、动机条件、结伙条件、工具条件、手法条件、赃物条件、知情条件、反常条件等。一是分析时空条件。可以通过中心现场的监控画面中反映的案发时间和确切地点，分析犯罪嫌疑人的时空条件，或根据案发前后中心现场附近的监控画面中反映的时间推测案发时间。二是分析动机条件。可以通过监控画面中显示的犯罪嫌疑人的行为是否有预谋性，对侵害目标是否有明确的针对性等，分析犯罪嫌疑人的动机条件。三是分析结伙条件。通过中心现场的监控画面可以确定主要实施作案人员的人数，根据外围现场的监控画面中的疑人疑事疑物，如与犯罪嫌疑人同行或有疑似踩点望风接应等待行为等，可以分析推测外围现场通风报信、望风接应人员。四是分析工具条件。可以通过监控画面中显示的犯罪嫌疑人使用作案工具、交通工具、通信工具情况，分析犯罪嫌疑人的工具条件。五是分析手法条件。可以通过监控画面中显示的犯罪嫌疑人作案的手法细节，分析犯罪嫌疑人的手法条件。六是分析赃物条件。可以通过监控画面中显示的犯罪嫌疑人案发之后增加的可疑物品，分析犯罪嫌疑人的赃物条件。七是分析知情条件。可以通过监控画面中反映出来的犯罪嫌疑人是否十分熟悉被侵害目标、是否有案前踩点行为等，分析犯罪嫌疑人的知情条件。八是分析反常条件。可以通过监控画面中反映出来的犯罪嫌疑人行为是否有悖常理、是否与自身平时的经济情况和行为习惯区别较大等，分析犯罪嫌疑人的反常条件。在街面犯罪的视频资料中，各类案件中嫌疑人行为或嫌疑车辆特征轨迹的可疑之处各不相同，但都有一定的规律。几类常见的街面犯罪中嫌疑人或车辆可疑情况为：盗窃汽车案件中，被盗车多为中档汽车，常见品牌有五菱牌面包车、五菱小货车、普通桑塔纳轿车、本田雅阁轿车、现代轿车轿车、马自达轿车、奥迪轿车等，多发在20时至次日凌晨4时。可疑表现为作案前嫌疑人会在目标周围徘徊，多次接近车辆并有试探性动作（如触摸车身是否会响），作案时会在车门前滞留，可能多人配合，其行为反常。被盗车辆前进和倒退、转弯、车灯亮起的先后顺序、速度等异常情况，有时在被盗车发动时有另外一辆车也在发动准备行使，两辆车行驶方向一般为同一方向离开，车辆无牌照或遮挡、夜间遮阳板下拉等。盗窃摩托车、电瓶车案件中，犯罪嫌疑人多在白天选择沿街重点商场、水果市场、蔬菜市场等公共停车处停放的车辆，嫌疑人在目标周围徘徊，眼神、动作反常，开锁时间过长或开锁行为反常。作案成功后，车辆速度偏快，轨迹有时反常等。盗窃车内财物案件中，犯罪嫌疑人多针对沿街停放的车辆，嫌疑人眼神、行为反常，在目标周围徘徊，多次远距离或近距离窥视车内，敲砸车玻璃，开锁时间过长或有撬锁可疑行为等规律性动作，得手后快速离开。车辆有时由报警声或警示灯非正常闪烁等。驾驶两轮车两抢案件中，犯罪嫌疑人多针对步行的拎背包或佩戴项链人员(多为独行女性)。嫌疑人两人同车,眼睛左顾右盼,携带有女士包,有翻包动作,车辆轨迹反常(兜圈、案前慢速行驶或反复停留、跟踪车辆或人员,案后速度明显加快、闯红灯、逆行等),车牌遮挡或无车牌等。扒窃案中犯罪嫌疑人多选择在公交车站、沿街闹市区人行道等。嫌疑人眼神反常、行走神态与众不同,故意制造拥挤,有遮挡视线物品及动作,尾随或快速贴近行人,案后快速行走或奔跑等[①]。

(二) 视频监控在划定摸排范围时的应用

摸底排队的范围是指摸底排队的人群范围和地区范围。由于摸排范围由摸排条件决定,而案件中的摸排条件又可以借助于视频监控分析推测,那么与摸排条件相对应的摸排范围也就可以借助视频监控顺势分析推测出来。如通过视频监控确定了案发时间,则据此划定摸排的人群范围是案发时间段内出现在案发现场的人群;如通过视频监控确定了作案动机条件为无特殊针对性的随机性抢劫,则据此划定摸排的人群范围是具备图财抢劫作案动机的人群;据此类推,通过视频监控分析推测的每一个作案条件都可能为下一步划定摸排范围提供依据。

(三) 视频监控在实施摸底排队时的应用

1. 借助视频监控开展普遍排查

根据摸排条件,划定了摸排范围后,需要对摸排范围内的人群底数开展普遍排查,普遍性排查可以借助视频侦查手段实现。如对案件中符合时空条件的人群进行普遍性排查时,即要查明哪些人在案发时间段出现在案发现场,或案发时间前后出现在案发现场附近。传统的排查方法是调查访问,而如果中心现场或外围现场有监控探头,则可以借助视频监控排查哪些人符合该案的时空条件。

2. 借助视频监控开展线索追查和重点筛查

普遍排查后,需要对摸排范围内调查发现的人员进行甄别和筛选,甄别筛选的依据为是否具备本案的摸排条件,而甄别某人是否具备或符合本案的时空条件、生理条件、工具条件、赃物条件、结伙条件、反常条件等可以借助视频监控完成。如在普遍排查中的某可疑人员:通过追查其在监控中反映出来的面貌和衣着等,甄别其是否符合本案的生理条件;通过追查其在监控中反映出来的同行人员,甄别其是否具备本案的结伙条件;通过追查其在案发前后的行为是否反常,甄别其是否符合本案的反常条件等。

某年9月18日晚7时40分,某市公安局某分局接报警称,有一女子倒在江汉区西北湖金色时代旁女厕所内。经勘查,该女子梁某某(女,23岁,湖北随州万和镇小西沟人)已死亡,身上有多处刀伤,随身携带的诺基亚1680c手机、钱包、索尼W30数码相机被抢,系一起抢劫杀人案件。第一,侦查人员运用监控信息资料确定案发时间、锁定作案人。案发现场周边共有9个监控探头。侦查人员首先搜索发现了受害人进入西北湖广场公厕的画面,根据画面记录时间,初步确定了案件发生时间;对其他探头采集的资料进行检索,发现在死者进入公厕前,有一名上身穿深色夹克衫,下穿深色牛仔裤的青年男子出现在公厕附近,案发后又迅速离开现场;反复对现场周边探头存储的信息进行检索,案件发生时段再无其他人员出现在现场附近。由此判定:案发时间在死者进入厕所后和作案嫌疑人离开现场之间,即9月

---

① 公安部五局.视频侦查学[M].北京:中国人民公安大学出版社,2012:44.

18日14时2分至14时8分之间,作案人数为1人,男性,青壮年,身高168厘米左右,中等体态,上穿深色夹克衫,下穿深色牛仔裤。第二,运用监控信息资料跟踪作案人活动轨迹。为了查明作案人活动轨迹,侦查人员根据作案人可能逃跑的多种路线,在20余平方公里的范围内,实地踏勘各类视频监控探头1400余个,从100多家企事业单位拷贝监控信息资料。随后,侦查人员以现场为中心,由近及远、由此及彼,对作案人可能经过的每一个探头所采集的视频资料逐一认真观看,检索比对、分析甄别。经过十余天连续工作,终于弄清了犯罪嫌疑人从万松园出发,一路步行至武汉关再返回万松园,进入西北湖广场作案后,步行至妙墩一带,消失在新业大厦附近的全过程,描绘出长达5小时的犯罪嫌疑人作案前后活动轨迹,坚定了立足其活动范围开展侦查工作的信心。还从视频资料中选取出了较为清晰,具有可辨认条件的正、侧面照片,为日后辨认奠定了基础。第三,运用监控信息资料进一步刻画作案人。在明确犯罪嫌疑人活动轨迹后,侦破专班根据作案人逃离现场后长达5小时的活动情况,对犯罪嫌疑人身份、体能体态、行为特征、心理特征、经济状况、职业等个人信息进行了详细研判。根据监控资料的反映,犯罪嫌疑人在长达5小时的过程中,一路步行,说明其体力充沛,行走能力强,很可能是农村来汉人员,没有吸毒恶习;犯罪嫌疑人在步行过程中,一直没有接、打手机,也未发现携带手机,有可能经济拮据没有钱用手机;在犯罪嫌疑人步行过程中,他曾多次进入沿街门店内,企图进行拎包和扒窃,但手法生疏,很有可能不是惯盗、惯扒人员,作案原因系因急需用钱而铤而走险;犯罪嫌疑人从万松园出发,最后还是回到万松园,作案后在妙墩新业大厦附近消失,说明犯罪嫌疑人对万松园、青年路一带较为熟悉。综合上述情况,进一步推断犯罪嫌疑人有可能是曾经在万松园、青年路一带打过工的外来务工人员,而且目前经济拮据。据此,侦破专班以万松园横路两侧为重点地区开展摸排。破案后证实,犯罪嫌疑人赵某是山西省大同市南郊区马军营乡宋庄村人,确实曾在新业大厦旁一单位工作过,辞职后无生活来源,因女友要做人流手术急需用钱,铤而走险杀人抢劫。第四,运用监控信息资料辨认、指认作案人。充分利用视频监控存储资料,在社区、单位、门店、出租屋、外来人员等部位和群体中反复播放。10月14日凌晨,根据群众举报,侦破专班将犯罪嫌疑人赵某抓获归案。经审查,赵某对其9月18日在武汉市江汉区西北湖广场公厕女厕内杀人抢劫犯罪事实供认不讳。纵观此案的侦破,本案是利用视频侦查开展摸底排队的典型案例。视频监控在分析确定犯罪嫌疑人的生理条件、住址条件、层次条件、前科条件等作案条件,继而确定摸排的人群范围和地区范围方面发挥了至关重要的作用,在普遍排查中又借助视频监控画面中获取的犯罪嫌疑人图像发布破案公告,开展走访调查和侦查辨认,继而发现重点嫌疑人而攻克此案。

第四节 视频监控在讯问中的侦查取证

一、讯问概述

(一) 讯问的含义

讯问是指侦查人员为了获取犯罪嫌疑人的供述和辩解,依照法定程序,通过言辞等方式对犯罪嫌疑人进行口头提问并加以固定的一种侦查行为。讯问是一种法定的侦查行为,是预审阶段的必经程序。[①]

（二）讯问的具体内容

讯问的目的是获取犯罪嫌疑人真实的供述和辩解，证实犯罪和查明犯罪嫌疑人或证实无罪。讯问的具体内容是查问侦查案件的犯罪事实及与犯罪有关的一切事实。具体如下。

1. 查明现行案件的犯罪事实

这是讯问犯罪嫌疑人的首要的和中心的任务。案件的全部事实是案件成立的基础，具体包括与案件有关的人物、时间、地点、手段、方法、目的、动机、后果、物品等构成案件的基本要素。

2. 深挖积隐案件，追查同案犯，发现其他犯罪线索

很多案件，尤其是重特大案件和多发侵财类案件，往往是系列案件、团伙作案，如果审讯中只是就案论案、就事论事，则难以发现其积隐案件和涉案同伙，无疑是对犯罪的放纵。所以审讯中要在查明现行案件犯罪嫌疑人犯罪事实的基础上，深挖细查其是否有同伙在逃，是否还有公安机关未发现的积隐案件在身，了解他人的犯罪活动。

（三）犯罪嫌疑人的受审心理

1. 供述障碍

供述障碍是影响犯罪嫌疑人作出真实和完全供述的心理活动。具体包括如下几点。一是侥幸心理。这是犯罪嫌疑人自认为可以逃避罪责而产生的自信感。产生这种心理的原因是受过去经验的影响，或对民警掌握证据情况的错误判断，或盲目相信自己的反讯问能力。侥幸心理的表现是试探摸底、辩解否认、避重就轻、主动反击或一言不发等。破解侥幸心理的方法可以是开展说服教育，讲通侥幸无效的原理，或使用证据破解。二是畏罪心理。这是犯罪嫌疑人害怕罪行被揭露受到惩罚的心理。产生的原因是受罪恶感折磨和出于对法律威慑力的恐惧。具体表现是逃避处罚或减轻处罚愿望强烈，可能出现记忆、思维及语言障碍，罪责感可能促其供述。破解畏罪心理的方法是心理包袱大的要减压，逐一化解，包括亲情规劝、法律宣讲等。三是悲观心理。这是犯罪嫌疑人自知罪行将被揭露，面对法律的惩罚而对自己的前途追求丧失信心。产生的原因有害怕坐牢，丧失生活情趣和希望，自责后悔没有继续生活的勇气。悲观心理是畏罪心理的极端。力求生存是人的本能，所以悲观是暂时的。化解方法是要唤起其对人生的留恋和对新生活的向往，激发其争取光明前途的信心。四是戒备心理。这是指为防备罪行被揭露和害怕不能得到公正处理的一种防御反应。产生的原因是犯罪嫌疑人自我保护的本能，对民警不信任。表现为对讯问抱有戒心，疑虑重重，对周围环境高度警觉。化解对策是通过说服教育让其认清错误和民警的善意挽救，通过行动增进心理距离。五是抵触心理。这是指对公安机关甚至社会的一种强烈不满和敌视。产生原因是反动的立场观点、强烈的反社会意识、对拘捕的强烈抵触、因悲观而对讯问反感、讯问方法不当或对公安有成见。表现为气焰嚣张，顶撞民警或反映冷漠，答非所问，沉默不语。抵触心理是戒备心理的极端。不能感情用事，应根据原因对症下药。

2. 供述动机

供述动机是促使犯罪嫌疑人供述罪行的内心起因。引导犯罪嫌疑人形成供述动机是讯

[①] 王怀旭.预审学[M].北京:中国人民公安大学出版社,2005:138.

问的主要目的。所以讯问人员只有了解犯罪嫌疑人可能存在哪些供述动机,其形成过程,才能引导其形成彻底如实供述的动机。一是供述动机形成原因。供述动机形成原因有多种,具体包括:受良心谴责,有悔罪感;期望得到从宽处理;摆脱激烈思想斗争的煎熬;敢作敢当;感激预审人员公正对待;为取得亲友领导同事宽容;企图逃避追查其他罪行或同案犯;自知罪行无法隐瞒。二是供述动机形成过程。供述动机的形成通常经历萌发阶段、明确阶段、定型阶段、消失阶段。在讯问中,绝大多数犯罪嫌疑人在被羁押环境中,占主导地位的需要是保护自身安全,在这种需要激发下,形成逃避惩罚或减轻处罚的动机,从而拒供或谎供。只有当他们受到说服教育的影响,或感知到法律的威慑力,才会逐渐萌发通过供述罪行从宽处理或获得心理平衡或其他方面的需要。也有少数犯罪嫌疑人在犯罪过程中或犯罪后良知感复苏,无须外界压力就已萌发主动坦白以求心理平衡的需要。此阶段犯罪嫌疑人的这些需要尚处于模糊状态,还不能被其明确意识到,供述动机处于意识与潜意识之间。供述动机萌发后犯罪嫌疑人会对产生供述动机的心理动因进行评价,作利弊衡量或道德、价值衡量,形成内心矛盾冲突。同时民警继续对其施加压力或情感感化使其矛盾冲突更明确具体。当犯罪嫌疑人在矛盾斗争中意识到从宽处罚或获得心理平衡的愿望强烈时,其供述动机就从潜意识层上升到意识层,处于明确化状态。当供述动机完全明确后即意味着犯罪嫌疑人已形成强大供述罪行的内驱力。由于犯罪嫌疑人供述罪行会对其自身造成极大不利,所以他们不会主动寻找诱因实现供述动机。民警观察到犯罪嫌疑人已发生思想动摇,应趁热打铁,创造利于形成供述决意的情境。当某种情境能对其形成强烈刺激,就能促其消除供述心理障碍,形成供述决意,从而如实供述。供述动机通过供述罪行得以实现并消失。①

(四) 讯问的步骤

1. 讯问前的准备工作

讯问是一项严谨、复杂的侦查措施,需要有计划、有步骤地实施,如果不做好充分的准备工作,讯问中会出现非常被动棘手的局面。讯问实施之前,具体的准备工作:包括了解案情、了解案件前期侦破进展、了解犯罪嫌疑人基本情况;包括其经历、性格、认罪态度、防守能力等,根据案情确定讯问任务,预测可能出现的局面及应对对策,确定讯问人员,选择讯问突破口,确定讯问的方法策略,确定外围调查的重点等。其中,选择好讯问突破口是准备阶段的重中之重,突破口的选择包括讯问团伙性犯罪嫌疑人的顺序和讯问犯罪事实的顺序,团伙成员顺序为首先讯问掌握该对象证据较为确实充分或易查清的;初犯或被胁迫犯罪的;思想中毒不深、动摇脆弱,或有悔改、赎罪愿望的;反侦查伎俩较少的;与同伙不融洽甚至有利害冲突的;对全案案情或主犯了解较多的。犯罪事实的顺序为首先讯问证据确实充分或易调查清楚的事实;较为公开暴露的事实,或与犯罪事实直接相关的较为公开暴露的事实;对象没有防备或防备薄弱的事实;对象掩盖罪行而暴露出的矛盾;能激发对象良知的事实;能突破全案的事实。

2. 讯问中的实施过程

讯问过程是指讯问情势的变化在时间上的持续和空间上的延伸。任何事物都要经历开

---

① 王怀旭.预审学[M].北京:中国人民公安大学出版社,2005:115-116.

始、发展、结束等阶段,讯问也不例外,犯罪嫌疑人基本上没有在讯问一开始就供认不讳的,也基本上没有死扛到底的,大部分经过细致深入的工作后能承认自己的罪行。讯问过程总结起来通常要经历以下几个阶段。一是开始阶段。犯罪嫌疑人的表现是试探摸底,包括防守、对立、试探、紧张。民警的任务:了解情况,提出问题,包括核实其身份、掌握其基本情况,如犯罪嫌疑人的个性、受审心态、对案件侦破情况的知情度、认罪态度、防守能力等;通过初步建立交往关系来化解对立情绪;根据讯问重点问题提出问题。二是纠正阶段。犯罪嫌疑人的表现是对抗相持,如简单否认、有理由辩解、拒供、谎供等。民警的任务是分析供述障碍、有针对性地化解。分析主导的供述障碍心理是什么,阻止拒供,鼓励辩解,通过选择讯问突破口、正确运用讯问的方法策略及讯问的辅助方法、讯问与外围调查相结合等方式突破犯罪嫌疑人的心理防线。三是促使阶段。犯罪嫌疑人的表现是犹豫动摇,如出现态度变软、极力表白、提出条件、举止不安等,民警应及时识别供述征兆,判明犹豫不决的原因,增进与犯罪嫌疑人的心理接触,控制其消极情绪,使用证据,消除残存的供述障碍,为其如实供述搭梯子,让犯罪嫌疑人体面下台。四是查明阶段。犯罪嫌疑人的表现是被动供述,避重就轻,容易反复,民警的任务是查问犯罪概况和犯罪事实细节、确认物证书证等犯罪证据。五是终结阶段。犯罪嫌疑人的表现是畏罪感回升,民警需要对讯问情况通过笔录、录像等方式进行证据固定。

3. 讯问后的审查判断

《中华人民共和国刑事诉讼法》第53条规定,对一切案件的判处都要重证据,重调查研究,不轻信口供。因此,不轻信口供是审查判断讯问结果的基本原则。对口供的真实客观性的审查判断包括:口供者的健康状况;提供口供时的心理状况、环境状况;提供口供的动机;口供的内容及与其他证据及客观事实是否吻合。

(五)讯问的方法

1. 说服教育法

说服教育法是指讯问人员在讯问中通过法律、政策、形势、前途和道德教育,促使嫌疑人弄清是非界限和权衡利弊得失,达到转变思想,如实供述罪行的讯问方法。说服教育的目的是纠正偏差,讲通道理,可以消除对立,化解戒备心理、抵触心理,促其悔罪,化解畏罪心理,晓以利害,化解侥幸心理。通过批驳其错误认识,分析原因,指明出路;正反典型,以案说法;找共同话题,增进心理接触;分析利害得失,指明出路;理解同情。

2. 使用证据法

使用证据法是指讯问人员在讯问中有计划、有步骤地使用已获取的证据揭露嫌疑人的狡辩和虚假供述,打消抗拒心理,促其如实供述的方法。一是使用证据的目的。不是就事论事,而是使其意识到罪行已全部暴露,抵抗已无意义。二是使用证据的原则。使用证据过程中要秉承着证据真实,保护取证手段和证人,必要时使用证据效益最大化的指导思想。三是使用证据的准备工作。准备工作包括审查选择可靠的证据,根据讯问情势和条件拟定计划(用证任务、时机、方法、顺序),预测使用证据后犯罪嫌疑人的反应,讯问可能辩解的问题以堵死退路。四是使用证据的时机。当犯罪嫌疑人出现动摇犹豫时、暴露矛盾破绽时、供述"挤牙膏"时、嚣张对抗时、搜出证据就地讯问时等要及时使用证据,促使其消除供述障碍、产生供述动机。五是证据的使用方法。根据证据的证明力和案件突破口的选择、犯罪嫌疑人的供述障碍等讯问情势的不同情况,证据可以明示使用、暗示使用、连续使用、点滴使用等。

3. 揭穿谎言法

揭穿谎言法是指讯问人员在讯问中利用犯罪嫌疑人因编造谎言使口供出现的矛盾,来戳穿其对抗讯问的伎俩,促使其如实供述罪行的讯问方法。揭穿谎言的目的是戳穿犯罪嫌疑人的抗审伎俩或排除疑点。揭穿谎言首先要发现矛盾,通过对比法、追问法、重复法等发现与其他证据之间、与自己前后供述之间、与常理常识之间的矛盾。对故意编造谎言的,可以当即批驳,也可以欲擒故纵。揭穿时先指出矛盾让其解释,犯罪嫌疑人不能自圆、其思想动摇时则要说教,强化其供述动机,若继续狡辩,则严加批驳并适当用证。民警有目的地促使犯罪嫌疑人暴露矛盾谎言,即主动促其暴露,同时有计划、有分寸地使用。

4. 分化瓦解法

分化瓦解法是指利用矛盾和猜疑心理,挑拨共犯间关系,造成相互怨恨而揭发同伙或供认自己罪行。分化瓦解的依据是犯罪嫌疑人之间存在的本质性矛盾、历史性矛盾和当前的矛盾。

(六) 讯问的策略

1. 直逼核心,重点突破

当证据直接充分,胜算较大时,直逼主题、正面进攻,选准重点问题,态度坚决。

2. 侧面迂回,避实击虚

当证据不力,胜算不大时,利用嫌疑人防御的薄弱环节,先问外围问题,造成其疏忽大意,当侧面迂回到正面问题时使其不知所措或自相矛盾,进而使嫌疑人的防御体系崩溃,不得不如实供述罪行。

3. 含沙射影,引而不发

当证据不足或不便公开时,民警通过一定的语言、行为和气氛的影响,使犯罪嫌疑人形成罪行已经被揭发的观念,从而如实供述罪行。

4. 说服教育,攻心夺气

审讯中,民警用各种说服教育的手段对嫌疑人进行心理刺激和影响,纠正错误认识,启迪正确的情感,达到瓦解其对抗讯问的顽固意志。

(七) 讯问的辅助方法

讯问的辅助方法是指讯问人员通过第三人和科学技术手段的帮助,掌握犯罪嫌疑人的思想动态,转变其对立情绪,获取犯罪情况而采取的方法。

1. 狱内侦查

指公安机关为了查明案件事实和保证监所安全,使用秘密力量和监控手段,对在看守所羁押的重大和疑难案件犯罪嫌疑人进行的调查和控制。[①]

2. 看守配合

指看守所和看守人员根据预审办案的需要,提供羁押对象的思想表现,对其进行思想教育和专门性调查。看守配合包括一般配合、重点配合和专项配合。[②]

3. 社会规劝

指讯问人员根据讯问的需要和嫌疑人的具体情况,约请嫌疑人家属朋友、单位领导或社

---

① 王怀旭. 预审学[M]. 北京:中国人民公安大学出版社,2005:236.
② 王怀旭. 预审学[M]. 北京:中国人民公安大学出版社,2005:238.

会知名人士,采取会见、通信等形式对嫌疑人进行劝告和开导,以改变其对立情绪,尽快陈述案件事实情况的说服教育方法。①

4. 心理测试

心理测试俗称测谎技术,是运用现代心理科学和神经生物学、生物电子学的原理,通过专用心理测试系统和智能计算机,同步记录人的多项心理生物反应指标,进而评判心理痕迹对应相关度的实验心理技术。②

二、视频监控与讯问结合使用的重要意义

（一）侦查讯问

侦查讯问是讯问人员取得证据、核实证据的重要手段。侦查讯问的价值在于它能通过获取犯罪嫌疑人的口供,迅速、有效地发现查明犯罪事实,较为简单、快捷、经济地证明犯罪。侦查讯问获取的口供是一种非常重要的刑事诉讼证据,在刑事证明中具有特殊的意义。

（1）口供能为查明案件事实、准确定罪量刑发挥重要作用。在查明案件事实、证明案件过程中,犯罪嫌疑人对自己是否犯罪、罪行轻重、犯罪动机目的、具体过程和细节等比任何人都清楚,因此,其自愿、真实的口供,比其他证据更有说服力和证明力。

（2）口供能为收集其他证据、及时追捕同案犯提供重要依据。通过犯罪嫌疑人的供述,办案人员可以发现犯罪工具、赃物、被害人、证人、现场的痕迹物证、同伙等新的线索,从而收集到新的人证、物证、书证、电子数据、视频资料等证据。

（3）口供中的申诉与辩解,有助于提高案件质量,防止冤假错案发生。

（二）新刑事诉讼法

新刑事诉讼法的修订,对讯问的效率化、规范化和法制化提出了更高的要求,使讯问遇到了前所未有的挑战。

1. 法制原则理念的转变

新刑事诉讼法修订后,确立了非法证据排除规则和无罪推定原则。《中华人民共和国刑事诉讼法》第56条明确规定,采用刑讯逼供等非法方法收集的犯罪嫌疑人、被告人供述和采用暴力、威胁等非法方法收集的证人证言、被害人陈述,应当予以排除。《中华人民共和国刑事诉讼法》第55条规定,证据确实、充分,应当符合以下条件：定罪量刑的事实都有证据证明;据以定案的证据均经法定程序查证属实;综合全案证据,对所认定事实已排除合理怀疑。

2. 对讯问的时限、地点限制更严格

新刑事诉讼法对讯问的时间和地点都有更加严格、明确的要求,规定执行拘留的应当在24小时之内讯问,犯罪嫌疑人应当在被拘留后的24小时之内被送到看守所,被逮捕后应立即送看守所,犯罪嫌疑人被送交看守所羁押以后,侦查人员对其进行讯问应当在看守所内进行。案情特别重大、复杂,需要采取拘留、逮捕措施的,传唤、拘传持续的时间不得超过24小时。传唤、拘传犯罪嫌疑人,应当保证犯罪嫌疑人的饮食和必要的休息时间。

3. 对讯问方式要求更严格

新刑事诉讼法明确要求重大案件同步录音录像,规定对可能判处无期徒刑、死刑,以及

---

① 王怀旭.预审学[M].北京:中国人民公安大学出版社,2005:245.
② 王怀旭.预审学[M].北京:中国人民公安大学出版社,2005:245.

其他重大犯罪案件的,在讯问时,应当同步录音录像。录音或者录像应当全程进行,保持完整性。

4. 律师介入更早、权利更大

新刑事诉讼法对律师介入也有了新规定,犯罪嫌疑人自被侦查机关第一次讯问或者采取强制措施之日起,有权委托辩护人,在侦查阶段,可以委托律师,律师有了解案情权,同犯罪嫌疑人,有会见通信权。辩护律师会见犯罪嫌疑人时不被监听。侦查讯问有严格的时间限制,因此,时间对侦查人员办案是非常重要的,讯问中,办案民警一方面要抓紧时间,提高讯问效率,一方面要依法保障犯罪嫌疑人人权,不能存在非法取证现象,同时还要防止嫌疑人和律师串供通气阻碍办案,这对于侦查人员来说,无疑是一个巨大的挑战。

(三) 视频侦查取证

视频侦查取证具备自身独有的优势特点,可以在审讯中发挥不可替代的作用。侦查人员在审讯时,一旦讯问对象拒供抵赖,侦查人员往往力不从心,无从下手,审讯陷入僵局和困境,而如果能有效地把审讯与视频侦查取证结合运用,会起到较好的讯问效果。图像监控资料不仅可在侦查中提供破案线索,同时也可作为视听证据在审讯中起到不可替代的作用。视频监控之所以对违法犯罪人员有震慑功能,一个重要原因就是摄录的影像具有证据作用,特别是直接来源于犯罪现场的视频监控图像,不仅能直接反映犯罪嫌疑人的体貌特征,而且能动态立体地再现犯罪过程和犯罪结果,可以把图像监控资料作为证据,适时提供给犯罪嫌疑人观看,使犯罪嫌疑人难以抵赖,彻底突破嫌疑人抗审心理防线。审讯办案可以利用图像资料的可逆查性,从嫌疑人交代的犯罪活动轨迹出发,追踪调阅相关监控资料,从而对嫌疑人的交代情况进行去伪存真,从而有利于侦查人员快速获取真实口供,增强侦查讯问效果。监控录像资料不仅有犯罪嫌疑人、被害人的内容,还可能包括目击者证人等的内容,这些既可在关键时刻突破犯罪嫌疑人的心理防线,又能为审讯活动提供强有力的外围证据支撑。

三、视频监控在讯问中的侦查取证方法

(一) 视频监控在讯问不同阶段的应用

讯问历程通常要经历讯前的准备、讯中的开始、纠正、促使、查明、终结,讯后的审查判断阶段,在每个阶段采取讯问方法策略时都应该注重借助视频监控。

1. 视频监控在讯问准备阶段的应用

一是借助视频监控了解案情。在讯问准备阶段,办案人员需要深入了解案情,如果现场有视频监控,犯罪嫌疑人的实施行为或案前谋划或案后应变行为被监控探头摄录,则民警可以借助视频了解案情,形成对案件的直观立体的认识。二是借助视频监控了解犯罪嫌疑人。在讯问准备阶段,办案人员需要了解犯罪嫌疑人的基本情况,包括其性格、经历、认罪态度、防守能力等,办案人员可以借助案件现场中犯罪嫌疑人的行为表现和羁押期间视频监控中的行为表现以及前期审讯的录音录像中的行为表现分析其性格类型、认罪态度、防守能力。三是借助视频监控拟定讯问的方法策略。在讯问准备阶段,需要根据案情确定讯问任务,预测可能出现的局面,应结合视频监控获取的证据预想犯罪嫌疑人可能出现的拒供、谎供、少供等抗审局面,并结合视频资料证据设想应采取的讯问方法和策略。四是借助视频监控拟定讯问的突破口。在讯问准备阶段,需要寻找案件的突破口,在寻找讯问的团伙成员顺序

时：可以结合前期掌握的案发现场的视频证据，以此确定哪个犯罪嫌疑人属于"证据较为确实充分或易查清的"；可以借助羁押期间犯罪嫌疑人在视频监控中的表现分析哪个犯罪嫌疑人属于"思想中毒不深、容易动摇，或有悔改、赎罪愿望的"；可以借助犯罪嫌疑人在案发现场和羁押期间的视频监控中的表现是否手法老练娴熟、心狠手辣，以此分析哪个犯罪嫌疑人属于"反侦查伎俩较少的"。对于讯问犯罪事实的突破口选择，如果案发现场的视频监控摄录了犯罪嫌疑人的作案实施过程，则可以视为"较为公开暴露的事实，或与犯罪事实直接相关的较为公开暴露的事实"。一般情况下，犯罪嫌疑人在中心现场实施犯罪行为时警惕性较高，在关联现场预谋和案后应变时警惕性相对较低，对视频监控没有思想防备，视频监控摄录到的犯罪嫌疑人案前预谋和案后应变的情节行为，则可以视为"对象没有防备或防备薄弱的事实"，选为讯问突破口。五是借助视频监控拟定外围调查的重点。

2. 视频监控在讯问实施阶段的应用

一是在犯罪嫌疑人供述认罪前的应用。讯问开始后，面对民警对案件的实质性问题的问讯，犯罪嫌疑人本着受趋利避害及心存侥幸等不良供述障碍的主导，必然要表现出拒供、谎供等抗审局面。在纠正和促使阶段，民警通常可以借助案件现场的视频资料以及通过视频资料收集到的外围证据等有较强说服力的证据，并配合强有力的说服教育，以此纠正犯罪嫌疑人对案件侦破进展的认识偏差、对公安机关办案能力水平的认识偏差，以此打破犯罪嫌疑人的侥幸心理、畏罪心理、抵触心理等供述障碍，促使其尽早形成供述决意。二是在犯罪嫌疑人供述认罪后的应用。在讯问终结阶段，犯罪嫌疑人虽然已经对自己的犯罪事实供认不讳，但是供述后畏罪感有所回升，有的会出现翻供现象，此时需要民警及时果断处置，而案件侦查中获取的视频资料和审讯过程中的录音录像都可以有效防止犯罪嫌疑人翻供。讯问结束后，讯问人员应当当场将录音或者录像资料复制一份，同时将原件及复制件交犯罪嫌疑人确认并在封条上签字，原件由讯问人员送侦查技术部门保存，复制件作为证据随案移送。讯问结束后，讯问人员应当当场制作全程同步录音或者录像的相关说明一式二份，经讯问人员和犯罪嫌疑人签字确认后，一份交由侦查技术部门保管，一份随案移送。相关说明应当反映讯问的具体起止时间，参与讯问的侦查人员、翻译人员及录制人员等人员的姓名、职务，犯罪嫌疑人姓名及案由，讯问地点等情况。讯问在押犯罪嫌疑人的，讯问人员应当在相关说明中注明提押和还押时间，由监管人员和犯罪嫌疑人签字确认；犯罪嫌疑人拒绝签字的，应当在相关说明中注明。

3. 视频监控在讯问审查阶段的应用

一是可以利用视频资料证据验证犯罪嫌疑人的供述真伪。讯问结束后需要对讯问的真实性进行审查判断，审查判断的重要依据之一就是口供与其他证据间是否一致吻合。此时，可以将犯罪嫌疑人供述的细节与获取的视频监控证据进行比对，如果存在矛盾，则口供不真实。二是可以依据犯罪嫌疑人的口供发现新的视频资料证据。对犯罪嫌疑人口供中交代出来的新罪行、新线索，不论是现行案件中未发现的犯罪环节，还是积隐案件等，如果条件允许，都尽可能寻找到现场的监控资料，以进一步丰富和完善视频侦查取证的内容。

(二) 视频监控在不同的讯问方法中的应用

1. 借助视频监控说服教育

受侥幸心理和畏罪心理等支配，必然出现拒供、谎供、少供等对抗审讯的不良现象，通过说法教育可以使其澄清错误认识，放弃顽固抵抗。一是借助视频侦查澄清认识。在运用疏导法时,讯问人员要讲清触物留痕、要想人不知除非己莫为的科学原理,要讲清公安机关强大的办案能力,包括先进的视频监控等硬件条件和过硬的视频侦查取证素质能力。一般来说,犯罪嫌疑人最害怕在作案现场留下罪证,所以在作案过程中采取一系列手段消除痕迹物证,自信别人发现不了。但事实相反,不仅一些显性的痕迹物证经常被发现,而且随着视频侦查取证技术等高科技在侦查领域中的应用,一些视频资料和电子信息、数据也可成为证实犯罪的有力证据。而这些往往是犯罪嫌疑人的知识盲点,在说服教育、以案说法、利用好,讲到位,讲巧妙,则会快速打破其拒供的心理防线,产生意想不到的效果。二是借助视频侦查以案说法。在运用例证法时,用以往视频监控破案的典型案例来说明,即使犯罪嫌疑人再狡猾顽固,最终通过视频侦查取证也被绳之以法,使犯罪嫌疑人内心受到有力的震慑,逐渐产生供述动机。三是借助视频侦查指明出路。通过视频侦查的强有力证据,使犯罪嫌疑人认识到,既然自己不认罪,公安机关也可以零口供将其结案,那么不如自己主动坦白,还可以争取到宽大处理的机会,所以通过借助视频侦查使犯罪嫌疑人认识到当前的形势是坦白交代成为唯一出路。

2. 借助视频监控使用证据

使用证据是讯问方法中最容易见成效的一种方法、手段,使用证据恰当到位经常能使犯罪嫌疑人心理防线瞬间崩溃。视频资料作为《中华人民共和国刑事诉讼法》明文规定的八种证据之一,具有法定的证明力,同时由于视频资料自身具备的客观真实性、直观形象性等特点,也使视频资料证据具有极强的证明效力。但同时使用视频资料证据和使用其他证据一样,使用方法也最难把握、最容易出问题,稍有不慎,不仅会使我方底细暴露无遗,而且会诱发对方产生指向性明确的拒供行为。一是明示使用视频资料证据。即就视频资料证据当面质问,证据有力时口头提出或直接出示,可以起到正面突破的效果,此时注意视频资料证据要能击中要害、讯问语气坚定。视频资料证据不是十分有力时可以间接明示,含糊点出证据来源或情节,可以起到犯罪嫌疑人不"顶牛"且又可发现积隐案件的效果。二是暗示使用视频资料证据。当视频证据无力或不想暴露细节时可暗示使用视频资料证据,即不正面质问,而是通过语言暗示、行为暗示、物品暗示等刺激犯罪嫌疑人联想,联想其罪行已暴露,顽固抵抗已无意义。用含蓄、双关、反衬语言,用形象的动作暗示某一情节,用犯罪嫌疑人敏感的物品如突出一下身边的监控探头等方法予以暗示民警已掌握视频资料证据,起到含沙射影的作用,张力很大。三是连续使用视频资料证据。当证据有力且犯罪嫌疑人拒供时,可以对多个视频资料证据环环相扣使用,先次后主,先间接后直接地连续使用。四是点滴使用视频资料证据。当犯罪嫌疑人在讯问中半吐半露时,民警可以利用在视频监控中获取的证据点出其不愿说的话,使其继续。点滴使用证据自然,用证少、隐蔽,作用大。使用视频资料证据时要让犯罪嫌疑人认识证据的科学性,与说法教育相结合,及时制作笔录固定证据。

3. 借助视频监控揭穿谎言

为了逃避罪责,犯罪嫌疑人面对讯问人员提出的实质性问题,编造谎言是普遍现象,如果不能有效揭穿,则难以获取到真实口供。一是借助视频证据提出问题。民警可以借助视频资料证据有目的地促使犯罪嫌疑人暴露矛盾谎言。二是借助视频证据发现矛盾。揭穿谎言需要发现矛盾,可通过口供与视频资料证据进行对比,发现供述中与视频资料证据之间的矛盾,对故意编造谎言的,根据讯问情势,可以当即批驳,也可以欲擒故纵。揭穿时先指出矛盾让其解释,犯罪嫌疑人不能自圆、思想动摇时则要配合说服教育法,指明其思想认识偏差,为其指明出路,若继续狡辩,则严加批驳并适当使用视频资料证据。

4. 借助视频监控分化瓦解

一是用视频资料展示同伙间的历史性矛盾。用视频资料公开展示以往案件中其他同伙对该犯罪嫌疑人分工不平等、获利分配不公、相互不信任等,从而加重同伙间的怨恨。二是用视频资料展示同伙间的当前性矛盾。同伙成员同时到案的,可以用讯问的同步录音录像资料明示或暗示同伙已招供;有同伙未同时到案而在逃的,用获取的逃犯在吃、住、行、消、乐方面的视频资料对比各自处境,增加被抓获的犯罪嫌疑人的怨恨、失衡心理。

(三)视频监控在不同犯罪心理中的应用

1. 利用视频证据打消侥幸心理

由于传统观念上的"眼见为实",从公民认可程度上看,现场录像资料具有很强的证明力;对犯罪嫌疑人来说,面对录有自己动态影像的录像资料,就是无法抵赖的犯罪事实摆在面前。所以,在侦查讯问过程中,在确有必要的关键时刻,向犯罪嫌疑人展示有关监控录像,常常能够击溃其带有侥幸心理的负隅顽抗行为,打开"咬牙硬挺"、拒不供述的僵持局面。

2. 利用视频证据打消畏罪心理

办案人员利用视频资料证据,让犯罪嫌疑人意识到公安机关已掌握其犯罪的客观证据,现在审讯只是给其一个坦白从宽、悔过自新的机会,而且供述经过也将被全程摄录,认罪态度好坏将会被客观记录,要珍惜机会,把握现在。经过权衡后,犯罪嫌疑人认识到只有坦白从宽才是唯一出路,负隅顽抗只能是加重刑罚、自毁前程,从而利用视频监控打破犯罪嫌疑人的畏罪心理,促使其形成"希望得到从宽处理"的供述动机。

3. 利用视频证据打消戒备、抵触心理

讯问中,犯罪嫌疑人几乎都会以为民警与其利益立场是相对立的,警察所有的问题都是圈套,警察的目的就是要打击处理自己,所以处处设防甚至强硬对抗。如果能使其明白公安机关已通过视频监控等手段掌握了其所有的犯罪客观证据,现在审讯只是给其一个坦白从宽、悔过自新的机会,让其明白民警审讯的出发点是为了教育、挽救犯罪嫌疑人的,是善意的,双方立场并不是对立的,而是一致的,那么就可以化解其戒备、抵触心理,拉近心理距离,产生思想共鸣,促使其形成供述动机。

(四)视频监控在寻找讯问的外围证据方面的应用

讯问中,犯罪嫌疑人通常不会简单就范,大多是多次受公安机关打击处理的惯犯、累犯,"不见棺材不掉泪",在没有确凿的证据之前,他们不会缴械投降,所以积极努力寻找外围证据并构建证据体系是讯问准备工作的重点之一。而借助视频可以进一步发现新的外围证据,如借助视频追踪,可以进一步发现目击证人、知情人甚至被害人等;借助视频追踪,可以进一步发现物证,如赃物,与作案有关的作案工具、交通工具、通信工具,遗留在现场的痕迹物证,被犯罪嫌疑人带离现场的痕迹物证等;借助视频追踪,可以进一步发现书证,如记录与案中实施行为、案前预谋行为、案后与应变行为有关的文字图表等;借助视频追踪,可以进一步发现视频资料,如记录作案实施行为的中心现场视频资料、记录作案预谋行为的视频资料、记录案后应变行为的视频资料等;借助视频追踪,可以进一步发现电子数据,如记录与案中实施行为、案前预谋行为、案后与应变行为有关的电子数据等。

（五）视频监控在讯问辅助方法中的应用

1. 视频监控在狱内侦查中的应用

受主客观条件限制和多种因素影响制约，有的犯罪嫌疑人在经过审讯后，并没有交代罪行，或者只交代了一部分罪行。此时，公安机关为了查明案件事实或深挖余罪，可以借助看守所的公开的视频监控设施及秘密的视频监控手段开展狱内侦查，对在看守所羁押的重大和疑难案件犯罪嫌疑人开展秘密的调查和控制。

2. 视频监控在社会规劝中的应用

受戒备、抵触、悲观等供述障碍的影响，犯罪嫌疑人对民警的讯问极有可能出现消极或积极抵抗的局面。如果讯问人员正面审讯进展不利，根据讯问的需要和嫌疑人的具体情况，办案人员可以约请嫌疑人家属、朋友、单位领导或社会知名人士通过视频的方式进行规劝开导。比如到场的规劝人还可以向犯罪嫌疑人展示无法到现场的家人等其他犯罪嫌疑人在乎的人员的视频画面、视频留言嘱托、劝告和开导，一方面让犯罪嫌疑人感受到亲情的温暖和亲情的关爱，以及对亲情的留恋和责任感，另一方面可以瓦解其负隅顽抗的心理防线，从而产生供述决意。

3. 视频监控在心理测试中的应用

一是可以借助视频监控描绘分析犯罪心理痕迹。在分析确定刺激靶问题时，办案人员可以借助案件侦查中掌握的视频资料来全面熟悉案情，继而描述分析被测人心理痕迹和案件疑难所在。二是可以借助视频监控开展实测操作。在使用准绳问题测试法和紧张峰测试法时都可以借助视频资料开展。紧张峰测试法是已知目标问题所在范围，且范围可以穷尽，但结果未知的条件下，采用排列刺激测试，比较被测试人对相关问题的紧张度，来探查结果的一种测试方法。准绳问题测试法是将主题问题与准绳问题的心理反应相比较，如果主题问题反应大于准绳问题，则该犯罪嫌疑人犯罪嫌疑上升。提问的问题按与案件相关度分为四种，分别是主题问题、准绳问题、中性问题、题外问题。主题问题是测试的核心问题，是指明确涉及案情的问题。在设定主题问题时可以根据视频资料选取，如选择视频资料中不能明确反映但办案人员想求证的问题，如死者是你谋害的吗？视频监控画面中犯罪嫌疑人驾驶的车上装有死者的尸体吗？你当时驾车是不是为了抛尸？

某年5月24日9时许，湖北R市汉江大堤多祥镇郭台村1组段面南侧发现一具被焚烧后的尸体。此案犯罪嫌疑人反侦查伎俩较强，采取了雇佣杀人、杀人抛尸焚尸的手段，使有作案动机的嫌疑人没有作案时间，有作案时间的嫌疑人又没有作案动机，同时抛尸焚尸现场遭到严重破坏，痕迹物证难以发现和提取，这些都极大地助长了犯罪嫌疑人的侥幸心理和抗审情绪，所以在审讯初期表现非常顽固，矢口否认自己的罪行。面对这种不利局面，办案人员积极全面寻找犯罪嫌疑人在案发实施时、案前预谋时、案后应变时的行为轨迹，尤其是视频监控中反映出来的行为轨迹，终于发现犯罪嫌疑人在案发后当晚在网吧上网的行为反常，从而坚定了民警审讯的信心，也把这一视频资料证据在审讯中充分利用。由于该视频证据不是强有力的直接证据，所以民警在使用该证据时并没有采取直接明示的方法，而是适度提点视频中反映的情节内容，这样对犯罪嫌疑人的刺激和联想效果都很大，使犯罪嫌疑人认为警方真是神通广大，自己的一举一动警方都了如指掌，以为警方已经掌握了其全部犯罪事实，心理防线瞬间被击溃，侥幸心理荡然无存，审讯僵局一举被攻破。

第八章 视频侦查取证的信息研判

第一节 视频侦查取证的信息研判内容

视频侦查信息研判是指在视侦工作中,侦查员以视频影像为基础,以犯罪嫌疑人为中心,运用视频全轨迹追踪法,搜集破案线索和证据,来确定犯罪嫌疑人身份,对犯罪嫌疑人同一性进行认定的专门活动。侦查实践中也称之为视侦信息分析。视侦信息分析是综合了案件现场事实、视频现场勘验、调查访问情况、视频信息内容、检索查看结果等所进行的推理判断和讨论研究。视频侦查信息研判过程是通过视频拍摄条件、画面图形图像、内容情节过程的分析判断,对案件事实由粗到细、由一般到特殊的认识过程,也是对于刑事案件本身从现象到本质、由假象到真实的甄别过程,由独立到关联、由无用到有用的拓展过程。视频分析从视频现场勘查开始,贯穿于检索、查看、应用等整个侦查过程。实战信息分析的目的是通过研究判断以确定视频内容能否成为案件侦查的线索、诉讼的证据。因此,视侦信息分析的内容主要包括以下几个方面:一是视频时空与案发时空的关系;二是视频目标与案件人、物的关系;三是视频情节与案件过程的关系;四是视频信息与案件侦查的关系。

一、时空关系

任何事件都发生在一定的时空条件之内,任何一起案件从预备到实施再到逃离的过程都是发生在一系列时间和空间之内的,这个时间和空间是有限的。在案件侦查中,侦查人员的首要工作就是要给这个有限的时空做一个准确的定位,对侦查人员而言,能够精准确定时空要素,对于侦查途径的选择、犯罪嫌疑人的摸底排队及认定有直接的关系。在过去,由于时间的不可逆性和唯一性,侦查人员在划定时空范围,推论过去的准确时空要素是非常困难的。但是,在视频侦查的条件下,这个困难得到彻底的解决。这是因为视频监控存在非常准确的时空记录,从时间上看,所有的视频影像资料中的任何事件和人物都对应这个准确的时间,从空间上看,任何人物的出现或者时间的发生过程,也对应这个准确固定的地点。这样,从时空要素的取得和确定上看,就不存在任何误差。

但是,视频影像的时空记录只是监控系统按照时间先后顺序在某一个点位的情况,而案件事实的发展中,只是在其中的点上"重叠"。一般而言,这个重合"点",相对于整个案件事实的过程而言是极其短暂的。这就是说每一个视频监控(探头)系统监视控制(所记录)的有侦查价值的时间和空间也是有限的,需要侦查人员通过认真的研究、判断和推理,找出案件事实时空因素与视频影像时空,在何时何地所发生交叉或重叠。把握准确的时空要素,是视频侦查取证工作顺利开展的基础。

视频侦查取证时的时空要素分析,首要的是犯罪进程中,能够反映在视频影像中的时空信息,当然,这里的时空信息不仅仅局限于案件发生的时空,即视频分析所需要了解的时空是整个与案件相关联的时空。同时也包括犯罪嫌疑人的犯罪预备时空、进入现场时空、作案过程时空、重要情节时空、隐匿罪证时空、逃离现场时空、联系同伙时空、销赃挥霍时空,甚至是其正常状态下的工作生活时空等,也包括被侵害目标、相关证人以及一些无关人员的时空确定。这些时空信息是视频分析的基础,这些时空确定得越多越准确,寻找与视频时空重叠的概率就越大,发现犯罪嫌疑人、物的视频信息就越多,跟踪、定位犯罪嫌疑人、物的效果就越好。

二、人物车辆的信息

作为主动视频来说,当你面对监控摄像头下车水马龙的大街、熙熙攘攘的商店、游人如织的公园、客来客往的车站码头时,哪一个会是小偷、扒手?哪一个是协查、通缉的犯罪嫌疑人?很难判断。因此,视频分析的内容就是在根据你的知识经验和监控画面中的可疑迹象来搜索、发现视频目标。对于案后视频分析来说,案件发生后,根据现场勘查、调查、访问掌握的第一手线索资料,专案视频组前期的工作是尽可能多地收集案发地、周边区域、过往路口的相关资料以保存备查。而视频分析的前期工作首先是要发现、确定与案件相关的人、事、物目标。

(一)人的信息

视频侦查取证中,对于人的信息分析是核心操作。在人的信息分析中,这里的人主要是指犯罪嫌疑人,也就是说视频侦查取证是立足于犯罪嫌疑人的信息搜集工作。所谓犯罪嫌疑人的信息,内容主要包括犯罪嫌疑人的特征、犯罪嫌疑人的身份信息、犯罪嫌疑人的职业信息等,从犯罪嫌疑人的信息获取方式来看,有显性信息和隐性信息,在视频侦查取证中,都非常地重要。犯罪嫌疑人的特征,有人数特征、外貌特征、衣着特征、行为特征、语言特征、生活特征等,这些都是能够从视频影像中直接获取的信息;犯罪嫌疑人的身份信息,包括犯罪嫌疑人的性别、籍贯、年龄等内容;犯罪嫌疑人的职业信息是通过视频影像发现的。当然,我们在这些信息的发现过程中,显性的信息可以直接获得,而对于一些隐性的信息,则要通过侦查人员的推理和假设,来对犯罪嫌疑人的信息进行分析。比如,我们在视频影像中发现犯罪嫌疑人一次购买了多瓶饮料,说明犯罪嫌疑人的人数不止一人,在常规条件下,每一瓶饮料对应着一个犯罪嫌疑人。有时候,对于受害人或者证人的信息,也可以通过视频影像资料来发现,在有些特定案件侦查中,也非常重要。

某年 8 月 11 日,某省警方接到群众报案,女老板项某连同其红色宝马车已经失踪 7 天。通过调查发现项某失踪以后,其银行卡在 8 月 6 日至 8 月 10 日被人取款 14 万余元。调取银行监控录像,发现取款人是另一个女人。通过调取周边更多的视频影像,发现无论是从身高、体态还是从步态、动作等方面分析,这个犯罪嫌疑人应该是男性而不是女性,于是侦查人员重点围绕项某的男性社会关系进行排查。同时,通过获取更多的视频资料,完全固定和还原了取款人的活动轨迹,很快就发现了犯罪嫌疑人张某。

(二)物的信息

所谓物的信息,指的是与案件有关的物品信息。一般情况下,犯罪嫌疑人在作案前后,总会在现场留下或者带走某些物品。如果这些物品特征能够从视频影像中反映出来,就可以作为有侦查价值的物品,将其特征作为视侦的重要线索。物品的信息包括物品的种类、数量、颜色、质地、体积、用途、价格、编码等信息。这些信息的价值在于可以形成有效的线索和证据,从而为侦查服务。例如,某年武昌珞狮南路的武汉理工大学校园西区家属楼发生一起盗窃案。由于案犯在现场没留下任何有价值的痕迹和线索,传统的刑事技术、技侦、网侦和信息化等侦查手段一时都派不上用场。但从视频侦查的角度来看,侦查的基础是发现案犯的影像,发现不了案犯的影像后续工作将无法开展。侦查人员从受害人的口中得知,犯罪嫌疑人逃离时,还带走了一个红色的旅行箱。于是侦查人员以这个红色的旅行箱为特征,结合现场周围特殊的环境,先把现场周围东南西北四个方向的四个探头上午 9 点至晚上 7 点这个时段 14 个小时的内容全部拷贝下来。然后组织力量以红色旅行箱为标注物品,通过视频侦查成功锁定两名犯罪嫌疑人,最终成功破案。当然,在可能的情况下,犯罪嫌疑人携带的物品减少,在视侦工作中也具有相当重要的价值,也应该作为一种物品特征记录在案。

（三）车辆信息

所谓车辆信息,指的是犯罪嫌疑人在作案过程中所使用的车辆的情况,使用的车辆包括为犯罪而租用的车辆、作案车辆、盗窃车辆等信息,包括现在所说的互联网单车、汽车等。具体来说,侦查人员应该掌握犯罪过程中所使用的一切车辆信息。在视频侦查中,侦查人员对车辆信息的内容如车辆牌号、型号、类型、颜色、标志物品、车辆信息的利用情况等,都应当搜集录入,以更好地获取视频侦查线索。

三、过程信息

案件信息是指视频资料记录的事物发生与变化过程的情景细节。随着经济社会的快速发展,人的社会交往日益复杂,犯罪行为隐蔽性提高,现场遗留下来的犯罪痕迹越来越少,案件过程的再现愈发困难。视频侦查取证工作为案件信息全面、客观、真实地再现,分析案件性质提供了新途径。

（一）视频影像与案件过程的关系

1. 再现真实过程

当案件时空与视频时空发生交叉重叠最理想状态时,视频监控就有可能直接记录下案件发生的过程,虽然记录的可能只是案件过程中的某一个部分、某一个环节,但足以证明案件的存在。这种情况下,视频分析的重点内容是案件的性质、时间地点、犯罪嫌疑人及人数、作案工具、侵害目标等。同时可根据视频情节的细节特征分析犯罪的目的动机、主犯从犯、具体手段等细节问题。

2. 反映关联过程

案件时空与视频时空发生交叉重叠的另一种状态是,虽然视频监控没有直接记录案件发生的直接过程,但记录了与案件相关联的一些信息,侦查人员通过关联、发掘,使之成为破案线索。这种交叉重叠现象在时间上可能出现在案前案后或犯罪预备阶段,地点上可能出现在案发区域之外。视频影像反映出来的关联过程信息,可以为案件信息整合提供支撑。

3. 排除假象

否定性关联是视频侦查取证时排除干扰,去伪存真的重要保障。侦查人员可以借助于视频影像达到对案件信息的真实判断。在视频资料中发现了可疑的视频目标,通过情节分析否定了可疑目标与案件过程的关联。即由于目标外形特征、行为特征相似或视频质量等原因引起了侦查人员的错误判断,而通过视频情节的分析发现其与案件无关。另一种情况是被害人和目击者检举、控告、指认该视频目标与案件过程有关,需该目标承担相应的法律责任,或者根据侦查人员的推测、判断,认为它有重大嫌疑,而通过具体的视频情节分析,证明该目标与案件无关的一种情况。

(二) 案件过程信息的内容

1. 案件性质

案件性质是对案件具体属性所作的界定。案件性质是立案与侦查的前提和基础,一般情况下刑事案件通过调查访问和现场勘查分析解决这个问题。分析确定案件性质,通常可以从两个方面进行。一是从作案人的行为结果分析,并依据刑法分则中有关罪名的规定确定案件性质,如抢劫、强奸、盗窃等案件,是什么行为,立什么案,罪刑法定,依法侦查。二是从作案人的动机目的进行分析,即依据作案人的行为特征确定案件的具体类别,如:杀人案件要判明是强奸杀人、抢劫杀人、报复杀人还是奸情杀人等;盗窃案件要判明作案人是内盗、外盗还是监守自盗等。视频侦查取证中的案件性质确定,可以通过视频影像中罪犯的行为过程来准确认定。犯罪过程、罪犯人数以及现场的情况,可以为侦查人员确定案件性质提供真实准确的依据。实践中,通过对相关监控信息的查看分析,结合勘查访问、调查实验、鉴定结论,能给案件定性找到更加确定的答案或提供更加充分的依据,解决案件定性中证据不足的问题。

2. 作案过程

视频影像也可以为视频取证提供最为真实详尽的犯罪过程,或者是犯罪过程的某些环节上的准确描述,如作案人实施犯罪前的踩点、预备、作案工具的选择、进出现场的部位、方式以及在现场中的整个活动顺序等视频影像。这些影像对侦查人员案件过程的分析判断,判明案件性质、确定侦查方向和范围、鉴别作案人口供的真伪等,都有极其重要的作用。

3. 作案手段

作案手段即犯罪嫌疑人实施犯罪的方式、方法,它包括作案工具和实施方法两个方面。侦查人员通过视频影像,可以准确认定犯罪嫌疑人的作案工具及实施过程情况。在犯罪实施过程中,作案人往往会使用一定的工具。作案工具的准确判断,对于判断作案人作案动机、职业特点、作案条件、是否为惯犯,发现和收集犯罪证据,证实犯罪具有重要意义。视频侦查分析作案工具,主要是分析作案工具的种类、规格、尺寸及工具上的特征。犯罪行为的实施过程,包括实施时机、方法、进出现场的路线等。

4. 罪后行为

罪后行为是指犯罪行为实施完毕后的,犯罪嫌疑人逃离现场以后的行为,包括吃喝、住宿、乘车、销赃、消费等有关的行为。在视频侦查取证时,通过延伸视频侦查轨迹追踪可以获取到有关犯罪嫌疑人的身份线索,这对于锁定犯罪嫌疑人有十分重要的意义。

(三) 案件过程信息的作用

分析视频信息与案件侦查的关系是视频分析最主要的内容和最根本的目的。这是一个利用视频资料揭露犯罪过程、发现侦查线索、跟踪锁定目标、拓展应用渠道、验证口供证词的方法。

1. 证明犯罪

对于一些嫌疑对象明确、视频图像清晰、过程情节完整的视频资料,侦查人员通过完善的法律手续收集此类视频,可以直接确定案件性质、展示犯罪过程、判断作案手段、揭露犯罪动机。因此,这类视频资料可作为直接证据使用,属于理想状态的视频。

2. 发现线索

由于视频资料证据和其他证据一样有一定的局限性,实际工作中大部分工作是利用视频信息发现侦查线索的,如通过查看分析犯罪嫌疑人的体貌特征、衣着特征、活动路线、随身携带物品等信息,判断其性别、年龄、职业等,为侦查工作提供方向、划定范围并提供辨认、协查、通缉的图片、视频资料。

3. 拓展侦查手段

分析视频信息还有一个容易被一般人忽略的环节,就是许多视频资料中隐含有大量的可拓展信息,视频侦查人员可通过综合研判、逻辑推理、辩证分析等方法,给予发掘、关联、延伸到其他的侦查手段,使侦查工作实现转机和突破。如犯罪嫌疑人在接受审讯时,一般都会心存侥幸,认定侦查人员缺乏证据,从而狡辩抵赖,矢口否认犯罪事实。针对这种情况,侦查人员可以运用隐蔽有方和暴露得法相结合的审讯策略,巧妙出示视频监控拍到的图像资料,使犯罪嫌疑人摸不到侦查人员掌握证据的真正底细,认为自己的犯罪事实已全部暴露无遗。这样可以有效地打击犯罪嫌疑人的侥幸心理,突破犯罪嫌疑人口供,为寻找到其他有力证据进而突破全案铺平道路。

4. 验证口供证词

以往验证犯罪嫌疑人口供或审查证人证词的方法主要依靠深入的调查研究,用一个材料来证明另一个材料,用一个证词来证明另一个证词的可靠性、真实性,从而实现一个完整的证据链。视频信息其实也可以作为一个"证人"来使用,而且这个"证人"的客观性强,没有感情因素,没有利害冲突。

第二节　视频侦查取证信息研判的方法

视频侦查信息分析建立在现场勘查、调查访问的基础之上,围绕案件有关系的人、物、车、事四个方面来展开。侦查人员根据侦查工作获取的线索,在视频查看过程中,对视频监控记录的信息进行研究讨论、推理判断,从而获取能够证明犯罪行为的证据和提供侦查线索的信息。视频侦查取证信息研判的方法是侦查人员在长期的侦查经验与现代侦查技术深度结合基础上的对策体系,体现了侦查人员综合办案能力和素质。

一、综合分析法

综合分析法是指将现场勘查、调查访问收集到的与犯罪行为相关的信息,结合视频影像资料进行综合考虑、研究,通过相互比较、印证来确定视频目标、分析视频情节、明确侦查方向的方法。综合分析法首先是侦查人员对图像信息的感知、分辨、识别。视频监控图像中蕴含着大量信息,对这些信息进行辨识不仅是侦查主体适用各种视频侦查方法的前提,还是综合分析的基础。例如各地广泛应用的图像辨认、物品识别、远程辨认等,都属于视频侦查取证综合分析法的实践应用。与其他类型的视频侦查方法相比,基于信息辨识的视频侦查综合分析法为初级,但它却是整个视频侦查方法体系的基石,在侦查实践中的应用也最为普遍。通过对现场视频监控图像进行信息辨识所获得的线索与证据,为大量疑难案件的侦破打开了突破口。综合分析的过程要注意以下三个方面:一是材料收集尽量全面,视频侦查人员不但要多听取现场、案情汇报,还要一同参加现场勘查、调查访问,全面掌握第一手资料;二是对收集的材料要进行逐项研究剖析,审查其准确性与可靠性,筛选出有用的视频信息;三是要把各种材料有机地联系起来考虑,深入分析犯罪信息中所隐含的线索和证据。

(一)视频侦查取证的可见过程综合分析

对犯罪过程可见部分的分析首先是一种"看图识字"式的解读记录,即围绕揭露犯罪事实、收集犯罪证据、抓获犯罪嫌疑人的基本任务,按时间的先后而展开,一个个监控画面、一个个监控探头逐个查看、逐项分析。作案过程分析中,有时一个过程可能会有一个解读,有时一个过程会有几个解读。有时仅仅只了解一个过程,对破案不会起太大作用,但众多的过程片段联系起来综合分析,与其他信息内容关联起来就有可能给案件带来突破。

(二)视频侦查取证的不可见过程综合分析

由于视频监控在现实生活中普遍存在中断、不连续的缺陷,实际监控的区域往往是由一个个点、一个个面组成的。因此,在实际工作中,不可能不间断地看得到每个环节。盲区情节分析就是侦查人员运用已知的案情和视频信息,通过综合、推理、判断或扩散、横向、逆向等思维方法,推断、设想监控盲区可能会发生的与案件相关的事件或情节。对监控盲区的过程、情节分析也是视频分析的重要组成部分,特别是在分析案件的发生发展过程、跟踪过程出现盲区(断层)并有疑点时,应根据时空关系、客观规律、意外因素等进行判断推理,找出疑点或可能存在的数种情况。

二、逻辑推理法

(一)演绎推理

演绎推理是根据事物发展的客观规律和同类属性来分析视频现象的一种常用方法。演绎推理是视频情节分析的基础,是侦查人员通过对事物客观规律及现象的正确认识来解释视频情节的方法。例如,无论白天黑夜、无论哪一种类型的车辆,刹车过程中尾部的刹车灯都会亮起是基本规律,因此通过观察视频中车辆尾部刹车灯亮起,即可判断该车辆有刹车的动作或情节。

(二)归纳推理

归纳推理是用个别事物或现象推导出该事物或现象具有普遍性规律的推理,是以特殊推导出一般、以个别上升到一般的推理方式,是一种寻找规律性的方法,常用于视频串并案分析应用之中。传统侦查手段中同类案件的串并一般根据现场遗留的痕迹物证、侵害的目标对象、作案的时机场所、使用的手段方法等进行归纳推理,而视频侦查中所能得到的信息更加直观与客观,提供归纳推理的条件更加准确和全面,因此用好归纳推理可大大提高破案效率。

(三)类比推理

类比推理根据两个或两个以上对象具有某种相同的属性,而根据已知对象具有的其他属性,推导出未知对象也具有其他属性的推理方法。

(四)回溯推理

回溯推理是根据事物发展变化过程中的因果关系推导出事情的先后顺序,从结果向原因、从后向前的推理方法。回溯推理贯穿于侦查破案的全部过程,也常用于视频目标的逆序搜索、反向跟踪。例如,某地在侦破一起盗窃案件中发现有一辆外地牌照的商务车形迹可疑,通过查询该车车辆信息系统和向当地警方了解,发现该车牌号码的登记车辆、车主均未外出;于是又通过查询高速收费口记录发现该车三天前进入本地,而上高速的地点位于广东某地。在继续通过对广东某地的逆序视频追踪中发现了该犯罪团伙的落脚点。这里面就有多次回溯推理的运用。

(五)判断与假说

判断是对事物属性、关系所作出的归纳,是认识的结果,是决策的前提。视频侦查人员对视频现象、视频内容的分析判断,要建立在客观事实和充分调查研究的基础之上,运用正确的联系方式,才能得到准确的结果,提供正确的决策建议。

假说是对未知性事物或现象的存在状况、产生原因、发展规律所作出的假定性解释和推测性说明。假说贯穿于案件侦破的全过程。一个优秀的侦查人员,总是通过提出假说、否定假说、再提出假说、验证假说的过程来发现线索、破解疑点,最终得到正确的结论而破案的。判断与假说经常应用于视频现场的划定、视频资料的检索、视频现象的解释之中。

三、辩证分析法

辩证分析是对客观事物矛盾发展与转化的原因进行具体的断定。刑案中的辩证分析是对人、事、物的矛盾、联系、发展、变化等诸多因素进行全面考量,并对前后、因果、正反、对错等各方面进行研究判断。

(一)矛盾的共性与个性、主要方面与次要方面分析

视频分析中研究矛盾的共性与个性,是为了通过对某些反常的犯罪行为和动作、反常的视频现象的分析,研究其是否具有共同的本质属性或特殊特征,从而发掘破案线索。矛盾主要方面与次要方面分析则应用于调查访问所取证据与视频影像资料证据发生冲突或矛盾时,或视频资料与视频资料中的情节、现象发生矛盾难以解释时。正确区分矛盾主要方面与次要方面,才能作出正确的判断。不能只强调视频资料的客观真实性而武断地否认调查访问所取得的证据。

(二)现象与本质分析

现象是指事物的外表形态,是事物外在的表现形式和过程的反映。现象与本质既有直接的联系,又不能完全反映本质。犯罪现场中许多现象反映了案件的本质属性,是真相;同时也有大量的现(表)象不能反映案件本质属性或与本质正好相反,这就是假象,或相像(特征类似)。视频资料中的假象与相像非常之多,需要侦查人员慧眼识真假、明眼辨是非,而不能被视频资料所具有的"直观性"所迷惑。

(三)必然性与偶然性分析

事物的联系和发展遵循一定规律,这种规律无论被人们所熟悉、认识与否,都是客观存在的、必然的。但联系和发展过程并非一帆风顺、一厢情愿,当这个过程中某一条件因素稍有改变,事物就有可能朝另一个方向发展,以另一种形态表现,这就是事物的偶然性。必然性和偶然性相互联系、相互依赖,在一定条件下相互转化。尤其在思想波动、斗争激烈、环境复杂等因素的干扰下,事物发展过程所表现出的不稳定性就会加大,偶然性概率就会上升。

刑事侦查工作中遇到的迷惘、困惑、不确定,常常就是因为对事物的联系、发展的必然性与偶然性把握不准,对必然性与偶然性相互转化的现象捉摸不透。

充分考虑事物发展的必然性与偶然性,分析出现偶然性的概率和原因,也是视频分析过程中常用的方法。例如,犯罪嫌疑人从甲地到乙地有三条路可走,其中两条路上安装了监控。犯罪嫌疑人从没有监控的路上通过,可能存在偶然性。但如果犯罪嫌疑人是本地人,熟悉现场环境、了解道路监控,避开监控的行为则有必然性。如果从视频侦查的角度出发,通过对两条道路监控资料的查看确定没有发现犯罪嫌疑人,那么犯罪嫌疑人从另一条道路经过则有必然性。

四、同类印证与实验论证

视频分析过程中遇到最大的困惑往往是视频质量的不理想,即图形图像不清晰、视频现象不明确、视频情节不可辨等,从而失去了分析的条件或产生分析结论不可靠的结果。因而,对于某些质量不理想的视频进行分析时,可以运用视频同类印证和视频实验论证的方法。

(一)视频同类印证

视频同类印证是指在视频目标图像反应不清晰,对某些视频现象难以作出正确判断的情况下,通过在相同条件下对其他(可以与案件无关的)相同或相似目标进行分析,运用同类目标或同等条件下的对照,来求证侦查人员的分析判断。

(二)视频实验论证

视频实验是侦查实验(现场实验)的一种新形式,是在视频监控现场条件下进行的侦查实验。传统的侦查实验的目的是为了证实相关当事人对某一事物、行为或现象的描述是否成立,解释犯罪现场痕迹物证遗留、变异的产生条件,确定案(事)件发生的过程。而视频实验的目的则分为两类:一类是为了探索和证实某一视频现象产生的条件,寻求同类视频(环境)条件下所产生的图像变异原因;另一类则是为直接解释案件某一环节的侦查实验。例如,针对轰动一时的某年10月13日广东佛山两岁女孩悦悦相继被两车碾轧这一事件,警方根据视频资料还原现场环境所做的实验,一方面可以使实验环境更加接近当时的条件,另一方面可以借助现场视频评估实验的准确性。

视频侦查实验也是一种侦查实验,因此,侦查实验须遵守的原则同样适用于视频实验,并且对实验的条件要求更高,因此要按照一定的规范进行。视频实验论证的原则如下:

(1)实验必须在原地进行,且位置、方向、角度等因素要求与原来的保持一致。

(2)实验必须选择相同的现场环境条件,也就是时空、光线、天气等因素要保持一致。

(3)参加实验的人、物尽可能是原来的,若非原来的人、物则应选择尽量相似的人或相同品牌、型号、规格、颜色的物体。

(4)实验时不得改变监控探头的位置、方向、角度及相应的控制程序。

第三节 视频侦查取证的信息研判步骤

犯罪信息研判是对犯罪情报信息的加工和提炼,通过对犯罪情报信息的分析、研究、综合、整理，揭示犯罪活动的本质、规律、发展趋势。视频侦查取证中的信息研判是对所获的视频影像进行收集、分析、整合，为侦查办案、打击犯罪、预防犯罪、信息预警、高危人员活动、串并案情报、案件证据信息等提供支持。在当前的刑事侦查工作中，视频侦查取证的信息研判和运用发挥了重要的支撑作用。

一、目标信息的确定

视频影像目标多种多样，而包含的信息也多种多样。视频影像目标与案件事实之间存在着某种联系，有可能与犯罪行为存在直接关系，也可能有间接关系。一般而言，视频影像中的信息目标是指以犯罪嫌疑人为中心的目标体系。换言之，侦查人员首先要确认嫌疑目标，才能顺利展开信息研判工作。

（一）根据案件线索确定目标信息

在视频侦查开始之前，侦查人员需要进行现场勘查、调查访问，以获取有关案件的证据和线索，运用这些证据和线索，可以确认犯罪嫌疑人，然后再以犯罪嫌疑人为中心，深入挖掘案件的有关信息。以犯罪嫌疑人为中心的信息包括人、车、物、事、时空等要素，具体地讲，包括犯罪嫌疑人的体貌特征、衣着特征、作案工具、携带物品、交通工具、隐匿藏身、联系同伙、案后销赃及其活动的时空、范围、路线、方向等，通过视频查看分析、研究判断，从而确定需要查找的视频目标信息或验证目标信息的准确性。

（二）运用事件情节分析确定目标信息

运用视频情节分析，是指侦查人员在视频查看过程中，运用综合分析、逻辑推理、辩证分析等方法对视频监控记录的人、事、物及其发展、运动过程的情景进行分析研究，从而发现和确定目标信息。例如，根据受害人可能被尾随，在视频影像中找到与被害人车辆同时出现在某段视频影像中的嫌疑车辆，如果在行驶路线上具有一致性，就可以确认犯罪嫌疑车辆。以嫌疑车辆为中心，深入开展有关的信息搜集工作，就可以达到侦查破案的目的。

（三）根据可疑的视频线索确定目标信息

在多通道、多系统的视频查看过程中，可以通过对已发现的可疑线索（目标）的分析，来发现和确定其他监控点的目标信息。侦查人员通过视频影像资料中的可疑目标进行比对，就可以找到嫌疑目标。例如，在用伪装的方法进行反侦查的行为中，侦查人员对于出入现场的可疑人员"只进不出"或者"只出不进"情况，就可以通过多系统的视频影像比对，发现其中的问题，确认犯罪嫌疑人目标。

二、目标信息的特征分析

（一）外形特征分析

外形特征是指人（物）固有的外表形象（状）。而这外表形象（状）包括色彩特征、细节特征、常规特征、特殊特征、添加特征、变异特征、固定特征、可变特征等诸多因素。这些因素相互交织、融合在一起，不但组成了人（物）的外表形象（状），而且是人与人、物与物相互区别最基本、最直观的外形识别条件。

（二）行为特征分析

行为特征是指个体行为的倾向性，是人物气质性格的外在表现、情感意志的外在流露、技术能力的外在展示。视频行为特征分析的对象主要是犯罪嫌疑人,也可以是被害人、证人、报案人等。行为特征分析主要是通过对视频中的可疑人物进行神情、步态、动作、交流等形态的研究判断,以分析其犯罪实施前的目的动机,实施过程中的心理状态,实施之后的行为表现,以及团伙犯罪中所处的地位、作用等。例如,某公安机关通过对一段时间内辖区商业街连续发生盗窃店内顾客钱包的案件进行视频分析,发现几个可疑女青年多次出现在该区域内,不加选择地进出不同类型的商店,并通过对这几个可疑女青年的行为特征分析,判断它是一伙用哑语(手势)交流的聋哑人犯罪团伙。于是布置警力开展巡查盘问,很快抓获这伙犯罪嫌疑人。分析视频的侦查人员特别需要注意对视频目标行为特征分析的培养,注意区分不同的视频目标在(心理)压力条件下与无压力条件下的行为特点。这是练就通过实时监控发现并捕捉扒手、逃犯等可疑人物的技能和手段。通过对被害人、报案人、检举人、证人行为特征的分析,可以发现他们与被害人之间的关系、熟悉程度、防范意识、抵抗能力等。从而分析他们提供情况的准确性、证言证词的真实性。

(三) 情节特征分析

事物的产生、发展、消亡过程总是一个现象接着一个现象,一个情节接着一个情节,现象与现象、情节与情节之间也总是具有一定的因果关系。所谓凡事皆有因,有因才有果,因果关系是事物间普遍联系的形式之一。视频情节特征分析就是为了在连续的视频画面中寻找发现引起"案情结果"的"原因"。

三、目标信息的异变与缺损

(一) 目标信息的变异分析

事物总是在不断地变化着的,但有些变化是自然、合理、正常的,有些变化是不自然、不合理、反常的,因而是可疑的。视频目标产生的变化如果是不自然、不合理、反常的,我们称之为目标变异。视频目标的变异分析,就是要寻找、发现变化的目标,判断、甄别变化是否正常,解释、追究产生变化的原因。

犯罪与侦查始终是一种活力的对抗。犯罪具有较高的反侦查能力,警方视频侦查与犯罪嫌疑人反侦查行为始终处于"你中有我、我中有你"的状态。犯罪嫌疑人为逃避打击,变换花样,出现视频影像目标变异,给视频侦查工作带来了相当大的困难。在犯罪过程中,犯罪嫌疑人进入现场或者犯罪后逃离现场常见的方法如下。

1. 有意回避现场入口摄像头

尽管流窜盗窃犯罪对作案目标有一定的选择性,犯罪嫌疑人对现场环境比较陌生。但是,为逃避打击,增加作案的成功率,犯罪嫌疑人会通过反复踩点的办法,仔细观察视频监控的位置,利用视频系统的盲区和空白点,来选择进入现场的最佳路线。

2. 故意遮挡或者调整现场摄像头

在无法回避现场的监控系统时,犯罪嫌疑人会在现场就地取物,遮挡视频探头,或者移动探头,使其无法监控到作案的位置。如在我分局某年侦破的"12·1"湖北省某家属院被盗案中,两名犯罪嫌疑人翻墙进入小区后,破坏作案现场的视频探头,使视频监控系统无法正常工作,以逃避视频侦查。

3. 伪装或借助于汽车隐匿

犯罪嫌疑人驾车(或乘坐出租车)进入现场比较常见:一是犯罪嫌疑人通过虚假的车辆

信息,更换车牌等方法,来掩盖自己的真实身份;二是通过车辆来隐藏面貌特征,达到躲避视频侦查的目的;三是在作案前后,通过改变自身的某些特征来达到逃避视频追踪的目的。犯罪嫌疑人还可通过易容的办法进行伪装,造成犯罪嫌疑人在视频影像中的丢失,主要手段有佩戴假发的男扮女装手段,或人皮面具改变容貌的手段,或进行衣服服饰的变化等。

当前的犯罪行为的职业化、技术化非常明显,反视频侦查意识特别强。在侦破多起该种类型的犯罪后发现,犯罪嫌疑人逃离现场主要利用"一躲、二绕、三装"的方法同警方"躲猫猫"。

(1)躲。所谓"躲",即犯罪嫌疑人尽量躲开犯罪中心现场及其周围关联现场的摄像头,尤其离主体现场最近的监控系统。因为作案现场周围目标一旦捕捉到犯罪嫌疑目标,侦查员就很容易通过现场访问和影像识别的方法辨认出陌生的犯罪嫌疑人。犯罪嫌疑人盗窃后逃离现场遵循以下三个原则:不走老路走新路,不走大路走小路,不走主路走偏路。即通过选择来去不同路线,走无视频或者较少视频监控的偏僻小路的方法,逃避公安机关的视频侦查。

(2)绕。犯罪嫌疑人得逞后,基本上是奔向落脚点或者火车站。为掩人耳目,犯罪嫌疑人通过绕行的方法,躲避公安机关的视频跟踪。具体地讲:一是舍近求远,在真正的目的地过而不入,然后再通过其他途径返回目的地;二是声东击西,目的地在东方向,犯罪嫌疑人却向西走,造成假象,例如,在武汉某大学校园4·26盗窃案件中,犯罪嫌疑人为躲避视频追踪,在返回落脚点时,故意乘车去武昌火车站,造成了乘车返回的假象,实际上犯罪嫌疑人的真正意图是借火车站人多车多来误导侦查员,然后再伺机返回落脚点;三是作案后以逸待劳,长时间在酒吧、网吧、洗浴中心、餐馆等消费娱乐场所逗留,利用该类场所人多、出口多的优势,然后再伺机逃跑,以摆脱公安机关视频侦查的打击。

(3)装。所谓"装",主要是犯罪嫌疑人在逃离现场时,通过改变自身的某些特征,逃避公安机关的视频追踪。在打击流窜盗窃案件时,犯罪嫌疑人反视频侦查伎俩十分普遍,主要手法:一是改变自身的某些特征,比较常见的是更换服装,戴眼镜等;二是改变自身携带的物品特征的方法,如换携带的包,或者将携带的包寄存;三是在逃离途中,或者步行,或者乘坐公交,或者乘坐的士,不断改变交通方式。

(二)目标信息的缺失分析

目标信息缺失是指根据掌握的案件情况或从客观规律分析,目标信息在一定的时间、一定的范围之内,或在某种特定条件之下,按照常理应该出现在监控画面之中而没有出现。缺失分析是运用辩证法对事物偶然性与必然性的判断,也是对事物共性与个性的甄别。缺失分析既要分析视频目标是否存在缺失,也要分析缺失的原因是否合理,判断缺失现象是否违反事物的客观规律。

中心现场无视频设备或者视频设备损坏的情况比较多。视频侦查取证工作中,公安机关在进行视频监控勘查时经常发现案件中心现场无视频系统或者系统损坏处于不可利用的状态,从而导致视频侦查工作无法顺利展开。如某年武汉某大学校园入室盗窃中,案发现场位于紧靠武昌珞狮南路的武汉某大学校园西区14栋1303房。被盗人上午9点离家,晚上回来后发现价值30余元的财物被盗。公安机关立刻组织专班开展侦破工作。经现场勘查后发现,案犯采用技术开锁的方式进入室内,戴手套作案,未提取到案犯的指纹、脚印、DNA等有价值的痕迹。案犯在现场没留下任何有价值的痕迹和线索,刑事技术、技术侦查、网络侦查和信息化等侦查手段都失去了作用,视频侦查工作成为唯一的希望。但是,经过视频侦查人员仔细勘查后发现,受害人的家中没有安装监控探头,整栋楼的电梯也没有安装监控系统,只有这栋楼的四周安装有视频探头。两名案犯采用技术开锁的方式入室盗窃可以说是来无影去无踪,致使视频侦查工作无法开展。

由于视频系统的自身缺陷,造成了视频监控无法录入视频影像,或者说由于时间关系造成原有视频影像数据被覆盖,由此造成数据缺失。在侦查实践中,经常遇到的第二个难题是犯罪主体现场视频系统失能,导致视频侦查工作无法展开。视频探头再密集也不可能把所有的空间都覆盖住。从本质上讲,世界上的任何先进技术都有其两面性,视频侦查也是如此。

四、目标信息的假象甄别

不要以为"耳听为虚,眼见为实"的名言放之四海而皆准,在视频侦查过程中,常常会发现有许多引起错觉的视频假象,使侦查人员产生错误的判断。只有通过认真细致的甄别,去伪存真,透过现象看本质,才能不被蒙骗。视频假象的成因很多,形式各异,但一般不外乎于两类情况:一类是由视频系统和拍摄环境造成的,是拍摄、播放条件不理想造成的一些"现象性"的假象;另一类是由被摄物造成的,是被监控人(物)有意识或无意识地掩盖、伪造、添加一些特征,以混淆视听,这一类属"内容性"的假象。

(一)视频系统造成的假象

1. 镜头质量效果

镜头是视频系统的"视觉器官",是观察记录事物的"眼睛"。镜头质量的好坏,直接影响视频图像的质量。决定镜头质量的技术因素有焦距景深、视角范围、解像率、感色性,以及光圈速度的搭配等,由此而产生的影响成像质量的技术指标有球差、彗差、像散、场曲、畸变、色差等。反映到视频图片上则会产生不同形式、不同程度的变形与变色。

2. 灵敏度设置

监控系统灵敏度的设置是商家根据用户的不同需求而定的,一般是为了让有限的磁盘空间记录保存更多的有效信息。监控系统灵敏度设置一般根据物体大小、速度快慢、感应区域等条件因素而定。当一些较小目标、较慢速度通过感应区时就不会被记录保存,造成没有经过的假象。因而在目标检索、查询时要充分考虑这些因素,防止遗漏(灵敏度设置也是分析目标缺失的因素)。

3. 移动视频造成的假象

一般情况下,移动视频给人造成的假象主要是运动速度方面,如一些静止的物体,看上去会像是运动的,相向运动的物体速度会加快,同向运动的物体速度会放慢。此外,移动视频由于监控拍摄的角度、范围随时发生变化,对监控区域内(线路上)的目标控制可能会产生遗漏,因此运用移动视频进行区域内(或线路上)目标的排查,具有不确定性。

4. 播放条件造成的假象

播放条件包含播放软件、显示器质量等,与亮度、反差、色彩、播放速度等的设置都有关系,不同的播放条件会产生不同的视觉效果,也会影响对目标信息的正确判断。

(二) 拍摄对象造成的假象

1. 犯罪嫌疑人伪装、掩饰造成的假象

伪造现场、销毁痕迹、制造假象是犯罪嫌疑人逃避打击的惯用伎俩,视频监控常常能记录这些伪装与掩饰的情节、过程,为现场勘查、分析提供了依据。但有些伪装、掩饰则需要侦查人员仔细推敲、甄别。例如,酒店宾馆经常发生的扒窃、拎包案件,犯罪嫌疑人会混迹于顾客之中,若无其事的样子,或拿着手机假装通话,左顾右盼窥视目标。又如,许多内盗案件,犯罪嫌疑人了解内部监控情况,有避开探头、遮挡脸部、更换装饰、东翻西找、不直接接触目标等现象。而许多具备交通工具作案的犯罪嫌疑人,通过更换车辆号牌过监控卡点,以逃避打击的案例则更多。视频侦查人员要通过这些情节特征仔细分析,去伪存真,透过现象看本质。

2. 运动物体造成的假象

由于视频监控的工作原理是运用前端摄像机摄取画面,再经光电转换成电磁(数据)信号保存在磁盘之中的。一般监控摄像机都以每秒 25 帧的速率拍摄记录,有些运动物体的运动频率接近或一致时,会产生不能反映物体全貌的现象,高速运动的物体则会产生拖尾、叠影等现象。

3. 同类物体造成的假象

视频查看过程中常常会被视频目标的同类物体所蒙骗,特别是在视频图像质量不好、画面场景复杂、分段保存的情况下,有可能会被同类物体所误导,致使目标选择、跟踪错误或丢失。

对视频目标信息的假象甄别是侦查人员的判断思维,而正确的判断来自对视频现象的正确理解和生活、工作的经验积累。同时要注意有些假象具有一定的规律性,有些假象则没有规律性,不能生搬硬套。

五、信息研判

视频侦查取证的信息研判,目的是为了从中发现与犯罪行为相关的信息,从目标信息中确定案件性质、案件时空、作案过程,发现犯罪嫌疑人及同伙、作案工具、交通工具等。以视频信息为依据(载体)分析犯罪行为及与犯罪有关的信息,具有形象直观、内容具体、时空可靠、方向明确、排他性强等特点。侦查破案最基本的任务是揭露犯罪事实、证实犯罪过程、收集犯罪证据,最终抓获犯罪嫌疑人。视频侦查取证在整体刑事司法过程的作用是显而易见的,主要体现在以下三个方面。

(一) 预防犯罪

视频监控体系提升了犯罪成本。就目前视频监控技术的发展状况来看,可以说智能化的视频监控技术大大提高了犯罪侵害目标的安全强度,从而提高了犯罪的成本。目前的视频监控越来越多地带有入侵检测功能、物品被盗或移动检测功能,不仅能在特定区域闯入可疑人或车辆后进行自动报警,而且还可以通过智能图像处理技术,对指定区域内需要保护的物品进行看护,从而提高了实施犯罪行为的难度。一旦所保护的物品被遮挡、移动,系统就会发出报警,并用报警框标识出物品原来的位置。视频监控的人物面部识别和车辆识别功能越来越多地与"电子门禁"系统相结合,处于电子门上的视频摄像头可以迅速识别可疑人

员和车辆。在特定区域安装的具有"游荡检测功能"的视频摄像头可以在可疑人员停留在该区域超过一定时间后发出报警,这也限制了犯罪人实施犯罪行为的时间。

视频监控提高了犯罪嫌疑人的犯罪成本,特别是在实行定点管理和加强正式监控方面。目前视频监控已经广泛地应用于人口流动性较大的车站、公交系统、交通路口以及各种公共场所,并且日益与智能报警系统相结合,智能化的监控功能不仅可以在潜在犯罪人实施犯罪行为前就能提前发出报警,而且能对完成犯罪行为的犯罪人进行实时动态跟踪追缉,视频监控还具有对所录制的图像进行自动检索、识别的功能,可以迅速识别作案人的面部特征并与犯罪档案数据库对比。毫无疑问,在安装具有这些功能的视频监控的区域实施犯罪,犯罪人的犯罪行为很容易被发现,其身份信息将轻易获得,就连其逃跑路线都会被全程跟踪,可见视频监控在提高犯罪成本方面的作用是非常显著的。从犯罪预防上看,在违法犯罪行为高发区域或特定犯罪行为高发的区域、场合安装视频监控系统,进行有效的监控,不仅对潜在的受侵害对象是一项直接的有力保护,而且对潜在的犯罪人产生直接的威慑,从而提高了犯罪的风险,即犯罪行为随时被发现,从而相应地增加了犯罪的难度,降低了犯罪的回报。因此,视频监控是犯罪预防重要的技术手段,对阻止犯罪行为的形成有重要的意义。

(二) 证实犯罪

1. 及时发现和制止犯罪

传统的侦查程序一般由报案、控告、举报等相关当事人或利害关系人的请求而启动,这时犯罪行为大多已经实施完毕,侦查人员只能被动地赶赴犯罪现场通过现场勘查、现场访问、听取被害人的陈述或犯罪现场的证人证言等,然后运用侦查思维进行推理和犯罪现场重建。在受害人死亡或没有证人的案件中,则完全只能依靠侦查人员对犯罪现场的推理分析及相关侦查措施,其被动性是可以想象的。而视频监控的安装可以实现对特定犯罪高发区域进行不间断的监控,特别是常规监控与报警系统的结合可以在犯罪行为实施的同时或者在接到报警的同时准确确定犯罪行为的发生地点和犯罪行为的实施情况,并立即派出侦查人员赶赴犯罪现场。即使犯罪行为发生地与监控控制室距离较远,也可以第一时间通知与案件发生地最近的治安监管部门取得联系,从而保证实施侦查的时效性。据此,有些地方以建立视频监控综合系统为契机,建立了由"反应型被动警务"向"先发型主动警务"转变的巡逻防控新机制。有利于侦查人员在第一时间内发现犯罪,收集证据。

2. 获取破案线索和证据

视频监控对犯罪行为进行监控,实际上就实现了对特定犯罪行为及其发生的区域进行侦查阵地控制。所谓侦查阵地控制,是指侦查部门在同刑事犯罪作斗争的过程中,为了打击和防范刑事犯罪活动而对犯罪嫌疑人可能涉足、落脚、藏身、作案以及销赃的地区、场所、行业等采用公开和秘密的监视控制措施。在侦查阵地控制所涉及的地区和行业安装监视控制系统,就可能在日常监控过程中对落脚、藏身、作案以及销赃的犯罪嫌疑人进行有针对性的监控,从而实际上就控制了犯罪嫌疑人实施犯罪及犯罪后活动的若干关键环节,可以根据犯罪嫌疑人的体貌特征和其他特征,从被控制的阵地中及时发现犯罪案件线索和情报。如某年南方某市在已建项目的基础上,新增加 2 个反走私指挥中心、20 个前端视频监控点,待各监控站和前端视频系统建成连接后,及时组织分散在各区镇的视频监控站与全市打私和海防指挥中心实现信号连接,形成打、防、控、管一体化。

侦查破案的过程,不仅是还原真相,捕获犯罪嫌疑人的过程,同时也是寻找固定犯罪证据的过程。视频监控所记录、拍摄的视频图像是我国《中华人民共和国刑事诉讼法》中法定的证据类型——视听资料,大部分情况下,是可以认定犯罪的直接证据。视频图像又像是一个可以探索的魔镜,它所反映的案发过程,记录着过去发生的犯罪事实,行为人的活动轨迹,侦查人员可以根据视频中所反映的一系列犯罪行为,进一步扩大侦查空间,获取其他有利的物证、书证甚至相关的证人证言,同时也可以验证被害人陈述和犯罪嫌疑人的供述,为诉讼寻找到全面翔实的证据。

3. 犯罪现场重建

所谓犯罪现场重建,是指以犯罪现场勘查为基础,综合运用临场分析、物证检验、情报信息和侦查实验等多种侦查方法,科学地推断犯罪行为发生的有关情节,甚至犯罪行为发生的全过程的合乎逻辑的现场认知方法。必须注意的是,对物证形成原因进行分析重建和上述特定情节重建的过程是侦查人员基于犯罪现场的情况运用情景思维进行推测和假设的过程。但情景思维有逆向性和想象性两个特点,在现实中具有局限性。就情景思维的想象性而言,虽然是侦查人员运用逻辑思维和侦查经验作出的合理推测和假设,但受现场勘查、科技检验水平、犯罪人反侦查措施以及个人业务素质的影响,不可避免地会出现错误。而视频影像则会提供犯罪现场案发前的正常环境、异动情况以及案发前后的情境变化对比,从而向侦查人员形象地展示现场物证形成的原因,对犯罪时间的重建、犯罪行为顺序的重建、犯罪环境的重建甚至作案人与被害人关系的重建都提供了相对客观的判断和推理依据,避免了纯粹的想象性带来的弊端,提高了犯罪现场重建的客观化程度,从而为犯罪证据收集提供重要依据。

4. 同一认定

早在1840年,照相技术就被巴黎警察局应用于犯罪档案之中,以便客观地记录罪犯的相貌,从而实现犯罪嫌疑人与有过犯罪记录的罪犯的人身同一认定。视频监控所获取的图像资料也具有这种功能,不仅能够准确记录犯罪嫌疑人的体貌特征和局部细节特征,而且能够与犯罪嫌疑人的作案环境和作案过程相结合,记录犯罪嫌疑人所特有的行动特点和作案手法,保证同一认定的准确性。在安装了含有自动面部识别功能或车辆识别功能的监控系统中,还可以直接捕获犯罪嫌疑人的面部图像或对作案车辆进行识别,从而直接进行车辆同一认定和"人与事同一认定"。

5. 犯罪过程客观追溯

在犯罪侦查中,侦查人员经常用到逆向思维,因为这是由侦查活动的性质所决定的。首先,从整个案件来说,侦查人员受理案件时接触的是犯罪行为的结果,而侦查活动的任务就是要从这些结果中推导出其产生的原因,从而查明案情并缉捕罪犯。其次,从案件的具体情节来说,侦查人员也经常从结果推断原因。侦查思维的逆向性或回溯性是由侦查工作的特殊任务所决定的。侦查的任务就是要查明案情、收集证据、缉捕罪犯,这些任务的完成必须从已知的结果出发依靠侦查人员的思维去推断过去发生的事实。而过去的案件不可能真实地再现,仅靠侦查人员的推断难免具有主观随意性。因为逆向思维要求侦查人员具有广博的知识和丰富的经验,具备深刻认识和准确把握事物内在联系的能力。而视频监控的出现弥补了单纯依靠思维回溯推断案情的局限,因为在有视频资料可用的刑事案件的侦查中,监控资料可以形象生动、准确可靠地按照案件发生当时的时间顺序再现刑事案件案发前的情况、案件发生原因、发展过程、案件结果和犯罪过程的关键细节,有的甚至可以清晰地提供犯罪嫌疑人的相貌,从而抓获犯罪嫌疑人,完成犯罪侦查的任务。这在破获发生在银行等金融机构的抢劫案件中和突发性冲突导致的刑事案件的侦查破案中发挥了不可替代的作用。如在某年哈尔滨六警察打死青年林松岭的案件中,从双方因在酒吧外停车发生冲突到在酒吧内外六警察与林松岭打斗,直到被害人死亡的过程,整个案件都被视频监控摄像头全程实时录像。这就大大减少了侦查人员运用侦查思维去还原案件过程的困难,其客观性是不言而喻的。视频监控可以克服侦查思维的主观局限性和对侦查人员个人素质和经验的要求,增强了案情分析的合理性、可靠性和侦查方案的可行性。

6. 从像到人的侦查模式

当前从像到人的侦查模式的出现极具有侦查实战意义。侦查模式已经从过去的从人到案、从案到人、人案结合的模式,过渡到视频侦查从像到人的模式上了。视频侦查从像到人模式,是指在犯罪案件发生后,侦查人员通过视频监控信息获取线索和证据,查获犯罪嫌疑人和深挖犯罪的侦查工作方式。从像到人的侦查模式使现场勘查、案情分析和调查取证等活动具有客观性,这不仅丰富了侦查途径和取证方式,更改变了侦查思维和工作方式。这种新型的由像到人的侦查模式,为案后侦查打开了一条新路,不再是"倒推"寻找线索,侦查人员通过视频图像真切地观察到犯罪过程、犯罪人的具体形象、行为习惯、活动轨迹或者其他细节特征,从而在视频中侦查人员就已经触碰到了犯罪嫌疑人,犯罪嫌疑人的犯罪行为在案发后再次展现在侦查人员面前。

(三)锁定犯罪嫌疑人

1. 视频影像搜索

采集、观看视频监控录像的工作量非常大,对于犯罪嫌疑人活动范围较大的案件来说,仅靠一两个人进行视频侦查工作是远远不够的,有的案件动用了几十甚至几百个警力。因此,必须采用正确的视频搜索方法,减少视频搜索的工作量,提高搜索效率。

(1)单点情景模式搜索:每一组负责观看现场周边区域一个视频监控点的视频,根据设定的情景模式反复观看,以发现可疑人员(或可疑交通工具)。

(2)单点盲目搜索:对于无法发现视频中可疑人员的情况,可以盲目观看,并记录下每个监控点的过往行人、车辆(包括自行车)的行走方向、时间,以及可供识别的特征(如服装颜色、携带物品、身高体态)、穿着的鞋子、自行车特征、汽车特征等,为下一步的图像信息甄别与研判做好基础工作。

(3)多点关联搜索:每一组根据设定的情景模式,在现场周边区域的几个视频监控点中关联观看,以发现犯罪嫌疑人从现场的某一位置进入、从另外方向离开的情况。

(4)多点并列搜索:将两个相对的视频监控点的视频并列观看,查看视频画面的不同方向,以发现可疑人员;或者将几个相关视频监控点的视频并列观看,查看不同视频画面中的相同点。

(5)多点接力搜索:对连成一条线的几个视频监控点的视频,进行接力观看,对视频中的人员(车辆)动作、走过的路线进行分析。

(6)软件搜索:许多公司开发了视频检索软件,如海康威视开发的视频后检索系统、北京多维视通开发的视频侦查员等,这些软件可以用较少的人力实现在大量视频资料中快速准确地查找到有效资源,对无效信息进行过滤,并将这些有效信息资源管理起来。例如,进行人、车过滤,可以将人和车区分开,可以显示所有经过的车,也可以显示所有经过的人,提高定位准确度。还可以进行浓缩播放,即快速播放非关注视频片段,常速或慢速播放可疑片段,该播放模式的加速、减速的调整完全自动,无须人工干预。

2. 轨迹追踪

如果单个监控点的视频搜索初步锁定了可疑目标,但不知道目标的其他信息,或目标图像模糊,所含的信息有限,则可以通过扩大视频搜索范围,获得目标的清晰图像、运动轨迹或其他信息,如目标车辆的车牌,目标人物的相貌,嫌疑对象的作案范围,嫌疑对象的逃跑方向,目标人进入宾馆、网吧、小区、车站的情况,以及目标人物使用手机、销赃、毁迹的情况,以便为侦查提供进一步的线索。因此,视频追踪是通过扩大搜索范围,连接嫌疑目标出现的各个监控点,获取更多犯罪信息的一种视频侦查取证技术。

(1) 视频追踪的范围:结合案情和视频监控的建设情况,划定视频现场勘查的范围、路线、方向后,勘查人员要对监控点进行踏勘,详细了解视频监控前端(监控点)安装的位置、方向、角度,了解监控点周围的地理位置、道路环境、光照条件,了解监控的可视范围和监控盲区。分析监控目标可能出现在监控画面中的方向(确定监控通道)、位置(确定画面空间比例)、时间(出现在画面中的时间段),以及未能进入监控画面的可能性。

侦查人员一是根据犯罪行为实施情况和现场环境,确定中心视频现场勘查范围。犯罪行为的实施场所,若在视频监控范围之内,应在现场勘查的同时,立即展开对(中心)视频现场的勘查,发现与收集证明犯罪的直接或间接的视频证据。二是根据现场访问、勘验检查获取的犯罪嫌疑人进入和离开犯罪现场的信息,划定外围视频现场的勘查范围和路线,以获取侦查方向或佐证侦查思路。三是根据犯罪嫌疑人有可能驾驶交通工具的信息,结合道路交通视频监控建设情况,划定勘查范围和路线,如沿途的交通违章视频拍摄点、城际交通卡点、公路收费点、高速公路出入口等。四是根据犯罪嫌疑人有可能是流窜作案的信息,应考虑车站、码头的视频监控点和相关地铁、公交、出租车等交通工具的视频监控。五是根据犯罪嫌疑人有可能逗留、伺机作案的信息,应考虑宾馆、网吧、影院等监控。六是根据犯罪嫌疑人有可能购买销赃作案工具、邮寄、汇款等信息,应考虑商场、银行、邮局、销赃场所等的监控。

此外,还可以通过已知的视频信息,在发现监控目标后,根据其活动路线、方向来确定沿途的视频现场勘查路线。对于重大复杂的刑事案件、视频监控分布密集区域或犯罪嫌疑人可能出现在多个视频监控点的案件进行视频现场勘查时,或者对某一区域的系列性案件进行串并案侦查时,为了方便多警种(组)工作的统一协调,减少侦查工作出现的漏洞,要制作视频监控现场分布图,对于勘查范围内的所有监控探头位置进行标注。

(2) 视频追踪技术的运用方法:视频监控不间断的工作特性决定了它会毫无选择地记录监控范围内大量的信息,在这包罗万象、复杂纷乱的信息中发现并确定与犯罪行为相关、能为侦查破案服务的有用信息,不是一件容易的事情。只有认真细致地检阅、客观严谨地分析,才能从海量信息中筛选、确定目标信息,并进一步确保目标信息的准确性。

①时空追踪法。运用时空关系来确定视频目标,是指根据视频监控记录的时间,经与标准时间校正,从一个监控点发现可疑目标信息后,依据标准时间连贯各监控点的时空关系,快速查找、确定其他监控点的视频目标。

②连线追踪法。运用连线追踪来确定视频目标,是指从一个视频监控点发现可疑目标信息后,通过对道路、环境、方向、时间、空间(距离)、目标移动速度的分析,结合嫌疑目标的面貌、衣着、车辆等可供辨认的特征,在其可能的来去路线沿途监控点中寻找,并将可疑目标

踪迹的各点以线相连,从而确定目标活动的信息。

在连线追踪中,既要以现场为中心、按已知的犯罪嫌疑人来去方向沿线逐点进行查看,也要根据同一方向的交通情况前置式查看录像,以及时发现犯罪嫌疑人有无通过此处或有无转向。

③圈踪拓展法。运用圈踪拓展法来确定视频目标,是指从一个视频监控点发现可疑目标信息后,但在下一个十字路口消失(或该路口无视频摄像头),在目标来去方向不明时,依据可疑目标的面貌、衣着、车辆等可供辨认的特征,结合时空条件、可疑目标运动的速度,以该监控点为中心,利用周边监控点的布局向四周扩散搜索,以查找、确定其他监控点的视频目标。

④情景分析法。情景分析是指侦查人员依据对案情的研究,分析犯罪嫌疑人进出现场时可能经过的路线、衣着和携带物品的变化情况、可能的交通工具、作案后为销赃等可能会去的场所等要素,结合现场和相关区域周边的交通情况,查看相应位置的监控录像,进而发现犯罪嫌疑人的一种侦查模式。

在某市发生的一起诈骗案件中,该追踪模式起到了关键的作用。案发后,侦查人员经对目击者的访问,反映出犯罪嫌疑人骗得10余万元现金后驾驶一辆黑色普桑轿车出城沿省道向东驶去,当时沿线公路上只有在距现场40分钟车程的公路收费站有监控点,遂调取了该监控点相关时间段的监控资料,逐辆查看经过的普桑轿车,发现其中一辆黑色普桑轿车经过该收费站时离案发刚好40分钟时间,图像处理后可辨析该车车牌号,通过全国交管网查询迅速找到了这辆车的车主信息,确定了犯罪嫌疑人,从而快速破案,追回赃款。

(3)轨迹追踪信息扩展:视频追踪的信息扩展,是指从视频监控图像中确定犯罪嫌疑人后,根据其在活动过程中反映出的打手机、进网吧、住旅馆等可资深查的情况,及时进行信息关联、拓展查证渠道的一种侦查模式。

①手机信息拓展。根据犯罪嫌疑人使用手机的情况分析其通话时间、地点、主叫、被叫等细节,提交技侦部门查证;获得其子机话单和机主资料后,即可结合常住人口人像信息与视频监控中犯罪嫌疑人的面貌进行比对。

②车辆信息拓展。根据犯罪嫌疑人车辆车牌号并结合车辆外观等关联信息提交给交管部门查证车主资料,进而将常住人口人像信息与视频监控中犯罪嫌疑人的面貌进行比对。

③网吧信息拓展。根据犯罪嫌疑人失踪点在网吧附近的情况,收集网吧名称、位置、犯罪嫌疑人上下网时间等关联信息,提交网侦部门查证。

④住宿信息拓展。根据犯罪嫌疑人住宿的情况,利用犯罪嫌疑人进出宾馆饭店的登记记录、住宿来往的人员、时间等关联信息,查证相关线索。

⑤其他关联信息拓展。如发现犯罪嫌疑人活动轨迹消失,还可根据其消失的时间、地点、人数等关联信息,与装有GPS的车辆进行信息关联,进而寻找关联现场或犯罪嫌疑人的落脚点。

第九章 视频监控中的反侦查行为分析

第一节 反侦查行为概述

一、反侦查行为的含义

反侦查行为是指犯罪案件中,作案人为掩盖其犯罪行为和逃避法律制裁,针对侦查机关的侦查行为,实施的对抗性行为的总和。①

二、反侦查行为产生的原因

反侦查的"反"字,是指目的之反。反侦查的目的是与侦查目的相反的。侦查的目的是查明案情、收集证据、揭露、证实犯罪,缉获犯罪嫌疑人,使其受到法律制裁;而反侦查的目的是通过掩饰犯罪事实和犯罪证据,实现逃避打击、对抗侦查的效果,使犯罪嫌疑人自身不能或难以被发现、证实与抓获,从而逃避刑事责任的追究。畏罪心理、求生避害、保护自己是绝大多数人的基本心态。除了个别犯罪嫌疑人作案后立即悔悟、投案自首,或对自己生命、前途全然不顾者外,多数犯罪嫌疑人都不愿受到法律制裁。他们在作案前、作案时与作案后,总是想方设法对抗侦查,利用反侦查行为企图掩盖自己。反侦查为侦查机关顺利开展侦查工作设置了重重障碍,可使侦查机关多费时费力,或使案件一时不能被破获。一些案件虽然最终被破获,但侦查机关为此付出了较大代价。

三、反侦查行为的类型

近年来,随着公安机关打击犯罪的力度越来越大,犯罪嫌疑人躲避打击的方式也越来越多。

(一)在侦查环节采取的反侦查行为

1. 为逃避作案时空条件而采取的反侦查行为

任何案件都有特定的作案时间,时间是犯罪基本结构中不可缺少的要素之一。时间具有一维性,有无作案时间,是确定犯罪嫌疑的重要依据。因此,时间条件就成为摸底排队最基本、最重要的条件之一。只有具备作案时间再去考察其他条件,不具有时间条件的人可以被快速排除。同时,任何一起案件的构成都必定占有一定的空间,也就是说必须发生在某一特定的地点,犯罪嫌疑人与这一空间接触并进行活动,不可避免地要在这一特定地点留下犯罪行为的形态、痕迹、罪证,也不可避免地要在犯罪嫌疑人身上或所用的工具、用品上留下这一特定地点的空间特征。所以,排查对象是否具有接触、进入现场空间条件是确定嫌疑的重

---

① 刘品新.反侦查导论[J].新疆公安司法管理干部学院学报,2001(3):19.

要依据。正是由于犯罪时空具有一维性,所以犯罪嫌疑人想方设法规避作案时空条件,如通过串通证言、长途奔袭、伪造票据、正常行为中途离开、延时或定时爆炸等方式制造没有作案时间的假象。

2. 为逃避作案动机条件而采取的反侦查行为

任何事物其本质与现象都是相关联的,没有犯罪动因就没有其行为的发生。犯罪案件或明或暗都有一定的因果关系,俗话说:"无故不杀人,杀人必有因",就是这个道理。因此,从结果去追查原因,从被害人去追查犯罪嫌疑人,就成为摸底排队的重要条件。有的案件类型即使没有明显的因果关系,也有作案动机,如频繁作案反映罪犯急需用钱,可能是吸毒人员、赌博人员、交女友、家中急需用钱等。犯罪嫌疑人为了规避明显的作案动机条件,采取如雇用他人作案、与无作案动机的嫌疑人结伙作案且自己不出现在中心现场,以及作案现场故意询问受害人是否得罪某某人等方式转移视线,进行反侦查。

3. 为逃避生理特征条件而采取的反侦查行为

生理特征是摸底排队的一个重要条件,也是重要的侦查线索。诸如年龄、性别、身高、胖瘦、头面部特征、口音、姿态、穿衣打扮等,这些条件通常是根据被害人或目睹人提供的。正常情况下受害人提供的体貌特征基本上能反映出事物的实际情况。有些条件是根据现场痕迹作出的科学推断。在摸排中充分利用犯罪嫌疑人体貌特征的条件,往往能达到事半功倍的效果。为此,犯罪嫌疑人通常采用蒙面作案、戴眼镜、戴帽子、戴口罩、戴假发、男扮女装、改变口音、异地流窜等方式规避生理条件的摸底排队。

4. 为逃避工具特征条件而采取的反侦查行为

作案工具一般包括凶器、破坏工具、交通运输工具、毒物、麻醉物、引火物和爆炸物等。犯罪嫌疑人为达到作案的目的,往往准备和使用与之犯罪行为相应的工具或物品。如行凶用的凶器,投毒用的毒物等。在实际工作中,一经发现与案件有关的,特别是具有明显职业特征和特殊标记的犯罪工具或物品的信息,就成为摸底排队中的一个重要条件。所以犯罪嫌疑人为了规避工具特征条件,往往采取盗用、租用、借用作案工具作案、改变伪装交通工具的特征、网上秘密购买作案工具等方式进行反侦查。

5. 为逃避赃物特征条件而采取的反侦查行为

赃物与犯罪有其内在的联系,是证实犯罪的重要证据,一般具有辨认的特征。赃物作为摸排条件,其目的是发现赃物持有者,进而发现犯罪嫌疑人。因此,在案件侦破中,凡是有赃物的案件,且有明显特征的,都应当把赃物列为摸排条件。正因为如此,犯罪嫌疑人想方设法割断与赃物的联系,如秘密转移赃物、异地或网上秘密销售赃物、藏匿赃物、赠予赃物等手段进行反侦查。

6. 为逃避痕迹物证条件而采取的反侦查行为

现场痕迹物证是指由犯罪行为所产生的现场物质形态的变化而留下的印痕。现场是犯罪活动的客观记录,没有任何痕迹物证的现场是不可能的,犯罪嫌疑人在现场遗留的痕迹种类有指纹、脚印、DNA、工具痕迹等,据此作为摸底排队条件,不但能寻找到犯罪嫌疑物品、工具或发现犯罪嫌疑人,同时通过对现场痕迹物证的检验和鉴定,还可以为认定犯罪嫌疑人提供科学的证据。同时,实施犯罪行为一般来看不可能完全保证在现场不遗留物品,尤其是凶杀、抢劫、强奸案件,犯罪嫌疑人在作案和逃离现场时,由于搏斗或慌张,多少会留下各种各样的物品,大到衣裤鞋帽,小到毛发线扣,每件物品都会有它各自的特征,可作为摸底排队条件去发现犯罪嫌疑人。所以,犯罪嫌疑人为了规避痕迹物证条件,采取譬如犯罪现场戴手套鞋套作案、清理作案现场等方式进行反侦查。

7. 为逃避知情条件而采取的反侦查行为

所谓知情,是指熟悉或了解被侵害客体的有关情况。案件发生后,我们往往可通过犯罪行为所侵害的目标、作案过程以及现场状态情况,推断出其知情程度,并据此为条件来确定摸排范围。如熟悉现场(出入口、来去路线选择恰当)、知道被害人家庭生活和工作规律、侵犯目标准确、作案时间恰当、受害人没有反抗或没有防备、作案过程具有趋利避害性等。具备知情条件的嫌疑人通常是与被害人有一定社会关系或有过接触的人。为此,侦查人员在摸底排队中,会将了解被害人生活习惯、财产状况、性格爱好、交往关系、家庭状况,了解被害单位防范情况,门卫和相关人员的活动规律的人纳入侦查视线。为此,犯罪嫌疑人为了割断知情条件,往往采取如雇用他人作案、与不具备知情条件的嫌疑人结伙作案且自己不出现在中心现场等方式开展反侦查。

(二)在追逃环节采取的反侦查行为

追逃即追捕逃犯,是指公安机关采取相应措施,将逃跑的犯罪嫌疑人或脱逃人员缉捕归案,使其接受诉讼处理或法律制裁的侦查措施。追捕逃犯时侦查人员往往要在犯罪嫌疑人容易藏身落脚如吃住行消乐、暴露的场所如谋生或再次犯罪以及与亲友的通信联络环节进行侦查,如不使用手机、不使用自己真实证件、不住正规宾馆、在野外露宿、选择黑网吧上网、不坐火车、不在车站上车只在沿途拦乘,更换手机号、QQ号、微信号,躲到边远地区隐姓埋名,不与家人联络,选择夜晚偷偷潜回老家,暴力拘捕等。

(三)在审讯环节采取的反侦查行为

1. 基于侥幸心理产生的反侦查行为

侥幸心理是犯罪嫌疑人自认为可以逃避罪责的自信感。犯罪嫌疑人自认为自己实施犯罪时准备充分、谋划周全、行为隐蔽而心存侥幸,在审讯时一言不发、试探摸底、辩解否认、避重就轻甚至主动反击。

2. 基于畏罪心理产生的反侦查行为

畏罪心理是犯罪嫌疑人害怕罪行被揭露受到惩罚的心理。出于趋利避害,犯罪嫌疑人逃避处罚或减轻处罚愿望强烈,在审讯中往往不供、少供、假供、翻供,或者装疯卖傻、装聋作哑、自伤自残等。

3. 基于抵触心理产生的反侦查行为

抵触心理是犯罪嫌疑人对公安机关甚至社会因各种原因产生的一种强烈不满和敌视。在审讯中突出的抗审表现有气焰嚣张、积极抵触,或反映冷漠、答非所问、沉默不语,以此消极抵触。

4. 基于戒备心理产生的反侦查行为

戒备心理是犯罪嫌疑人为防备罪行被揭露和害怕不能得到公正处理的一种防御反应。审讯中犯罪嫌疑人往往怀疑一切,怀疑讯问人员的问话用意、怀疑警方使用的证据,对问话不予理睬不予配合,以此对抗审讯。

四、反侦查行为的特点

反侦查行为是作案人的一种特殊行为。同作案人的其他行为一样,反侦查行为也是作案人主观意志的体现,行为内容亦与作案人的心理、知识、社会经验和阅历等密切相关。但反侦查行为更有其自身的特点。了解反侦查行为的一般特征,有利于正确区分反侦查行为与其他行为,有利于在侦查中更好地识别和揭露反侦查行为。

(一) 对抗性

反侦查行为是作案人实施的系列针对性行为,对抗侦查无疑是其最重要特征。反侦查行为的"反"即表明了这一点。在作案之前,作案人要精心策划,一方面确保作案成功,另一方面又要确保其行动不致暴露,即使暴露也要让侦查工作难以获取信息和证据。在犯罪过程中,作案人一方面要根据现场周围环境和目标的具体情况实施犯罪,另一方面要尽量减少甚至避免留下犯罪痕迹,消除一切可能消除的犯罪信息,或者制造迷惑性的行动信息,使人们难以察觉出犯罪行为。犯罪后,一旦侦查工作开始,作案人一方面要通过各种方法获取侦查工作信息,了解侦查工作进展,另一方面要采取措施,如准备假证、订立攻守同盟和向侦查人员施压等。

(二) 智能性

反侦查行为和侦查行为是侦查领域中的一对矛盾。作案人和侦查人员是对抗的双方。双方既斗力、斗勇,又斗智,而斗智常统帅和制约着斗力、斗勇。作案人同侦查人员进行较量,往往不是体力,而是智力。作案人不是侦查工作的单纯承受者,他们往往制定自己的谋略,同侦查人员千方百计地进行对抗。有些作案人在利用智能设计和施用谋略上,反映出作案人的思维状态和智能程度。当然,反侦查行为的智能性并不排除行为人行为的部分暴力性因素。

(三) 手段不确定性

现实中反侦查行为的手段是多种多样、形形色色的,并且不断推陈出新。不仅在不同时期、不同地域内出现的反侦查行为手段不同,而且在同一时期、同一地域内的不同案件、不同阶段,作案人采用的反侦查行为手段也会不一样。有一作案人在归案后交代说:"对付侦查机关的花样越多,水搅得越浑,保全自己的希望也就越大。"此语道明作案人的典型心态。他们在对抗侦查时,强调以"动"制"动"、以"变"应"变",追求多样性、多变性。因此,形成了具体案件中作案人实施反侦查行为手段的不确定性。

(四) 现象反常性

反侦查行为对犯罪行为发展变化规律的破坏,不可避免地造成犯罪现象违背其应有的发展变化规律,出现了许多反常现象。反侦查行为造成的反常现象,主要指违反作案规律的反常现象。如行凶杀人案件中,在现场上尸体周围应出现大量血迹,根据这些血迹的血型、形状、血量、位置等特征可以大致判断出凶杀搏斗情形和过程,而在作案人采取反侦查行为后,如移尸、擦拭血迹等,就会出现杀人现场没有血迹(或血迹极微)的反常现象。这样侦查人员就难以根据血迹来判断凶杀搏斗情形和过程。

(五) 效果两面性

在犯罪案件中,反侦查行为相对于犯罪行为而言是辅助性行为,其目的在于掩盖犯罪、防止和破坏侦查。大多数出现了反侦查行为的案件,犯罪的严密性和破案的难度都有所增加;有些案件甚至出现"无头(绪)案"和侦查僵局。毫无疑问,反侦查行为在客观效果上具有不利于侦查破案的一面。但是,任何事情都不绝对的,反侦查行为亦存在有利于侦查破案的另一面。首先,反侦查行为必然在案件中留下某种痕迹和印记,留下掩盖犯罪活动的表象,这在客观上增加了侦查人员获取案件信息的机会和数量。侦查人员只要善于发现这些痕迹,弄清这些印记的含义,就能开辟新的破案途径。其次,由于受客体条件和主体能力的局限,反侦查行为很难达到无懈可击和滴水不漏,总有一些缺陷和片面性存在,这些缺陷和片面性客观上成了侦查破案的"敲门砖"。有时,反侦查行为纯属画蛇添足,结果会"弄巧成拙",反而导致了案件的暴露,加速了案件的侦破。侦查实践中利用作案人反侦查行为的失误破获案件的情况,并非罕见。再次,反侦查行为的出现,使案件侦破难度增加,侦查行为与反侦查行为对抗加剧,所有这些将促使侦查人员素质不断提高和侦查手段不断进步。从长远来看,这也是有利于侦查破案工作的。总之,对反侦查行为的客观效果,要一分为二地看待。①

第二节 视频监控中反侦查行为分析

一、视频监控中反侦查行为的类型、表现

(一)为逃避作案时空条件而采取的反视频侦查行为

选择在监控盲区作案,如城区监控死角和乡镇监控不发达地区。

(二)为逃避生理特征条件而采取的反视频侦查行为

选择在监控盲区作案,通过在监控下蒙面作案等方式来掩饰或伪装生理特征,通过蒙罩探头或破坏探头甚至搬走主机等方式破坏监控设备。

(三)为逃避工具特征条件而采取的反视频侦查行为

使用套牌、假牌、无牌车或遮挡号牌,车窗及车内不张贴或摆设标志性物品,借用租赁车辆等,以此掩饰、伪装车辆特征。

(四)为逃避职业技能条件而采取的反视频侦查行为

通过穿戴带有职业特征的衣帽或驾驶具有职业特征的交通工具,以此进行身份伪装。

(五)为逃避住址信息认定而采取的反视频侦查行为

不直接回落脚点住所,而是设法绕弯以此规避探头;或不回真实住所,而是长途潜逃到临时落脚点以甩掉监控。

二、视频监控中反侦查行为的特点

(一)视频监控中反侦查行为的普遍性

1. 涵盖了所有的案件类型

由于视频监控存续时间越来越长、视频监控网络越来越密集,犯罪嫌疑人的视频反侦查意识随之越来越强,视频反侦查行为愈演愈烈,普遍存在于可能被监控拍摄到的各种案件类

---

① 刘品新.反侦查导论[J].新疆公安司法管理干部学院学报,2001(3):19-20.

型,如:扒窃、盗窃车辆、入室盗窃等盗窃案件;拦路抢劫、尾随抢劫、入室抢劫等抢劫案件;飞车抢夺等抢夺案件;街头诈骗、电信网络诈骗等诈骗案件;故意毁坏公私财物、敲诈勒索等黑恶犯罪案件;杀人、绑架勒索案件;暴力恐怖犯罪案件。

2. 涵盖了所有的作案环节

由于犯罪嫌疑人的各个作案环节都有可能暴露在视频监控之下,为此,其视频反侦查行为也就贯穿了作案的始终,包括案前预谋、案中实施、案后应变等,尤其是案中实施环节,视频反侦查意识最为强烈,手段最为狡诈。

(二) 视频监控中反侦查行为的多样性

1. 规避生理信息的反监控行为

为了规避监控下遗留的生理信息,通常选择监控盲区,或蒙住监控、破坏监控、在监控下蒙面、戴帽子、戴口罩、戴深色眼镜、戴假发、男扮女装、更换衣服等。

2. 规避车辆信息的反监控行为

为了规避监控下遗留的车辆信息,往往选择监控盲区,或蒙住车牌、套牌假牌无牌、租用车辆、使用盗用车辆,减少车内细节特征等。

3. 规避住址信息的反监控行为

为了规避监控下遗留的住址信息,犯罪嫌疑人在案发前往往不直接从住处到达现场或案发后不直接从作案现场回到住处,以此在监控下割断自己与住址的关联。

(三) 视频监控中反侦查行为的奸诈性

犯罪嫌疑人在反视频监控行为中绞尽脑汁、花样百出,可谓是用心良苦,以逃避监控记录,总结起来有如下几种。

1. 使用"浑水摸鱼"之诡计反视频侦查

浑水摸鱼之计谋,本是中国古代兵法策略三十六计中第二十计,本意是指打仗时要善于抓住敌方的可乘之隙,而我借机行事,使乱顺我之意,我便乱中取利。犯罪嫌疑人在反视频监控侦查中,也挪用此计,如有的犯罪嫌疑人利用某些场所的监控设施损坏维修等不能正常使用的空档伺机作案,有的犯罪嫌疑人专挑背街小巷、乡村野外等监控设施没有覆盖的盲区进行作案,从而实现其"浑水摸鱼"之奸狡意图。

2. 使用"釜底抽薪"之诡计反视频侦查

釜底抽薪之计谋,本是中国古代兵法策略三十六计第十九计,本意是指对强敌不可用正面作战取胜,而应该避其锋芒,削减敌人的气势,再乘机取胜的谋略。犯罪嫌疑人在反视频监控侦查中,也挪用此计,认为在监控前想方设法伪装外表还不如直截了当地破坏监控,认为这样就可以"以绝后患、高枕无忧",所以就想方设法地从根本上彻底破坏现有的监控设施,如有的犯罪嫌疑人将现场的监控主机搬走,使监控不能正常调阅使用;有的案件中嫌疑人先用拖把击打探头,试图破坏监控设施;有的犯罪嫌疑人进入现场前切断电源,使视频监控设施无法正常使用等,从而实现其"釜底抽薪"之奸狡意图。

3. 使用"瞒天过海"之诡计反视频侦查

瞒天过海之计谋,本是中国古代兵法策略三十六计第一计,本意是指瞒住上天,偷渡大海,比喻用谎言和伪装向别人隐瞒自己的真实意图,在背地里偷偷地行动。而此计谋被犯罪嫌疑人挪用到反视频监控侦查中,当无法避开、破坏监控设施时,犯罪嫌疑人退而求其次,想方设法遮掩外表,使监控无法拍摄到其面容、物品等真实身份信息。如有的犯罪嫌疑人在监控面前用丝袜或头套蒙面、戴口罩、戴帽子、打伞遮挡头部;使用无牌车辆作案或盖住车牌等,从而实现其"瞒天过海"之奸狡意图。

4. 使用"李代桃僵"之诡计反视频侦查

李代桃僵之计谋,本是中国古代兵法策略三十六计第十一计。比喻兄弟互相爱护互相帮助,后转用来比喻以此代彼或代人受过。在军事上指在敌我双方势均力敌,或者敌优我劣的情况下,用小的代价,换取大的胜利的谋略。而此计谋被犯罪嫌疑人挪用到反视频监控侦查中,当无法避开、破坏监控设施时,犯罪嫌疑人退而求其次,在监控下使用他人的车辆或工具等物品。如有的使用租用的、借用的车辆,使用套牌、盗用车辆作案,从而实现其"李代桃僵"之奸狡意图。

5. 使用"声东击西"之诡计反视频侦查

声东击西之计谋,本是中国古代兵法策略三十六计第六计。本意是指表面上声言要攻打东面,其实是攻打西面,它是一种在军事上使敌人产生错觉的出奇制胜战术,以假动作欺敌,掩护主力在第一时间击其要害。而此计谋被犯罪嫌疑人挪用到反视频监控侦查中,当无法避开、破坏监控设施时,犯罪嫌疑人退而求其次,想方设法伪装自身或车辆外表,误导侦查方向,如有的犯罪嫌疑人男扮女装,男性犯罪嫌疑人带着女士假发、穿着女士裙子出现在监控镜头中,使警方对其性别、身份产生错误判断;有的案件中嫌疑人故意穿戴与自己身份不符的职业服装,如本来不是保安或军人身份而故意穿着迷彩服出现在监控中,或带着有"巡逻"标志的头盔,骑着带有"巡逻"二字的摩托车等,使警方误以为其具有保安等特殊身份,扰乱侦查视线,从而实现其"声东击西"之奸狡意图。

6. 使用"金蝉脱壳"之诡计反视频侦查

金蝉脱壳之计谋,本是中国古代兵法策略三十六计第二十一计。本意是指寒蝉在蜕变时,本体脱离皮壳而走,只留下蝉蜕还挂在枝头。此计用于实战中,是指通过伪装摆脱敌人,撤退或转移,以实现我方的战略目标的谋略。而此计谋被犯罪嫌疑人挪用到反视频监控侦查中,作案后想方设法不被视频监控拍摄追踪,如作案后立即逃窜到无监控设施的地带场所;作案后立即在隐蔽处更换衣服或车辆的外部特征;作案后不直接回落脚点而是四处绕弯路防止被警方追根溯源查明住址等,从而实现其"金蝉脱壳"之奸狡意图。

7. 使用"暗度陈仓"之诡计反视频侦查

暗度陈仓之计谋,本是中国古代兵法策略第八计,此计全称为"明修栈道,暗度陈仓"。此计的本意是,将真实的意图隐藏在不令人生疑的行动背后,将奇特的、非一般的、非正规的、非习惯的行动隐藏在普通的、一般的、正规的、习惯的行动背后,迂回进攻,出奇制胜。"明修栈道"表示公开的行动,"暗度陈仓"表示隐藏的真实意图。而此计谋被犯罪嫌疑人挪用到反视频监控侦查中,想方设法不被视频监控拍摄追踪到自己真实身份,如作案前以正常装容出现在监控中,临近作案时寻找无监控的隐蔽处进行伪装,如更换作案专用服装、戴帽子、戴眼镜、戴假发等,妄图使侦查人员在监控中无法找到犯罪嫌疑人,从而实现其"暗度陈仓"之奸狡意图。

8. 使用"走为上"之诡计反视频侦查

走为上之计谋,本是中国古代兵法策略三十六计第三十六计。本意上指的是战争中看到形势对自己极为不利时就逃走,也谓遇到强敌或陷于困境时,以离开回避为最好的策略。

而此计谋被犯罪嫌疑人挪用到反视频监控侦查中,多年以来,犯罪嫌疑人在视频侦查的高压态势下,出于对视频侦查的畏惧而不敢暴露在本地监控之下,错误地以为如果到异地作案,即便是被监控摄取,但当地没人认得出自己,也可以确保非常安全,所以大肆进行流窜作案,从而实现其"走为上策"之奸狡意图。

三、视频监控中反侦查行为产生的原因

（一）外在诱因

由视频监控的公开性、长期性及高效性决定。近10年来,我国视频监控建设发展迅猛,如今,无论是在街面还是在小区,无论是在车站机场还是在银行超市宾馆,城市的视频监控星罗棋布,乡镇的视频监控也正在完善之中,长久以来这些城市的"天眼"公然矗立在人们的视野之中,而且"天眼"的神奇威力不断见诸报端,令犯罪嫌疑人对视频监控产生畏惧感,使他们在作案时必然要想方设法规避被拍摄记录。

（二）内在诱因

由犯罪嫌疑人的畏罪心理及侥幸心理决定,犯罪嫌疑人与生俱来就具有极大的畏罪心理,所以他们做贼心虚和趋利避害心理严重,作案时必然要想尽办法规避探头,不让自己的犯罪行为和真实身份暴露在监控之下,所以必然会通过各种方式逃避视频监控的拍摄记录。与此同时,犯罪嫌疑人会产生错觉,认为自己想方设法规避了监控设施之后,必然没有在监控中留下任何蛛丝马迹,没有给警方留下一丝破案线索。

四、视频监控中反侦查行为的危害性

（一）对受案立案环节形成阻碍

受案是指公检法等公安司法机关对公民或单位的报案、控告、举报及犯罪嫌疑人的自首等情况予以接受并记录在案的过程。立案是指公检法等部门在接到报案材料后,通过审查,认为有犯罪事实,需要追究刑事责任,符合刑事案件立案标准,并且属于自身管辖范围时,将其确立为刑事案件依法交付侦查的一种诉讼活动。此阶段需要通过现场勘查等侦查措施对受理的事件进行审查,确定是否符合立案的条件;同时,此阶段也需要根据实际情况开展紧急性侦查措施,如通过追缉堵截抓捕未来得及逃远的犯罪嫌疑人等。而现场勘查措施和追缉堵截措施在很大程度上都需要借助于现场及周围的视频监控,如果犯罪嫌疑人通过各种方式躲避监控,则现场勘查和追缉堵截的成效必然受到很大影响,严重阻碍受案立案的顺利开展。

（二）对侦查破案环节形成阻碍

刑事案件立案以后,侦查部门要认真分析案情,根据实际情况制定切实可行的侦查方案,选择最佳的侦查途径,推进侦查工作。在发现犯罪嫌疑人后,要围绕犯罪嫌疑人,采取措施获取犯罪证据,争取早日破案。反视频侦查行为对侦查破案环节的影响如下。

1. 对案情分析的影响

一般来说,在确定某事件为犯罪案件时,就应对案件的情况进行分析,也就是对犯罪事实状态或者犯罪线索材料进行分析,从认识上再现作案人及其实施作案行为的全过程,判断犯罪案件的各构成要素,横向要素包括何时、何地、何人、何事、何情、何物、何因、何果,纵向

要素包括案前预谋、案中实施、案后活动阶段,从而确定案件的性质,刻画作案人条件,包括时空条件、动机条件、生理条件、赃物条件、工具条件、知情条件、结伙条件、住址条件、前科条件、痕迹物证条件、职业技能条件、手法条件、层次条件、反常条件等,确定侦查方向和侦查范围,选择侦查途径,并对重特大案件拟定侦查方案。侦查方向,是侦查工作的具体指向,也可理解为在具有某些条件或某些特征的人当中去寻找作案人。侦查范围,是根据作案人的居住地区或藏身匿迹的活动范围确定的开展侦查工作的地区范围或行业范围。在侦查实践中,主要依据案件的性质、对作案的刻画来确定侦查方向和侦查范围。侦查途径,是指侦查工作开始的起点,是发现犯罪嫌疑线索的最初路径。任何一起刑事案件,都存在着若干侦查途径。侦查途径的选择,就是在一起案件的若干条侦查途径中选出最佳途径。常用的侦查途径如下:根据犯罪时间、犯罪空间查找犯罪嫌疑人;根据作案动作习惯、作案手法、特殊技能查找犯罪嫌疑人;根据犯罪嫌疑人逃离(进入)现场的方向、路线、踪迹、方法等查找犯罪嫌疑人;根据作案的规律、区域范围,通过巡查守候等方法,查找犯罪嫌疑人;根据作案工具、凶器查找犯罪嫌疑人;根据痕迹、物证发现犯罪嫌疑人;根据赃款赃物查找犯罪嫌疑人;根据犯罪嫌疑人体貌特征查找犯罪嫌疑人;根据前科劣迹查找犯罪嫌疑人;根据因果关系查找犯罪嫌疑人;根据知情条件查找犯罪嫌疑人;根据反常表现查找犯罪嫌疑人;根据结伙条件查找犯罪嫌疑人;根据变态心理和特殊人格查找犯罪嫌疑人;根据通信信息查找犯罪嫌疑人等。侦查工作方案,是指侦查部门对立案侦查的刑事案件所制定的侦查工作的总体规划和行动方案。侦查工作方案一般包括以下内容:对案情的初步分析和判断;侦查方向和侦查范围;需要采取的措施;侦查力量的组织与分工;需要有关方面配合的各个环节如何紧密衔接;侦查所必须遵循的制度和规定;如属预谋犯罪案件还应当提出防止造成损失的措施。侦查方案一般应在现场勘查和初步调查访问,对案情作出了初步分析、判断并获得了足以确定侦查方向和范围的材料的基础上尽快制定,以指导侦查活动的全面展开。由于犯罪嫌疑人采取了反视频侦查行为,要么是作案过程和案前预谋及案后活动没有暴露在监控之下,要么即便是暴露,也是遮掩了关键核心的真实信息和特征,或者是将虚假信息和特征暴露在监控之下,这就直接影响了侦查人员对案件横向和纵向构成要素的分析,使案情分析错误或部分要素残缺不全,而案情分析又是刻画犯罪嫌疑人条件、确定侦查方向和范围、选择侦查途径、拟定侦查方案的基础,案情分析受到影响,则后续的条件刻画、侦查方向和范围的分析确定、侦查途径的选择、侦查方案的拟定都将受到影响。

2. 对初步侦查和深入侦查的影响

在选择了侦查途径、拟定了侦查方案之后,需要按照既定方案,组织和使用侦查力量,采取必要的侦查措施,初步发现有犯罪嫌疑的人员。一是全面排查,全面排查也称"全面摸底"或"普遍排查",是指在已经确定的侦查或摸排范围内,依靠发动群众和专门手段,利用各方面的力量,根据摸排的条件,全面寻找犯罪嫌疑人。二是重点核查,又称"筛选重点",是指对于普遍排查发现的嫌疑人员和嫌疑线索,依据摸排条件进行对照分析,找出重点嫌疑人员和嫌疑线索,缩小侦查范围,集中力量进行深入核查的侦查活动。初步侦查的目的在于全面发现寻找符合犯罪嫌疑人条件刻画、摸排条件的可疑人员,针对一般可疑人员通过外围调查或人人见面的方式进行筛选排队。针对在初步侦查中发现的重大嫌疑人,要进一步围绕查明案件事实、认定犯罪嫌疑人的证据等方面开展深入侦查。在初步侦查和深入侦查中借助的重要侦查措施手段之一就是视频侦查,而如果犯罪嫌疑人刻意实施了反侦查行为,使视频记录中没有犯罪线索或是虚假的犯罪信息,必然干扰全面排查工作的开展。

3. 对破案的影响

破案是侦查学术语,是指侦查部门对立案侦查的刑事案件,在侦查已经成熟的情况下将已查明的作案人抓获归案,以便查清其全部罪行,对其作出相应处理的行动过程。破案的时机是基本的犯罪事实查清,有证据证明犯罪事实是犯罪嫌疑人实施的,犯罪嫌疑人或主要犯罪嫌疑人归案。破案方式包括常规逮捕、秘密逮捕及公开逮捕、现行抓捕,如毒品控制下交付抓获现行、诱惑侦查抓获现行、蹲点布控抓获现行。由于拘捕的成功与否直接影响到破案的结果,所以拘捕要求部署周密,实施得当,拘捕前需要制定详尽的破案计划:包括拘捕的具体方法,如拘捕的时间、地点、对象、参战人员、分工、抓捕方式方法、搜查扣押方法、物质装备文书、就地突审、特情保护、留根理由及安排等;也包括筹划破案后的审讯方法以及取证方法等。在破案环节中,无论是破案的时机条件还是破案的具体方式都有赖于视频侦查取证。通过视频侦查,侦查人员获取到案发时或案发前后的有关证据,可以推动破案时机尽早成熟;通过视频侦查,抓捕人员可以比传统的蹲守更高效地获取犯罪嫌疑人的隐藏地点、现实体貌特征、出行规律、周围环境等,以便于抓捕人员选择合适的拘捕时间地点和方式,并做到抓捕目标准确。而如果犯罪嫌疑人采取了反视频侦查措施,躲避了视频监控,或在视频监控中留下了虚假信息,则严重阻碍侦查人员查明案件事实,收集犯罪证据,将大大延误破案时机,同时也必将严重阻碍拘捕的顺利进行。

(三) 对预审结案形成阻碍

我国的预审是指公安机关预审部门依照法律的规定,对侦查部门侦破的案件进行继续侦查,在查明案件事实真相的基础上,决定是否将犯罪嫌疑人移送起诉的侦查过程。结案即侦查终结,是侦查阶段一个独立程序,是指公安机关对于立案侦查的案件,经过一系列侦查活动,认为案件事实已经查清,从而不再继续侦查,依法作出处理的一种诉讼活动。预审结案阶段的主要工作有讯问、取证、审查证据、认定罪名等。[1]

1. 对内围讯问的影响

由于讯问在很大程度上需要借助于视频侦查取证,为此,如果犯罪嫌疑人采取了反侦查伎俩,在监控盲区作案或者在监控下精心伪装,则主观上严重助长了犯罪嫌疑人的侥幸和抵触心理,客观上讯问人员也没有直接的、足够的视频资料证据可用,不利于找到讯问突破口,也不利于转化其供述障碍、形成供述动机,对讯问工作影响巨大。

2. 对外围取证的影响

预审结案阶段的取证需要围绕侦查终结的条件调查取证,即围绕案件事实全部查清、证据确凿充分、罪名认定正确、法律手续完备、需要追究刑事责任等方面进行深入、全面的调查取证,而其中重要的证据形式之一就是视频资料证据。如果犯罪嫌疑人采取了反侦查行为,没有可资利用的视频资料证据,而视频资料证据又有着客观公正等其他证据不具备的独特优势,那么这时全案证据体系的确实性和充分性就将大打折扣。

3. 对审查证据的影响

结案阶段审查证据的目的是判断证据是否达到确实、充分的标准,方式是个别审查每个

---

[1] 王怀旭.预审学[M].北京:中国人民公安大学出版社,2005:1.

证据的真实性、合法性、关联性，综合审查证据的全面性、一致性和唯一性，即形成证据体系、证据链条。个别审查每个证据的真实性、关联性时，如果有视频资料证据作为辅佐则十分有利，但如果犯罪嫌疑人采取了反侦查行为，没有可资利用的视频资料证据形式，则审查证据就丧失了一种重要的手段。

五、反视频侦查行为的可识别性

在侦查与反侦查的博弈过程中，识别反侦查行为是应对反侦查行为的基础。反侦查行为作为一种客观存在，总是受客观条件和犯罪嫌疑人自身认知能力的限制，因此犯罪嫌疑人并不能伪装出"完美的犯罪"，他们的反侦查行为是可以被识别的。在视频图像侦查中也同样如此，由于视频监控本身的特殊性，使得识别专门针对视频监控的反侦查行为成为可能。

（一）犯罪嫌疑人认知的局限

犯罪嫌疑人对视频图像侦查技术认知存在的局限性，导致了其实施的反侦查行为存在局限性。犯罪嫌疑人所实施的反侦查行为基于其对侦查的认知。犯罪嫌疑人对侦查活动了解的主要来源包括媒体对侦查手段的披露、犯罪嫌疑人的经验和犯罪嫌疑人之间的交流等方面。在侦查技术不断发展、侦查手段不断更新的情况下，犯罪嫌疑人的反侦查行为不可避免地存在着被动性和滞后性。虽然他们可以通过媒体报道和影视作品了解到警方利用视频图像侦查技术侦破的各类刑事案件，但犯罪嫌疑人通过常规信息渠道对视频图像侦查的了解还是停留在浅层次的，他们对侦查人员在视频图像侦查中使用的扩面顺（逆）查和以视频图像资料为依托的多侦联动合成作战等深层次的侦查技战法的了解还比较缺乏。因此他们在实施犯罪活动的全过程中针对视频监控实施的反侦查行为也是停留在浅层次的，容易被识别和应对。而且一般犯罪嫌疑人也缺乏对视频监控本身的认知，他们缺乏视频监控的具体工作运行流程和相关参数的知识，导致他们在实施犯罪过程中为应对视频监控而采取的反侦查行为手段，一般是不严谨的或者是无效的。这些认知方面的局限使犯罪嫌疑人针对视频监控实施的反侦查行为留下了能够被发现和应对的可能。

（二）犯罪嫌疑人注意力的局限

心理学理论指出，在同一时间内，人的注意力的指向对象是有限的，注意力只能向有限的指向对象集中，当人的注意力集中于单一指向对象时，其他的事物就处于注意力的边缘，多数处于注意力范围之外。犯罪嫌疑人的注意力也不例外，犯罪活动是一个包括预备实施、犯罪进行、事后逃避打击的一个多重复杂因素交织的过程。犯罪嫌疑人在实施犯罪活动的整个过程中既要注意如何实现其犯罪意图达到犯罪目的，又要注意采取何种反侦查方式以应对包括视频监控在内的多种因素，这就决定了他们实施的反侦查行为存在局限性。他们往往会重视在犯罪进行中的反侦查，而忽视犯罪准备阶段和犯罪完成后的反侦查。即使是在犯罪进行中，由于人的注意力的局限性，一般会集中在他们认为重要的和容易被察觉的地方，因此采取的反侦查行为也只能是部分伪装掩盖其犯罪事实。所以当犯罪嫌疑人关注于其自认为重要的方面时，在其他方面就可能会暴露出更多的信息，这就为我们应对犯罪嫌疑人的反侦查行为提供了依据。再加上视频监控具有现场感知人所不具有的视角不变和关注持续时间不间断的特点，所以犯罪嫌疑人实施反侦查行为往往不能兼顾。例如，当犯罪嫌疑人破坏监控设备或伪装体貌特征时，其异常行为就会被现场感知人所感知；反之其异常行为会被视频监控所记录下来。这也为我们在侦查实践中应对反侦查行为提供了可能。

（三）反侦查行为自身矛盾性的局限

犯罪嫌疑人所实施的反侦查行为无论多么高明和周密，都会有与其犯罪行为相矛盾的地方。每个具体社会行为都有其自身的规律和要求，即使犯罪行为也有其固有的规律性，但反侦查行为就是要故意改变这种规律性，这就是反侦查行为自身的矛盾性所在。这种反侦查行为自身所具有的矛盾性决定了反侦查行为的局限性。反侦查行为的矛盾性在犯罪嫌疑人实施过程中的突出表现就是反常行为。由于视频监控能够客观、完整地记录视野范围内的全部活动过程，所以反侦查行为的局限性所体现出来的反常行为在监控系统中就会表现得比较明显。同时，由于人的注意力的局限性，犯罪嫌疑人往往会忽视犯罪准备阶段和犯罪后对于视频监控的反侦查。而视频监控又具有的客观、全面、实时记录的特点。这就为我们通过使用扩面顺（逆）查、分析研判视频图像中的细节信息、反常行为等技战法，来应对视频图像侦查中的反侦查行为，挖掘侦查破案的情报线索提供了可能。[①]

六、研究视频监控中反侦查行为的意义

一方面，随着我国视频监控建设和使用力度的加大，犯罪嫌疑人对视频监控的忌惮心理日趋严重，反视频侦查行为也随之愈演愈烈。另一方面，当前办案人员对视频监控的依赖性非常大，尤其是对中心现场视频监控的依赖性极大，案发中心有监控则皆大欢喜，如果案发中心没有监控，或者犯罪嫌疑人对面部或车辆特征进行了伪装反侦查，办案人员就感觉无从下手。针对这种局面，视频侦查的反侦查行为如果不能有效、及时地破解，视频侦查这个杀手锏就将无用武之地。

七、视频监控中反侦查行为的应对思维

（一）聚合性思维与发散性思维

1. 聚合性思维

聚合性思维法又称为求同思维法、集中思维法和同一思维法等，它与发散性思维相对应，是以一个思维对象为中心，使四面八方的思维都会聚于该中心的思考过程，或者说是将无数分散的信息指向一个中心信息的过程。视频侦查取证博弈中，无论作案主体如何反侦查花样百出，侦查主体始终应该围绕明确的侦查目的开展侦查，如围绕侦查的直接目的即查明案情、收集证据、查缉犯罪嫌疑人，为结案、起诉、审判做准备。

2. 发散性思维

发散性思维是由一个思维中心出发，产生出众多相关思维的思考过程，是指大脑在思维时呈现的一种扩散状态的思维方法，它表现为视野广阔、思维呈现出多维发散性。视频侦查取证中发散性思维的体现是，围绕视频侦查取证的目的，穷尽各种可能和手段开展侦查思维分析。比如在视频侦查中，如果不具备 RL 自动识别比对条件，侦查主体可以在案发中以及案发前后的监控中寻找与犯罪嫌疑人身份信息相对应的各种精确信息，如各种不经意行为遗留的指纹、DNA 等痕迹物证信息及暴露出来的卡证信息、虚拟身份信息等。

---

① 张庆典.浅谈视频图像侦查中的常见反侦查行为与对策[J].森林公安,215(4):19.

(二)分离性思维与合并性思维

1. 分离性思维

分离性思维是侦查员将所侦破案件的有关材料进行分离,以获得对所办案件重新认识的一种思维方法。视频侦查取证中的分离性思维,就是对案件的构成要素等逐一进行深入的研究分析。如针对作案主体的各种反视频侦查表现,侦查取证人员逐项分析作案时间、空间、人员、性质、动机、手段、物品等案件要素,并对能收集到的证据种类、形式进行分析。

2. 合并性思维

合并性思维是将所办案件的有关材料进行合并,从而得到新的发现的一种思维方法。视频侦查取证中的合并性思维就是侦查思维树立整体侦查观,把作案主体、侦查客体的各个部分、各个方面、各种特性连成一个统一体,从整体上把握对象,并作科学的概括。比如当犯罪嫌疑人在监控盲区消失时,要根据时空环境和犯罪嫌疑人心理、周边监控的调阅查找等因素综合分析犯罪嫌疑人是就地隐藏还是继续前行,从而进一步发现犯罪嫌疑人的踪迹和落脚点,进而明确其住址。

(三)横向性思维与纵向性思维

1. 横向性思维

横向性思维是将思维横向扩展,从而使创造性思维向邻近领域渗透移植的一种思维方法。视频侦查取证中的横向性思维,是侦查人员根据一条视频侦查取证线索,扩展与其相关的横向线索。比如对特定时空范围内的潜在目击证人,包括对途经车主进行寻找和访问,借助视频资料和目击人的感知记忆,为案件提供有价值的侦查线索。

2. 纵向性思维

纵向性思维是将思维纵向延伸的一种思维方法。视频侦查取证中的纵向性思维,是顺着一条视频侦查取证线索,追查这条线索的两端。如查证后发现犯罪嫌疑人使用假牌、套牌及无牌车的,可结合各类公安信息和社会信息的综合分析、关联比对,明确假证真实的使用人信息,从而发现有效线索指导侦查破案。又如,针对犯罪嫌疑人在没有监控的案发中心现场作案的反侦查行为,可以在案发前后视频中寻找疑人疑事疑物。再如,针对犯罪嫌疑人不直接回落脚点住所,绕弯规避探头,或长途潜逃以甩掉监控的反侦查行为,侦查人员可以以网格化的监控探头为基础进行不间断的视频追踪,查明其去路和来路。

(四)相似性思维与相异性思维

1. 相似性思维

相似性思维是指基于相似原理所进行的侦查思维。视频侦查取证的相似性思维是利用人事物时空等案件要素的相似点开展分析。如针对视频中伪装遮掩面部和交通工具特征的反侦查行为,民警可以不必急于纠结其真实特征是什么,而是顺着该虚假特征为线索,找到此人或车在该监控中的其他有价值信息或在其他监控中寻找尚未伪装的真实特征。又如针对流窜作案的反视频侦查行为,侦查主体可以在一定范围内,通过破案公告的形式组织群众辨认或以调查走访的方式组织其他可能熟悉该嫌疑人的特定人群对监控画面中的犯罪嫌疑人进行辨认识别。视频图像辨认不能泛泛地开展工作,其成效好坏是建立在能否准确研判出重点辨认对象和人群的基础之上的,而这种研判就是要借助于相似性思维的运用。

2. 相异性思维

相异性思维是指基于相异原理所进行的侦查思维。视频侦查取证的相异性思维是利用人事物时空等案件要素的差异点、反常点开展分析。如在视频中发现识别有悖于常理和习惯的行为，比如反季节着装、舍近求远绕行、随身物品变化等。通过视频中反映出来的犯罪嫌疑人的反常迹象，分析研判其是否形迹可疑，是否有刑事犯罪嫌疑等。

八、视频监控中反侦查行为的应对方法

（一）时空拓展法

针对案发中心没有监控的反侦查行为，可以在案发前后视频中寻找疑人疑事疑物。在案发前的监控中寻找疑似预谋状态的或与受害人、目击人提供线索相符的可疑人员，在案发后的监控中寻找疑似处于逃跑状态或具有赃物或工具条件或与受害人、目击人提供线索相符的可疑人员。

案例一：某年 8 月 13 日上午 8 时许，李某某（女）行至某市张港牛强公路上，被两名骑摩托车尾随的男子从身后追上抢走挎包。由于飞车抢夺案件中犯罪嫌疑人从受害人后面利用超车之际，趁受害人没有注意时快速抢夺、快速逃离，受害人往往没有看到犯罪嫌疑人的正面容貌，且由于当时事发突然、情绪紧张，对受害人提供的犯罪嫌疑人的其他特征有可能并不准确。而案发现场是一条乡镇非繁华路段，案发当时周围也没有目击证人。所以此案靠传统的调查访问效果并不佳，民警转换思路，借助视频侦查破案，但此案的视频侦查条件并不是太好，因为犯罪嫌疑人刻意选择在没有监控的路面上飞车抢夺，视频监控无法提供案发中心现场的画面，所以只能另辟蹊径，拓展案发时空范围，到案发前后的路面监控中寻找犯罪嫌疑人的踪迹。通过以往破获的飞车抢夺案件的经验来看，犯罪嫌疑人都有驾驶摩托车踩点、尾随受害人的活动轨迹，于是侦查人员决定以作案工具为突破口开展视频深度研判。在案发前受害人途经地点的一处监控中，民警发现有一红色摩托车在与受害人相对行驶相遇后，该红色摩托车立即调转车头，跟在受害人后面行驶，该红色摩托车后座上有一男子同行，该车上两名男子形迹可疑。通过受害人仔细回忆并认真辨认车辆的型号、颜色及车上人员的背影衣着，确认该尾随红色摩托车是抢夺自己的车辆。民警通过案发前的监控，获取到嫌疑人的生理特征、车辆特征、行驶轨迹等信息，从而为案件侦破打开了突破口。

案例二：某年 1 月 28 日晚 18 时 30 分左右，位于黄州"东坡赤壁"旁的某市博物馆发生一起恶性抢劫案，三件战国青铜器被犯罪嫌疑人抢走，值班人员张某被犯罪嫌疑人砍伤，捆绑在值班室内。现场勘查民警经过细致勘查发现，犯罪嫌疑人是从围墙旁的厕所顶上翻入博物馆院内，然后从东侧门逃离现场的；从地面上的足迹来看，犯罪嫌疑人没有在其他文物前停留，而是直奔战国青铜器而去，他们除抢走了三件战国青铜器，还搬走了博物馆内视频监控器的主机，由此可以推断出他们在作案前早有预谋，精心策划并事先踩过点，具有很强的目的性。现场走访民警通过对受害人及周边群众走访获知，进入现场的有三名犯罪嫌疑人，年龄均在 40 岁左右，操外地口音，戴黑色手套，持有凶器。另外，据居住在博物馆旁一名 60 余岁的老太太反映，在案发前，她看到几个可疑人员在博物馆旁边转悠，其中有一人上衣胸口部位有一个圆形图案标志，十分醒目。通过对上述案情的总体掌握和研判，破案专班将侦查的重点放在警务信息平台和视频监控录像上，经过层层抽丝剥茧，犯罪嫌疑人的核心信息被逐渐获取。分析现场勘查和调查走访情况，专班民警断定犯罪嫌疑人在现场周边踩过

点的,并且曾经进入博物馆内。鉴于这种考虑,信息研判组民警利用警务信息平台的旅馆业系统,将最近一周内在该市旅馆登记住宿的外地人员资料迅速调出。对清晰的监控录像,直接调出录像;对模糊的监控录像,民警使用数字证书在全国人口信息网上将该人的身份照片调出。最后民警共调出宾馆监控录像照片105张,通过用数字证书调出身份照片388张。29日凌晨1点,民警组织博物馆的所有工作人员到刑侦大队的多媒体会议室进行辨认,经过一个半小时的辨认工作,博物馆的工作人员没有发现可疑人员。在现场调查走访中,民警获悉了一个重要消息,前一年的11月份一个晚上,有群众发现一名男子在博物馆旁边晃悠,他怀疑该人要偷他的摩托车,就打110报了警,随后警察对该人进行了盘查。根据上述信息,民警打开了警务信息平台上的盘查记录,通过模糊查询,找到了当时的盘查记录,盘查记录显示当时的接警时间是11月29日晚上的21时46分,被盘查人员叫张某某,男,1966年生,浙江三门县人。在查获了张某某的身份后,办案民警迅速通过该市旅馆业系统对该人行踪进行了调查:案发前没有发现张某某在黄州本地住宿记录,但在11月17日,张某某在离该市博物馆最近的"黄州首富商务宾馆"有过一次住宿登记记录。随后,民警再次利用警务信息平台的旅馆业系统对张某某在该市周边的住宿情况进行了查询,发现:案发前,张某某在与黄州一江之隔的鄂州有连续多天的住宿登记记录,分别为案发当年的1月22日在"东和168"宾馆,1月23日在"虹桥国宾大酒店",1月24日、25日在"168古楼宾馆"。办案民警认为,连续多天在同一个城市住宿,但是经常变换住宿宾馆,形迹十分可疑。另外,从张某某的住宿登记发现,11月29日,他在鄂州的"古楼宾馆"登记住宿,但当晚22时的盘查记录却显示他出现在黄冈博物馆附近。张某某的疑点逐步攀升。民警迅速赶往鄂州,调取张某某在多个宾馆的住宿登记情况以及相关的视频监控录像。民警发现,1月24日晚20时14分,张某某一人在鄂州"168古楼宾馆"的前台登记了一个三人间后,紧接着离开了宾馆,但几分钟后,也就是20时22分34秒,张某某手上拿着住宿登记单又返回了宾馆,紧随其后的有两人(分别列为嫌疑人2和嫌疑人3),他们进入宾馆时间分别为22分38秒和22分41秒。从大厅的录像可以清晰地看到张某某当时所穿的衣服的胸口处正好有一个圆形的标志。调取录像后,民警迅速找来目击者进行辨认,目击者陈某(女,65岁)一眼便认出了张某某就是案发前在博物馆周边转悠的那个可疑人员。就这样,经过9小时的不间断工作,民警终于成功锁定了犯罪嫌疑人张某某。此案的现场监控主机被犯罪嫌疑人抢走,监控设施遭到彻底破坏,但民警可以扩大时空条件的概念,寻找案发前预谋阶段现场遗留的信息,即调查案发前被盘查的疑似踩点人员张某某在本地及周边的住宿信息,通过住宿信息中宾馆监控图像进一步甄别其是否具备生理条件、结伙条件等,从而获取重要线索突破全案。

(二)反常识别法

所谓反常,是指有悖于常理和习惯的行为,比如,反季节着装、舍近求远绕行、随身物品变化等。通过视频中反映出来的犯罪嫌疑人的反常迹象,分析研判其是否形迹可疑,是否有刑事犯罪嫌疑。严格地讲,视频侦查不仅是"看"视频,更重要的是研判、识别可疑,这就需要具有较强的侦查意识和研判思维,并具有丰富的生活经验。实战中,对于同一画面、同一影像,初学者可能一眼带过,而在"高手"眼中,就可能发现重要线索。在视频中发现识别反常现象是视频侦查的基本要领之一,视频侦查人员一定要带着强烈的侦查意识,开动脑筋,善于从蛛丝马迹中发现破案线索。很多案件中,犯罪嫌疑人虽然在进入现场前精心设计、全身伪装,但最终没有逃过视频侦查民警识别反常的双眼。

某年4月22日,黑龙江省大庆市某县发生一起持刀杀人案,该县某房地产开发公司副总经理王某某(男,53岁)当晚8时许与同事聚餐后回供销联社小区,在自家楼道内被歹徒刺死,他随身携带的高档手表、手机以及装有4000余元现金的皮包被抢走。经视频侦查获取到线索:当天18时28分,犯罪嫌疑人从现场对面溪莲商场后身的工地胡同走出,在做出一次折返后,于18时32分穿过马路,进入受害人居住的供销联社小区,直至20时20分许实施作案后,从现场小区侧面围栏翻越逃离。视频显示犯罪嫌疑人的外貌特征:男性,身高175cm左右,微胖,体格健壮,全身穿草绿色斑点迷彩服,脚穿深灰色休闲鞋,迷彩服里面帽服戴在头上,大大的白色口罩和深色眼镜几乎遮盖整个面部,右手拎1个黑色双肩背包,从步幅、步态判断,年龄应该在30岁以下。可以说,除了身高、体态、衣着、步幅等特征外,犯罪嫌疑人的真容极为模糊。为了查明犯罪嫌疑人来时的路线及住址,到达工地胡同的时间和方式,以及作案背包的用途,视频侦查民警继续接力追踪,封控工地胡同的4处监控探头从当天15时直至18时28分犯罪嫌疑人出现,均没有发现"迷彩服"进入,而工地胡同两侧分别为在建的楼房和上锁的车库,平时在此居住、活动的人员很少。侦查人员结合犯罪嫌疑人随身背包、精心伪装等特点,判断其包内可能装有作案前穿着的衣服和鞋,在工地进行伪装后进入作案现场。为此,视频侦查民警针对工地胡同各个出入口的进出人员、车辆逐一进行反复细致的辨识、研判。功夫不负有心人。经进一步查看视频发现:18时12分许,一名男子拎一大一小2个手袋,从犯罪嫌疑人走出工地胡同的另一端进入,直至案发未见走出,其反常行迹引起了视频研判民警的注意。该男子外貌特征:中等身材,微胖,身高175cm上下,年龄26~27岁,长方脸型,自由发式,上身穿蓝灰色西服款休闲帽服,下身穿黑色紧身休闲裤,脚穿黑面、白边、白底运动鞋。经进一步回溯追踪,确认"帽服男"18时10分乘坐一辆五菱之光出租面包车,到达工地对面溪莲小区的邻街,下车后步行进入溪莲小区,没有走就近便道,反而绕行穿过溪莲小区,进入工地胡同。"帽服男"的反常轨迹及身高体态引起了专案组领导的高度重视。刑侦支队和县局领导亲自勘查现场路线,连夜检验、重放相关视频,反复进行侦查实验,最终决策将"帽服男"作为重大犯罪嫌疑人开展工作。在视频侦查民警继续追踪的同时,落地访查、辨认工作传来消息:被害人的一名同事辨认出"帽服男"与本单位技术员梁某十分相像,而梁某于案后第二天打电话向领导请了病假。结合其他侦查手段甄别,确定梁某具有重大作案嫌疑。4月24日20时许,专案组民警在杜蒙县巴彦查干乡前巴彦村将犯罪嫌疑人梁某(男,26岁,辽宁省某市人)抓获。经审讯,梁某对实施故意杀人的犯罪事实供认不讳,其供述的伪装、作案过程与视频研判结论基本吻合。

(三)视假为真法

针对视频中伪装遮掩面部和交通工具特征的反侦查行为,民警可以不必急于纠结其真实特征是什么,而是顺着该虚假特征为线索,找到其人或车在该监控中的其他有价值信息或在其他监控中寻找其未伪装的真实特征,包括生理特征、工具特征、使用的身份证、手机号等各类卡证信息等,并分析其住宿、上网等同行人员中是否有其同伙。

某年12月1日17时33分42秒,武汉市洪山区雄楚大街1077号建行一网点门前发生爆炸(致2名行人死亡、10名行人受轻伤,5名行人受轻微伤)。通过调阅逆查监控发现,犯罪嫌疑人在监控中出现5次,分别是当天凌晨3:30—3:50放置炸药,早7时20分许和15时00分许再次在现场附近出现,爆炸案发后该男子驾驶摩托车快速逃离现场,于17时35分经过一交通路口。经调阅视频发现该男子正面截图(男,1.65~1.70米,20~30岁,中等偏瘦,相继穿过迷彩服、保安服;穿绿色解放球鞋、戴较新的白头盔,正面有蓝色"巡逻"二字;戴普通口罩)和车辆截图(白色125型踏板摩托车,无后备厢)。此案中,犯罪嫌疑人反监控伎俩较多,戴头盔、戴口罩遮掩面部特征、穿迷彩服、戴"巡逻"字样的头盔制造保安身份的假象等。民警并未急于纠结其真实容貌,而是以伪装的特征为线索,通过监控中犯罪嫌疑人多次出现的时间及地点,多点碰撞出嫌疑人的身份信息,从而为全案打开僵局。

(四)由假及真法

随着公安信息化的不断发展,利用在案件信息中发现的犯罪嫌疑人使用的假身份、假牌照信息,结合各类公安信息和社会信息的综合分析、关联比对,从而明确假证真实的使用人信息,就可以从中发现有效线索指导侦查破案。对查证后发现使用假牌、套牌及无牌车的:一是通过假牌(套牌)车辆在本地或周边地区的违章信息,以进一步发现驾驶人信息;二是如果是无牌车辆,且分析认为嫌疑人系驾车跨区域、跨省市作案的,应结合案发时间段开展对本地道口车辆出入信息的分析碰撞比对,寻找与嫌疑作案车辆厂牌、型号、车身颜色等特征相符合的车辆,进一步分析确定嫌疑车辆;三是如果经查证后发现系套用被撬盗车牌的,应对已串并案件案发当天、案发地周围被撬盗车牌,且未留联系电话及银行账号的案件进行梳理,对其中被撬盗的车牌号案发后通过本地道口信息系统进行碰撞比对,以进一步发现可疑作案车辆,并查清其行驶轨迹。

(五)RL识别比对法

随着计算机技术、存储能力、影像技术的高速发展,通过计算机开展RL识别已成为可能,并成为当前生物仿真技术的一个新热点。与其他生物特征相比,RL识别在可用性方面具有独到的优势,如可以隐蔽操作、非接触式信号采集、设备成本低、直观可交互性强等。针对流窜作案导致面孔生疏的反侦查行为,如果监控画面正面清晰完整,可以借助RL识别比对系统自动识别比对辨认。

某年6月13日晚,受害人陈某(女,74岁,系武汉某大学退休教师)在位于武汉市武昌区的学校家属区的家中,接到一个陌生男子以送快递的名义打来的电话,对方提出东西较重,帮受害人送上楼,进门后对方假装胸口疼,趁受害人不备,将受害人用绳子捆了起来,蒙上眼睛,言语威胁受害人,并将受害人5000元现金、2条绿松石项链、3条矿石项链和一部海尔相机抢走。接到报警后,辖区分局通过实地勘查,发现案发时因家属院内施工造成视频监控掉线,没有条件发现嫌疑人。但学校六个出口视频监控均在线,可以对整个学校实现封控。同时,通过回访受害人,明确嫌疑人离开受害人案发现场大概时间以及为携带所抢物品,从受害人家中拿走一红色纸袋(外有"善存"字样)等具体细节。通过调看该大学校内监控,大队民警在学校南大门监控录像中发现嫌疑人,并获取其清晰正面像。经市区两级公安机关开展RL图像比对,民警快速查明犯罪嫌疑人徐某真实身份,并于6月24日在随州市曾都区将其抓获。

(六)身份挖掘法

如果不具备RL自动识别比对条件,可以在案发中以及案发前后的监控中寻找与犯罪嫌疑人身份信息相对应的各种精确信息,如各种不经意行为遗留的指纹、DNA等痕迹物证信息及暴露出来的卡证类信息等。

某年10月13日凌晨,海宁市某区一海马轿车被盗,中心现场没有监控。通过调查案发后被盗车辆的行驶轨迹发现，犯罪嫌疑人并未直接逃离本地，而是在附近停留了 7 分钟。侦查人员根据犯罪心理和犯罪规律，大胆推测犯罪嫌疑人有集结同伙或者拿重要东西的可能。通过浏览附近该时段旅馆、网吧等数据查询发现华联大酒店 13 日凌晨一女子退房离去，时间吻合。经视频图像比对，退房女子与盗车现场出现的可疑女子的发型、体态衣着、背包特征吻合，该女子嫌疑重大。进一步调取入住视频，发现其与一男子同行。而回看案发现场附近临近案发的 0 时 53 分的视频发现，该女子也与一男子同行，二男体貌特征相似。侦查人员结合全省的住宿记录排查与类似案件信息的碰撞研判，分析该二人具有多起重大盗窃车辆嫌疑，并通过回看视频发现嫌疑人王某某有使用卡证行为，从而获取到嫌疑人的身份信息，为收集案件证据和抓捕犯罪嫌疑人奠定了坚实的基础。

（七）路线追踪法

针对犯罪嫌疑人不直接回落脚点住所，绕弯规避探头，或长途潜逃以甩掉监控的反侦查行为，民警可以以网格化的监控探头为基础进行不间断的视频追踪，查明其去路和来路。当犯罪嫌疑人在监控盲区消失时，要根据时空环境和犯罪嫌疑人心理、周边监控的调阅查找等因素综合分析犯罪嫌疑人是就地隐藏还是继续前行，从而进一步发现犯罪嫌疑人的踪迹和落脚点，进而明确其住址。

某年 12 月 18 日晚，湖北某市警方接到群众郑某报案称，其外孙小楚曦失踪。小楚曦今年 8 岁，父母在武汉市汉正街做生意，平时住在外公外婆家，在天门读小学，每天在天门城区新城三期（一高档小区）一个车库改装的教室里补习功课。当天郑某晚去了几分钟，当去接楚曦时，只见放在课桌上的书包，楚曦的人却不见了。就在民警着手处理这起失踪案的同时，楚曦在武汉市的妈妈郑某接到了一陌生男子的电话，被索要 60 万元赎金。从失踪到绑架，案件性质骤变，侦查工作迅速启动。侦查人员在调看小区一带视频资料时发现，当晚 8 时 36 分，补习完的楚曦在新城三期门口被开着一辆银白色小型面包车的两男子带走。视频监控追踪显示，当晚 8 时 41 分，银白色面包车经过天门城区星星大桥，最终往天门佛子山镇方向而去，车牌用纸蒙着。经视频调查案发前该车的行踪发现，前晚 10 时许，嫌疑车辆在天门佛子山镇出现。根据周边地形，专班分析绑匪应该是天门、京山或者钟祥一带人，对当地熟悉，同时绑匪一定会找一个落脚的地方，住旅社的可能性比较大。根据佛子山镇的公路格局，专班还推断，绑匪潜入荆门市京山县方向的可能性最大。专班民警随后又调看了老汉宜公路相关路段的视频监控，未发现嫌疑车辆。警方进一步断定，绑匪最有可能的藏匿地——京山雁门口镇。为避免打草惊蛇殃及人质，专班派出几名民警组成的小分队，在小镇展开地毯式搜索。功夫不负有心人，最终，民警在该镇阳光快捷酒店前的停车场最北一角，发现了疑似嫌疑车辆。由于此前的视频截图并不完美，担心弄错了对象，民警随后又对停在该镇的其他车辆一一排查，最终认定停在该停车场的这辆银白色面包车的嫌疑，最终成功将人质安全解救、成功抓获两名犯罪嫌疑人。

（八）目击人查访法

目击人查访法是指对特定时空范围内的潜在目击证人包括途径车主进行寻找和访问，借助视频资料和目击人的感知记忆，为案件提供有价值的侦查线索的方法。

某年 5 月 12 日 6 时许，群众电话报警称，铜梁区旧县镇双星村 4 组 7 号唐某某家，大门反锁、敲门无人应答，拉开窗帘，发现墙壁上有血迹，情况异常。接警后，民警迅速赶赴现场，经法医勘查发现房主唐某某(男,62岁)、其妻刘某某(女,56岁)、长外孙某某某(男,11岁)、次外孙某某某(男,4岁)4人均被人用钝器敲击头部杀害。5月12日接到警情后,侦查人员经视频侦查及调查走访,发现徐某某(男,四川省古蔺县丹桂镇人)与死者唐某某的女儿唐某某(在广东省汕头市打工)于三年前通过网络聊天结识,并于当年确立了恋爱关系。后因家庭反对、性格不合等原因,唐某某断绝了与徐某某的来往,徐多次纠缠,力图挽回无果。案发当日,徐某某与唐某某通话时流露出报复倾向。由此,专案组认为徐某某对杀害唐某某等4人具有重大作案嫌疑。根据视频侦查工作提供的线索,专案组迅速查清了嫌疑人5月11日18点26分许出现在铜梁区旧县镇宾馆,19时10分许出宾馆购买作案工具羊角锤,20时许前往案发现场的轨迹。根据嫌疑人进出现场的时空轨迹及尸检等线索,分析确定了嫌疑人作案时间为5月11日21时至22时之间。根据调查访问情况,5月11日晚21时49分许嫌疑人徐某某联系面包车("渝CX＊＊6")到旧县砖厂接他到合川,22时19分许嫌疑人徐某某到达合川火车站,22时25分许即乘坐来合川的面包车离开火车站。22时28分许,嫌疑人所乘面包车出现在合川上什字东路东南屏花园附近后消失。经视频侦查员询问面包车驾驶员,驾驶员反映嫌疑人打算去重庆。根据驾驶员反映的线索,视频侦查员分析认为嫌疑人乘坐出租车去重庆的可能性较大,并立即查询交通卡口信息,迅速发现了嫌疑人乘坐的"渝C5＊＊6"出租车。在明确嫌疑人乘坐的出租车车牌后,视频侦查员调取了"渝C5＊＊6"的GPS轨迹,发现该车从合川区南津街上高速,在重庆火车北站南广场下旅客。视频侦查员立即开展循线追踪,将侦查方向转为火车北站南广场一带。经视频追踪后发现,嫌疑人5月11日23时35分许在火车北站南广场地下广场下车,跟随1名黑车拉客的人员走出地下广场来到龙头寺长途汽车站门口,上了一辆"渝A5＊＊2"车辆。视频侦查员追踪"渝A5＊＊2"车时发现,该车在泰山大道附近靠边停车后,嫌疑人5月12日0时1分下车后,沿路边步行到下一路口后,在该处停留了大约20分钟。为进一步查明嫌疑人逃逸轨迹,视频侦查人员找到了"渝A5＊＊2"车辆管理人员。据该车管理人员反映,嫌疑人系乘坐"渝A5＊＊2"做摆渡车后,在12日0时20分许从泰山大道乘坐无牌力帆820顺道车去遵义,3时17分许在遵义市公安局正对面忠庄车站下车随即搭乘一红色小轿车,于凌晨4时左右抵达仁怀市区。据此,视频引导专案工作重点转为贵州省遵义市仁怀市。据"贵CJ＊＊3"车辆驾驶员反映,嫌疑人在茅台镇彩虹桥一带下车。最终于5月21日14时许在汕头市谷饶镇顺利将本案犯罪嫌疑人徐某某抓获。经审讯,徐某某对所犯罪行供认不讳,案件顺利告破。纵观此案的侦破过程,传统的调查走访是与视频侦查结合得最为紧密的侦查手段,并伴随视频侦查的整个过程。在视频追踪5月11日晚嫌疑人作案后逃逸的线路中,调查走访嫌疑人乘坐面包车"渝CX＊＊6"司机,查清了嫌疑人从铜梁区旧县镇至合川区的轨迹;调查走访嫌疑人在火车北站南广场乘坐的"渝A5＊＊2"司机,查清了嫌疑人从火车北站乘坐黑车逃至遵义、仁怀的轨迹。

(九)图像辨认法

针对流窜作案的反视频侦查行为,可以在一定范围内,通过破案公告的形式组织群众辨认或以调查走访的方式组织其他可能熟悉该嫌疑人的特定人群对监控画面中的犯罪嫌疑人进行辨认识别。视频图像辨认是视频侦查的一项重要工作,也是一种信息化网上作战方式,其成效好坏是建立在能否准确研判出重点辨认对象和人群。进行视频图像辨认时,一般选择辨认对象与被辨认对象为同籍、同类犯罪、同伙犯罪、同生活、同工作区域等具有一定重合条件的人员开展工作。

某年11月30日,位于武汉市某小区B座的朱某某家中发生一起入室盗窃案,被盗物品价值30余万元。被盗房屋门锁为单排弹子一字锁,无明显破坏痕迹,锁心拆开后有掏锁痕迹,结合受害人反映外出时已将门反锁的情形,判断属技术开锁。通过调阅小区监控录像,发现案发时段出现一辆马自达睿翼轿车,车辆悬挂的号牌为鄂 AG13＊＊(后经查证为假牌照且该号段不存在),车辆前挡风玻璃未贴任何标识,车膜颜色较深。案件专班将"11·30"案件和近两年以来该辖区发生的30余起类似案件进行了串并案分析,深入分析作案规律,寻找破案线索。经过案件分析发现作案手法与宜春市袁州区寨下乡的"白闯"作案手法十分类似。次年1月19日,该辖区另一小区某单元101室被盗,损失金银首饰价值10余万元,作案特点与宜春籍"白闯"作案相似。辖区分局"11·30"案件侦查专班迅速启动侦查,通过调阅该小区监控录像,迅速获取了3名犯罪嫌疑人员清晰的影像资料。经发动宜春市看守所的在押人员辨认举报,得到重要线索:监控中有一人为"黄某某",已因盗窃被安徽省芜湖市弋江分局刑警大队列为网上逃犯,于2月21日被宜春市芦村派出所抓获,并羁押在宜春市看守所。随后,专班民警通过嫌疑人黄某某查明监控中另一名嫌疑人为"杨某",并在宜春市袁州区一台球室内将"杨某"抓获。3月27日,专班民警在袁州区鼓楼街某小区附近将嫌疑人卵某(别名)抓获,至此,该案4名犯罪嫌疑人全部到案,共交代盗窃作案30起,涉及江西、湖南、安徽及湖北武汉、黄石、十堰等地,查证在武汉作案15起,案值100余万元。

第十章 视频影像检验与处理

在侦查后期的预审查证阶段,视频侦查发挥证实犯罪的功能。在符合检验要求的条件下,侦查人员可以委托专家,对犯罪嫌疑人的视频影像进行检验鉴定或者技术上的处理,以此为证据进行同一认定。如果对视频影像中的人、事、物以及事件过程进行同一认定,就能发挥视频影像的证据功能。换言之,对于视频影像的同一性检验是发挥其证据功能的基本方法。因为涉及技术层面,需要详细可靠的技术标准来规范。目前来看,国内已经开始相关的人脸、物品检验标准规范的制定工作并取得一定进展。如公安部和司法部制定的对视频影像资料的人像进行同一认定,标准为 GA-T1023-2013(中国公安部标准)、SF Z JD0304001-2010(中国司法部标准),另外还有国际标准 FISWG(国际标准)。由于视频影像的直观性特点,视频资料证据真实可靠,能说明犯罪嫌疑人与犯罪事实某种关联,往往对证据链的形成能起到关键作用。在其他的特殊情形下,如中心现场外的有关犯罪嫌疑人的视频,在不能直接证明犯罪嫌疑人与犯罪事实的情况下,可以与其他证据一起构成完整的证据链,说明犯罪嫌疑人与案件中的人物时空要素之间的特定关系。例如,在关联现场犯罪嫌疑人的视频影像,能反映出犯罪嫌疑人出入现场(或踩点、到达现场、离开现场)的事实,可以说明或者增强犯罪嫌疑人与犯罪现场的联系,形成完整的事实证据链。

第一节 视频影像检验通用规程

视频影像检验,是公安机关等鉴定机构运用专门的仪器设备和专业知识,对视频图像进行检验鉴定的一门技术。检验鉴定的对象是以各种方式拍摄、获取的视听资料。视听资料,是指可以证明案(事)件事实的以录音、录像、照相、计算机等科学技术手段记录、储存和再现的视听信息资料。视频影像是由视频监控、摄像机、照相机、手机、电脑摄像头等摄录的图像,是视听资料的一种,其本身可作为证据使用,同时,通过对视频影像进行检验出具的鉴定结论也可作为证据使用。关于这些资料的检验鉴定,无论是检验名称还是检验种类、方法、规则等,相关法律都还没有专门的规定。司法部和公安部对此设定的检验标准比较模糊,视频图像检验鉴定工作依然存在较大的改进空间。

对视频影像进行鉴定是公安机关搜集证据,应用证据满足证实犯罪的要求。视频图像是随着科学技术的普及与发展而从物证、书证中独立出来的一种证据形式。它是以现代科技设备为载体,以其反映的内容来证明案(事)件的真实情况,是伴随着案(事)件的发生而形成的。其突出的特点是形象、生动、直观、准确、定时、定位,这是其他证据所无法比拟的,所以在侦查破案上的证据意义十分重大。根据我国公安部、司法部的视频影像检验标准,对视频影像检验要按照检验鉴定的程序和有关规定来进行。为与公安部和司法部关于图像检验标准的内容保持一致,以下把视频影像都称为视频图像。

一、检验鉴定流程

(一) 委托鉴定

根据《中华人民共和国刑事诉讼法》有关条款的规定,办案单位在涉及视频图像的专门问题时,应委托(指派或聘请)视频图像技术人员对视频物证进行检验鉴定。委托检验鉴定时应提交检验鉴定委托书、检材(样本/物证)及其他相关材料。委托时应注意以下事项。

(1) 委托人要熟悉案(事)件情况,便于检验人了解情况。

(2) 应附带视频图像的播放器。

(3) 要明确检验对象和要求,包括检验时间段、截图(加以文字说明或标示)。

(4) 必要时需提供校正时间、视频监控点位分布图、白天时段视频图像(检验时间段为夜晚时,方便检验者全面了解视频图像画面情况)。

(二) 受理鉴定

刑事科学技术部门接到委托书后,应按规定受理。受理鉴定包含下列内容。

1. 查验委托书

委托方必须提供介绍信、委托书等有关委托手续。

2. 听取送检人介绍案件情况和要求

检验人了解案情的途径如下:委托方自行对案件情况的介绍;有关人员的当面陈述;阅读有关的案卷资料和卷宗;实地勘验和调查走访;其他合法的途径和方式。了解案情的内容包括以下几点。

(1) 案件发生的经过、性质、争议的焦点及其他相关情况。

(2) 何人提交的检材,想说明什么问题,检材的关键内容。

(3) 何人提出鉴定,为什么鉴定,鉴定的关键部分内容。

(4) 是否存在与检材相关的其他人证、物证、书证、声像资料等证据。

(5) 是否首次鉴定,如不是首次鉴定的,应了解历次鉴定的具体情况。

3. 查验检材(样本或物证)

(1) 检材为何人、何时、何地录制。

(2) 检材的录制环境、现场人员情况。

(3) 检材的录制方式、录制设备、连接及操作情况。

(4) 检材的提取、保存及复制情况。

(5) 视鉴定需要,了解案件所涉人、物的具体情况,如语音同一性鉴定中被鉴定人的生活背景、物像同一性鉴定中被鉴定物品的特性等。

(6) 视鉴定需要,要求提供录制检材的设备或软件等。

4. 审查送检材料

(1) 了解检材是否原始录制。

(2) 征得委托方同意,启动检材的防删除装置。

(3) 检查检材的标记情况,如无标记的,可要求委托方或征得委托方同意,通过书写文字、贴标签等方式进行标记,以防材料之间的混淆。

(4) 检查检材是否有损坏、拆卸、污染等情况。

（5）检查检材录制设备、播放软件及连线的状态，是否能够正常工作。

（6）通过提供的录制设备、播放软件或适当的声像设备对检材进行放像，检查检材状态。

（7）通过文件名、时间计数、特殊画面或语音等，确定检材上需要鉴定内容的位置。

（8）通过人、物、内容、声音等的特点，确定需要鉴定的内容。

（9）初步判断检材是否具备鉴定条件。

5．处理委托内容

明确委托方具体的鉴定要求，审查委托方提出的鉴定要求是否属于影像资料鉴定的范围。对委托方所提不科学、不合理或不确切的要求，应相互沟通，使其提出适当的要求。初步评价实验室现有资源和能力是否能够满足鉴定要求，决定是否受理。如有以下情况可以不予受理。

（1）检材经初步检查明显不具备鉴定条件的。

（2）样本经初步检验明显不具备比对条件，同时又无法补充的。

（3）鉴定要求不明确的。

（4）委托方故意隐瞒有关重要案情的。

（5）在委托方要求的时效内不能完成鉴定的。

（6）实验室现有资源和能力不能满足鉴定要求的。

（7）《司法鉴定程序通则》第十六条规定的不得受理的情况。

6．决定受理的影像检验

填写受理鉴定确认书并注意以下事项。

（1）与委托方签订鉴定委托协议。

（2）向委托方说明鉴定委托协议中所需填写的内容，并明确告知各项格式条款的具体内容。

（3）要求委托方如实、详细填写鉴定委托协议中的相关内容。

（4）认真核查委托方填写的各项内容。

决定不受理的，应向委托方说明原因。如不能当场决定是否受理的，可先行接收，并向委托方出具收领单或在鉴定委托协议中予以说明。

（三）开展鉴定

案件受理后，应组成鉴定组，指定第一鉴定人。鉴定人根据委托要求及检验的具体内容，确定检验方案、选择检验方法，严格按照规程开展鉴定。

（1）查看案（事）件情况、视频图像情况，判断是否需要补充相关材料。

（2）对送检的视频图像进行保全备份。

（3）选择适当的方法进行图像处理检验、内容检验。

（4）边检验边记录检验过程（主要是图像处理过程中的操作方法、操作步骤和操作结果），并制作检验记录表。

（5）对检验结果、结论进行复核检验。

（6）制作鉴定文书。

二、视频影像检验鉴定文书制作规范

视频影像检验的最后程序是制作鉴定文书。鉴定文书是鉴定机构和鉴定人依照法定的条件和程序,运用科学技术或者专门知识对涉及的专门性问题进行分析、鉴别和判断后出具的记录和反映鉴定过程和鉴定意见的书面载体,是鉴定过程和结果的体现,是一种重要的证据和诉讼文件。鉴定人在对鉴定对象进行检验鉴定并做出鉴定意见之后,要根据送检委托书的要求及具体的检验情况,出具鉴定书。鉴定书是表达检验结论的书面形式,是法庭上的重要证据,鉴定人一定要按法律规定,实事求是、认真细致地制作格式规范、版面整洁、结论明确的鉴定书。

1. 视频图像鉴定书的种类

由于视频图像本身的条件差异、鉴定人水平、技能的高低,以及鉴定设备的不同,最后形成的鉴定结论会有所不同,其形式也会多种多样。视频图像的鉴定文书主要包括视频图像鉴定书、视频图像检验报告、视频图像检验意见书以及视频图像检验结论告知单。

(1) 视频图像鉴定书:鉴定书,是指鉴定人运用专业技术手段或知识对送检的视频图像进行检验、分析、鉴别和判断后,所出具的具有明确结论的文书。

(2) 视频图像检验报告:检验报告,是指直接叙述检验过程和检验结果的鉴定文书。送检的视频图像要求提供清晰化处理的,或提出对视频图像中的具体对象进行分析、判断的,而且鉴定部门也能满足这方面要求时,可出具检验报告,以便确定视频图像与犯罪的某种关系。对于送检的视频图像要求进行同一认定而受到条件限制,无法做出同一认定或否定结论的,也可以出具检验报告答复送检。

(3) 视频图像检验意见书:若鉴定部门对受理的视频图像,因条件太差或受设备的限制,无法对检材做出判定和证实,仅能做出某种判断或提出倾向性分析意见供送检单位参考时,可使用检验意见书。这种鉴定结论只能供办案人员参考,不能用作法庭上定案的证据。

(4) 视频图像检验结论告知单:结论告知单是检验报告、检验意见书的简化版。图像处理检验类的鉴定文书可以采用结论告知单,仅供办案人员参考,用于侦查办案,不能用作法庭上定案的证据。

2. 视频图像鉴定文书的基本格式

鉴定文书的内容包括绪论、检验、论证、结论和落款。视频图像鉴定文书由文字、图片、数据光盘三大部分组成。

(1) 文字部分:

①绪论:受理日期、委托单位、送检人、受理时间、简要案情、检材/样本情况(名称、种类、数量、提取方法、载体及包装等)、检验鉴定要求等。

②检验:描述检材和样本视频图像的形态、大小、画面质量等直观表象,写明鉴定的实施过程、科学依据、发现的特征,包括检材处理、鉴定程序、所用技术方法、技术标准和技术规范等内容。

③论证:对检验中发现的特征、数据进行综合评断,论述结论的科学依据。

④结论:鉴定的意见及结果。

⑤落款:鉴定文书由鉴定人签名,注明技术职称等,并加盖"鉴定专用章"。

(2) 图片部分:视频图像不直接显示在鉴定文书中,可以截取关键帧粘贴在鉴定文书中,经过处理的图像应截取未经处理的关键帧,图片制作要符合《刑事照相制卷质量要求》。

(3) 数据光盘部分(必要时制作):数据光盘应采用只读光盘进行封盘刻录,并在光盘封面上注明鉴定文书编号、鉴定机构名称,并由鉴定人签名,加盖"鉴定专用章"。

鉴定文书应使用统一规范的专业术语和法律规范的用语,要求文字简练,用词准确,语句通顺,描述准确清晰,论证符合逻辑;应使用规范的国家标准计量单位、符号和国家标准简体汉字,要求内容系统全面,客观反映检验所见,分析说明要符合科学原理,逻辑性强;照片必须真实、清楚,特征要标划鲜明。

3. 检验鉴定书的检验事项

(1) 检验报告的叙述要点:

①视频图像中客观存在的事实描述,如人或物特征、人或物实施的动作、动作的过程等。

②视频图像中客观存在的符合客观事实或者规律的结论,如事故车辆、人是否闯红灯等。

③人像鉴定,视频图像中人像和样本人像特征比对,衣着特征、五官特征、发型、个体识别特征、其他特征等,不用"同一"一词,用"相同""相符"等词汇(物品鉴定用此)。

④视频图像真实性认定结论中不要用"某某视频是真实的"结论,一般以"未发现编辑剪辑痕迹"代替。原始性检验中用"某段视频具备原始特性"代替"该段视频是原始的"字样。

⑤结果表述时,视频处理结果的告知以图像和文字说明;视频无条件处理的告知原因、理由。

(2) 检验告知单叙述要点:

①对送检的视频是否具备检验条件的描述。

②对检验的关键片段的检验对象和周边事物的描述。

③关键片段存在的客观事实或规律的描述,或关键片段反映的现实世界客观事实、规律的描述。

④关键片段存在的客观事实与现实世界客观事实、规律对比关系的论证。

⑤注意视频画面与现场实际的位置关系。

4. 检验记录

检验记录是记录检验过程是否规范的重要依据,是出庭应答的重要依据。利用检验记录可以再现检验结果,分清检验过程中的责任所在。检验记录包括如下几点。

(1) 检材、样本封装检查。用拍摄方式固定,用照片表示。

(2) 记录仪器设备状况是否正常,在检验过程中是否出现异常。

(3) 依据的检验方法。说明是否通过某些机构认可,记录好方法代码。

(4) 检验过程的操作及分阶段结果,利用文字表述过程,用影像记录结果。

(5) 影像特征对比分析情况。

(6) 原始记录被修改、改动情况,记录修改人、改动人的签名。

(7) 其他与检验过程相关的情况。

记录过程中,要对检验内容、检验过程的各个重要阶段出具详细的图片记录,必要时可以制作视频记录。

5. 检验意见

(1) 检验文书:根据检验要求及检验结论,应出具检验文书(检验意见书、检验报告书、结论告知单中的一种)。

(2) 检验结果:检验结果应简明扼要,重点突出,充分体现检验要求所声明的事项,检验结果所涉及的视频光盘或视频截图应以附件的形式附于检验文书之后。

（3）结论表述：检验结论的表述应严格依照检验要求对视频文件是否具有真实性进行客观描述。表述方式可参照如下形式，但不限于此类形式。

①肯定或否定：根据送检材料及送检要求，结论表述为"对××所送××检材，依照××标准，采用××方法对其进行了××、××的检验后，结果发现/未发现人为修改痕迹，具有/不具有××性"。

②不具备检验条件：对于无法提供或提取与视频真实性匹配的设备原型、软件设置参数，或其他客观条件难以满足检验要求的情况，结论表述为"××检材不具备所要求的检验条件"。

三、检验鉴定注意事项

根据检验目的、送检单位的要求、检材的数量和质量，确定恰当的检验方法。一般是先原始后处理，先原大后放大，先易后难，对得出的检验结果要综合评断。对于视频图像画面情况不是很了解，而视频图像画面情况又会影响检验结果的，应去现场实际查看，并进行相应的实验论证。检验鉴定的仪器设备、软件要符合标准。操作条件、步骤和方法要规范，禁止使用不成熟的方法进行检验鉴定，并要综合运用多种检验手段，相互验证检验结果，详细记录检验中的各类情况。

鉴定人必须是具有刑事科学技术和视频图像处理专门知识，并取得鉴定资格的人，这是鉴定人顺利履行职务、完成鉴定任务的首要条件，也是司法机关据以指派和聘请的依据。在刑事科学技术鉴定实践中，鉴定人的资格一般有三种情况：在公安机关、国家安全机关、人民法院、人民检察院的刑事科学技术部门工作，并由上级主管部门授予鉴定权的人；在社会司法鉴定组织工作，经过注册，取得相应的技术职称和鉴定资格的人；在非鉴定部门工作，但对解决某些特殊问题有专长的专家、学者，当他们接受鉴定委托时，便具有解决该案、该问题的鉴定资格。此外，鉴定人必须是与案件当事人或案件结果没有利害关系的人，其他人都必须回避，这是为使鉴定人客观公正地进行鉴定的前提条件；鉴定人必须是自然人，单位不能充当鉴定人，这是保证鉴定结论的责任效果的必备条件。因为，鉴定人以个人名义参与刑事诉讼活动，鉴定结论要由鉴定个人负责。凡没有鉴定人签名（章）的鉴定书，不具备法律效力。

第二节 视频影像的特性检验

我国刑事诉讼法规定，作为证据必须具有客观性、合法性及证明力。为此，视频影像作为定罪量刑的证据，必须满足以上证据必备的特性。对视频影像的技术检验，主要是对图像的原始性、真实性、完整性三个方面进行鉴定来展开。在检验鉴定过程中，具有检验资质的检验人员应依据技术标准，对图像特性进行检验，制作检验鉴定文书。

一、真实性检验

影像与形成时的原始状况相一致即为视频影像的真实性。视频图像真实性检验，是指对视频图像的结构、内容与其形成时的原始状况是否一致进行鉴定。如果在图像原始状态的基础上，对图像进行了一定程度上的总体调整而改变了拍摄的一些参数指标，如亮度、对比度、影调及色调等，使影像的整体质量有所提高但不涉及对其结构、内容的改变，那么该图像还是真实的。因此,真实性检验集中于对图像内容和结构是否为原始形成而进行的检验。只要没改变影像的原始状况,而仅对一些信息如格式、压缩率、亮度、对比等参数进行改变,则这种改变不会改变影像的真实性。视频影像与静态图像的真实性检验类似,主要检验视频图像是否经过伪造、变造或编辑、修改。与静态图像不同的是,视频图像的连续性与否也属于真实性的一个重要环节。

(一) 光照方向一致性法检验

利用摄影用光时产生的光照效果的一致性来检验影像的真实性。具体方法是对影像中各个景物在摄影用光照明方向上形成的阴影的方向、大小、强度、反差等进行分析,找出可疑点或差异点,进行数值量化检验,判断成因。

(二) 影像内容中景深关系的检验

利用景深关系检验主要是根据在同一张照片上只有唯一的焦平面和固定的景深。根据焦平面的性质,一张照片只存在一个影像中心,即只有一个清晰的平面。往往在添加性伪造照片中,添加部分所在的照片景深和原始照片中的景深不一致,或者添加部分与所在影像焦平面的位置关系和添加到的部位与焦平面的位置关系不一致。利用这一特性可以为检验影像真伪提供依据。

(三) 拍摄成像的透视原理检验

透视关系是三维立体空间的景物在二维平面中的形状和位置关系。当拍摄的视点和视向确定后,影像中的透视关系是固定不变的。而且现实中客观存在的比例关系也会真实地反映在影像中。因此,当影像中出现画面局部影像违反透视关系时,可能是变造或伪造。

(四) 边缘特征检验

各种伪造影像,都会形成新加入影像与原影像的结合点,这些结合点连接后形成的边线即为影像的边缘特征。为了消除或减弱边缘处的特征,往往使用羽化手段。羽化是通过创立选区与其周边像素的过渡边界,使边缘模糊。这会使过渡显得更加自然,但是模糊会造成选区边缘上的一些细节丢失,并生成一些规律的颜色统一的像素点,这是无法改变的。所以,利用局部的放大和描点可以很容易看出羽化的痕迹,由此可认定照片不具有真实性。

(五) 利用分辨率变化检验

由于影像的分辨率不同,当放大时,出现的马赛克效应不同。分辨率小的影像,只要放大几倍就能看到一个个正方形的影像,即马赛克效应;分辨率高的影像,放大数十倍才能看到一个个正方形的影像。通过放大照片查看照片中的各个成像体的分辨率,可以检验添加性伪造照片。

对于拼接性伪造照片,由于各影像在拍摄时分辨率不同,因此通过放大照片即可看到人物与背景分辨率不同,从而鉴别出伪造照片。

(六) 利用物质成像的唯一性原理检验

不同的影像,在细节纹理特征上有着较大的差异。虽然很多影像从表面上看没有太大的区别。但放大若干倍后,影像的细节特征就会显现出来。这种差异包括图像的纹理、噪点等细节特征。而这些特征是由摄像头的CCD,以及摄像设备的本身等条件决定的。由于这些条件绝对不可能相同,这就决定了影像细节的差异,故伪造影像必然在细节纹理上存在差异。由于拍摄的时间、地点、光线条件的影响，以及照相机本身参数的改变，还有人物、景物、背景等多方面因素相互作用才能形成一张完整的照片，所以要想得到两张完全相同的照片或者局部完全相同的照片是不可能的。基于这种观点，可以这样认为，凡是存在整体相同但局部不同或者整体不同但局部相同的现象的照片都可以认定是修改过的照片。

二、原始性检验

视频影像的原始性，是指图像与其形成时的原始信息的一致性，就是图像没有经过任何形式的处理。图像的原始信息包括：图像的 EXIF(Exchangeable Image File)信息；图像亮度、对比度、色彩平衡、饱和度和清晰度等；图像文件信息，如图像的尺寸及分辨率、压缩比等。不同的图像，其原始信息不一致，原始信息的变化意味着图像原始性的改变。

（一）通过检查图像原始信息检验其原始性

多数数码相机在生成数字影像的同时，都在其图像格式中记录下相关的 EXIF 信息，当图像被编辑或修改时，这些信息就会发生变化，因此可以简单地通过查看 EXIF 信息判别图像的原始性。EXIF 是 Exchangeable Image File(可交换图像文件)的缩写，EXIF 是一种图像文件格式，只是文件的后缀名还是沿用大家熟悉的 JPG 而已。实际上，EXIF 信息就是由数码相机在拍摄过程中采集的一系列信息，然后把信息放置在人们熟知的 JPG 文件的头部，也就是说 EXIF 信息是镶嵌在 JPG 图像文件格式内的一组拍摄参数。此外，不同的相机采用图像格式的压缩方式、分辨率一致，也可以通过横向比较同样质量的文件尺寸、分辨率等信息判断图像的原始性。

（二）利用直方图检验

灰度直方图是反映一幅图像中各灰度级与各灰度级像素出现的频率之间的关系。正常情况下，拍摄的直方图是一条连续而平滑的曲线。当对图像进行调整时，这条曲线就会发生一定的变化，出现非正常的形状，因此可以通过直方图的形状来检验图像的原始性。修改图像并没有对图像的画面内容做任何改动，只是针对图像的明暗和对比度做了改动，从证据的角度来说，图像的真实性没有得到改变，而其原始性却发生了改变。

（三）利用图像压缩比检验

由于 JPG 格式是一个开放的图像格式，数码相机生产厂、图像处理软件公司，它们对 JPG 格式的编码方式各不相同。数码相机厂商为了追求压缩比，往往采用较大倍率的有损压缩，而图像软件为了保证图像质量，压缩比较小，这样经过图像软件编辑前后的图像的文件大小就不一致。通过与其他图像文件大小比较，可以初步鉴别图像的原始性。

（四）通过检测 CFA 插值的修改检验

对于单层 CCD 的数码相机，为了再现彩色，需要使用彩色滤色片阵列（Color Filter Array）插值来实现，不同的相机，滤色片的排列顺序、参数不同，具有特殊性。因此，可以通过检验影像像素的彩色分布，来检测图像各像素彩色贡献分布的一致性，进而判断图像的原始性。

三、视频图像的原始性检验

视频的原始性，是指视频与其形成时的原始信息的一致性，就是视频内容没有经过任何形式的处理。视频的原始信息包括：视频的文件信息、视频尺寸及分辨率、视频格式、码率、压缩比，以及图像亮度、对比度、色彩平衡、饱和度和清晰度等；修改后的图像，其原始信息不一致，原始信息的变化则意味着图像原始性的改变。

视频图像的原始性，主要针对监控录像而言的，普通的录像资料，由于需要格式转换，压制成各种形式的 VCD、DVD 文件，送检的资料已经无"原始"可言。而监控录像是专门用于监视某特定场合发生的事件而设置的，在空间上相对固定，在时间上具有相对连续性，监控录像内容属于视听资料证据范畴，为了保证其证据效力，常常需要对其进行检验。视频图像的原始性主要通过视频制成时加入日期时间的连续性、声像同步情况、相邻帧图像的关联性以及图像信息损失情况等方面进行检验。

（一）监控画面日期、时间的连续性

首先检验文件的视频录像时长，记录开始时间和结束时间，计算录像总时长和录像画面上的时间间隔是否一致，如果不一致，则说明整段录像有删减，不具备原始性。其次，检验播放时画面上时间与实际播放时间是否一致，是否有时间重复现象，造假者经常用已有录像画面，覆盖有问题画面，这样就会出现画面记录时间上的重复。因此要特别注意无人画面的情况，不要认为画面无重要内容就一带而过。

（二）声像同步

检验视频画面的声像同步情况。同时拥有声像是视频图像的一大特征，对于单路视频图像，在记录图像的同时，记录下声音。正常情况下，音像应该是同步的，而经过编辑的视频，声音轨迹仍然没有变化，这样音像就会产生不同步现象。即动作与声音不一致，或者不协调。

（三）相邻帧图像的关联性

检验视频画面的内容关联性。虽然视频图像每秒钟只有 25～30 帧，但人眼看起来都是连续的。每幅画面之间有先后顺序，有关联关系。

（四）利用本底噪声确认录像与摄像镜头的拍摄关系

通过视频与摄像头的拍摄关系认定，一方面验证两者的关系，另一方面也验证了视频影像的原始性，因为经过图像处理后的视频的本底噪声会发生相应变化。具体办法是利用专门的数码相机本底噪声检测软件，检验该相机的本底噪声，得到数码相机的本底噪声分布情况，然后与图像中噪声点相比较，判断两者的一致性。

（五）利用视频图像的压缩率检验

由于视频格式如 MP4、H264 等是一个开放的视频格式，监控生产厂、软件制作公司对视频编码参数进行了个性化设置，厂商为了追求压缩率，往往采用较大倍率的有损压缩。而图像软件公司则为了保证图像质量，压缩率较小，经过图像软件编辑后，图像的文件大小就与编辑前的不一致。通过与其他图像文件大小比较，可以初步鉴别视频图像的原始性。

（六）通过检测 CFA 插值的修改检验

对于单层 CCD 的摄像镜头，为了再现彩色，彩色需要使用彩色滤色片阵列（color filter array）插值来实现，不同的摄像镜头，滤色片的排列顺序、参数不同，具有特殊性。因此，可以通过检验影像像素的彩色分布，来检测图像各像素彩色分布的一致性，进而判断视频影像的原始性。

第三节 视频人像与车辆检验

视频中人像与车辆检验,是指对视频中目标人和车辆的外貌外形、特殊标记、时空关联关系等情况与样本人像视频或车辆图像进行检验鉴定,做出肯定或否定的意见。目前案例较多的是视频人像与犯罪嫌疑人的检验认定和高速公路监控录像中的车辆与嫌疑车辆的同一认定等。

一、视频图像检验的初步处理

（一）样本清晰化

鉴于视频图像质量较差,在内容检验之前往往需要图像处理,处理后再进行下一步的分析检验。针对视频图像,常用的处理手段包括以下几点。一是常规的图像调整,通过灰度变换对反差、对比度等进行调整,通过色相、饱和度对色彩进行调整等。二是图像滤波处理,在尽量保留图像细节特征的条件下对目标图像的噪声进行抑制,对视频图像进行平滑、锐化、去隔行模糊、消除干扰条纹等操作。三是图像融合处理,通过把内容相近、关联度较好的多帧图像进行多幅叠加,或者进行超分辨率融合,把那些在空间或时间上冗余或互补的多源数据,按一定的规则（或算法）进行运算处理,获得比任何单一数据更精确、更丰富的信息,生成一幅具有新的空间、波谱、时间特征的合成图像。四是人工重建,在视频影像的轮廓下,通过手工描绘等手段,对图像进行重建。具体的处理技术参见本章第五节。

（二）目标测量

监控视频的内容检验主要依据是影像符合的透视学原理。摄像头所在的位置就相当于透视学中的视点位置,拍摄出的物体影像之间的关系符合透视的一般规律,即近大远小、平行线有相同的灭点、平面消失在同一直线上,即拥有共同的灭线。在镜头记录的每幅画面中,只要有远近差别的物体存在就存在着透视学关系。因此对于高度、长度、距离等项可以通过画面中的参照物进行测量。

（三）特征确认

当被检图像在景深、用光和透视等方面出现不能确认的可疑点时,常常需要实际模拟现场重现法来进行现场模拟,以验证说明录像中出现场景的真实性。当图像内容无法辨别时,可以采用模拟手段对现场进行重建,利用各种已知条件对场景进行模拟,从而判断画面中人物和车辆的特征。

二、视频人像检验

人的相貌具有特殊性和一定时间内的相对稳定性。视频人像检验就是基于人像的特殊性和稳定性而做出的科学判断,在视频侦查工作中具有基础性作用。视频人像检验要研究每个视频人像特征的一般形状、形式、大小、相互位置彼此之间的距离等视。人像检验首先要以人像图像检材为主,再从样本人像视频中选择相同部位的可靠而真实的相貌特征进行比对,也就是要确认检材照片和样本画面是否有可比性。要选择影像清晰而不是模棱两可的相貌特征和不易变化或变化较小的相貌特征。当然,如果能够在人像上找到由于人的生理、病理上的原因而产生的特殊特征,如瘤、痣、疤痕等,则更具有同一认定价值。

（一）特征寻找

1. 视频人像基本特征

从监控录像中甄别、发现嫌疑人是最直接、最有效的手段。尽管我们截取的很多视频图像难以令人满意,但偶尔会有一些相对清晰、有辨认条件的人像。对于人像我们要注意从发型、发质、发色、额头、鼻型、脸型、眼型、眼袋、毛、口唇、牙齿、耳朵、痣、疤、文身等寻求特别的特征,而这些特征的组合本身就具有一定的特殊性。对于条件好的人像可以利用人像识别系统,在相关人员库（如二代身份证库、暂住人员库等）内检索,得到确切的人员信息。

2. 衣着饰品基本特征

作案人作案时的衣着饰品往往在视频追踪中发挥着重要作用。对于衣着饰品要注意衣服鞋帽的款式、颜色、特殊图案等,以及犯罪嫌疑人佩戴的项链、手链、耳环、戒指等首饰的颜色、款式、佩戴位置等,眼镜、手表、胸章、发夹、钥匙、手机等饰品的形状、颜色、款式等,携带的箱包、袋、盒、工具等携带物的大小、形状、颜色、图案、携带方式等。

3. 身体外貌特征

身体外貌特征指的是视频影像中的人体在面容、长相、体型、体态等方面表现出来的体貌特征,如犯罪嫌疑人的体形（如高、矮、胖、瘦）、身高、残疾等特征。体貌是认识作案人的又一方面。

4. 行为基本特征

视频影像中的嫌疑人行为特征包括行为方式、内容以及意义等内容。对于在案发现场和现场周围,视频监控中有记录作案人行走、说笑、交谈、习惯动作（如吸烟、打手机）的,可以通过这些特殊的行为特征来检验认定犯罪嫌疑人。如果有触摸、丢弃杂物、拨打电话等动作,可以在相应位置提取手印、足迹、生物检材、电子数据等证据,并通过相关数据库检索确定人员信息。

（二）特征比对

选择以上相貌特征进行检验,要求客观科学,同时要排除其他情况所引起的相貌特征变化。在可供对比影像较多时,应选择影像中人像的多个角度进行比对,在比对过程中选择。有时从检材照片中不易确定是否稳定的特征,可以通过和样本影像比较来确定。

1. 特征标记法

将检材和样本上的同一位置、同一器官的特征进行比对,根据符合和差异的情况进行综合研究,得出结论。

2. 影像剪切接合法

这种方法要求检材与样本具有相同的拍摄条件（拍摄方向、镜头焦距、拍摄距离、俯仰角度等）、比例相同、照片影调相同,以及检材的数量和样本数量较多。检验时将检材与样本在同样部位切开,将一张照片的一半与另一张照片按切割线拼接;也可以从一张照片上剪切一小部分,然后把剪切下来的部分贴在另一张照片的相应部位,进行观察比对,看相貌是否发生改变。

3. 比例特征检验法

这种方法要求检材与样本具有相近的拍摄条件（拍摄方向、镜头焦距、拍摄距离、俯仰角度等),在检材和样本上找出面部的标志点,按照相关规律进行处理,获得一组比例。然后按照透视方向进行比对,结合其他特征得到结论。

(三) 做出结论

1. 符合性特征的评价

感性特征之中的面部缺陷、痣、瘤、麻、伤痕等特征价值比较大,容易判断。人像检验大多数还是根据一些看来不明显的、普通的特征做出的结论。主要从两个方面来进行判断,一是特征出现率少的,其价值就大,二是把这个特征与其他特征联系起来分析。

2. 差异性特征的评价

由于年龄、病理、表情、化妆、死亡、拍照条件、正负片的处理等原因形成的差异是非本质的差异。如果差异点较大而且是无法解释的,则是本质的差异。

3. 综合评判

如果符合性特征是主要的,则价值高。差异点可找到合理的解释就可以作出同一性的结论。如果差异点明显,而且又不能用形成差异的非本质原因解释,符合点比较一般,则可做出非同一性的结论。

三、视频车辆检验

在视频车辆的检验中,首先是基于对车辆的类型的确认,即对车辆的品牌、颜色、号牌、车载特征物品、外表装饰等特征进行检验。其次是结合现场的情况对分析车辆特征,迅速判断车辆种类、品牌、型号。车辆所有的特征中,侦查人可以用来识别和区分车型的依据有车辆的外形(长宽、高等)、车辆的轴重及轴距、车辆号牌、载重量等。可以反推确认车辆类型。

(一) 车辆的类型识别

车辆从大的种类上可分为机动车和非机动车。机动车是以能源为驱动力的车辆,使用能源的种类有汽油、柴油、电以及油电混合等。非机动车是以人力为驱动力的车辆。但电动自行车是属于机动车还是非机动车目前仍有争议,全国不同城市对电动自行车的管理也有不同的做法。

按照交警部门对机动车的划分,机动车的种类有大型汽车、小型汽车、专用汽车、特种车辆、有轨电车、无轨电车、电瓶车、三轮摩托车、二轮摩托车、轻便摩托车、四轮农用摩托车、三轮农用运输车、大型方向盘式拖拉机、小型方向盘式拖拉机、手扶拖拉机、全挂车、半挂车。不同种类的机动车自身又有品牌、型号、款式方面的差别。非机动车主要有自行车(单、双人)、三轮车(包括两轮向前或向后行驶的)、靠推拉行驶的两轮车等。另外,车辆从用途上分可分为客车、货车、专项作业车、房车等。从驱动方式上分可分为二轮驱动、四轮启动、履带驱动等。从结构上分:小型车中轿车可分为两用式和三厢式;大型汽车中客车可分为普通客车、双层客车、卧铺客车、铰接客车等;大型汽车中货车可分为厢式货车、仓栅式货车、罐式货车、平板货车等。

通过车辆的外形进行分析,是判断车辆种类、品牌、型号最直接的方法,选取的关键特征如下:车头部分的前大灯、散热进气窗、车辆品牌标志;车侧部分的车窗形状、门拉手、车门的形状、递板形状;车后部分的尾灯的排列分布、后窗的形状、排气孔的分布及形状、有无防静电带等;车顶部分的天线的形状、大小、位置、有无天窗及天窗的大小等。了解哪些特征可为所用的细节特征后,在初步判断的基础上,进一步致细比对,以准确判断车辆种类、品牌、型号等基础问题。

(二) 车辆特征分析

在准确确定车辆的种类、品牌、型号的大前提下,对视频中出现车辆的检验识别涉及以下几个方面。

1. 车辆号牌

在车辆号牌出现不同的情况下,不要轻易作出否定的判断,因为作案车辆可能会在作案过程中更换号牌。在实际办案中,能够清晰辨认车牌的情况是相对较少的,条件略好一些通过模糊图像处理可以确认的可能只是个别数字或字母,面对这种情况不要气馁,要进一步扩大侦查范围,从可能经过的视频卡口调取信息进行模糊查询,最终确定准确车牌。

2. 车体的增加或缺损等特征

如车头有一固定区域由于碰撞造成凹陷,车头挡风玻璃粘贴的年审标签,车辆品牌标识脱落等。

3. 车内外装饰

车内外装饰是对样本车辆进行检验认定的基本依据。例如驾驶座前载物台上的香水座,方向盘、安全带上的包等。车外的外形文字、反光条等。

4. 车辆的损坏情况

车辆在使用过程中,车灯、车体的损坏是经常会发生的,在夜间,前灯和尾灯的损坏情况是做出同一判断的有力依据。在可能的情况下,车体损坏是检验认定交通逃逸案件肇事车辆的基本途径。

第四节 事件过程影像检验

视频影像信息丰富、证明能力强,其内容或事实不是案(事)件的某一孤立的或不连续的事件,而是随时间展开的连续场景,它可以原原本本地将案发当时的声音、形象,作案人的动作、表情及现场环境等做动态、连续性的记录,其内容丰富全面,使人有如身临其境、如见其人、如闻其声之感。不管是对视频影像来源和内容进行真实客观性的审查,还是对其内容的识别或者辨别,无论多么先进的技术设备,都需要人进行操作。而人的审查、识别技术水平及视频图像质量不仅直接影响着视频图像内容的客观真实性,而且可能影响对其内容的识别或者辨别。因而,依据我国的有关法律规定,必须聘请具备专业技术手段或知识的人对送检的视频图像进行检验、分析、鉴别和判断,完成对其内容的识别或者辨别。对视频影像记录的事件过程检验,是发挥视频影像服务诉讼功能的重要方法。

一、视频影像事件过程检验的定义

视频影像事件过程检验,是指通过视频回放观察,必要时借助图像处理等技术手段,对视频内容及其所反映的情节进行检验,辨识视频资料拍摄记录的事件过程,它包括内容检验和情节检验。所谓的视频内容检验,是对视频画面中所记录的相关时间点的人、物、景(环境)等状态进行检验。视频情节检验,是在内容检验的基础上,检验视频画面内容发生变化而反映出的情况,如动作、数量、轨迹、形态、颜色变化等情况。通过检验并出具鉴定文书可以将视频图像信息的载体由视频图像转换成书面载体,将视频图像内容文字化、数字化、结论化,使视频图像证据更易懂、直观、明确、鲜明、定量、定性。

由于目前视频的质量较差、视频中记录的事件过程较复杂或视频播放速度较快,单以视频形式作为证据进行展示,难以清晰地还原视频画面记录的事实;同时由于人的视觉能力和理解能力不同,对视频中记录的事实也会有不同的认识和理解。因而,这些视频必须借助专业的设备和软件对其进行一定的检验,将视频证据转换成检验结果,以文字、图片、视频、标注等形式准确、直观、全面地再现视频记录的事件过程,出具检验报告或鉴定书,并要记录图像处理的详细过程,保证检验的科学性、合法性。

二、检验技术方法

(一) 检验技术

1. 播放观看技术

使用合适的播放软件采用连续、快速、慢速、逐帧等播放方法观看所检验的视频,检验视频所记录的事件过程。

2. 图像处理技术

对于图像质量不佳的视频,可以对视频图像进行增强、复原、去噪等处理,如亮度、对比度、影调及色调等的调整,使影像的整体质量有所提高但不涉及对其结构、内容等本质属性的改变,必要时采用局部处理方式。

3. 语音处理技术

对于语音不清晰,难以辨听出声音内容的,可通过语音处理系统进行增强去噪处理。

4. 图片、视频制作技术

检验结果中的附件图片或视频应能反映事件重要状态和过程,可以利用相应的制作技术在图片或视频中作适当的标注或注解。

(二) 检验方法

在对视频中事件过程进行情节检验时,还会用到客观实际推理论证法和数理统计法,以得到一种结论性意见,如根据交通灯的灯控情况推断是否闯红灯。

1. 客观实际推理论证法

客观实际推理论证法,也可以称为综合评断法,是指对找出的符合点与差异点的质量、数量、关系进行综合分析,研究它是本质符合或差异,还是非本质符合或差异,并运用科技手段和辩证思维做出合理的解释,从而做出正确的结论。客观实际推理论证法是视频图像检验鉴定中一种比较独特的方法,它是由视频图像客观、翔实的本质属性决定的,符合辩证唯物主义理论。客观实际就是实际存在,是指在人的意识之外、不依赖人的意识而独立存在的客观事物。这里的客观实际也包括客观规律,即世界本身固有的,世界上一切物质都遵循的规律。例如,根据第五套人民币的颜色可以确定币值,根据车辆尾灯的灯光变化可以判断是否踩刹车,金属质地的凶器会反光等。

推理论证是由一个或几个已知的判断,推导出一个未知结论的思维过程。推理是形式逻辑,是研究人们的思维形式及其规律和一些简单的逻辑方法的科学。其作用是从已知的知识得到未知的知识,特别是可以得到不可能通过感觉经验掌握的未知知识。推理的形式很多,但是在视频检验中用到的推理主要是演绎推理论证、归纳推理论证。

演绎推理论证是从一般规律出发,运用逻辑证明或数学运算,得出特殊事实应遵循的规律,即从一般到特殊。演绎推理的方法有多种形式,但最重要的是三段论。其意义是由普通的原理到特殊事实的推理,即以普通的原理为前提,以特殊事实为结论。例如,亚里士多德的三段论法是:

a. 必然死亡(大前提);

b. 苏格拉底是人(小前提);

c. 故苏格拉底必死(结论)。

在这个三段论推理中,大前提和小前提都是已知的判断,结论则是一个新的判断。为了从已知判断推出新的判断,有两个基本条件必须遵守:一是大前提和小前提的判断必须是真实的;二是推理过程必须符合正确的逻辑形式和规则。正如恩格斯所说:如果我们有了正确的前提,并且把思维规律正确地运用于这些前提,那么,结果必定与现实相符。

归纳推理论证就是从许多个别的事物中概括出一般性概念、原则或结论,即从特殊到一般。例如:

A_1 是 B,

A_2 是 B,

A_n 是 B,

$A_1, A_2, \cdots, A_n$ 是 B 类的部分对象,并且没有遇到反例,所以,所有的 A 都是 B。

这种简单枚举法是以经验的认识为主要依据,根据一类事物中部分对象具有某种属性,并且没有遇到与之相反的情况,从而推出该类对象都具有某种属性的归纳推理论证。

基于客观实际的演绎推理论证、归纳推理论证二者要相互结合、相辅相成,这样检验结果才能准确无误。恩格斯说:归纳和演绎,正如分析和综合一样,是必然相互联系着的。不应当牺牲一个而把另一个捧到天上去,应当把每一个都用到应该用的地方,而要做到这一点,就只有注意它们的相互关系、相互补充。

2. 数理统计法

数理统计法是运用数学的方法对物证的特征及有关的表象、图表等进行测量与统计,并对获得的数据进行整理和分析,以寻求对检验对象的规律性认识的一种方法。数理统计法在刑事科学技术检验中经常使用。例如:根据脚印尺寸对作案人鞋号的大小和身高的推算;在法医检验中,为推测死亡时间而使用的四元回归方程式;视频图像检验中的人物身高测量、车速测量、动作次数测量等。

三、检验步骤

(一) 内容检验

对被检验视频进行逐帧静态检验,或者根据视频内容变化情况选取不同时间点的关键帧进行静态检验,用文字方式分别记录固定不同时间点的人、物、景(环境)状态,文字表述应体现人、物、景(环境)之间的相互关系。应记录以下方面的内容,但不限于以下几种。

(1) 记录关键帧时间点,时间点应为画面显示时间,如无显示时间,则应记录被检验视频回放播放时间或者播放帧数。

(2) 记录关键帧画面中的有关人、物的状态,如特征、所处位置、动作、姿态、数量等。

(3) 记录关键帧画面中的环境状态。

(二) 情节检验

在内容检验的基础上,对被检验视频进行整体动态检验,或者根据视频内容变化情况选取不同的关键视频片段进行动态检验,用文字方式分别记录固定不同时间段或相同时间点的人、物、景(环境)等状态变化而反映出来的情况。应记录以下方面的情况,但不限于以下几种:

(1) 记录时间点或不同时间段的时间点范围;

(2) 记录被检验视频或者关键视频片段画面中的有关人、物的状态变化而反映出的情况,如所处位置、动作、姿态、数量等变化情况;

(3) 记录被检验视频或者关键视频片段画面中的环境状态变化情况;

(4) 记录语音辨听情况。

四、检验要点

(1) 使用的鉴定设备和软件必须合法;

(2) 如有图像处理的,按照图像处理有关规定进行;

(3) 注重观察分析、图像处理、图像比对及客观实际推理论证、数理统计等方法的综合运用;

(4) 如有必要应去现场进行勘查检验,包括制作、记录视频图像的设备情况,视频图像画面的现场实际等,有的还应进行现场实验论证;

(5) 要制作图像内容检验记录表,详细记录采用的方法、检验步骤、检验依据等;

(6) 对视频图像中的必要标示要简单、鲜明;

(7) 图像检验人员应该能够根据法庭的要求,现场解释检验的方法和依据,并阐述检验的科学性、合理性和合法性。

五、检验结果表述

检验报告以文字描述为主,必要的照片和视频文件以附件形式附后。检验结果是报告的核心。对于检验结果的表述应准确全面,简明扼要,其表述的方法有三种。

1. 直白性表述

可以陈述的内容是不同的受众都可以理解的内容,即便是一些受众在开始没有注意到这些内容,但经过描述后也能够接受。在此,陈述是一个影像内容整理过程。按时间点或时间段描述需检验事件的人、物、景不同的状态。表述为"时间点或时间段+人+物+景等状态"。

2. 概括性表述

可以判断的内容需要依赖一定的客观条件和专家经验,未经判断前,不同的受众可能有不同的理解,但是经过合理的判断后,受众大多数能够接受判断结果。判断过程包括主观直接判断和经过客观方法处理后再进行主观推断。按被检验视频的全段视频或片段视频的时间段概括描述检出结果的整体情况。表述为"时间段+人+物+景等整体情况"。或者根据视频影像的内容和情节反映的客观事实,对行为的性质出具意见,如闯红灯、杀人、打架等。

3. 提示性表述

对于检验视频图像质量差或因其他客观条件而无法进行事件过程检验的,结果表述为"送检的检材不具备检验条件"。对于任意一份影像证据,其内容传达多种不同的信息,这些不同的信息确定性是不同的。在表现证据关联性过程中,为了尽可能利用有效信息,提升证明力,需要根据具体情况将以上的视频影像进行有效的组合利用。在陈述层次上,需要尽可能地详尽,并形成对应文字描述,使得评判人员离开影像资料也能够想象出场景过程。在判断层次上,重要的一点就是在判断过程中主要针对影像资料反映的客观事实,尽可能避免对人的思维或主观意愿的判断。因为对客观事实判断相对容易,受众对判断结果也容易接受。而对人的主观意愿或思维进行判断很困难,判断结果容易引起争议,受众的接受程度难以把握,对此则不能出具意见。

第五节 视频影像处理

视听资料是以声、光、电等形式而存在的,必须通过技术人员运用现代化技术手段,利用专业设备来完成。我们在享受这种技术给我们带来便利的同时,也要尽力防止其带来的负面效应。视听资料只是一些数据,没有其本质特性的外形,所以容易被伪造。尤其随着科学技术的发展,水平高的人完全可以剪接、改变原始内容而不留痕迹,或者说留下的痕迹不容易被发现。基于这样的一种特点,使得司法机关在运用视听资料时注重对视听资料的来源和内容的真实客观性进行审查。为保证或证明视频影像的真实性,凡是经过技术处理的视频影像,均要出具检验报告,并记录图像处理的详细过程,这是作为诉讼证据的视频证据内容真实性的保证。在办理案件过程中,侦查机关根据取证需要而必须对视频影像资料处理的,应当依归制作视频影像的处理报告。

一、视频影像处理的定义

视频影像处理,是指视频图像专业处理人员在运用图像处理软件对模糊或质量不佳的图像进行增强、复原、去噪等处理时,记录图像处理的步骤和过程,并出具检验鉴定文书的一项法庭科学技术活动。视频影像处理检验是一项结果检验,它明示一个图像处理的结果,它更是一项程序检验,记录了图像处理的步骤和过程,根据步骤和过程可以实现对图像处理结果的溯源,保证了处理结果的科学性、合法性,也是视频图像其他检验的基础,它溯源了图像处理结果来源的真实客观性,保证了其他检验活动的进一步开展。

视频影像处理检验的结果分为两种情形:一种是结果满足了检验要求,实现了对模糊或质量不佳的图像的增强、复原、去噪等处理;另一种是结果不能满足检验要求,视频图像不具备检验条件。目前,法庭科学领域图像专业技术人员往往仅重视前一种情形的检验,而忽略后一种情形的检验,根据工作实践,后一种情形的检验结果是保证某些案(事)件侦查办案和诉讼活动正常开展的重要证据。

二、视频影像处理过程

尽量选择具有保存操作步骤历史记录功能的图像处理软件,如 Adobe 公司的

Photoshop、Premiere 软件。如选择没有保存操作步骤历史记录功能的图像处理软件,则应手工记录图像处理详细步骤;选择正确的图像处理方法,把握图像处理的处理度,以真实客观地再现图像原貌为目的,不能改变图像的本质属性;要制作图像处理检验记录表,详细记录使用的软件、采用的方法、处理步骤及其参数等;对视频图像中的信息进行必要标示要简单、鲜明;图像处理人员应该能够根据法庭的要求,现场演示原始图像处理成现有图像的过程,保证图像处理步骤、过程的科学性、合理性和合法性。

三、视频影像处理方法

(一) 增加反差

摄影技术中的反差,通常有景物反差、底片反差、影像反差三种情况。以上三种反差可以概括为物或像各部分的明暗或影调的差异程度。反差大表示这种差异程度大,黑白分明;反差小,表示这种差异程度小,黑白不太分明。对于数码成像,其影像反差应能正确反映被摄景物的原有反差。这个关系用反差系数来表征。当反差系数为 1 时,表明影像反差等于景物反差;反差系数<1 时,影像反差小于景物反差;反差系数>1 时,影像反差大于景物反差。反差系数是感光材料特性之一,是正确选择感光材料的依据。影像反差是反映视频影像质量的重要指标,具有良好影像反差的视频影像,有利于影像的分析、判读。影响影像反差的因素很多,如景物本身反差、遥感器光学系统质量、大气蒙雾、感光材料特性、曝光量和摄影处理等。故在视频影像处理中,不论光化学处理或数字图像处理,均可采用反差增强或反差扩展技术,用提高影像反差来改善影像判读质量。

增加反差处理即反差增强,又称对比度增强,是一种点处理方法、通过对像元亮度(又称灰度)的变换来实现,是图像增强的常用方法之一。在日常刑事影像处理工作中也是用来改善涉案影像视觉质量的首选和最简单的技术方法。常用的增加反差处理包括以下三种方法。

1. 亮度/对比度处理

亮度/对比度处理是应用最多的处理方法,其效果往往比较直观,可以对图像的亮度和对比度进行直接的调整。但是使用此方法调整图像颜色时,将对图像中所有的像素进行相同程度的调整,从而容易导致图像细节的损失,所以在使用此方法时要防止过度调整图像。目前,几乎所有的视频/图像处理系统都有此类处理模块。因此,在应用此类处理时往往不需要专业警用图像处理系统也可以完成。

2. 直方图处理

在计算机图像学领域中,直方图是一种灰度直方图,其横坐标代表图像中的亮度,由左到右,从全黑逐渐过渡到全白;纵坐标则是图像中处于这个亮度范围内的像素的相对数量。目前,大部分专业警用图像处理系统针对直方图的影像处理大体上可以分为两类,即直方图调整和直方图均衡化。图像处理系统对应直方图处理的操作界面,其"整体均匀""局部均匀"都对应上述两个直方图调整方法。

(1) 直方图调整:整体均衡处理偏重于改善图像整体反差效果,可以调整影像画面的总体亮度和色彩视觉效果,易于调整处理需要强调整体效果的目标对象,如人像、监控整体画面效果等。

(2) 直方图均衡化:局部均衡处理往往强调增强影像的具体纹理细节反差,其处理效果类似于过渡锐化图像边缘。此类处理方法主要针对需辨识影像细节边缘的目标对象,如图案纹理、车辆号牌、文字、标识符号等。

3. 伽马调整

数码图像中的每个像素都有一定的光亮程度,即从黑色(0)到白色(1)。伽马调整是曲线优化调整,是亮度和对比度的辅助功能,强力伽马优化模式可以对画面进行细微的明暗层次调整,控制整个画面对比度表现,再现立体的有层次感的影像,此项技术的关键就在于"强力伽马曲线优化模式",对每一帧画面都进行固定的伽马调整,画面的亮度和对比度得到优化,画质也得到提升。在摄像机中,伽马分为总伽马和总黑伽马以及通道伽马。一般人调整时总是调整前两项,很少有人会用最后一项。通道伽马一般是在摄像机用了太长时间,某一通道由于老化导致偏色进行的调整。总伽马就是各通道伽马(RGB)的总和。当然也可以单独调整红、绿、黑伽马通道,当需要整体调整,并且整体调整幅度一样时,就可以调整总伽马了。一个图像要想突出暗部,可以把黑伽马调亮,如果想得到像电影一样明暗对比特别强烈的画面,可以将黑伽马值调低。

专业警用图像处理系统一般都有用伽马值调整影像明度的功能。用伽马值与用色阶、亮度/对比度、曝光补偿等模块对照片亮度的改变是不一样的。用伽马值、曝光补偿值和亮度/对比度调整影像亮度,三个概念很容易搞混。曝光补偿相当于调整影像的白点;亮度/对比度调整相当于调整影像的中间调。伽马值代表调整软件对于画面亮度的解释。伽马值愈小,影像越亮;伽马值越大,影像越暗。伽马值调整的最大特色是不容易让亮部过亮或暗部过暗(保持亮部或暗部细节)。对于反差很大的影像,如果想让暗部变亮,往往会让亮部过亮(所以不适合采用曝光补偿或亮度/对比度调整),这种情况下可以把伽马值调小,让整个影像变亮,但亮部不容易过亮,这是由伽马曲线的特性决定的。伽马值愈大,输入每调整一个单位,暗部的输出变动相对愈小,但亮部的输出变动相对愈大(只要伽马值不等于1.0,则其映射曲线暗部的斜率就会比较平坦,亮部的斜率就会比较陡峭,而且伽马值愈大,这种情况使图片的暗部平坦而亮部陡峭的情况愈加严重。从另一个角度来说,伽马值愈小,只要不等于1.0亮部斜率虽然还是较陡峭,但程度已经降低了,所以不容易过亮)。伽马值的修正可以改变画面明暗,增加对比。通常在一个黑暗的画面中难分辨出细节,若把全部亮度提升,虽然看得到暗处,但是又会造成失真。因此改变局部的伽马曲线,即可修正局部的亮度。

(二) 色彩处理

视频的色彩是由色差信号所体现的。在公安影像处理工作中,常用的增大反差的色彩处理方法有伪彩色处理、透视处理两种。

1. 伪彩色处理

伪彩色处理的基本思想是通过各色彩通道或信号对应的灰度的重新调整,进而加大人眼对色彩的视觉反差,进一步辨识目标细节。通过反转这种极端的色彩调整方法,可以最大程度地加大物体边缘的反差,进而辨识物体。

2. 透视处理

透视处理是一种非常有效的图像处理方法。严格意义上讲它是一种独立的图像增强方法,但它更多地应用了伪彩色处理和色差信号调整技术。透视处理按实现算法可以分为伪色彩透视增强和基于透视算法的影像增强。而基于透视算法的影像增强又可以分为软件方法和硬件方法。

(1) 伪色彩透视增强：伪色彩透视增强是利用人眼特定色彩变化敏感的视觉特性进而达到透视效果而增强视觉反差的作用。光谱上 380～760 纳米波长的辐射能量作用于人的视觉器官所产生的颜色感觉称为色觉。在可见光谱上从长波端到短波端依次产生的色觉为红、橙、黄、绿、蓝、紫。相邻的颜色之间还存在着各种中间色，如橙黄、绿蓝等。人眼对光谱各波长的辨别能力是很不一样的，对光谱某些部位，如 480 纳米（近蓝色）和 565 纳米特别敏感，在这两个部位上的不到 1 纳米波长的变化，人眼便可看出颜色的差别，而比较不敏感的部位是在 540 纳米附近及光谱的两端。而且人眼对绿色亮度响应最灵敏，可把细小物体映射成绿色。人眼对蓝光的强弱对比灵敏度最大，可把细节丰富的物体映射成深浅与亮度不一的蓝色。因此，在进行伪色彩透视处理时往往利用人眼对蓝色变化的敏感来实现图像细节的识别。

(2) 基于透视算法的影像增强：不同于传统的图像增强算法，如线性、非线性变换、图像锐化等只能增强图像的某一类特征，如压缩图像的动态范围或增强图像的边缘等，透视算法可以在动态范围压缩、边缘增强和颜色恒常三个方面达到平衡，因此可以对各种不同类型的图像进行自适应性增强，且操作简单。目前，专业警用图像处理系统多采用此类算法。

3. 偏色校正

自然界中原本是黑白灰色的物体，在正常的光线（白光）照射下，反映到影像中，其 RGB 三个参数应该相等。影像的采集设备或因设定了错误的白平衡，或因不同色温的复杂光源照射，使得影像中原本是黑白灰的物体的 RCB 值不相等，说明影像偏色了。通常的调整方法是确定影像中某个标准的颜色后进行校正，即确定黑场部分（图像最暗部）、中性灰色部分、白场部分（图像最亮部）。

如确定不了标准色，应调取相应视频资料并结合现场模拟实验结果进行分析。应调取的视频资料包括：同探头相同时段最近似光照环境的视频、同探头同白天光照条件较好的视频。现场模拟实验应包括：同期同探头画面范围物体实际颜色标识、案发条件下利用已知颜色的相同物体（如车辆、衣着）进行过程模拟再现。

（三）变形及比例矫正

在专业的警用视频影像处理中，视频影像变形及比例矫正主要包括单帧影像画面变形矫正和视频角度改变两个方面的应用。主要的警用视频图像处理系统可以实现柱面校正、枕形校正、桶形校正、鱼眼校正、球面校正、透视校正。

（四）模糊去除

在公安影像处理工作中经常提到的"模糊去除"，其实质是综合应用图像滤波、图像复原等方法提高对影像中特定目标的辨识效果。图像锐化就是补偿图像的轮廓，增强图像的边缘及灰度跳变的部分，使图像变得清晰，分空域处理和频域处理两类。图像平滑往往使图像中的边界、轮廓变得模糊，为了减少这类不利效果的影响，需要利用图像锐化技术，使图像的边缘变得清晰。图像锐化处理的目的是使图像的边缘、轮廓线以及图像的细节变得清晰。从频率域来考虑，图像模糊的实质是因为其高频分量被衰减，因此可以用高通滤波器来使图像清晰。在监控视图像的增强处理中除了去噪、对比度扩展外，有时还需要加强图像中景物的边缘和轮廓。而边缘和轮廓常常位于图像中灰度突变的地方，因而可以直观地想到用灰度的差分对边缘和轮廓进行提取。

1. 图像滤波

在图像处理的实战应用中,图像滤波是指用去除噪声的各种空域、顺域方法提高图像信噪比。目前,专业警用图像处理系统中有空域滤波降噪和去 JPEG 块滤波两种方法。

(1) 空域滤波降噪:在实际工作中,应用空域滤波应注意滤波器模板尺寸的选择。因为监控视频分辨率往往较低,因此,滤波模板如果选择过大会使图像边缘受到很大损害,且由于图像分辨率低的原因,往往造成图像的边缘信息缺失与噪声同时存在。因此,通常情况下,锐化与降噪是同时使用的,即先锐化使模糊图像边缘清晰,再降噪以去除本底噪声及由于锐化而加重的噪声。尤其是在人像的处理过程中更要注意降噪平滑。因为人像需强调其整体感才具有辨认可能,如果过分加强边缘会造成失真。

(2) 去 JPEG 块滤波:由于视频影像采用 DCT 变化编码,这样会导致图像出现块效应。在实践中,去除块效应是公安影像处理的常用手段,其方式是利用相应的软件工具来实现。

2. 图像复原

图像复原处理的基本技术思路是先建立退化的数学模型,然后根据该模型对退化图像进行拟合。图像复原模型可以用连续数学和离散数学处理,处理项的实现可在空间域卷积,或在频域相乘。

(1) 运动模糊复原:运动模糊主要是由于被摄物与监控探头之间的相对运动所造成的图像模糊。运动模糊复原就是利用运动模糊退化的某种先验知识来重建或恢复原有图像。在运动模糊的点扩散函数未知的情况下,估计运动模糊的点扩散函数是运动模糊复原的前提和关键。因此,在实际工作中,我们要在案发环境下多做模拟实验,从而确定相对运动的方向和角度,乃至运动规律。目前,多数专业警用图像处理系统就是以上述条件为参数进行人工干预从而复原运动模糊图像的。

(2) 高斯模糊复原:由于高斯型点扩展函数是许多光学成像系统和测量系统最常见的,所以许多系统都可以用高斯函数来模拟。因此,高斯模糊也就变成了多数监控系统的共性模糊问题。对于高斯模糊图像,它的点扩展函数是很难被检测出来的,因此高斯模糊图像的盲复原一直是个难题。目前,多数专业警用图像处理系统利用高斯型点扩展函数的特性,初始估计点扩展函数并对加噪后的图像进行逆运算,从而最大程度地解决了上述问题。

(3) 维纳滤波:维纳滤波也是一种目前常用的图像复原去模糊方法。它的实质是对真实信号的最小均方误差估计,因此它是一种盲复原,适合在工作中无法获得图像的退化参数时使用。

3. 场帧分离

在监控视频中,一幅静止的图像被称为"一帧",一般视频中的画面是每一秒钟有 25 帧。按垂直的方向扫描场扫描。两场组成一帧,一般监控视频的一帧画面需要由两遍扫描来完成,第一遍只扫描奇数行,第二遍只扫描偶数行。一幅只含奇数行或偶数行的画面称为"一场",其中只含奇数行的场称为奇数场或前场,只含偶数行的场称为偶数场或后场。也就是说一个奇数场加上一个偶数场等于一帧(一幅图像)。而场帧分离正是利用不同的扫描行产生的影像差别进行处理的。

(五) 超分辨率处理

为了在相同的场景中获得不同的帧,视频序列的各帧之间必须存在一些场景的相对运动,将这些低分辨率图像融合起来,就可能实现超分辨率图像重建。

第十一章 视频资料证据

第一节 视频资料的证据属性

一、证据的属性

(一) 证据的概念

依据《现代汉语词典》的解释,证据是指能够证明某事物真实性的有关事实或材料,这里的事实是指事情的真实情况。在牛津简明英文词典中,Evidence 被标注为"为相信某事或证明某事提供原因的资料",这是普通意义上的解释,但本书应从法律层面来理解证据。作为一个法律术语,它不仅仅是概念的界定,同时,对准确理解何谓证据,并进一步分析证据的基本属性也有着十分重要的意义。

何谓证据?刑事案件发生后,犯罪的信息将被人感知,并在现场和现场外遗留有反映案件事实以及与之相关的痕迹、物品、文字材料,即反映案件事实的信息的物。人和物即为案件事实的载体,是证明手段,是提供证据资料的来源。离开这些载体,反映案件事实的信息就无法被收集和进入诉讼的轨道,无法为人所取得。所以,离开了证据的形式,单纯的事实在诉讼中不可能独立存在,也无法发挥证据的作用,证据由内容和形式共同构成。证据的内容即事实材料,亦即案件事实的有关情况;证据的形式,又称为证明手段,是证据的表现形式。证据是事实与证明手段的统一。

证据的各种外部表现形式就是证据事实的各种载体,被称为证据种类,或称为证据事实的来源或者证据资料。我国《中华人民共和国刑事诉讼法》第50条对证据和证据种类作了明确规定,可以用于证明案件事实的材料,都是证据。证据有八种形式:物证;书证;证人证言;被害人陈述;犯罪嫌疑人、被告人供述和辩解;鉴定意见;勘验、检查、辨认、侦查实验等笔录;视听资料、电子数据。证据必须经过查证属实,才能作为定案的根据。

因此,从内容和实质来看,证据必须是与案件事实有关的事实;从形式和来源来看,证据必须具备法定的形式和来源;从证明关系来看,证据必须具有证明案件事实的作用。综上所述,证据是在诉讼中具有法定形式的能够证明案件事实的一切材料。

(二) 证据的属性

证据属性是我国证据法学研究中受到关注与引发争议同样多的一个理论问题,当然这不是本书讨论的重点,我们不再展开论述。一般认为,所有证据都应当具有证明力和证据能力。证据的证明力是指证据对于待证案件事实的证明作用。证据的证据能力,是指证据资料在法律上允许其作为证据的资格。这是证据的基本特征。上述证据的内容、形式和证明关系,决定了证据的基本属性。我国刑事证据制度也基本反映了上述特征,其具体表现如下。

1. 客观性

诉讼证据的客观性,是诉讼证据的本质特征。它包括两个方面的含义。一是证据的本质是事实,这种事实表现为物品、痕迹、文件等客观存在的物质和被人们感知并存入记忆的事实。无论是以哪种形式存在的事实,都可以成为证据。二是证据是不以人的主观意志为转移而客观存在的事实。案件事实的发生,伴随着证据事实不以人的主观意志为转移。证据的客观性,为侦查人员收集证据,查明案件事实提供了物质基础。

2. 关联性

证据不仅是客观存在的事实,而且必须是与案件事实有关联的事实。诉讼证据的关联性是指诉讼证据与案件的待证事实之间存在客观的联系。证据之所以能够对案件事实起证明作用,正是由于证据与案件事实之间存在联系。实践中,并非所有的客观事实都能成为证据,只有那些与案件事实存在客观联系的事实才能成为证据。只要与案件事实存在客观必然的联系,对查明案情有证明作用的事实,就有可能成为证据;与案件事实无关,对查明案情没有证明作用的事实,不论多么客观都不能作为证据使用。

3. 合法性

证据的合法性,是指诉讼证据必须是按照法律的要求和法定程序而取得的事实材料。证据的合法性要求如下。第一,诉讼证据的提供、收集和审查,必须符合法定的程序要求,否则就不能作为诉讼证据。严禁刑讯逼供和以威胁、引诱、欺骗以及其他非法的方法收集证据。第二,诉讼证据的形式必须合法,即作为证明案件事实的证据材料形式上必须符合法律要求,否则,就不可以作为诉讼证据。按照我国刑事诉讼法规定,符合法定证据的形式有八种。第三,诉讼证据必须经法定程序出示和查证。未经法庭查证属实的材料,均不得作为定案的根据。侦查人员收集的证据都必须经过法庭的查证属实才能作为证据,因此,为了避免收集到的事实材料不符合要求,侦查人员在侦查阶段就应该严格按照法定要求取证,最大限度地确保收集到的各种事实材料在审判阶段可以作为证据使用。

二、视听资料和电子数据

本部分内容主要探讨视频资料的证据形式,因为涉及上述八类证据中的视听资料和电子数据,所以要先简述这两类证据的特点,才能更好地理解视频资料的证据属性。我国刑事诉讼法原来将电子数据纳入视听资料之中,亦即视听资料的证据种类中包含电子数据。考虑到视听资料具有自身的特点,不能完全归属为物证或书证。磁带、录像带等视听资料虽然在形式上表现为一种物品,但其诉讼证明作用不是由它的物理属性、外部特征、存在状态来决定的,而是取决于它所载的音响、活动影像和图形等内容。视听资料、电子数据也不同于一般书证。2012年刑事诉讼法和民事诉讼法修改,将电子数据从视听资料中分离出来,列为独立的证据种类。

(一)视听资料、电子数据的含义

1. 视听资料

在诉讼法中所说的视听资料,是指以图像和音响、数据和有形文字资料反映出来的,可以起到证明案件事实的一种客观证据。它包括录音带、电话录音,以及录像带、光碟、电视录像、电影胶片等。从载体上看,视听资料、电子数据包括录音资料、录像资料、电影资料等。录音资料是通过录音设备记录的储存一定音响并用以证明案件事实的录音磁带。录像资料是录像设备摄录的储存各种影像并用以证明案件事实的录像磁带。电影资料是通过电影摄影机摄录的储存各种影像和声音的电影胶片。

2. 电子数据

最高人民法院《关于适用〈中华人民共和国民事诉讼法〉的解释》第一百一十六条第二款为电子数据所下定义为:"电子数据是指通过电子邮件、电子数据交换、网上聊天记录、手机短信、电子签名、域名等形成或者存储在电子介质中的信息。"另外,该条第 3 款还规定:"存储在电子介质中的录音资料和影像资料,适用电子数据的规定。"电子数据属于电子计算机或者电子磁盘存储的资料,是指以电子计算机或者电子磁盘作为载体,储存在电子计算机内或者电子磁盘中,并用以证明案件事实的各种信息。电子计算机或者电子磁盘存储的资料是指以电子计算机或者电子磁盘作为载体储存在电子计算机内或者电子磁盘中,并用以证明有关案件事实的各种信息。运用电子计算机的储存功能,可以将需要保存的信息编制成一定的程序,通过输入装置输入到主控制系统的中间处理机,对信号进行识别分类处理,将电能转换成磁能固定在磁盘中。需要从这些资料中检查出某些信息时,人们可以通过输出系统指令计算机从存储的数字系列中检索所需资料,在终端显示器上显现出图像与数据,甚至打印出资料的全部内容。

视听资料因为识别难、甄别难、完整性难以及合法性经常遭到质疑等原因,早期较少被采用,后来随着科学技术的发展,保存、提取与甄别视听资料的技术也日益提高,对视听资料的真实性和完整性作出准确、科学判断的手段越来越丰富,准确率也越来越高,视听资料也逐渐成为法定证据。特别是现在智能手机广泛应用后,通过手机录制的通话记录越来越多地呈现给法庭,而且这种类型的证据在很多案件中发挥了极为关键的作用。

(二) 视听资料、电子数据的特点

视听资料作为一种独立的证据种类进入司法实践,是现代科学技术发展的产物和必然结果。与其他证据种类相比较,具有以下显著的特点。

1. 需依存于一定的物质载体存在

证据都是由一定的证据内容(与案件存在关联性的事实)和一定的证据形式构成的。和其他证据不同的是,视听资料的形成以及对该证据的感知、了解都必须依靠一定的技术设备或器材。视听资料即记录、反映案件事实的声音、动作和数据资料等并不能单独存在,它必须依存一定的物质载体(如录音带、录像带、磁盘等),而没有装载这些资料的载体本身并不能作为证据使用。

2. 内容具有客观性和直观性

视听资料属于实物证据,这种证据具有客观性,它是不以人的主观意志为转移。只要录制对象正确、录制方法得当、录制设备正常,视听资料就能十分准确地记录案件事实。借助相应的技术设备,通过对有关声音、图像等的视听感知,它的记录和储存往往是一个动态过程,当这一过程得到重现时,它具有为其他证据所不具有的动态的直观性。虽然书证和物证等实物证据也是直观的,但这种直观是静态的直观,不具有动态性。视听资料通过记录能够清楚反映说话人表达的内容,也能够反映人的语调、语速的抑扬顿挫、刚柔急缓等特征。对人的行为进行的录像,则可以将一个人活动的内容和过程直观地呈现在人们面前。这种还原既生动又逼真,其他种类的证据难以达到这个目的。

3. 易保存和反复使用

视听资料信息量大,内容丰富,能够通过音响效果不中断地播放来再现案件事实真相,具有高度的连续性;录音、录像磁带和电子计算机储存的数据,具有体积小、重量轻、便于保存、易于使用的优点,利用相应的设备可以重复使用且内容不发生变化,同时不易受主观和客观因素的影响。

4. 易被伪造,且难于分辨和甄别

视听资料的形成需要借助于特定的高科技设备,然而,这些设备同样也可被用于伪造视听资料。而且,由于视听资料是通过一定设备将声音、图像及其他信息储存在特定载体上,以这个方法伪造的证据还往往难以分辨、甄别。这和传统证据不同,传统证据被伪造后一般能发现伪造的痕迹、特征,从而比较容易分辨、甄别。

5. 收集和审查依赖科学技术

视听资料是科技发展的产物,科学技术的进步为视听资料的广泛应用和进一步发挥证明作用提供了条件。它的形成是借助录音机、录像机、电脑等设备,人们可以使用一定的设备来制作视听资料,同样,也可以借助这些设备对其进行伪造或篡改。因此,对其真实性的检测也要依赖相应的科学技术和设备,特别是对有疑点的视听资料的审查,不借助先进的科技手段仅靠人工是难以辨别的。随着视听资料录制技术的提高,审查视听资料的相应技术也应提高,这为更客观、科学地收集、审查证据提供了保证。

(三) 视听资料和电子数据的联系和区别

1. 联系

首先,二者证据的形态相似。两者均在无形中形成,通过载体保存。载体可以包括录音带、录像带、计算机、手机、U盘等。储存的信息是否可以无限制地被完全拷贝,这些信息形成的完整性以及向法庭展示过程中是不是有缺失,要不要辅之以其他特殊媒介或者机器设备才成展现等方面,电子数据与视听资料均具有相似性,有很多人甚至专业人员也将它们混淆在一起,但是这两种证据形式确实存在很大差异。其次,二者证据形态之间有相互转化的可能性。视听资料能够转化为电子数据。我们通过一段编码程序,就可以把音频和视频资料转化成数字音频或视频文件,文件是由0和1的代码排列组合而成的,通过一定的软件解码器把这种排列组合重新以音频或视频的方式还原出来,这种储存在电脑中的视听资料当然也是一种电子数据。反之,电子数据也能变成视听资料,我们把相关电子数据的信息通过一定的解码器以视听资料的方式反映出来,当然也是可以的。

2. 区别

二者在证据的储存方式和表现形态方面存在差异性。视听资料多是利用物理方式,即利用录音带、录像带本身的声音和图像记载的特殊物理属性来记录相关信息。而电子数据的形式更加多样化,可以是我们通过任何网站平台发布的信息,也可以是手机短信、网络浏览、交易或自己编写的程序等,电子数据的形态及发生过程要比视听资料广泛得多。相比较而言,视听资料较注重视觉和听觉能够感受到的客观记载的信息,而电子数据则更侧重于以电子的方式进行采集、储存、传输和提交涉及的案件信息。两者是以表现形态或者储存方式侧重点的不同来进行表述的。

(四) 视听资料、电子数据作为证据提交的特殊要求

1. 保证制作、储存、提交过程的完整性

无论是视听资料还是电子数据,要证明其真实性,最主要的判断依据就是录制、形成、提交、展示等过程的完整性,既包括向法庭提交制作、储存相关过程及信息载体、信息的完整性,还包括完整录制的信息能够通过合适的设备或者解码程序向法庭进行展示的完整性,这

几个完整性达到了,相关证据的真实性就基本上可以确认了,至少真实性受质疑的程度会大大降低。值得一提的是,这里的完整性仅是从证据形成、储存、复制、提取、提交、展示等方面的完整性而言的,侧重于证据的技术形态或者物理形态,并不能取代法官对该证据所体现的行为人真实意思表示的完整性判断。所以,电子数据与影像资料一样,也都是需要做特殊处理的证据形态。

2. 保证提交内容未经剪辑

在完整性判断之后,需要对证据有无经过人为剪辑、编排进行确认。要看作为证据提交的视听资料或者电子数据有无经过再加工。

3. 保证提交证据资料的原始载体

证据应当提交原件,以便于核对真实性。视听资料、电子数据的原件特殊,记载在相关载体中的一段视频、音频或者记载在电子介质中的一种数码信息,依靠储存媒介而存在。所以,在这两种证据的提交上对提交原件的规则应有一个变形,既要提供储存该视听资料的原始载体,又要提供直接来源于电子数据的打印件或其他可以显示、识别的输出介质。所以这类证据原件的提交实际上是证据承载媒介的提交。

视听资料和电子数据的真实性判断过程中,我们还会邀请大量鉴定人或者专家辅助人参与到这种特殊的证据质证活动中。通过对视听资料或者电子数据的形成机理、对应的数据大小、形成的时间戳、记载修改的难度、记载设备的人员等一系列关联因素的综合考虑,对相关证据的真实性进行判断。

三、视频资料的证据类型

毋庸置疑,视频监控在侦查中正发挥着积极的不可替代的作用。在提供了大量有关犯罪嫌疑人以及案件信息的同时,需要研究的是,视频监控给我们提供的是什么:情报来源或诉讼证据?

情报来源抑或是定案证据,这是视频监控首先需要面对的法律问题。传统侦查学认为,情报(information)和证据(evidence)是不一样的,两者最大差别在于其法律的可采性,可采性决定着情报可否进入诉讼,可否在法庭上出示。[①] 其实以上说法还不全面,情报与证据之间不仅仅存在可采性的差异,还存在客观性特征和形式上的差异。情报完全可以是道听途说、捕风捉影,不一定完全符合客观性特征;在形式上,情报不具有诉讼法所确立的证据外在类别,不是诉讼法规定的形式。学者认为,情报存在保密性的特征,保密是情报效用的保障条件,因此需要特别注重情报来源的保密性和情报方法的保密性。[②] 一般来说,情报的证据转化是诉讼法必须面对的一个比较矛盾、复杂的问题:一方面体现在积极方面,情报能帮助国家有效追诉犯罪;但在消极方面看,情报的公开极容易引发国家安全、个人生命(如线人、卧底)等"利益"受损甚至生命消失。因此我国2012年刑事诉讼法在第152条明确规定了采取技术侦查措施收集的材料,在刑事诉讼中作为证据使用的方法和规则。然而,视频监控不同于情报在保密性方面的要求,显然不是狭义情报界定的内容,它完全可以公开且直接地在法庭中使用,很多时候根本就不存在转换的需要。

---

① 邓新元.关于《非法证据排除规定》与刑事情报适格性的思考[J].武警学院学报,2010(9).
② 倪春乐.论反恐情报的证据转化[J].中国人民公安大学学报(社会科学版),2012(4).

(一) 视频资料与其他证据的比较

视频资料就其某些特征或表现形式与传统的证据,如书证、证人证言、勘验、检查笔录等有相似性,但是,视频资料本质上与它们是有区别的。

视频资料与书证。书证是以书面文件记载的内容和含义来证明案件事实的证据。这种以其内容和含义证明案情的作用,视频资料也同样具有,这也正是英美等国家将视频资料归属于书证的原因。但是,以其内容和含义证明案件案情仅是视频资料的一部分功能,而以其完整的"证据链条"即言语、声调语气、谈话氛围、人物形象及动作,以及现场环境、背景动态等,生动、全面、立体地反映案件事实才是它的本质功能。

视频资料与言词类证据。属于言词类的刑事诉讼证据有证人证言、被害人陈述,犯罪嫌疑人和被告人的供述和辩解。伴随案件发生的种种事物被他们的感受器(主要是视觉、听觉)所感知,经过大脑的认识、分析而形成一种判断。当他们叙述有关案情的因果关系时,自觉不自觉地受到其认识能力、观察角度、主观意识、利害关系等因素的影响,使得言词类证据的客观、真实、公正程度有所下降,其证明能力和视频资料不能相提并论。

视频资料与物证。物证是以其外部特征、内部属性和存在状况发挥证明作用的证据,它不直接证明案件事实,而是通过间接方式起到证明作用。物证和案件的客观联系需要人去发现和分析。而且它只能确定某个事实,或者确定某个时间点、空间点。和视频资料相比,它不可能提供连续动态、形象化的证明效果。

(二) 视频资料属于视听资料

那么,我们应当如何界定视频监控提供的证据类型呢?根据我国原有法律规定,一般学者多将视频监控中的监控画面或录像界定为视听资料,法律依据是我国1996年刑事诉讼法第四十二条第七项、《中华人民共和国民事诉讼法》第六十三条第三项和《中华人民共和国行政诉讼法》第三十一条第三项。2012年刑事诉讼法修改时,在证据种类上新增了"电子数据"类别。不过,这次修改对"电子数据"的增加,在整个刑事诉讼法修订中显得"不受重视",因为在《关于〈中华人民共和国刑事诉讼法修正案(草案)〉的说明》的"三、修正案草案的主要内容"中的"(二)关于证据制度"中,根本没有提及。但对于视频监控的研究而言,这个修改的增加却显得较为重要:在视频监控提供的证据类型定位上,提供了法律依据的同时也带来了更多的争议。

视听资料抑或电子数据,其实都仅是我国法律在证据类别上的分类方法,并不具有普适性。从当今世界各国立法规定来看,多数国家并没有将视听资料作为一种独立的证据形式,而是倾向于将其划归某种传统的证据形式(如英美法国家归入书证、其他国家则归入物证)。[①] 电子数据更是在2012年刑事诉讼法修改中才正式明确,将其与视听资料并列为同一类证据形式。可见,电子数据、视听资料均是随着科学技术的发展和进步,而逐步出现的新的证据形式,它所包含的领域和研究范畴也处于不断发展和完善的过程中。如1996年刑事诉讼法刚通过的时候,学者们是这样给当时新增加"视听资料"下概念的:视听资料是指采用先进科学技术,利用图像、音响及计算机等贮存反映的数据和资料,来证明案件真实情况的一种证据,包括录像带、录音带、传真资料、电影胶卷、微型胶卷、电话录音、雷达扫描资料和

---

① 公安部五局.视频侦查学[M].北京:中国人民公安大学出版社,2012:307-308.

计算机贮存数据、资料等。① 这个概念其实就包含了今天我们探讨的电子数据形式,显然当时的视听资料应当包括电子数据。随着电子科学技术的发展,具有多媒体性质的电子证据既可以以单一的媒体来表现,也可以以复合的媒体形式来表现,这是传统视听资料所不具备的特点。"从这方面来说,视听资料不仅不能包含电子证据,反而被电子证据所包含。"②由于视听资料与电子数据的关系以及具体范畴,学术界存在较大的争议,因此要界定视频监控提供证据的类型定位,显然不易。鉴于目前缺乏对两类证据予以区别的正式法律文件,而在教育部组织编写的普通高等教育国家级规划教材中,视听资料表现为录音、录像设备,电子计算机磁盘等,电子数据的类别包括为当今网络社会经常使用的电子邮件、电子数据交换、网上聊天记录、网络博客、手机短信、电子签名、域名、电子公告牌记录、电子资金划拨记录、网页等文件。③ 因此,本书姑且搁置视听资料与电子数据关系及范畴的争议,将视频监控提供的证据视为视听资料的一种,归结为带有电子属性的、特殊的视听资料形式。

(三) 视频资料的证据属性

1. 视频资料的原始性

原始性是指制成后记录在原始记录介质中的未经编辑处理的视频。视频资料的原始性是指保留原始视频的相关信息,未经格式转换、编辑等操作,具备原始视频的性质。众所周知,原始的视频只有初始录制才能得到,但是由于数字记录和传输的特殊性,以数字形式记录的原始视频可以通过完美复制,得到一个同样效果的视频,复制得到的视频保留原始视频的相关信息和初始性质,即具备原始特性(简称原始性)。这些复制后的具备原始性的视频与原始视频有相同的证据效力。

2. 视频资料的完整性

视频资料的完整包括视频在录制时间段内连续和视频摄制时信息的完整两个方面。其中连续的资料指在录制过程中没有停顿、未经人为编辑剪接,正常反映所记录的事件过程的视频资料。信息的完整包括设备摄制的视频格式、压缩率、视频文件大小、形成时间等属性,也包括视频在存储介质中的存储形式和记录方式。上述信息保存齐全的视频具有完整性。视频的完整性可以用于视频与摄制设备的认定。

3. 视频图像的真实性

视频资料的真实性是指视频图像反映的内容与实际状况具有一致性。视频资料的真实性主要表现在视频记录的内容和客观事实是否一致,是否符合客观规律和摄像规律。包括内容的真实、场景的真实和环境的真实等。

一个视频资料只有满足原始性、连续性或完整性、真实性三个属性才能具备证据效力。从视频的证据属性的内容可以看出,三个属性是相互关联的,证据效力是不同的,对检验鉴定的要求也不相同。原始性的改变未必导致真实性的改变,完整性的改变必将导致原始性的改变,真实性的改变必将导致原始性、完整性的改变。视频资料因为易于删改、编辑,其真实性一直受到怀疑,其证据适用问题也不断受到争论。作为法庭科学中一种强有力的技术手段,视频资料必须满足证据的三个基本属性,才具有证据资格。它主要以视频录像信息来反映事实并证明案件真实情况,因此,在证据类属上应当归为视听资料类证据。

---

① 柯昌信.刑事证据视听资料论[J].中国法学,1996(5).
② 李双其,曹文安,黄云峰.法治视野下的信息化侦查[M].北京:中国检察出版社,2011:178.
③ 陈光中.刑事诉讼法[M].4版.北京:北京大学出版社,2012:203.

第二节 视频资料的证明力和证据能力

一、证据的证明力和证据能力

任何一项材料,要成为法院据以认定案件事实的依据,必须同时具备双重证据资格。一是证明力,也就是在经验上和逻辑上发挥证明作用的能力;二是证据能力,也就是在法律上能够为法院所接纳的资格和条件。原则上,对于证据的证明力,主要依靠法官、陪审员根据对该证据在庭审中所形成的直观印象,根据经验、理性和良心加以自由评判。证据法不作限制性的规定,但有一系列的例外。而对于证据的证据能力,法律则作出了较为严格的限制和规范。因此,某种程度上讲,法庭对单个证据的审查判断主要是围绕着证据的证据能力展开的。

(一)证明力

证明力是指证据对于案件的事实作出证明作用的大小(或者说是强弱)。任何一个证据要转化为定案的根据,都必须具有证明力。否则,不能被确定为案件的证据,甚至不具备基本的法庭准入资格。证据的证明力由两个侧面组成的:一是真实性,即证据无论是从其载体还是包含的事实来看,都是真实可靠的,而不是伪造或变造的;二是相关性,即证据所包含的事实与案件事实具有逻辑上的联系,能够证明案件事实的成立或者不成立。其中,真实性是对证明力所作的"定性",一个证据真实与否,不存在程度的高低强弱问题,而只存在着"有"或"无"的问题。相反,相关性则带有"定量"的特性,一个证据的相关性固然存在着是否"存在"的问题,但在大多数情况下,具有相关性的证据也还存在着相关性高低强弱的问题。证据之间证明力的差异客观存在,这是由证据显示出的各自特性及与待证事实之间关系的不同而决定的。

(二)证据能力

证据能力是指作为诉讼证据且具有事实的材料,拥有存在于法律上的资格。或者说是指证据材料能够被法院采信,作为认定案件事实依据所应具备的法律上的资格。如果说证明力主要是一种经验或逻辑问题的话,那么,证据能力则属于一种典型的法律问题。某种意义上讲,证据法主要是对单个证据的证据能力加以限制和规范的法律。对于不具有证据能力的证据,证据法往往会确立一种排除性的法律后果,也就是否定其法庭准入资格,或者对那些已经进入法庭审理程序的证据,将其排除于定案根据之外。对于这种旨在排除证据之法庭准入资格和定案根据资格的证据规则,我们称为证据排除规则。

证明力和证据能力是认定案件事实的依据。证明力是证据的自然属性,取决于证据与待证事实之间的逻辑关系;证据能力是法律属性,取决于证据是否被法律许可用来作为待证事实的依据。因此证据能力由法律事先规定,而证明力则主要由法官在诉讼中作出判断。证明力是"量",是法官裁量的刻度表;证据能力是"质",是法定的门槛。

二、视频资料的证明力

为了让视频监控发挥更大、更有效的作用,我们必须从证据的角度探讨视频资料的证明力问题。

（一）视频资料的真实性

视频监控中的监控画面或录像具有较高的证明力。一般认为，相比较于其他证据形式而言，视频资料的证明效力更高。因为作为一种科技含量较高的方式，视频资料信息载体较其他证据形式而言更加专业化、系统化和技术化，其制作、保存、复制、播放过程均需要特定的专业设备，所以其真实性、可靠性、客观性更强、更可信。此外，与各类言词证据相比较，监控资料在形成过程中，受录制人以及其他人主观因素的影响较小，可以准确地反映与案件有关的事实，甚至在很多情况下可"还原"已发生的犯罪事实，这也是其他证据难以做到的。当然，该证据形式也存在一定的弊端，高科技的发展使得视频资料一旦被伪造和篡改，其鉴定和甄别非常困难。因此，我国《中华人民共和国民事诉讼法》第六十九条规定，人民法院在审查视听资料的过程中，一定要注意应当辨别真伪，并结合具体案件的其他各类证据，审查确定能否将其作为认定本案案件事实的依据。最高院《关于民事诉讼证据的若干规定》第六十九条、第七十条也对《中华人民共和国民事诉讼法》的这一规定作了进一步的论证。视频监控中的视听资料和普通民事诉讼中双方当事人收集的视听资料，还不完全相同。由于城市监控系统的数据管理具有较强的封闭性，一般情况下必须履行特定程序和渠道才能够下载（而不是变更），常人无法调用。因此，视频资料的稳定性和真实性较好、可信度较高。从技术角度来看，视频资料一般均存在自动系统备份功能，这对保持数据的稳定性和数据的后期核对工作，具有重要的价值。

（二）视频资料的相关性

视频监控中的监控画面或录像，属于原始证据还是传来证据呢？英国著名学者边沁在其所著的《司法证据原理》中，最早对证据做出了这种分类。原始证据与传来证据的最重要的区别，在于证据的来源不同。原始证据是直接来源于案件客观事实的证据，即通常所说的"第一手材料"，如合同的原件、凶器的原物等。传来证据是与原始证据对称的证据形式，是指不直接来源于案件原始出处，而是间接来自非第一来源的证据形式。传来证据的获取过程，一般存在复制、翻拍、传抄、转述等中间环节，具有从原始证据派生甚至从非原始证据继续派生的特性。从可靠性和关联度看，原始证据高于传来证据，这是一般性、常规性、经验性的结论，而这个结论反映到诉讼中，就是证据的证明力问题。视频监控提供的监控画面或录像，属于原始证据吗？根据公安部公共信息网络安全监察局《计算机犯罪现场勘验与电子证据检查规则》的规定，公安机关为了保护电子证据的完整性、真实性和原始性，必须对电子证据予以固定和封存，从程序上看包括完整性校验、备份、封存三种固定电子证据的方式。[①] 可见，公安机关在按照法定程序对电子证据予以固定和封存以后，仍然视为其具有原始性，属于原始证据。不过，该规则对电子证据的提取是否理所当然地适用于视频监控，还存在疑问：视频监控被视为一种视听资料，而电子证据主要是指网络上以及计算机上形成的一些证据形式，虽然两者可能存在一定的交集，但表现形式不同，提取方式也不尽相同。对电子证据的采集、保存和固定，确实可以通过一些物理的方式，比如备份、封存硬盘或者计算机，而视频监控由于它的24小时不间断性和封闭性，决定了全部备份和封存的不可施行性。对视

---

① 公安部法制局.公安机关执法细则释义[M].北京:中国人民公安大学出版社,2009:158.

频监控数据的采集,一般是设定某一个时间段,然后下载该时间段的视频监控,此时的监控画面或录像只能是第二手的证据,即传来证据。不过,虽然是传来证据,但由于其原件的特殊设置性,决定了这个传来证据有较高的证明效力。美国《联邦证据规则》在"规则1004关于内容的其他证据的可采性"的咨询委员会的注释中,提出"如果能对不能提出原件的理由作出满意的解释,那么可以允许采纳次要证据"。次要证据的英文原文为 secondary evidence,其实也就是我们所说的第二手证据。"规则1005 公共记录"中提出,"公共记录的内容或者经授权记录、存档并确实已经记录、存档的文件内容,包括任何形式的数据资料在内,加入其他方面允许采纳",则可以通过正确的副本予以证明。① 视频监控提供的视听资料,显然属于公共记录的数据资料,应当允许通过法定正规渠道复制后作为定案根据。对此,《关于办理死刑案件审查判断证据若干问题的规定》第27条也明确提到,对视听资料应当着重审查是否为原件,有无复制及复制份数;调取的视听资料是复制件的,是否附有无法调取原件的原因、制作过程和原件存放地点的说明。

学术理论分类中,根据能否证明案件主要事实,可将证据分为直接证据和间接证据,这也是目前最受重视的一种分类方法。案件主要事实就是案件中最终要查明的事实,即犯罪事件是否发生和谁是犯罪行为的实施者。简言之,案件的主要事实就是谁是作案人。② 能够证明案件主要事实,即犯罪事件是否发生以及谁是犯罪行为的实施者的证据,就是直接证据。那么,视频监控中的监控画面或录像,属于直接证据还是间接证据呢?司法实践中,直接证据一般包括了解案情的被害人陈述,犯罪嫌疑人被告人的供述和辩解,目击证人的证言等;物证、书证、勘验笔录、鉴定意见在大多数情况下不能证明案件主要事实,多为间接证据。视频监控提供的监控画面或录像,是否能证明案件主要事实,则需要具体情况具体分析。在大多数街面现行犯罪中,视频监控提供的监控画面和录像可以成为定罪的直接证据,如公共场所安装的监控录像,恰巧将某人行窃的过程记录下来了,依据录像又可以将该人辨认出来,该录像便可以成为直接证据。③ 在视频监控摄像头密布的物理背景下,街面现行犯罪发生场合多为公共场所,这些街头现行抢劫、盗窃、故意伤害、故意杀人等行为很容易被视频监控记录,为后期的侦查与定罪量刑提供直接的法律依据。当然,在非现行、非街面的犯罪中,视频监控也并非毫无作为,视频监控提供的监控画面和录像仍然可以成为定罪量刑的间接证据。如在入室盗窃、入室杀人、电信网络诈骗、经济犯罪等非街面犯罪形态中,虽然很难从监控画面和录像中直接确定犯罪行为和犯罪嫌疑人,但却可以为确定犯罪行为和犯罪嫌疑人提供间接证据和相关佐证,如某个时间段犯罪嫌疑人出现在案发现场附近、犯罪嫌疑人曾经为实施犯罪购买工具、犯罪嫌疑人用被害人的银行卡到ATM机取款等信息,均可以为侦查和定罪提供间接佐证。

那么,在具体案件中如何提高视频资料的证明力?我国没有明确的"自由心证制度",但对证据的证明力也没有法定的效力阶梯。事实上,法官对证据的取舍依赖内心的选择。由于法庭审判人员并没有亲历案件现场,对案件的了解来源于证据的反映,这就要求证据确实充分,尽可能地还原案件发生时的情景,让审判人员能够有一个直观的了解。视频资料能很

---

① 何家弘,张卫平.外国证据法选译(下卷)[M].北京:人民法院出版社,2000:872-874.
② 周国均,刘根菊.刑事证据种类和分类的理论与实务[M].北京:中国政法大学出版社,1992:256.
③ 何家弘.新编证据法学[M].北京:法律出版社,2000:129.

好反映案件发生时的情景。目前法庭对视频资料的使用往往局限于在其他证据不能重现案件现场情况下,视频资料作为一种辅助证据使用。

可以从如下几个方面来提高视频资料的证明力。第一,对视频资料进行陈述。视频资料需要尽可能地详尽,并形成对应文字描述,使得评判人员离开视频资料也能够想象出场景过程。如果陈述过程变成了视频资料的简单解说,使评判者必须依赖于观看视频资料才能够理解陈述内容,其证明力将大打折扣。第二,对视频资料进行判断。重要的一点就是在判断过程中主要针对视频资料反映的客观事实,尽可能避免对人的思维或主观意愿的判断。因为对客观事实判断相对容易,受众对判断结果也容易接受。而对人的主观意愿或思维进行判断很困难,判断结果容易引起争议,受众的接受程度难以把握。第三,对视频资料进行检验。视频资料的检验可分为两类,一类是视频效果较好的情况下可以进行视频截图来检验,目前对人脸、物品检验标准规范的制定工作已取得一定进展,在工作中可以将检材与样本的特征逐一对比,从而判断是否同一。另一类是针对原始视频资料效果不是很理想,视频中人、物特征不是很清楚的情况,可以开展视频侦查实验进行同一认定,即在条件(场景、光线、角度)尽可能相同的情况下,让原始视频情况再现,从而做到特定时间、特定空间、特定事件为同一人所为的认定。对视频资料的陈述和判断要求易于理解,将视频图像中的发生过程进行关联,强调证据的关联性。办案人员描述要使用符合人们对视频图像的期待,让非专业人员也很容易相信。一件案件如何利用好现有视频资料来提高证明力,办案人员对视频资料内容的陈述、判断和检验构成了完整的视听资料证据。在表现证据关联性过程中,为了尽可能利用有效信息,提升证明力,需要根据具体情况将陈述、判断、检验这几个层次进行有效的组合利用。

三、视频资料的证据能力

证据能力实际上是指证据的"合法性"。证据的合法性必须具备四个方面的内容:证据必须具有合法的形式;提供、收集证据的主体必须合法;证据的内容必须合法;证据必须依照法定程序收集。

因为视频资料属于视听资料,所以我们先谈谈视听资料的证据能力。视听资料是否具有证据能力,与它的取得方式、手段等是否合法紧密相连。视听资料证据的合法性问题,各国在法律规定及司法解释上都未作正面回答,而是采取"排除法",也就是所谓的非法证据排除规则。非法证据之所以要加以排除是基于对人权、社会公共利益的保护以及实现程序价值要求的需要。英国证据学者认为,证据排除功能是英美证据法的特征,证据法所关注的不是什么是有关联性,而是由于这个或那个理由,某些真正起证明作用的证据应该予以排除。目前,在我国,视听资料是否合法,应根据法律的有关规定和法官自由心证来加以判断。任何以侵犯他人合法权益的方法或以违反法律的方式取得的证据,其证据能力不可能被认可。

现行的法律框架下,就视听资料是否具有证据能力之判断标准难以寻求到一个定论性的规律。综观大陆法系国家的相关法律,一般都不存在有关证据能力的一般限制性规定,仅仅只有若干个别证据排除规定,这充分体现了自由心证原则,与英美法系的法定证据原则不同。在我国,证据能力的判断标准是"以不侵害他人合法权益(如不侵害隐私)或不违反法律的方法取得的证据"可作为认定案件事实的依据,换言之,这些证据具有证据能力。

视频资料是视听资料的一种类型,它在形式上是合法的;视频资料收集的主体是侦查人员符合刑事诉讼法第52条规定;视频监控图像反映的是案件现场的真实情况,它的内容必然是合法的;依据法定的程序规范操作,在程序上也是合法的。

第三节 视频资料的审查与判断

从侦查的角度讲,查明案件事实,证实犯罪和侦查终结的过程就是侦查人员全面收集、审查和判断证据的过程。收集证据是指侦查人员依照法律规定的权限和程序,发现、收集和提取与案件有关的各种证据材料的活动。广义的收集证据还包括对证据的保全,即在证据可能灭失或者以后难以取得的情况下,采取措施对证据加以固定和保护的行为。只有充分而全面地收集证据,才有可能查明案件事实。但由于证据的收集往往涉及公民的人身权、财产权与隐私权,因此,对证据的收集必须严格按照法定的程序进行。

审查证据是侦查人员依照法定的程序对证据的客观性、关联性和合法性进行审查、核实的诉讼活动。收集证据是审查证据的前提,审查证据是收集证据的继续。但是,侦查人员在审查证据后,可能会发现一些疑点。为澄清疑点,侦查人员可能还需要继续收集其他证据。因此,证据的收集和审查常常交织在一起。

判断证据,是侦查人员在审查证据的基础上对证据的证据能力和证明力进行核实和认定的诉讼活动。侦查人员通过对证据进行审查、核实,确定其证据能力和证明力,并在此基础上运用证据认定案件事实。这一过程既包括对单个证据的审查和鉴别,也包括对多个证据甚至全案证据的印证与分析。其目的在于排除不具有客观性、关联性与可采性的证据,并确定证据证明力的大小,确保证明过程的正当性与科学性。最终由办案人员综合运用全案证据,通过严密的辑推理和论证,对案件事实依法作出认定。

在刑事诉讼中,证明过程贯穿于立案、侦查、起诉和审判的始终,侦查机关作出是否立案、侦查终结的决定,检察机关作出是否起诉的决定,人民法院作出审判,都涉及证据的收集、审查和判断活动。

一、视频资料的收集

（一）视频资料的收集程序

1. 合理划定视频资料收集的范围

收集视频资料时,侦查人员应当通过现场勘查与调查访问等反馈回来的信息合理地划定视频收集的范围,规避目前确定收集范围不当的弊端,准确进行收集。同时,侦查人员应当根据案件的性质和严重程度来确定调取视频资料的范围。对于一般的刑事案件,只需要调取案件发生区域和案发时间段内的视频监控即可,这样可以减少检索视频监控中有用信息的工作量;但对于重特大刑事案件而言,就应当收集、调取所有可能与案件有关的监控点的视频资料,包括出城卡口、重要路口、犯罪嫌疑人可能逃跑的道路周边等,适当地扩大收集的范围,并且不仅要收集、调取案发时间段内和案发以后的视频资料,同时也要调取案发以前的视频资料,以供分析、比对,即对重特大刑事案件,案前、案中、案后时间段内的视频资料都要进行收集、调取。值得注意的是,视频资料收集的范围也不能过大,因为合理地划定视频资料收集的范围是快速进行分析研判的前提,是提高办案效率的有效保障。

2. 及时进行收集

及时是现场勘查的要求,同时也是视频资料收集的原则。侦查机关在接到报案后,应当第一时间赶到现场进行现场勘查,对于有视频监控的现场,应当及时调取、收集案发时间段内的视频资料,以防视频资料因保存时间短暂而被销毁、删除、覆盖,也要防止人为的篡改或修改,导致可以利用的信息不能被收集。

3. 准备收集工具及相关文书

视频资料的收集大多数是用复制的方式进行提取,一般都不能直接提取视频监控设备中存储部件。因此,在收集视频资料前需要准备好容量较大的移动存储工具。为了确保存储数据的客观性、合法性以及防止数据之间相互混淆,侦查人员收集每一个案件的视频资料前应当清空存储设备内的无关数据,并保证存储的设备没有遭到病毒的感染。此外,由于视频资料不仅可以用于为侦查提供线索,其本身也是一种重要的诉讼证据,因此,在调取、收集视频资料时,必须准备相应的法律手续并且遵守相应的程序,即应当事先准备好相应的法律文书和证据保存文书。由于一个案件通常需要调取较多的视频监控图像,为了避免遗漏和重复,一般还需要事先准备监控调取统计表格,有些地方公安机关已经编写了视频资料的文书模板。

4. 全面调取视频资料

在划定好合理的收集范围以及准备好相应的工具及法律文书之后,应当由侦查人员对视频资料进行全面的收集,并做好详细的记录。有些较低端的视频监控设备的存储设备可能是录像带,也有些单位会将平时的视频监控用硬盘等存储工具复制下来,那么侦查人员可以直接提取录像带或硬盘,此时应当详细地记录提取的数量、编号、时间长度等;对于直接复制的视频资料,应当详细记录复制的视频资料的文件名称、数量、大小、时间长度等。与此同时,还应当现场制作相应的笔录,由提取视频资料的侦查人员、监控设备的管理人员、见证人进行签名、捺指印,以确保所收集的视频资料的合法性。

(二)全面分析视频资料

1. 科学处理收集的视频资料

由于我国目前的视频监控的文件格式不统一,侦查人员在收集视频资料时要特别注意这些文件格式。首先,要进行播放器的选择。如果收集时一并提取了视频监控自带的播放器,则可以直接使用;如果选择使用通用视频文件播放器,则需要将收集的视频资料转换成通用的格式,以避免因文件格式问题影响视频侦查的进行。其次,要校准视频资料时间。由于视频监控的生成时间依赖于使用者的设定,而设置者的失误或其他原因可能导致视频资料显示的生成时间与标准时间有差异。另外,还有其他原因也可能导致视频监控的生成时间与标准时间不同,例如,系统长时间使用时的时间误差会被放大或被伪造和修改。因此,侦查人员在收集到视频资料以后,应当先判断其是否是原始资料,生成的时间是否被修改过,再查看视频资料所在设备的系统时间是否准确。如不准确,则需要以北京时间为标准进行校准,只有进行了精确的时间校准,才能更好地碰撞其他信息,快速地发现侦查线索。再次,对色差进行校准。由于监控设备之间存在差异,所拍摄到的监控画面可能有不同的色差出现,这将影响到后期对视频资料的分析、研判,因此,在观看视频资料前应当对所收集到的视频文件进行色差校正,以免误导侦查方向。最后,对模糊图像进行清晰化处理。由于摄像头安装位置不当、拍摄质量不佳、摄像头被灰尘覆盖等原因,都有可能导致视频资料图像模糊不清,如果这些图像中包含侦查所需的相关信息,那么就需要清晰化地处理这些模糊图像。对模糊图像处理需要通过专门的图像处理软件来实现,其中既可选用Photoshop等通用软件,也可选用刑侦专用的图像处理系统,如荷兰的"影博士"和美国"识慧"等模糊图像处理系统。在进行模糊图像处理时,首先要分析造成图像模糊的成因,再根据原因通过特定的算法进行图像还原处理。只有对收集的视频资料进行处理之后才能为以后的观看、分析打下良好的基础,提高效率,提供准确的侦查方向。

2. 成立专业的分析判断团队

在信息指导侦查的时代,有关部门要通过开展宣传以及科技练兵,提高侦查人员利用视频进行侦查的能力,培养他们敏锐的观看和分析视频的能力。同时应当引进一些专业人才或聘请单位内部有计算机特长的人员,组成专业的分析研判团队,通过培训、经验交流等方式,使其掌握视频内容的处理、检验和信息综合应用的方法,熟悉视频操作规范,提高其主动发现犯罪、研究犯罪特点的能力。在组织人员进行视频观看时,首先要掌握案情以及犯罪嫌疑人、视频追踪对象的主要特征,明确观看的目的,即需要通过观看视频图像获取哪些信息。同时为了保证观看的质量,应当限制观看的时间,防止分析人员因持续观看视频而导致其注意力和观察力下降。此外,观看、分析人员应当及时与侦查人员进行沟通,将所观察到的有用线索及时反馈给侦查人员,由侦查人员进行核实、调查。如果在观看过程中遇到技术难题,也可以邀请专家共同进行解决。正是因为观看、分析视频资料的过程,就是挖掘视频资料中显性信息以及隐性信息的过程,所以只有将视频资料中所包含的与犯罪有关的信息充分挖掘出来,才能够更加顺利地开展侦查工作。

3. 建立视频图像资料录入程序

视频资料录入程序需要一定的技术支撑,即应当能够通过静态或动态的视频图像进行快速定位,或者通过对视频图像进行词汇描述,在查询时通过词汇进行检索。如果建立了图像资料录入程序,那么当侦查人员从大量的视频资料中挖掘出与犯罪有关的信息时,可以将有关的视频或图像输入到程序中,通过检索进行查看能否进行案件的串并。如对于跨区域犯罪的案件,如果能够通过对视频监控信息资料进行检索、查询,深入分析、研判视频图像中所反映的有关犯罪的相关信息,及时串并案件,不同地区进行侦查协作,将会在很大程度上提高侦查办案的效率,有力地打击犯罪嫌疑人,将其对社会的危害尽量降低到最小。

4. 建立奖惩制度,激发侦查人员的积极性

社会的企业和机构都有一套自己的内部评估机制,以激励员工的积极性和主动性。事实上,视频侦查工作也应建立激励机制来保证侦查的效率和质量,即将视频侦查工作与侦查人员的绩效进行挂钩,并加入年终考核之中,对在视频侦查中发挥重要作用的给予表彰或奖励,对工作不力,贻误战机的给予相应的惩罚。通过制定相关的奖惩机制保障侦查工作的顺利进行,使侦查人员增强其使命感和责任感。

(三)规范视频资料保存制度

证据的移交、保管、开封等每个环节都应当由专门人员负责,并且要有完整的办理手续。每个物证标签上都应有管理人员的签名和接收物证的日期,在有关的文书上进行签字、盖章,以确保物证的所有环节都是完整的。由于收集视频资料所使用的存储介质不同于一般的物证,因此,对视频资料的保存也不同于常规的物证。在视频资料的保存、接管阶段,非侦查人员不能对存储有视频资料的介质(移动硬盘、优盘等)进行操作,不能对视频文件进行删

除、修改,以免造成视频文件的失真,破坏数据的完整性和真实性。视频资料的保存方式可以借鉴电子证据的保存方式,所有的视频资料的存储介质都应当以合适的方式封装保存,防止受潮、挤压,存储介质要远离电磁场、静电区域,防止视频资料被篡改等。对调取、收集的视频资料还应当进行再次备份保存,防止在观看、分析研判时由于操作导致的视频图像不连续,丢失部分内容以及因操作失误而导致的一些重要信息无法恢复等问题的出现,如果有备份文件可及时进行补救。此外,应当对视频资料的保存时间做出规定,由于视频资料的存储介质成本较高,不可能无期限地对所有视频资料进行保存,所以应当依据案件的性质规定不同的保存时间:视案件情况而定,对于一般的案件应当保存至案件审理终结,对于重特大案件保存时限要适当延长。

二、视频资料的审查判断

我国刑事诉讼法明确规定,各种证据必须经过查证属实,才能作为定案的根据。这就是说,侦查人员的主观认识必须完全符合客观案情,所认定的案件事实必须达到客观真实,而不是"可能真实""大概真实"。任何证据材料未经查证属实,来源不清,真伪不明,都不能作为定案的根据。侦查人员对于收集到的各种证据材料,都必须认真审查判断,查证属实,才能作为认定案情的根据。

(一)证据的审查方法

这里主要谈的是刑事证据的审查。证据的审查,是指侦查人员对于收集到的各种证据进行分析研究,调查判断,鉴别真伪,以确定各项材料的证据资格和证明力,并对整个案件事实作出合乎实际的结论。一般情况下,刑事证据的审查包括以下三个步骤。

1. 单独审查

单独审查是对每个证据材料分别审查,即单独地审查判断每个证据材料的来源、内容及其与案件事实的联系,看其是否真实可靠,以及它的证明价值。对于那些明显虚假和毫无证明价值的材料,经单独审查即可筛除。对证据材料的单独审查可以按两种顺序来进行。一种是按时间顺序进行,即按照证据材料所证明的案件事实发生的先后逐个审查证据材料。这适用于证据材料的时间顺序比较明确的案件。另一种是按照主次顺序进行,即按照证据材料所证明的案件事实的主次关系和证据材料本身的主次关系来逐个审查证据材料。这适用于核心事实和核心证据比较明确的案件。

2. 比对审查

比对审查是对案件中证明同一案件事实的两个或两个以上证据材料的比较和对照,看其内容和反映的情况是否一致,能否合理地共同证明该案件事实。一般情况下,经比对研究认为相互一致的证据材料往往比较可靠,而相互矛盾的证据材料则可能其中之一有问题或都有问题。当然,对于相互一致的证据材料也不能盲目轻信,因为串供、伪证、刑讯逼供等因素也可能造成虚假性一致。而对于相互矛盾或有差异的证据材料也不能一概否定,还应当认真分析矛盾或差异形成的原因和性质,因为不同的证据材料之间有所差异也是难免的。比对审查的关键不在于找出证据材料之间的相同点和差异点,而在于分析这些相同点和差异点的存在是否合理,是否符合客观规律。比对审查有两种基本形式:一种是纵向比对审查,指对一个人就同一案件事实提供的多次陈述做前后比对,看其陈述的内容是否前后一致,有无矛盾之处。另一种是横向比对审查,指对证明同一案件事实的不同证据或不同人提供的证据做并列比对,看其内容是否协调一致,有无矛盾之处。

3. 综合审查

综合审查是对案件中所有证据材料的综合分析和研究,看其内容和反映的情况是否协调一致,能否相互印证和吻合,能否确实充分地证明案件的真实情况。综合审查的关键是发现矛盾和分析矛盾,以便对案件中的证据材料作出整体性评价。综合审查不仅要审查证据的真实可靠性,而且要特别注意审查证据的证明价值,使全案证据形成一个完整的证明链,而且能够毫无疑点地对案件情况作出合理的解释。

(二) 视频资料的审查内容

根据最高人民法院、最高人民检察院、公安部颁布的《办理死刑案件审查判断证据若干问题的规定》,对视听资料应当着重审查以下内容:视听资料的来源是否合法,制作过程中当事人有无受到威胁、引诱等违反法律及有关规定的情形;是否载明制作人或者持有人的身份,制作的时间、地点和条件以及制作方法;是否为原件,有无复制及复制份数;调取的视听资料是复制件的,是否附有无法调取原件的原因、制作过程和原件存放地点的说明,是否有制作人和原视听资料持有人签名或者盖章;内容和制作过程是否真实,有无经过剪辑、增加、删改、编辑等伪造、变造情形;内容与案件事实有无关联性等。对视听资料有疑问的,应当进行鉴定。对视听资料,应当结合案件其他证据,审查其真实性和关联性。另外还规定,具有下列情形之一的视听资料,不能作为定案的根据:视听资料经审查或者鉴定无法确定真伪的;对视听资料的制作和取得的时间、地点、方式等有异议,不能作出合理解释或者提供必要证明的。

视频资料属于视听资料,依照上述规定,结合视频资料证据的特点,对视频资料应从以下几个方面进行审查,从实质上审查证据的合法性、客观性和关联性,提高证据的证明力和证据能力。

1. 审查视频资料是否合法

视频监控中的监控画面或录像应符合证据的合法性,必须由法定主体依据法定职权,按照法定程序固定、提取、递交及移送。最高人民法院在《关于适用〈中华人民共和国刑事诉讼法〉的解释》中对视听资料的提取过程作了程序性规定,要求来源必须合法;复制件的理由、过程和说明必须清晰。侦查机关不论是对自己内部的视频监控,还是提取社会单位的监控数据,均应当按照以上程序和要求进行,确保提取有据、来源合法、程序到位。

审查视频资料的来源。主要包括如下两个方面内容:第一,查明证据的来源必须是客观存在的,排除臆造出来的可能性,也就是说要有客观的制作主体存在;第二,确定证据来源的真实可靠性,根据视频资料的形成时间、地点、制作人等情况,明确视频资料所反映的情况是否真实可靠,有无伪造和篡改的可能。在审查视频资料来源之际,首先要弄清楚其制作主体,因为不同的制作主体其制作目的和动机各不相同,其次要弄清视频资料的形成时间。

审查是否有影响视频资料证据合法性的因素。如传输过程是否安全,后端的监控平台和接触监控信息的人员是否处理过信息等;视频资料是否是在自然条件下客观形成的;制作过程中当事人有无受到威胁、引诱等违反法律及有关规定的情形;调取的证据中是否存在侵害他人合法权益的信息(如果有,应对证据作出适当的处理);审查视频资料的调取程序、制作过程是否合法。如审查使用技术侦查措施是否事先经过批准,审查视频资料的调取程序是否合法等。

审查视频资料的收集是否合法。违反法定程序收集的证据,其虚假的可能性比合法收集的证据要大得多。因此,在审查判断视频资料时,要弄清视频资料是以何种手段、在什么情况下取得的,是否违背了法定的程序,是否采用了法律明确禁止的手段、方法等,这在判断视频资料是否拥有证据能力方面非常重要。

2. 审查视频资料的制作是否规范

主要审查视频资料证据是否记录了制作人或者持有人的身份,制作的时间、地点和条件以及制作方法等信息。首先,要由录音人和录像人证明录音和录像的时间、地点以及在什么情况下录制的声音和图像等;其次,如果录音和录像经过复制,还应由复制人证明在复制时无剪辑、增减录音和录像的情况;再次,应由当事人和犯罪嫌疑人辨别是否是自己的声音和图像等。

3. 审查视频资料是否为原件

由于视频资料生来就具有易被伪造和易被篡改的缺陷,因此,对视频资料的合法性进行审查后,对其内容的真实性即客观性的审查也是必不可少的环节。根据规定,录音、录像等视频资料应提交资料的原始载体,提供原始载体确有困难的,可以提供复制件。调取原件的,应当记明案由、对象、内容,监控系统的安装位置、监控范围、传输方式、值班人员以及监控室管理人员的身份,提供的时间、地点和条件以及制作方法(规格、类别、应用长度、文件格式及长度)等。若是单位提供的,还应加盖单位印章。

调取的视频资料证据是复制件的,侦查人员应当在调查笔录中说明其来源和制作经过。记明案由、对象、内容,监控系统的安装位置、监控范围、传输方式,值班人员以及监控室管理人员的身份,复制份数,无法调取原件的原因、制作过程和原件存放地点的说明,有制作人和原视听资料持有人签名、捺指印。侦查人员在审查视频资料内容是否真实时,应借助现代科学技术或专家的力量,查明该资料的载体是否有被裁剪、拼凑、篡改等情形,一旦发现视听资料的载体有被裁剪、篡改的,应当立即取消其证据资格。

4. 审查内容和制作过程是否真实

审查视频资料有无经过剪辑、增加、删改、编辑等伪造、变造情形。经审查对视频资料证据的真实性有疑问的应当进行鉴定。主要是对视频资料的原始性进行检验。视频的原始性是指视频与其形成时的原始信息的一致性,即视频内容没有经过任何形式的处理。视频的原始信息包括视频的文件信息、视频尺寸及分辨率、视频格式、码率、压缩比等。图像亮度、对比度、色彩平衡、饱和度和清晰度等。如不同的图像,其原始信息不一致,原始信息的变化意味着图像原始性的改变。视频图像的原始性,主要是针对视频监控录像而言的,普通的录像资料,由于需要格式转换,压制成各种形式的 VCD、DVD 文件,送检的资料已经无"原始"可言了。而视频监控录像是专门用于监视某特定场合发生的事件而设置的,在空间上相对固定,在时间上具有相对连续性,视频监控录像内容属于视听资料证据范畴,为了保证其证据效力,常常需要对其进行检验。

对于经审查或者鉴定无法确定真伪的,以及对证据的制作和取得的时间、地点、方式等有异议又不能做出合理解释的,不能作为定案的根据。

5. 审查视频资料的内容与案件事实有无关联性

视频监控中的监控画面或录像应具有证据的相关性,必要时可能需要与其他证据如鉴定意见协同才能发挥作用。相关性也叫关联性,美国法学家威廉斯认为,"关联性是指证据与意图证明的争议事实之间存在着合理的关系,如果证据与该事实关系极为微小,或者没有足够的证明价值,那就是无关联的。"①美国《联邦证据规则》第401条规定,关联性证据是指具有下述盖然性的证据,即任何一项对诉讼裁判有影响的事实的存在,如有此证据将比缺乏此证据时更有可能或更无可能。公安部物证鉴定中心的专家指出:"在实际侦查和诉讼工作中,合法性、客观性(真实性)可以通过程序保障和相关技术来证明,而关联性证明是我们面临的最严重挑战。"②视频监控提供的证据也存在这方面问题,哪些监控画面或者录像与案件有关联?

审查判断视频资料同检验其他诉讼证据一样,也要运用案件中的其他证据与视频资料相互印证,把视频资料与犯罪嫌疑人的供述和辩解、被害人的陈述、证人证言、现场勘验检查笔录、鉴定意见等审查是否有矛盾。对于与本案其他证据有不一致或载体内容前后自相矛盾的视频资料,应严格审查。只有与案件相关的事实或逻辑上是相关的事实才有可能转化为证据。如审查中,一方面,当视频监控仅能提供犯罪嫌疑人曾经出现在犯罪现场附近,或者犯罪嫌疑人曾经与被害人有过交集,或者犯罪嫌疑人显然在特定场合做了不合时宜的事情,则需要侦查人员通过其他证据(如证人证言、物证书证等)结合后,形成一个环环相扣的证据链,证明犯罪嫌疑人确实实施了相关犯罪行为。另一方面,在视频监控无法清晰辨别犯罪嫌疑人身份的时候,就需要对视频资料进行技术处理,包括校准色差、图像清晰化处理等,模糊图像处理包括单帧模糊图像处理和模糊视频处理两部分,这种处理过程一般需要选用专门的图像处理系统,遇到难以解决的技术问题时也可邀请技术专家共同进行处理。③ 此时的处理,已带有鉴定的含义,由特邀专家确定该图像或者视频中人物的身份,从而形成与案件事实的关联。根据最高院司法解释的规定,对视听资料有疑问的,也应当进行鉴定。专家提供鉴定意见,并不妨碍视频监控本身的证据属性,只不过鉴定意见实现并强化了视频资料证据与犯罪行为的关联性,使得视频资料证据能够在最后的定罪量刑中发挥相应作用。

---

① 刘晓丹.美国证据规则[M].北京:中国检察出版社,2003:21.
② 黎智辉.视频侦查中的影像证据应用[J].刑事技术,2014(2).
③ 孙展明.视频图像侦查[M].北京:中国人民公安大学出版社,2011:174-175.

参考文献
REFERENCES

[1] 马克思,恩格斯.马克思恩格斯全集(第18卷)[M].北京:人民出版社,1972.

[2] 公安部五局.视频侦查学[M].北京:中国人民公安大学出版社,2012.

[3] 孙展明.视频图像侦查[M].北京:中国人民公安大学出版社,2011.

[4] 公安部法制局.公安机关执法细则释义[M].北京:中国人民公安大学出版社,2009.

[5] 公安部治安管理局,公安部第一研究所.国外城市视频监控应用与管理[M].北京:中国人民公安大学出版社,2012.

[6] 陈瑞华.刑事证据法学[M].北京:北京大学出版社,2012.

[7] 李双其,曹文安,黄云峰.法治视野下的信息化侦查[M].北京:中国检察出版社,2011.

[8] 丁红军.视频侦查[M].北京:中国人民公安大学出版社,2016.

[9] 陈光中.刑事诉讼法[M].北京:北京大学出版社,2016.

[10] 王彬.刑事证据学[M].郑州:郑州大学出版社,2016.

[11] 杨洪臣.视频侦查技术[M].北京:中国人民公安大学出版社,2015.

[12] 李春宇.视频检验技术教程[M].北京:中国人民公安大学出版社,2015.

[13] 王禹.视频侦查实战技能[M].北京:中国人民公安大学出版社,2014.

[14] 艾明.新型监控侦查措施法律规制研究[M].北京:法律出版社,2013.

[15] 程勇.视频侦查技术应用[M].北京:中国人民公安大学出版社,2012.

[16] 孙展明,尹伟中.视频图像侦查中反侦查行为的识别和应对[J].江苏警官学院学报,2011,26(2):161-165.

[17] 黎智辉,王桂强,许小京,等.视频侦查中的影像证据应用[J].刑事技术,2014,39(2):42-45.

[18] 柯昌信.刑事证据视听资料论[J].中国法学,1996(5):86-91.

[19] 刘鹏.大数据背景下视频侦查构成要素研究[J].铁道警察学院学报,2016,26(5):26-31.

[20] 陈刚,续磊.视频监控图像侦查方法研究[J].中国人民公安大学学报(社科版),2012(3):121-127.

[21] 杨辉解.论公安信息化引领侦查工作十大变革[J].湖南警察学院学报,2011,23(1):55-60.

[22] 马静华,张潋瀚.天网监控与刑事司法[J].中国刑事警察学院学报,2017,136(2):56-63.

［23］ 刘伟.论依法治国方略下刑事侦查法治化建设[J].法制在线.2015,22(12):33-34.
［24］ 任克勤.我国侦查法治化问题研究[J].广州市公安管理干部学院学报.2016(1):3-10.
［25］ 王刚,李耿民.跨区域流窜盗窃案件高危研判工作探讨[J].公安研究,2014,239(9):17-21.
［26］ 李爱民.视频监控信息破案3例[J].刑事技术,2011(1):71.
［27］ 曹晓宝.论视频侦查取证的策略与规范操作程式[J].山东警察学院学报,2017(2):65-73.